技術システムの構造と革新

方法論的視座に基づく経営学の探究

加藤俊彦 [著]

東京　白桃書房　神田

はしがき

　本書は一橋大学に提出した学位論文をベースとしつつ，半数以上の議論を新たに追加するなどして，全面的に加筆・修正したものである．本書の刊行までに時間がかかったのは主として私の怠慢によるが，他にも2つほど，ささやかな，しかし私にとっては重要であった理由がある．その1つは私自身の方法論上の立場に関するゆらぎであり，もう1つは経営学の既存研究や経営問題との関係の整理がうまくつかなかったことである．それらの問題意識には，本書で新たに書き下ろしたり，内容を大きく変更したりすることで，対応を試みている．書籍の原稿としては一応書き終えたものの，残念ながらすべての問題が解決したわけではない．未解決の点はこれから私が取り組むべき研究上の課題である．

　私は研究者としても教育者としても未だに不完全ではあるけれども，多くの方々からご指導とご支援をいただくことで，これまで何とかやってきた．

　まずは榊原清則先生と沼上幹先生に，深く感謝する次第である．榊原先生には学部後期を中心としてご指導いただいた．大学2年のときの講義で榊原先生と出会わなければ，また3年進学時に榊原ゼミに入らなければ，研究者の世界に通じる扉を叩くことはなかったであろう．大学院入学後以来の沼上先生からのご指導は，私の思考や発想の根幹を形成してきた．沼上先生と出会わなければ，私が研究者を本気で志すことも，方法論の問題が重要な意味を持つと思うことも，日本企業が直面する問題を正面から考えようとすることも，おそらくなかった．沼上先生には，本書執筆の過程でも精神的に多大なご支援をいただいた．

　18歳で入学してから今日に至るまで，一橋大学商学部・大学院商学研究科において，私は数多くの先生方からご指導いただいた．なかでも，野中郁次郎先生，佐久間昭光先生，伊丹敬之先生，伊藤邦雄先生，米倉誠一郎先生，佐藤郁哉先生，延岡健太郎先生には，大学院の講義などを通じて多大な影響を受けてきた．野中先生と佐久間先生には，一時期ではあったが，ゼミへの

参加を通じても，ご指導いただいた．伊丹先生には，大学院在籍中から現在に至るまで，研究や教育を中心とする様々な領域でご指導いただいている．伊丹先生からは，研究に臨む姿勢をはじめとして，今でも学ぶことが少なくない．

博士課程を終えた直後に奉職した東京都立大学（現・首都大学東京）では，二村敏子先生と桑田耕太郎先生に大変お世話になった．何より二村先生と桑田先生は，海の物とも山の物ともつかぬ私に，大学教員としてスタートする機会を与えて下さった．桑田先生には，着任後も，研究を進める上で必要となる様々なことを，ご自身の学生のように教えていただいた．近代組織論にかかわる議論が本書の一部に織り込まれていることには，桑田先生からのご指導が大きく影響している．

別の大学に所属される先生方からも，多くのことを教えていただいた．とりわけ山倉健嗣先生，新宅純二郎先生，淺羽茂先生，長瀬勝彦先生，小川進先生には，学会などを通じて様々な形でご指導を仰いできた．新宅先生からは，学部生のときに榊原ゼミで論文を拝読して以来，私は著作を通じても大きな影響を受けており，この書籍にある分析の一部にも，その点が投影されている．

大学院博士課程の先輩にあたる網倉久永先生，三隅隆司先生，山下裕子先生，米山茂美先生，青島矢一先生，楠木建先生には，現在に至るまで寛大な心で接していただいている．米山先生には，以前行った共同研究でご一緒させていただくとともに，本書への関連事項の載録をご快諾いただいた．榊原ゼミの先輩でもある青島先生と楠木先生には，卒業論文や修士論文のご指導以来，公私ともに長らくお世話になってきた．

これまでの人生では，多くの同僚や友人にも恵まれた．なかでも田中一弘氏，中野誠氏，軽部大氏，島本実氏，福島英史氏，寺畑正英氏をはじめとする方々は，大学院生の頃から多くの時間と議論を共有しており，様々な局面でお世話になっている．特に軽部氏には，本書の執筆にあたり，近年進めている共同研究を私が一時的に休止して，まとまった時間を割くことを了承していただいた．また島本氏と福島氏には，多忙な時間を割いて本書の草稿に目を通していただいた．両氏からの的確なコメントには，できる範囲で対応

したつもりではあるが，今の私には解決できない問題も残されており，少しずつ考え進めたいと思っている．

　白桃書房の大矢栄一郎社長と平千枝子さんには，どう見ても読者が限られている本書の出版をご快諾いただいた．平さんには，編集作業をはじめとした様々な過程でも，ご尽力いただいた．また本書第8章第2節の合成樹脂に関する事例の載録に際しては，A社ならびに関係者の皆様にご理解とご協力をいただいた．その過程では，戦略人材開発研究所の神谷隆史氏と鎌谷宮子さんにもご支援を受けた．事例が匿名であるために，A社の方々のお名前をここで挙げることはできないが，改めて御礼を申し上げたい．

　なお，本書の刊行に際しては，一橋大学後援会の武山基金から出版助成を受けている．本書のような学術出版に深いご理解をいただいた財団法人一橋大学後援会，社団法人如水会ならびに関係者の皆様と，申請・審査の過程でお世話になった一橋大学の教職員の方々に深謝する次第である．また出版助成の審査過程では，2名の匿名の先生方から，助成審査の枠を超えた詳細なコメントをいただいた．主として出版スケジュールの関係で，先生方からの貴重なご意見を本書に直接取り入れることは，残念ながらできなかったが，今後の研究で可能な限り活かしていきたいと考えている．

　最後に，私の家族について記すことをお許しいただきたい．私が20歳のときに亡くなった父と，今も故郷に暮らす母には，最終的に現在の道に進むことになる過程で，常に温かく見守ってもらった．長きにわたる物心両面での支援に心から感謝している．妻・真理と2人の娘には，仕事と称して家をあけて，父親らしいことを十分にはできない日々が続いていることを申し訳なく思っている．今後もこのような状況が劇的に変わることはないだろうが，娘たちには，その意義を理解してもらえる日が来ることを願っている．

2011年1月
東京・国立にて

加藤俊彦

目次

はしがき

第1章 本書の目的と経営学の方法論―――1
1 本書における基本的な問題意識 …………1
革新と方法論の関係　1
革新と適応　2
中心となる議論の概要　5
2 経営学における方法論の基本的な枠組み …………7
本書における方法論の定義　8
バレルとモーガンの議論に基づく方法論の分類枠組み　10
決定論と主意主義　12
「客観主義－主観主義」の相対的位置づけ　14
3 本書の構成 …………16

第2章 経営組織論における決定論的視座の展開―――23
1 近代組織論における主意主義と決定論 …………24
バーナードの議論における主意主義と決定論　25
バーナードとコースの議論の類似点　26
バーナードの議論の背景　28
サイモンらに見る方法論の変容　31
2 コンティンジェンシー理論における決定論的視座 …………34
アストン研究の方法論　36
ローレンスとローシュの研究における決定論的構図　44
3 コンティンジェンシー理論以降の決定論的組織論 …………49
取引費用理論の基本的な構図　50

v

ポピュレーション・エコロジー：究極的な環境決定論　　55
　4　第2章のまとめ …………………………………………59

第3章　主体性をめぐる経営組織論の展開と可能性 ―――――63
　1　外部環境－組織の関係と戦略変数の導入 ………………64
　　　チャンドラーによる経営組織論への戦略変数の導入　　65
　　　チャイルドの戦略的選択　　68
　2　ワイクの「イナクトメント」をめぐる議論 ……………73
　　　ワイクの議論における基本的な論点　　74
　　　組織化の過程とイナクトメント　　75
　　　ワイクの議論からの示唆　　79
　3　制度理論の概要と背景となる構図 …………………………84
　　　主要研究における制度理論の概要　　85
　　　制度理論の基盤としての社会的構成論　　88
　4　決定論的視座と主意主義的視座の発展的融合に向けて ……93
　　　制度理論からの理論的展開　　93
　　　「ホーウィック研究」に見る2つの視座の融合　　96
　5　第3章のまとめ：決定論－主意主義の融合と「革新」 ……101

第4章　技術革新の誘引メカニズム ――――――――――――105
　1　2つの決定論的アプローチとその問題 …………………106
　　　技術プッシュ・アプローチと需要プル・アプローチの概要　　107
　　　需要プル・アプローチの問題点　　110
　　　技術プッシュ・アプローチの問題点　　115
　2　代替的説明としての「連鎖モデル」 ……………………118
　　　「連鎖モデル」の概要　　119
　　　「連鎖モデル」の意義と2つの解釈　　123
　3　ローゼンバーグの「技術的相互依存性」 ………………127
　　　「焦点化装置」と「技術的相互依存性」　　127
　　　システムとしての技術の意義と残された問題　　130

4　第4章のまとめ ……………………………………… *133*

第5章　技術革新研究におけるシステム性と主体性 ―――― *137*
　　1　ドミナント・デザインをめぐる議論と技術革新 ………… *138*
　　　ドミナント・デザインに関する初期の議論　*138*
　　　「後期ドミナント・デザイン論」における視座の転換　*141*
　　　ドミナント・デザインをめぐる議論からの示唆　*146*
　　2　技術革新研究におけるパラダイム論の展開 …………… *148*
　　　理論的基盤としての2つの研究　*149*
　　　コンスタントの技術パラダイム論　*153*
　　　ドーシの技術パラダイム論　*155*
　　3　技術の社会的構成論 ……………………………… *161*
　　4　第5章のまとめ ……………………………………… *166*

第6章　理論枠組みの提示と事例分析の位置づけ ―――― *171*
　　1　本書における理論的枠組み：
　　　　技術システムの構造化理論 ………………………… *171*
　　　既存の議論の考察に基づく4つの論点　*172*
　　　ギデンズの構造化理論　*175*
　　　技術システムの構造化理論　*177*
　　　〈技術システムの構造化理論〉の主たる意義　*180*
　　2　本書における事例分析の位置づけ ……………………… *181*
　　3　電子技術における代替性と補完性 …………………… *184*
　　　要素技術間における3つの関係　*184*
　　　電子部品における代替関係と補完関係　*187*
　　　電子部品間での補完関係とその背景　*195*

第7章　高密度実装技術の発展過程 ――――――――― *203*
　　1　高密度実装技術の概略 …………………………… *204*
　　2　高密度実装技術の成立前史 ……………………… *208*

「マイクロ・モジュール」の誕生　　208
　　　ハイブリッドICの誕生と位置づけの変化　　211
　　　プリント基板とインサート・マシン　　218
　　　第2節のまとめ　　222
　3　高密度実装技術における〈構造〉の生成 ………………………223
　　　ラジアル部品の自動挿入　　223
　　　電卓における小型化技術の発展　　227
　　　ハイブリッドIC技術を活かした回路・素子の低コスト化　　230
　　　携帯ラジオにおける技術革新：
　　　　　高密度実装技術での基本構造の生成　　232
　　　第3節のまとめ　　237
　4　高密度実装技術における〈構造〉の確立 ………………………238
　　　UHIC方式の登場：
　　　　　円筒形部品を使った低コスト化重視技術の開発　　238
　　　マウンタの外販と方式の確立　　243
　　　第4節のまとめ　　245
　5　技術システムの〈構造〉を前提とする発展 ……………………247
　　　チップ部品の種類拡大　　247
　　　在来チップ部品の小型化　　251
　　　チップ・マウンタの発展　　255
　　　第5節のまとめ　　261
　6　高密度実装技術に関する事例の総括と議論 ……………………262
　　　事例のまとめ　　262
　　　事例分析に基づく議論　　264

第8章　システムの構成要素における技術の発展過程────275
　1　要素技術における発展過程の特性 ………………………………275
　　　要素技術の発展と技術システム　　275
　　　要素技術における用途の探索　　279
　　　要素技術の発展過程としての破壊的技術革新　　282

2　合成樹脂における発展の過程 …………………………………286
　　合成樹脂Xの物質的特性と事業の概要　　286
　　事業の初期段階における取り組み　　289
　　米国向け用途の拡大と再度の低迷　　291
　　フィルム化と市場開拓　　294
　　さらなる用途先の拡大　　297
　3　要素技術の発展過程と企業経営 …………………………………299
　　合成樹脂Xに関する事例のまとめ　　299
　　本章の議論からの示唆　　301

第9章　〈構造〉としてのスキーマと個別企業の革新性 ──────305
　1　スキーマと個別企業の対応 …………………………………306
　　社会的スキーマの機能と逆機能　　306
　　スキーマによる制約と個別企業の行動　　308
　2　プリンタ市場におけるインクジェット技術の導入過程 ……310
　　プリンタ技術と初期のプリンタ市場の状況　　311
　　1980年代後半におけるプリンタ市場のスキーマ　　315
　　3社におけるインクジェット・プリンタの位置づけ　　320
　　BJ-10vの急成長　　334
　　BJ-10v後の各社の製品戦略　　337
　　エプソンの反撃とスキーマの変容　　343
　3　新規技術の導入過程における制約と革新 ………………………350
　　事例のまとめ　　350
　　製品市場への新規技術の導入と2つの革新　　352
　　製品市場における新たなスキーマの段階的成立　　354

第10章　本書における議論の総括 ──────────────────359
　1　本書の中核的議論の意義 …………………………………359
　　外部環境と行為主体との相互関係　　360
　　本書での考察に基づく革新の意義　　362

2　市場調査の位置づけと企業行動：
　　　　異なる事象での試論 ……………………………………366
　　市場調査の方法論的背景　*366*
　　POSシステムの活用と限界　*369*
  3　経営学の革新に向けて ……………………………………*372*

参考文献
事例参考資料
人名索引
事項索引

第1章 本書の目的と経営学の方法論

1 本書における基本的な問題意識

　本書の主たる目的は，新たな技術の発展過程を中心的な分析対象として，経営学における方法論の問題にまで遡ることによって，「革新」に関わる問題を探究することにある．言い替えると，ふだんは目に付きにくい深層の問題にまで立ち返り，根源的な検討を加えた上で，「経営現象における革新とは何か」，「革新をめぐる過程の全体像とは，いかなるものか」という問いを中軸として考察を進めることを，本書は主眼としている．

　このような本書の目的のうち，革新という問題を取り上げる点については，近年の技術革新研究の進展を念頭に置けば，特別なものではないように思われる．他方で，革新について考察する際に，経営学ないし社会科学の方法論との関わりから検討することは，それほど一般的ではない．そこで，本書での議論を進めるにあたり，経営学の方法論と本書で検討していく問題との基本的な関係について，まずは触れておきたい．

革新と方法論の関係

　より精緻な定義については次節で見ることになるが，経営学，より広くは社会科学の方法論（methodology）とは，大まかに言えば，研究の対象とする社会的な事象を分析する上で，分析者が前提とする基本的な考え方のこと

である．この定義から推測できるように，すべての研究者は，本人がどのような認識を有しているかにかかわらず，方法論の問題から完全に逃れることはできない．方法論は研究を行うにあたっての前提となる「研究対象への接近法」であることから，いかなる研究でも，意味をなさないほど一貫性を欠いたものでない限り，何らかの形で特定の方法論に立脚しているからである．

　ただし，方法論については，これまでに様々な形で議論が展開されてきており，単一の見解に収斂しているわけではない．さらに，本書で取り上げる経営学の領域においては，方法論の問題は，強い関心を寄せる一部の研究者を除けば，あまり意識されることはない．それどころか，方法論に関連する議論は，不必要に問題を混乱させるだけのものとして，批判的にとらえられることさえある．このように，方法論は研究を行う上での前提となる「ものの見方」であるにもかかわらず，その存在や議論が必ずしも重要だと考えられているわけではない．

　それでは，革新という問題を考えるにあたって，そのような位置づけにある方法論の問題にまで遡って考察することに，いかなる意味があるのだろうか．この問いに対する基本的な答えは，企業経営，より広くは社会における「革新」と，それに対峙する「適応」という2つの考え方が，「主意主義」（voluntarism）と「決定論」（determinism）という異なる方法論上の考え方と，それぞれ対応することにある．このうち，後ほど詳しく見ていくように，経営学において中心的に展開されてきたのは，決定論的な方法論を前提とする研究である．そのために，これまでの経営学で主流を構成してきた決定論的な考え方に基づくと，それとは対峙する考え方を含む革新という問題を，必ずしも十分には考察できないことになる．そこで本書では，経営学の諸研究の前提となる方法論まで遡って検討を加え，さらにその知見をもとにして，単に既存研究の批判に終始するのではなく，可能な限り建設的となる基本的な考え方を提示することを試みる．

革新と適応

　「革新と適応」という問題は，本書に独自なものではなく，経営学，広く

は社会科学において，以前から取り上げられてきた．たとえば，経営学の領域でもしばしば引用される，シュンペーター（J. A. Schumpeter）による『経済発展の理論』(*Theorie der wirtshaftlichen Entwicklung*) は，革新の意義と，それと概念的に対峙する適応的な行動について，早い時点で議論を展開した研究の1つである（Schumpeter, 1926）．

そこでは，新たな生産要素の組み合わせである「新結合」(neue Kombination) によって，経済システムにおいて従来の均衡が打ち破られるダイナミズムが生じる点に，経済発展の本質を求めている．この「新結合」の具体的な内容は，(1)消費者がまだよく知らない新たな財，もしくは新たな品質を有する財の導入，(2)新たな生産手法の導入，(3)新市場への参入，(4)原材料ないし半製品の新たな供給源の獲得，(5)独占の創出ないし打破のような，ある産業における組織（化）の実現，の5つである（*Ibid.*, pp.100-101）．このように，経済学者であるシュンペーターは，しばしば言われるように技術革新をことさら取り上げたわけではなく，「新結合」という概念を通じて，様々な経済行為による経済システムの変動の過程を中心に考察を進めている．

そして，この「新結合」の実行において中心的な役割を果たすのが，「企業者」（Unternehmer）である．シュンペーターの思想に焦点を当てて考察した塩野谷（1995）によれば，シュンペーターの議論において重要な要素の1つは，受動的な「適応」と能動的な「革新」という経済過程の種類の区分であり，経済過程におけるダイナミズムを生み出すのは，「企業者」によって担われる能動的な「革新」のみだとされる．つまり，シュンペーターにとっては，定常的な経済循環から新たな循環過程に移行することが革新なのである．経済規模が大きくなろうが，新しい技術が生み出されようが，定常的な循環過程の下で生じ，そこに組み込まれるだけなのであれば，それは受動的な適応でしかない．

このシュンペーターの議論に示されるように，社会の一部ないし全体を大きく変革する点において，革新は適応とは本質的に異なる過程として位置づけられる．しかしながら，この革新の過程は広義の経営現象に関わる既存の研究において，十分に考察されてきたわけではない．むしろこれまでの議論

で主として関心が寄せられてきたのは，革新とは対峙する適応の過程やメカニズムであった．

この点は，経営学の中核的領域の1つである経営組織論における議論に，明確に見ることができる．第2章で具体的に検討するように，これまでの経営組織論の主だった研究は，適応という見方と対応する方法論的視座に基づいて展開されてきた．経営組織論で主流を構成してきた議論の多くは，基本的には決定論的視座を基盤としている点で，共通しているということである．

決定論的視座が適応という見方と対応する背景には，決定論が行為主体（agent）とそれを取り巻く外部環境との関係を考える上での1つの見方だということがある．次節で詳しく見るように，決定論では，行為主体が何らかの外部環境・要因から一方向的な影響（制約）を受けて行動すると考える．それに対して，行為主体は外部環境からの制約を受けることなく自らの意志で行動すると見なすのが，主意主義である．つまり，決定論では外部環境を与件として人々が行動すると考えることから，決定論的視座を基盤とする研究では，外部環境の淘汰能力を強調するような例外を除けば，適応的な行動が前提とされるのである．そこで究極的に焦点が当てられるのは，シュンペーターがいうところの一種の定常的な循環過程であり，革新の本質ともいえる，人々が自らを取り巻く外部世界を主体的に構築しようとする過程は，基本的には考察の対象から外れることになる．

さらに，一種の革新を直接的な分析対象とする技術革新研究においても，上述の意味での革新が十分に考慮されているとは限らない．技術革新研究には，新たな技術的知識が開発され，それを具現化した製品が市場へ投入される一連の流れを，既存の経済ないし社会システムにおける適応の過程としてとらえる場合も見受けられる．典型的には，第4章で取り上げる「需要プル・アプローチ」に基づくような議論が，それに該当する．このような見方に立った技術革新研究は，一種の革新に関わる活動を分析対象として取り上げているにもかかわらず，そこで前提とされる考え方は本質的な意味での革新を扱うものではないことになる．新たな技術的知識がそこで生み出されていたとしても，既存の経済ないし社会システムを与件としているのであれ

中心となる議論の概要

　本書では，以上に示した「決定論－適応」と「主意主義－革新」という2つの見方を軸として，経営組織論を中心とする一般的な経営理論と，技術革新研究における既存の議論を方法論の問題を中心として検討した上で，新たな技術が発展する過程に関する考察していく．ここで技術の発展過程を取り上げる理由は，技術革新という概念に表されるように，それが典型的な革新の過程だということにある．ただし，本書における議論の本質的な要素は，技術発展や技術革新の過程に限定されるものではなく，経営現象一般にも展開可能だとも考えている．

　ここで強調しておくべきなのは，以下の議論では「決定論・適応－主意主義・革新」という対立軸を中心に進めるけれども，最終的にはいずれか一方の視座だけに立脚するわけではなく，2つの見方の発展的な融合を試みる点である．本書で提起される中核的な要素は，第6章を中心に議論する〈技術システムの構造化理論〉である．

　ここで，本書で後ほど展開する中核的な議論の概要について，簡単に記しておきたい．現時点ではわかりやすいとは言い難い内容を含んでいるが，これからの議論の方向性を大まかにでも最初に示しておくことには，意味があると思われる．

　新たな技術が発展する過程において，行為主体がとるべき行動が外部環境から規定されるという決定論的な見方は，全面的に否定されるべきものではない一方で，それを基盤とする諸理論で想定されるほどには普遍的なものではない．決定論的視座は各行為主体が適応的な行動をとる定常状態を説明する場合に限って有効となるのである．それに対して，主意主義的な見方は技術発展の過程において，ここで〈構造〉と呼ぶ一種の制度が部分的にでも変動する過程を説明する．これが「革新」という言葉が本来意味する状況である．ただし，この〈構造〉は，強い主意主義・解釈論に立つ論者の想定とは異なり，単なる仮構ではなく，実際の事業などの実体を伴うことから，容易には変わらない．個人が新たな解釈（あるいは製品・技術）を生み出して，

それを人々に広めようとしたからといって，多くの人々の考え方や行動が簡単に大きく変わってしまうほど，社会は過度に柔軟で不安定なものではないということである．

このような考え方がもたらす意義としては，主として次の3点が考えられる．

第1に，本書で提示する枠組みを用いることで，適応と革新の双方の過程が複合的に考察できる点である．外部環境への適応を前提とする決定論的な見方だけでは，本来の革新を十分に扱えないという点で，経営にかかわる重要な現象の一部が分析対象から外されてしまう．他方で，決定論に対峙する主意主義に基づく議論では，主として前提とする構図の特性ゆえに，なぜ革新の実現が難しいのかということは中心的な課題になりにくい．本来の意味での革新は，既存の制度に基づく社会的な制約が再構築される過程を伴うにもかかわらず，主意主義的な色彩が強い議論では，制度的な制約が相対的に軽視されてしまうのである．

これらの見方に対して，本書で提示する枠組みでは，行為主体によって，ある種の社会的制度が生成され，それが固定化することによって人々の行動を制約し，さらにその社会的制度が人々によって再構築されるという一連の過程が，想定される．適応と革新という対立項のいずれかの立場のみに依拠して横断面的に分析するのではなく，時間的な推移を含めて双方が変遷する過程を考察することによって，企業経営にかかわる問題の1つを包括的に考えることが可能となるのである．

第2に，制度とそれに基づく共有された解釈が固定的であることは，革新の阻害要因となるだけではなく，肯定的な側面が存在することも，明らかにできる点である．革新の必要性は，既存の社会や産業，企業組織の硬直性と対になって，しばしば主張される．しかしながら，外部環境のすべてが不確定であるとすれば，それぞれの行為主体もまた不安定な状況に置かれてしまう．

単純な例として，技術的な規格が並立しているような，技術的な選択肢が複数存在している場合を想定すると，その意味は理解しやすいように思われる．そこでは，どの選択肢が望ましいのか確定していないために，必要に迫

られていない多くの顧客は積極的に導入することはない．顧客の動向が読めなければ，将来の製品市場の状況を明確に見通しが立ちにくい．さらには，企業側も積極的に投資することができず，技術開発の焦点も絞ることができない．このような状況では，いわば「鶏が先か，卵が先か」という循環的な負の連鎖に陥る可能性がある．それに対して，制度的な要素が社会的に確立しているのであれば，関係する行為主体の行動パターンは安定化することになる．その結果として，他の行為主体の行動を読みやすい状況が生じて，大きな投資を行うような場合でも，各行為主体が過度なリスクを負う必要はなくなる．この例に見られるように，適応という安定的な状況と革新のいずれか一方が常に望ましいわけではない．少なくとも中長期的には，双方が組み合わされることによって，技術や企業経営の持続的な発展が実現可能になると考えることができる．

　第3に，技術にかかわる革新においても，新たな技術的知識の開発だけが重要な問題なのではないことが，明確になる点である．先に触れたように，新たな技術的知識の開発を伴っていても，外部環境を所与とする適応的な活動であれば，それはここでいう革新ではない．逆に，新たな技術的知識の開発を伴わないとしても，企業経営にかかわる既存の制度が大きく変革するような動きであれば，それは一種の革新である．つまり，新たな技術的知識の開発は企業や社会が発展する上で重要なことではあるけれども，それ自体は本当に革新的な状況に常につながるとは限らないということである．企業を中心とする行為主体が既存の制度に部分的にでも影響を与え，新たな制度として定着するまでの過程は，技術的知識の開発と同様に重要であるにもかかわらず，これまで注目されることが相対的に少なかったように思われる．

2　経営学における方法論の基本的な枠組み

　本書の前半部分では，決定論と主意主義という二分法を軸として，これまでに展開されてきた経営組織論と技術革新研究に関する考察を進めた上で，本書の中心となる理論的枠組みを提示する．その準備として，本節ではバレ

ル（G. Burrell）とモーガン（G. Morgan）による枠組み（Burrell and Morgan, 1979）に基づいて，決定論と主意主義という対立軸を中心に，経営学，より広くは社会科学における方法論の概要を見ておきたい．本書で中心となる主張は，バレルらが同書で展開した議論を必ずしも支持するものではないが，その基本的な枠組みは，次章以降での理論的考察を理解する上で意味があるように思われる．

本書における方法論の定義

上述のように，本書では経営学における方法論の問題が一貫した主軸となる．ただし，方法論という言葉が指す意味は，論者の間で同一だとは限らない．そこで，以下の議論での混乱を避けるために，まずは本書における方法論という言葉の定義を明確にしておきたい．

本書でいう方法論とは，厳密には「研究者が自らの研究に持ち込む，存在論ならびに認識論上の諸仮定に関する複雑に絡まった集合」（an intricate set of ontological and epistemological assumptions）である（Prasad, 1997）．もう少しわかりやすく言えば，「研究者が自分の研究を進める上で暗黙的（もしくは明示的）にとる基本的な前提」となるだろう．

このような方法論の定義からは，次の2点が明らかになる．第1に，方法論は調査・研究の技法とは概念的に異なるということである．経営戦略論と科学哲学との関係を議論したミール（R. E. Mir）とワトソン（A. Watson）は，「調査の過程で用いられる道具や技法」を「方法」（method）と呼び，「方法論」（methodology）とは厳密に区別されるものとした（Mir and Watson, 2000）．

この自明であるようにも思われる点にここで触れる理由は，ミールらが「方法」と呼ぶ調査技法に関する議論が，研究の「方法論」としばしば呼ばれることにある．本書では，様々な調査技法の問題は研究を進める上で無視できるようなものでは決してないと考える一方で，方法論は調査技法とは基本的には独立した存在としてとらえている．調査技法は一種の研究の方法ではあるけれども，ここでいう「方法論」とは，必ずしも連動するとは限らないからである．

調査技法に関しては，統計分析を伴うことが多い「定量的調査」(quantitative research) と，参与観察のような「定性的調査」(qualitative research) の2つが基本的な区分として広く用いられている（たとえば Singleton and Straits, 2005). この2つの調査技法はそれぞれ特定の方法論との結びつきが想定される場合が少なくない．たとえば，定量的調査の背景には広義の実証主義的な思考が存在し，解釈論的な立場をとる場合に定性的調査が用いられる，といったことである．しかしながら，「方法」（＝調査技法）と方法論は厳密に異なるという立場をとるのであれば，両者の結びつきはそれほど強くはないことになる．ミールらが指摘するように，主観主義・解釈論的な立場に立って定量データを使って統計分析をしたとしても，従来の意味での実在論者（realist）が定性的な調査手法を用いたとしても，まったく問題はないと考えるのである．

　第2に，本書の議論においてより重要なこととして，ここでいう方法論とは，研究における哲学的な諸前提を包含する，広い定義をとっている点である．このような定義は，方法論を存在論（ontology）と認識論（epistemology）と並置するものとして扱う，次項で見るバレルとモーガンの定義とは，ある意味では異なっている．バレルらは明示的には議論していないが，事象のあり方（存在）を問う存在論を基盤として，その存在論に基づいて事象をどのように認識するのかという認識論があり，さらにその認識に基づいてどのような方法で研究するのかという方法論が設定されるという，一種の階層構造がそこでは想定されている．それに対して，本書では，特に言及しない限り，ミールらと同様に，方法論という言葉を存在論と認識論の問題まで含んだものとして扱う．

　ただし，このように広めにとった方法論の定義は，厳密な概念の違いに基づくわけではない．本書では，科学哲学上の問題を直接取り上げるわけではないことから，過度に議論を複雑にしないように，便宜上用いるだけである．以下で見るバレルとモーガンの議論からわかるように，狭義の方法論は，階層的な関係を想定するか否かを問わず，特定の存在論や認識論とふつう組み合わされている．前述の定義をとる主たる意図は，そのような存在論と認識論と狭義の方法論との関係を「方法論」という言葉で簡便に表現する

ことにある.

バレルとモーガンの議論に基づく方法論の分類枠組み

バレルとモーガンは，出版当時までに発表された主要な組織理論を対象として，それぞれの理論が暗黙的に前提とする仮定やメタ理論を検討した．そこでは，その当時，組織論の領域であまり認識されることがなかった哲学的な仮定の問題が体系的に整理されており，様々な理論の前提にまで遡って考察することの意義が端的に示されている．前節で記したように，経営学における方法論に関する議論は現時点でも中心に位置づけられるものではない一方で，その後の経営学研究には，バレルらの著作に影響を受けたものも少なくない（たとえば Morgan, 1990 ; Hassard, 1993 ; Heracleous, 2003）．

バレルらは，社会科学の接近法を「客観主義」（objectivism）と「主観主義」（subjectivism）の2つに分類し，さらにそれぞれの接近法の背後で暗黙的ないし明示的に置かれる仮定を，「存在論」，「認識論」，「人間の性質」（human nature），「方法論」の4つに分けて示した（図1-1）．存在論・認識論・人間の性質・（狭義の）方法論の4つの仮定は，採用される接近法ごとに組み合わされている一方で，異なる接近法との間では，それぞれの仮定で対立する関係にある．

図1-1　バレルとモーガンによる社会科学方法論の二分類

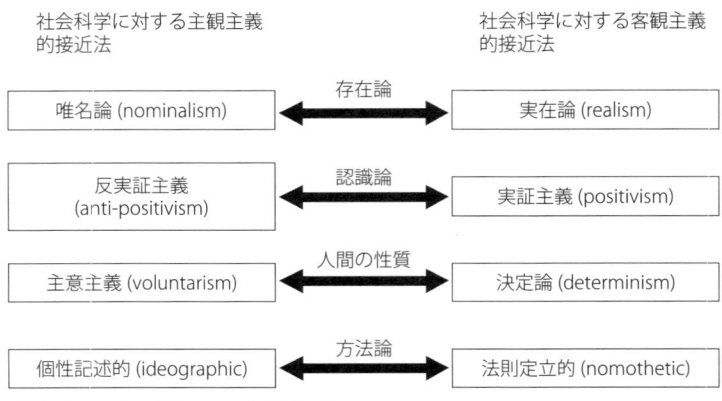

出所：Burrell and Morgan（1979），p.3.

まず存在論とは，研究対象とする現象の性質をどのようにとらえるのかということにかかわっている．そこでの典型的な問いは，「現実」（reality）は個人の行為とは切り離された外部環境にある（out there）のか，それとも外部環境に独立して存在するものではなく，人間の心の中にしか存在しないものなのか，というものである．もし人間の行為とは独立して存在するものと考えるのであれば，現実を客観的にとらえることができる．それに対し，現実は心象の産物でしかないのであれば，現実は主観的にしか把握できないものになる．

認識論は，知識論と訳されることもあり，知識とはいかなるものであるかという問いとかかわっている．客観主義的な立場に立てば，知識は「真（true）か偽（false）か」を問えるものだと考えることから，「真なる知識」は確固たる基盤を持ったものと見なされる．それに対して，主観主義的な立場からは，知識は個々人の経験や直感に基づくものとして，あくまでも個人的なものであると考えられる．ここで「実証主義」は前者の客観主義的な立場に，「反実証主義」は主観主義的な立場に，それぞれ対応する．なお，バレルらのいう実証主義というのは，論理実証主義に限られたものではなく，反証主義も含めた広義の実証主義的な立場を指す．

続いて，図1-1では4番目に挙げられている方法論について，先に見ておきたい．ここでいう方法論は，前述のように狭義で用いられている．対比される2つのカテゴリーのうち，客観主義的な立場での方法論には「法則定立的」（nomothetic）という用語が当てられている．社会科学における法則定立的な接近法とは，生起する現象の規則性を探索し，個々の要因間に法則を見いだそうとする研究方法であり，現実が人間の行為とは独立した外界に存在していて，知識は真偽を確認できるという，前述の存在論・認識論と深く結びついている．また，法則定立的な方法論では，何らかの普遍的な法則（universal law）が存在するという前提に立ち，過去の状況を分析することによって，未来で生じる事象の予測（prediction）が可能になると考えられている．このような特性を有することから，法則定立的接近法は実験をはじめとする自然科学の研究方法と親和性が高い．

他方，主観主義的な方法論である「個性記述的」（ideographic）な接近法

では，堅固な基盤を有する客観的な知識の存在を疑い，代わりに人々の主観や解釈を重視することから，社会現象において普遍的な法則性を客観的な立場から解明することは不可能だと考える．その代わりに，個性記述的な接近法では，個々に固有の属性を有する現象を諒解することに主眼が置かれる．このように，社会現象の法則性や再起性に疑義を呈することから，研究によって得られた知見から未来を正確に予測することは不可能だと，そこでは考える．また，自然科学での研究方法とは大きく異なることから，とりわけ対立する立場からは，「科学」とは見なされないことも少なくない．

決定論と主意主義

バレルらの枠組みの構成要素として最後に検討するのが，本書で中心的に議論する「決定論－主意主義」の対立にかかわる「人間の性質」である．そこでは，人間の性質は，人間とそれを取り巻く外部環境との関係についての仮定であり，存在論や認識論と密接にかかわるものの，概念的には異なるとして，独立して議論されている．

決定論では，人間は外界で遭遇する状況に対して機械的に反応するものとしてとらえ，人間の行動は自らの力が及ばない外部環境によって規定されると考える．それに対して，主意主義では，人間の自由意志（free will）を重視することで，より主体的な人間像を想定する．そこでは，人間は外部環境から影響を受けるのではなく，逆に自らの意図や意志に基づいてとった行為を通じて，社会秩序を形成するものとして，とらえられている．つまり，主意主義における人間は，環境を創造し統制するという，より能動的な役割を担うものであり，バレルらの言葉を借りれば，「[決定論のような]*操り人形ではなく，主人（master）」なのである（Burrell and Morgan, 1979, p.2）（*[　]内は筆者による訳注である）．

この内容だけを見ると，人間の主体性を重視する主意主義は，環境の「操り人形」という受動的な存在として人間を見なすような決定論よりも，より望ましい考え方のように見えるかもしれない．しかしながら，次章の経営組織論に関する議論で考察するように，経営学の領域で主流を構成してきたのは，決定論的視座である．その背景は単純ではないが，経営学が社会科学の

中でも最も応用的な領域の1つであることにも，原因があるように思われる．応用領域である経営学には，企業経営に携わる実務家に対する有益な示唆が，しばしば求められてきた．そこで，決定論的な構図に基づいて単純化した上で，操作すべき少数の要因が特定されるのであれば，とるべき対応策が具体的になり，理解しやすくなるということである．

たとえば，「X社のY事業の収益性が最近上昇している背景」を考察する状況を想定してみる．ここでは「過去の経緯も含めて，様々な要因が相互に影響して生じている」というような状況記述的な説明ももちろん可能である．しかしながら，状況記述的な説明よりも，「個別事業の収益に大きな影響を与えるのは，市場シェアと製品の相対的品質である」といった単純な因果図式をもとにする方が，社会一般において経営学に求められがちな期待に応えやすい．そこでは，「したがって，収益を向上させるには，市場シェアと相対的品質，もしくはその双方を高めるための施策が有効である」といったような明快な示唆が，本当に有効であるか否かは別にして，得られやすいのである．

ただし，一口に決定論といっても，行為主体の行動を規定する要因を何に求めるのかという点で様々な見方があり，具体的な内容は一様ではない．代表的な決定論の呼称としては，外部環境による制約を重視する「環境決定論」（environmental determinism）や，先験的に存在する何らかの社会的な構造による制約を重視する「構造決定論」（structural determinism）などを挙げることができる．あるいは，第5章で取り上げる技術の社会的構成・形成に関する議論では，技術自体に内在する特性によって技術革新の社会的影響が決まるという考え方は「技術決定論」（technological determinism）と呼ばれ，批判の対象とされている．

もう一方の主意主義では，解釈論に立脚するような研究が該当するが，少なくとも経営学の領域においては，現在に至るまで相対的にはマイナーな存在である．ただし，ここで留意しておくべきことは，決定論と主意主義，より広くは客観主義的な方法論と主観主義的な方法論との対立の構図は，主意主義・主観主義的な立場から，支配的な決定論・客観主義的な研究を批判するために展開されることが多いという点である．逆に，決定論・客観主義的

な立場に依拠する経営学の研究において，方法論の問題が直接取り上げられることは少なく，客観主義的な立場からの主観主義的研究の批判に至っては，ドナルドソン（L. Donaldson）の著作（Donaldson, 1996；1997）のような例外を除いては，ほとんど存在しない．また，主観主義的視座に基づく研究は，経営学における現在の中心地である米国よりも，社会科学の伝統を有する欧州で好まれる傾向にあるといってよいだろう．

「客観主義－主観主義」の相対的位置づけ

以上で見てきた「客観主義－主観主義」の対立を軸とする二分法は，絶対的な分類ではない．まず，組織論や経営学におけるメタ理論からの分類軸は他にも存在しているという点である．たとえば，バレルらは「客観主義－主観主義」という次元に加えて，社会の秩序（order）を重視するのか，社会での紛争（conflict）を重視するのかという伝統的な社会学の分類を第2次元として設定し，既存の社会学の理論と組織理論を2×2の4分類で示した（図1-2）．彼らによれば，それまでの組織論の多くは，「客観的－規制の社会学」に対応する機能主義（functionalism）に分類される．

「客観主義－主観主義」という分類自体についても，完全な二分法となるわけではない．たとえば，主観主義に立った議論でも，外部社会の存在を完

図1-2　バレルとモーガンによる組織理論の4分類

出所：Burrell and Morgan（1979），p.22.

全に否定する独我論（solipsism）のような立場と，人々の間での相互作用に基づく解釈の共有という間主観性（inter-subjectivity）を重視する構成主義のような立場では，かなりの隔たりがある．経営学では，研究対象の性質から，独我論のような極端な主観主義をとることはほとんどないとしても，ここで重要となるのは，「客観－主観」の分類軸には程度の問題が含まれるということである．

　また，上述の「客観主義－主観主義」という分類における存在論・認識論・人間の性質・（狭義の）方法論という4つの下位次元は，常に連動するとは限らない．たとえば，バレルらは客観主義的な接近法での存在論として実在論を想定しているが，近年になり欧州を中心に展開されている「批判的実在論」（critical realism）のように（たとえば Bhaskar, 1975 ; 1998 ; Sayer, 1992 ; 2000），事象を生起するメカニズムの実在を最終的には認める一方で，表層で観察できる規則性から，そのメカニズムが解明されるわけではないとして，従来の実証主義的・法則定立的な見解に疑義を唱える立場も存在する．つまり，批判的実在論のような立場は，「客観主義－主観主義」という単純な二分法や，それらと密接に結びつく下位次元の分類には，必ずしも対応しないのである．

　このように，「客観主義－主観主義」という対立を軸とする枠組みは，揺るぎなき根拠をもって絶対的な基準を提供する唯一の存在ではない．その一方で，「客観主義－主観主義」の対立や，「構造－主体性論争」（structure-agency debate）という名での「決定論－主意主義」の対立は，社会学を中心として，修正的な視座の提案といった派生的な議論を含めて，長年にわたり活発に展開されてきた議論の基本となる枠組みであり（たとえば Giddens, 1977 ; 1979），それらの議論に触発された一部の経営学者にも，影響を与えてきた（たとえば Astley and Van de Ven, 1983 ; Reed, 1988 ; 1997 ; Whittington, 1988 ; Willmott, 2000 ; Clark, 2000）．加えて，「決定論－適応」と「主意主義－革新」という見方を根本的な問題として，技術の発展過程を検討することを主たる目的とする本書の立場からすると，バレルらが提示した分析枠組みは，経営組織論や技術革新研究における既存の議論の背景を探る上で有用なベースを提供するように思われる．

以上での方法論に関する議論のポイントは，次の3つにまとめることができる．第1に，技術の発展過程，あるいはより一般的な適応と革新に関する問題を考察する上では，決定論と主意主義という対立する広義の方法論を背景として検討することが有用だと思われる点である．第2に，決定論と主意主義は，唯一絶対的な基準ではないけれども，客観主義的な接近法と主観主義な接近法の下位次元として，それぞれ位置づけることができるという点である．第3に，客観主義的な接近法に属する決定論は実在論・実証主義・法則定立性という，主観主義的な接近法に属する主意主義は唯名論・反実証主義・個性記述性という，存在論・認識論・（狭義の）方法論を，それぞれ伴う傾向にあるという点である．

3　本書の構成

　本書はこの章を含めて10章で構成されている．このうち，第2章と第3章では既存の経営組織論における研究を，第4章と第5章では既存の技術革新研究を，それぞれ検討していく．第6章では，それまでの議論を参照しつつ，本書で中心となる理論的枠組みを提示する．それに続く第7章から第9章までは，理論的な問題に関する考察を深めるための事例分析に充てられる．

　なお，本書の各章での議論はつながりを持つように配慮したつもりではあるが，やや広がりを持った領域を扱うことから，読者がすべての議論に関心を持つとは限らないようにも思われる．主として経営組織論に関心がある読者は第2章，第3章ならびに第10章を中心に，理論的問題を含めて技術革新に関心がある読者は第4章以降から第10章を中心に，技術革新の現象面に関心がある読者は第6章第3節，第7章，第8章，第9章を中心に，それぞれ読んでいただきたい．

　ただし，筆者としては，理論的な議論と現象面での考察，ならびに理論的な議論の中における経営組織論に関する考察と技術革新研究に関する考察は，相互に関連したものである．また，本書の中軸となる方法論に関する問

図1-3　決定論的視座に基づく外部環境と行為主体との関係

題は，一部の研究者が勝手に作り出したのではなく，実務家を含めたすべての人々において，ふだんどの程度意識しているかにかかわらず，思考の基盤を構成しており，それゆえに，方法論をめぐる諸問題は重要だとも筆者は考えている．

　第2章と第3章では，外部環境を中心とする外的要因と行為主体としての組織との関係を扱った経営組織論の議論について，決定論と主意主義という方法論上の問題を中軸として考察を進める．

　革新に関わる問題を考えるにあたって経営組織論を取り上げる基本的な理由は，経営組織論と技術革新研究において，特に外部要因と行為主体との関係を取り上げた研究では，議論の構図が方法論的に近似することにある．

　この点が最も明確になるのは，決定論的視座に立脚する研究である．図1-3は，決定論的視座に基づく経営組織論と技術革新研究の一般的な構図を単純化して示している．個々の議論に関する詳細は第2章以降で検討するとして，ここで重要となるのは，決定論的構図の下では，行為主体が取り組むべき課題は外生的な要因によって規定されるという関係が，経営組織論と技術革新研究のいずれでも想定される点である．経営組織論であれば，外部環境をはじめとする，各理論で重視される外生的要因に対して企業組織が適応することが前提とされる．技術革新研究であれば，製品市場での需要や当該技術の特性といった行為主体の活動とは独立した外部要因によって，研究開発活動で焦点を当てるべき問題が規定されると考える．経営組織論と技術革新研究では，当然ながら直接扱う現象は異なっており，その違いは図1-

3にも反映されている．しかしながら，その背景においては，両者はほぼ同一の構図に立脚しているのである．

さらに，社会的制度とかかわる議論が展開されてきた点において，経営組織論と技術革新研究は問題を部分的に共有していることも，経営組織論を検討する理由の1つである．たとえば，本書で提起する技術システムの〈構造〉は一種の社会的制度である一方で，第3章を中心として考察するように，経営組織論では，制度理論（institutional theory）を中心として，社会的制度に関する議論も活発に提起されてきた．また，社会的制度と理論的にかかわりを有する行為主体の認識や解釈の問題などについても，経営組織論では長年にわたり検討されてきた．したがって，表面的な現象から技術革新研究だけを取り上げるのではなく，基本的な構図と問題を共有する経営組織論を含めて既存研究を幅広く検討することによって，本書の中心となる技術の発展過程を考察する上で意義のある示唆を得ることができると，筆者は考えている．

第2章では，既存の経営組織論における主要な決定論的研究を中心に取り上げて，その背景となる構図を検討する．第2章の議論は大きくは時間的な流れに沿っており，学説史的な考察も含んでいる．そこでの主たる論点は，初期の議論では行為者側の主体性も検討されていたにもかかわらず，経営学の「科学化」への志向性が高まるにつれて，決定論的視座に基づく構図が前提とされてきたことにある．第2章の議論からは，そこで取り上げる既存研究は，一見すると異なる問題や要因を扱いながらも，その背後では外部環境ないし外的要因に対する組織側の適応が前提とされている点で，類似性が高い構図に基づいていることが明らかにされる．

第3章では，外部環境と組織との関係を扱った経営組織論を引き続き対象として，組織側の主体性を組み入れようとしてきた議論を中心に考察を進める．そこで重心的に取り上げるのは，チャイルド（J. Child）の「戦略的選択」（strategic choice），ワイク（K. E. Weick）による「イナクトメント」（enactment）および「センスメーキング」（sense-making）にかかわる議論，そして制度理論（institutional theory）とそこから派生した研究である．第3章で取り上げた研究では，解釈や意味の問題などが直接的ないし間接的

に議論されており，その意味では主意主義・解釈論の要素が部分的にでも取り上げられている．他方で，それらの議論は外部環境からの制約が何らかの形で存在することを想定しており，単純に決定論に対峙する主意主義的な立場に立脚しているわけでもない．このような考え方は，第6章で提示する理論的枠組みの基盤を構成することになる．

第4章と第5章では，技術開発活動で焦点が当てられる問題が行為主体に提示されるメカニズムを中心として，既存の技術革新研究を領域横断的に検討していく．この2つの章における論点の1つは，技術革新は定義的に革新の一種でありながら，これまでの技術革新に関する議論では，決定論的な構図を前提とするなど，革新の本質的な側面が必ずしも論じられてきたわけではないことにある．そこで，これらの章では，経営組織論について扱う上述の2章と同様に，背景となる理論的構図まで遡って考察を進める．

第4章では，技術革新研究における決定論的構図に基づく研究とその批判を中心に検討する．まず決定論的視座に基づく研究として取り上げるのは，「技術プッシュ・アプローチ」と「需要プル・アプローチ」である．続いて，それらの議論の問題点を指摘したローゼンバーグ（N. Rosenberg）らの議論を考察した上で，単純な決定論に基づく議論の問題点は克服されている一方で，技術開発活動において焦点を当てるべき過程が曖昧なまま残されており，理論的問題が十分には解決されていないことを指摘する．

第5章では，技術のシステム性と行為者の主体性の問題を中心に技術革新研究を検討する．前半では，第4章での問題意識を引き継いで，技術のシステム性が行為主体側から生み出される可能性を中心として，アバナシー（W. J. Abernathy）らの「ドミナント・デザイン」にかかわる研究を検討する．後半では，技術革新研究における行為者の主体性の扱いを具体的に検討する．主として取り上げるのは，クーン（T. Kuhn）の「パラダイム」，それを援用した「技術パラダイム」に関する議論，そして「技術の社会的構成・形成」にかかわる議論である．

第6章では，まず本書で中心となる理論的枠組みを提示し，その後で第7章以降で展開する事例分析の位置づけを明確にする．第5章までの既存研究の検討に基づいて提起されるのは，〈技術システムの構造化理論〉と呼ぶ枠

組みである．また，この章の後半部分では，電子部品の生産量データを用いた分析道具を通じて，技術システムを構成する要素間の関係を考察するとともに，本書における基本的な考え方を確認していく．

第7章では，電子機器の小型化に用いられる「高密度実装技術」の発展過程に関する事例分析を通じて，〈技術システムの構造化理論〉を具体的に考察する．この事例では，初期段階から電子機器の小型化に用いられる手段として技術開発が進められていたわけではなく，生産工程の合理化に向けた手段など，他の可能性に向けた努力も行われた上で，最終的には技術システムを構成する要素間の関係や全体としての意味づけ（=〈構造〉）が社会的に確立していた．さらに，技術システムの〈構造〉が確立した後には，その〈構造〉を前提とする開発が要素技術で展開されている．

第8章では，技術システム全体の変遷を分析対象とする第7章から視点を移して，システムを構成する要素から技術の発展過程を見ていく．主として検討するのは，クリステンセン（C. M. Christensen）らによるハードディスク産業に関する既存研究と，日本の樹脂メーカーが手がけた合成樹脂の発展過程に関する事例の2つである．そこからは，事業としての要素技術の発展経路は当初から合理的な論拠に基づいて見通せるものではなく，要素技術の視点からも，決定論的視座に基づく意思決定では原理的に解決できない問題が生じる可能性が示唆される．

第9章では，新規技術の市場導入時に，〈構造〉の一種である「スキーマ」（認識枠組み）がもたらす制約とその変革について，1990年前後のインクジェット・プリンタを事例として考察する．社会的に共有されたスキーマからは行為主体である企業に制約が課せられる．ただし，そのような制約は一律に課せられるものではなく，各企業に固有のスキーマや製品市場での位置づけの違いによって，その時点で合理的となる行動は各企業で異なっており，その違いが新規技術に対する各企業の対応の差を生み出す可能性がある．その一方で，共有されたスキーマや各企業における状況は絶対的な制約ではなく，自社の行動によって制約を打ち破り，新たな状況を生み出すことも可能である．そこからは，既存企業によるスキーマないし〈構造〉の革新の可能性が示唆される．このような視点から，インクジェット・プリンタに

関する事例を考察した上で，既存企業を中心とする各企業による革新の意義が，改めて論じられる．

　第10章では，本書の最終章として，議論全体を総括した上で，技術以外の領域に対する本書の中心的な考え方の適用と，本書での議論に基づく経営学研究に対する示唆について，若干の議論を展開する．

第 2 章
経営組織論における決定論的視座の展開

　この章では，経営組織論において，外部環境をはじめとする外生的要因と行為主体としての組織との関係を中心とする議論のうち，決定論に立脚する主だった研究での基本的な構図について，時代を追う形で検討する．ここで特に焦点を当てるのは，「科学化」への志向性の強まりと連動する形で，行為者側の主体性を考察する視点が失われ，決定論的な構図が鮮明に表れていく点である．

　本章で取り上げる議論の多くでは，一般的な組織成員の主体性がほとんど考慮されないだけではなく，最終的な意思決定者とされる経営者についても，外部環境をはじめとする外生的要因に対する適応を中心として考察が進められてきた．さらに，本章の最後に取り上げるポピュレーション・エコロジー（population ecology）では，外部環境の強い淘汰能力と組織側での対応能力の不備を前提として，外部環境への適応すら困難であると考えられている．これらの議論では，組織やその意思決定者は自らを取り巻く外部環境に対して受動的な存在であると考えられており，環境を変化させ，革新を引き起こすような主体性が組織側にあるとは想定されていない．

　第 1 節では，いわゆる近代組織論を取り上げて，その嚆矢とされるバーナード（C. I. Barnard）の議論では決定論と主意主義の対立が議論の中軸にあったにもかかわらず，それを受け継いだサイモン（H. A. Simon）らは，客観主義－決定論の視座に明確に立脚した研究に転換していった過程を中心に見ていく．第 2 節では，外部環境と組織との関係を中心とする代表的な決定

論的研究として，広義のコンティンジェンシー理論を取り上げて，アストン研究（Aston study）とローレンス（P. R. Lawrence）とローシュ（J. W. Lorsch）の研究を題材として，その方法論的背景を検討する．第3節では，コンティンジェンシー理論以降の組織論から，取引費用理論とポピュレーション・エコロジー（個体群生態学）を取り上げて，その背景にある外生的要因と組織との関係の構図を概観する．

1　近代組織論における主意主義と決定論

　バーナードが1938年に記した『経営者の役割』（*The Functions of the Executive*）は，経営学における重要な古典的文献の1つであり，近代組織論の源流として広く認識されている．社会科学における多くの古典と同様に，この書物は難解である一方で，その多様な解釈の可能性から，後の主要な経営組織論に多大な影響を与えたとされる（Williamson ed., 1990）．

　このバーナードの著作は，初期の経営組織論で主意主義と決定論の問題を直接取り上げた研究として位置づけることもできる．以下で見るように，バーナードの議論における主意主義と決定論は，本章の中心となる広義の外部環境と組織との関係をめぐって考察されているわけではなく，むしろ議論全体の基礎を形成する考え方に近い．その意味では，バーナードの議論は現代における経営学の方法論に関する議論と直接関係するわけではない．他方で，バーナードの議論を準拠点にすることで，その後の研究で客観主義－決定論に依拠する研究が支配性を増していった過程がより明確になるように思われる．バーナードの議論では，現在とは違う形ではありながらも主意主義と決定論の対立の問題が取り上げられていた．しかしながら，とりわけその継承者とされるサイモンらの研究では，バーナードが重要視していた個人の主体性に対する関心は薄れ，組織やその成員は外部環境に対して受動的な存在として扱われていった．

バーナードの議論における主意主義と決定論

　バーナードが『経営者の役割』で中心に据えたのは，いかにして公式組織が機能するのか，という問いである．主意主義と決定論という２つの視座の対立は，一見するとこのような問いとは関係が薄いように思われるかもしれないが，バーナードの議論の根底に流れる重要な要素である．

　同書の中で，主意主義と決定論に関する明示的な議論が展開されるのは，前半の第２章・第３章と最終章である第18章である．たとえば，第２章の終わりで，バーナードは次のように述べている．

> 　本章では，組織の理論と経営者が担う過程の重要な記述を示すための手段として，本書で展開する概念的枠組みに必須となる著者の立場について示そうとしてきた．一方で，普遍的な諸力の表出として人間の行いを説明し，単に反応的なものとして個人を見なし，選択や意志の自由を否定し，組織や社会主義を基本的な立場とする哲学は，広く観察され，社会的状況における人々の行動や思考を支配しているという事実に依拠していることがわかる．他方で，選択や意志の自由を認め，独立した実体として個人を見なし，物理的ならびに社会的環境を二次的かつ付帯的な条件に押しとどめるという哲学もまた，人々の行動や思考に関する他の事実と一致する．これらの哲学やそのような哲学に依拠するであろう何らかの科学的理論での対立を，私は解消しようとするわけではない．ここでは，少なくとも，協働体系と組織に関する便利で有用な理論を開発し，経営者が担う過程を有効に理解するためには，社会現象の諸側面を記述するものとして，いずれの立場も認めることが必要となるのである．（Barnard, 1938, p.21）

　また，このような第２章での議論を受けて，第３章の冒頭部分は次のような文章で始まる．

> 　個人主義の哲学，すなわち選択と自由意志（free will）の哲学が有す

る最も一般的な含意は「目的」(purpose) という言葉にある．その反対の哲学である決定論，行動主義，社会主義を最も一般的に表現した言葉は，「制約」(limitations) である[1]．(*Ibid.*, p.22)

これらの記述からは，まずはバーナードが主意主義と決定論の対立をはっきりと意識していることがわかる．そこでは，方法論の用語では主意主義にあたる，個人の自由意志を重視する「哲学」と，取り囲む環境によって個人の行動が規定されるという決定論的な「哲学」との対比として，明確に示されている．そして，公式組織を体系的に考える上では，いずれか一方の「哲学」のみに依拠するのではなく，双方の要素を考える必要があると，バーナードは説く．

さらに注目すべきなのは，ここで「選択や意志の自由を否定する」哲学は，「組織や社会主義を基本的な立場とする」哲学でもあることである．そこからは，(1)自由意志を持った個人と組織とは対立する，(2)自由意志を持った個人と社会主義は対立する，と考えることによって，(3)組織と社会主義は同種のものである，と見なしていることが明らかになる．つまり，バーナードは，主意主義と決定論の対立を，単なる研究方法論上の問題としてではなく，自由主義と社会主義という社会や国家の基本的な体制と関連するものとしてとらえるとともに，個人の行動に制約を加える点で，社会主義と組織が同様のメカニズムを有していると考えているのである．

バーナードとコースの議論の類似点

このような，個人の自由意志と組織が対立し，組織の基本的なメカニズムが社会主義と同様のものであるという問題意識は，じつは『経営者の役割』と同時期に発表された，コース (R.H.Coase) の取引費用 (transaction cost) に関する論文の問題意識と類似している (Coase, 1937)．

経済学者であるコースは，経済システムにおける資源配分の調整手段として価格メカニズムだけに着目する従来の経済学に疑問を呈し，「企業家」(entrepreneur) による統制の権限 (controlling authority) も，同様に調整手段としての機能を果たしていることを見いだした．

ここで重要となるのは，価格メカニズムと「企業家」という調整手段では，計画（planning）を立てる主体が異なる点である．まず価格メカニズムで計画を担うのは，市場に参加する個人である．コースは上述の論文において次のように述べている．

> ［価格メカニズムで調整される］経済システムは「自走する」のである．このことは，個々人による計画が存在しないことを意味しない．個々人は将来を見定め，代替案の中で選択するのである．経済システムに秩序が存在するのであれば，必然的にそうなっている．(*Ibid.*, p.387)

それに対して，「企業家」が調整手段となる場合には，計画を担うのは企業家であり，その調整システムに参加する個人は企業家の立てた計画に従い，指示を受けることになる．コースは先の引用部分の後で，次のように記している．

> しかし，現実の世界では，これ［価格メカニズムによる資源配分］が適用されない領域が数多く存在する．作業者がY部門からX部門に異動する場合には，相対価格が変化したからではなく，そうするように命じられるから，その作業者は異動するのである．資源配分の問題が価格の動きによって解決されるという論拠に基づいて経済計画（economic planning）に反対する人々に対しては，次のように答えることができる．われわれの経済システムの内部には，上述の個人の計画とはまったく異なるとともに，一般的に経済計画と呼ばれるものに近い計画が存在しているのである．(*Ibid.*, pp.387-388)

ここでいう「経済計画」とは，政府が集権的に立てる計画のことである．したがって，価格メカニズムに基づく市場経済体制の下では，個人が自分で立てた計画に基づいて主体的に行動するのに対して，社会主義体制の下では政府で立てられた計画に従う形で，個人は行動することになる．そして，市場経済体制の下においても，市場経済を支持する人々が否定的にとらえる社

図2-1 バーナードとコースの議論で共通する問題の構図

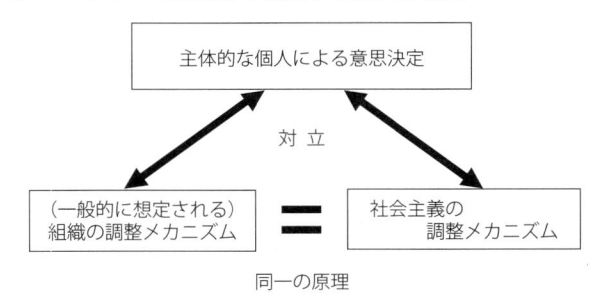

```
           ┌─────────────────────┐
           │ 主体的な個人による意思決定 │
           └─────────────────────┘
              ↑       対 立      ↑
              │                  │
    ┌──────────────┐      ┌──────────────┐
    │（一般的に想定される）│ ═══ │ 社会主義の      │
    │ 組織の調整メカニズム │      │ 調整メカニズム   │
    └──────────────┘      └──────────────┘
                    同一の原理
```

会主義体制と同様の資源配分メカニズムが併存していることを，コースは強調する．つまり，図2-1で示されるような構図を前提としている点で，コースの問題意識はバーナードのそれと一致する．

　もちろんバーナードの議論とコースの議論では，そこで展開される内容は大きく異なる．そもそも，公式組織が機能するために必要な要件をバーナードは探ろうとしたのに対して，コースが焦点を当てたのは，市場と組織という異なる調整メカニズムの選択が何によって決まるのかという問いである．組織内部の状況に焦点を当てるのか，それとも組織を全体としてとらえるのかという点で，この2つは異なる現象を取り上げている．

　しかしながら，近い領域ながらも異なる問題を解いていたバーナードとコースが，組織で用いられる調整メカニズムについて，類似した立場から問題を認識していたことからは，その時代精神を推し量ることができる．当時の米国では，個人の主体性や自由意志が最大限尊重されるべきものであり，集権的な経済・社会システムを基本とする社会主義や全体主義は，そのような精神を侵害する重大な脅威としてとらえられていた．そのような状況を前提とすれば，自分たちが大切にする価値や社会を壊しかねない社会体制と同じメカニズムが，自らの社会でも重要な機能を果たしている可能性があるということは，強い関心が寄せられるものであったように思われる．

バーナードの議論の背景

　個人の自由意志が重要とされる社会でありながら，その社会で重要な役割

を果たす組織において，個人は必ずしも自由に振る舞うことができない．しかし，個人の自由意志が必ずしも発揮できない組織は，個人では成し得ない大きな成果を実現するために不可欠な手段である．このような一種の矛盾に対して，バーナードは，長年勤務したアメリカ電話電信会社（AT&T）での経験を通じて，強い問題意識を抱いていた．バーナードは1934年の講演において，次のように語っている．

　　25年以上前に，私は大学生としての学業を終えました．そのときの私は，人類の発展において，個人がほとんど唯一の要因であり，体系化された集団活動や組織，協働，集産主義（collectivism）はまったく二次的か，付随的に重要なものにすぎないという考え方に染まっていました．この考え方は，それまでの私の経験からすると，自然で，きわめて論理的でした．
　　　　　　　　　　　　　（中略）
　　AT&Tの内部でも外部でも，このような集合的活動はすべて凄まじい力を持っており，仕事に直接かかわる個人の努力の合計を超えるものであることを，また大規模な協働なくては多くのことが成し遂げられないということを，［AT&Tに就職して］すぐに私は学びました．
　　これらの事実は，「この組織の利益」「全体としてのサービス」といった常に示されている言葉の背景に明確に存在していました．そのような言葉は徐々に重要ではなくなっている個人を抑圧しているものだと，私が最初に感じたものの現実の基礎であるように思われました．　（中略）
　　やがて私は，入社時に持っていた徹底的な個人主義から，事実と原則や組織，集合行為がすべてであり，個人は何者でもなく，何もできないという考え方に向かう反作用（reaction）を経験しました．
　　　　　　　　　　　　　（中略）
　　［AT&Tにおけるバーナードの］そのような経験や，人々の凄まじい協働と組織編成（regimentation）による［第一次］世界大戦，また近年の事態に関する反省からは，人間生活に関するすべての問題のうち，1つの，おそらくは最も重要なものは，単独ではまったく相反する

ように見える 2 つの生活の原理をいかに有効に調和するのかということにあると，私は理解するようになりました．その 1 つは人事の体系的配置や協働，組織，組織編成，集合性（collectivity）であり，もう 1 つは動態的な個人です．（Wolf, 1974, pp.55-58）

　この講演の内容から推察されるのは，もともと教育や成長の過程では個人が重要だという考えを持ち，AT&T に入社した後には個人よりも組織や集合的活動が優先されるべきものとする「反作用」を経験し，最後には両者はともに重要なものであり，組織的活動を機能させるには，その調和が不可欠だという思考に至るという，個人と組織・社会に対するバーナードの思想ないし視座の変遷である．

　組織は個人の自由意志による活動だけで成立しているわけではない．その一方で，個人に対する制約が前提とされる組織においても，個人は外界に受動的に反応するだけの存在ではない．このような立場に立脚していることを前提とすると，バーナードの主要な議論の意図が浮かび上がってくる．

　たとえば，「2 人以上の人々の意識的に（自覚的に）調整された諸活動および諸力の体系」（*Ibid.*, p.73）という著名な公式組織の定義にも，組織と個人の関係は反映されている．公式組織を構成するのは，個人そのものではなく，個人が組織に対して提供する活動である．したがって，何らかの組織の一員になったからといって，個人自身がその組織の完全な一部として組み込まれてしまうわけではないのである．

　また，そこでの貢献は組織に所属することで自動的に生じるわけではなく，組織に参加するかどうかのみならず，そこでどの程度貢献するかは，個人側が決定すると，バーナードは考える．それが，個人による組織への貢献はその個人に対する誘因との比較によって決まるとする「誘因と貢献の図式」（inducement-contribution schema）である．

　権威は職位から自動的に発生するのではなく，受け取る側の個人的な利害とも合致してはじめて生じるとする「権威受容説」にしても，参加する組織から個人が一方的に支配されるのではなく，自らの意志がその組織の状況に影響を与えうることを意味している．さらには，個人的な関係を基盤とする

非公式組織に関しても,「公式組織は非公式組織によって活気づけられ,条件付けられる」(*Ibid.*, p.120) として,公式組織内部での個人としての行動が間接的に公式組織の成果に影響を与えるものだと,バーナードはとらえている.

このような個人の自由意志と外界からの決定論を両立させようとするバーナードの議論に対しては,批判もある.たとえば,バレル (W.E.Burell) とモーガン (G. Morgan) は,前章で見た枠組み(図1-2)の中で「客観主義-規制の社会学」の組み合わせとなる機能主義にバーナードの議論を位置づけた上で,組織は共通目的 (common purpose) で特徴づけられるとする一方で,個人は誘因と貢献とを比較考慮することが可能であったり,主体的であるはずの参加者に価値を注入することが経営者の役割の1つだとしたりする一連の議論は,幾分矛盾した仮定に基づいているとした (Burrell and Morgan, 1979).また,ペロー (C. Perrow) も,バーナードの議論では,組織が個々人よりも重要で合理的なものと見なされていることなどを,批判的に論じている (Perrow, 1986).

しかしながら,バーナードの議論は,論理的な整合性を追求して精緻に組み立てられたというよりも,長年にわたる企業や社会での経験に基づいて,いかにして公式組織が機能するのかという問いに対する個人的見解をまとめたものだと考えた方がよいだろう.バーナードにとっては,自らの経験から,個人の自由意志という主意主義的な立場と,外界によって個人の行動が規定されるとする決定論的な立場は,組織,より広くは社会が機能する上で並立すべきものであった.個人は組織の中においても,外界からの影響に機械的に反応するものではなく,制約を受けながらも,最後まで意志を持った存在であることが,そこでは重要だったのである.

サイモンらに見る方法論の変容

ところが,バーナードが打ち出した組織理論を受け継いだとされるサイモンは,『経営行動』(*Administrative Behavior*) (1945;1976;1997) において,真偽を問える「事実」(fact) と,真偽は判定できず善悪のみが問題となる「価値」(value) とを分離して,「科学的」な判断が可能となる事実の問題を

中心に据えて議論を展開した．やや混乱しているバーナードの議論と比べると，サイモンの議論ははるかに洗練されている．しかし，そこでサイモンが焦点を当てるのは，もはや自由意志を持った人間ではなく，より機械的なメカニズムとしての組織であり，そこでの意思決定の合理性である．

　サイモンは，事実と価値の問題を中心に論じた同書第3章の冒頭において，次のように述べている．

> 　第1章では，すべての意思決定には，「事実的」要素と「価値的」要素とそれぞれ呼んだ，2種類の要素がかかわっていることを指摘した．この区分は経営（administration）にとって非常に基礎的なものであることがわかる．第1に，この区分は，「正しい」経営上の意思決定というものの意味を理解することにつながる．第2に，この区分は，経営に関する文献で頻繁に用いられる，政策上の問題と経営上の問題との区分を明確にする．これらの重要な問題が本章の主題である．
>
> 　これらの問題に対して，最も基本的なところから解答するのであれば，経営に関するこの書籍は，さらに長い哲学的な議論から始めなければならないであろう．［しかし］そのために必要なアイディアは，哲学の文献に既に見つけることができる．そこで，ここでは，近代哲学の特定の学派――論理実証主義――が到達した結論を出発点として受け入れて，その結論が有する意思決定の理論に対する含意を検討する．（*Ibid.*, 1976, p.45）

　バーナードにとっての主意主義と決定論の問題が，研究方法論ではなく組織のあり方を考えるための基盤であったのに対して，上述の引用部分に示されるように，サイモンは自らの依拠する研究が論理実証主義という客観主義的な方法論に立脚することを明確にしている．

　もちろんサイモンは，組織での経営管理において価値にかかわる主観的な要素に意味がないといった，極端な議論をしているわけではない．彼は「事実命題（factual proposition）は，真か偽かを確定するために検証できる」（*Ibid.*, pp.45-46）という立場から，「科学的検証」に耐えうるものを主たる

第 2 章　経営組織論における決定論的視座の展開

研究対象としただけであろう．

　しかしながら，主観主義的な立場，あるいは科学哲学での議論からすれば，事実と価値は分離できると見なすこと自体が，典型的な客観主義に立脚することを示すことになる．主観主義的な視座に基づけば，個人の外側に事実は存在しておらず，事実は主観を通してのみ認識される，つまり事実は価値から切り離せないことになるからである．

　その後，サイモンはマーチ（J. G. March）との共著書である『オーガニゼーションズ』（*Organizations*）（March and Simon, 1958）において，組織に関する議論をさらに展開していく．同書は出版当時に公刊されていた組織論の文献と，マーチとサイモンによる独自の見解を組み合わせて，組織が機能するメカニズムに関する命題を広範に示したものである．

　バーナードの『経営者の役割』やサイモンの前著である『経営行動』と比べた際の，方法論的側面から見た『オーガニゼーションズ』の顕著な違いは，既存の議論を含めた組織に関する理論を，要因間の因果関係として定式化する志向がきわめて強い点である．同書では，現在の実証研究でいえば，パス解析や共分散構造分析といった分析手法が適用されるような，重層的な因果関係が図式化され，多数示されている．

　このような志向性は，方法論上の明確な意図に基づいていた．この点に関して，同書の第 1 章において，彼らは次のように記している．

　　　本書では，どのような証拠が存在するかをレビューして，検討するが，新たな証拠を提供することはわれわれの目的ではない．しかしながら，組織に関する現在の理論の経験的検証（empirical testing）に向けて，2 つの方法で，われわれは歩もうとする．［第 1 に］変数の操作的定義に十分注意することで，既存のいくつかの仮説について，検証に適した形で，われわれは再提示する．［第 2 に］様々な事例で，どのような種類の検証が適切かつ実践的であるのかを示す．（*Ibid*., p.24）

　この引用部分からわかるのは，当時の既存の理論に対して，変数の操作化を進めて，観察される変数間での因果関係を検証可能にすることが，マーチ

らの主たる目的であったことである．沼上幹の言葉を借りるならば，彼らが目指したのは「変数のシステム」（沼上, 2000a）としての組織研究の推進である．

また，個人の認知限界と合理性について論じた同書第6章の議論に見られるように，個人の主観が果たす役割を認識している側面はあるものの，バレルらが「修正された行動主義（a modified form of behaviorism）を基本的には反映している」と見なしたように（Burrell and Morgan, 1979, p.151），マーチとサイモンの議論で基本となるのは，個人の行動は外部環境によって規定されるものとする決定論的な視座である．

以上のように，バーナードの『経営者の役割』では理論の土台となっていた主意主義と決定論の問題は，マーチとサイモンの『オーガニゼーションズ』では，決定論を基本とする「変数のシステム」の探究に置き換えられていく．『経営者の役割』から『経営行動』を経て『オーガニゼーションズ』に至る道筋は，近代組織論の発展過程としてとらえられることも少なくない（たとえば占部・坂下, 1975）．これらの研究が展開されるにつれて，理論体系の洗練度は確かに上昇していったのであろう．

その一方で，バーナードが有していた個人と社会・組織との関係に対する強い問題意識は，サイモンやマーチによって徐々に失われていく．そして，その決定論的視座は彼ら独自の志向性として留まるものではなく，「科学化」への運動と連動する形で，広く展開されることになる．

2　コンティンジェンシー理論における決定論的視座

近代組織論と総称される研究が「客観主義－決定論」の志向性を強めていったことと連動するように，当時の経営学では，体系的な定量データの収集・分析に基づく実証研究への志向性が強まっていた．たとえば，現在でも経営学の領域で権威ある学術誌とされる *Administrative Science Quarterly*（*ASQ*：日本語に訳せば『管理科学季報』）が発刊されたのは，マーチとサイモンの『オーガニゼーションズ』が出版される2年前の1956年である．

ASQ はその名の通り，経営管理の「科学化」を推進するための学術誌として位置づけられていた．*ASQ* の初代編集長であったトンプソン（J. D. Thompson）は，創刊号に寄せた論文で，自然科学と同じ方法論を導入することによって，経営学は「アート」から「科学」へと脱却できると説いた（Thompson, 1956）．その論文で，トンプソンはバーナードやサイモンを引き合いに出して，次のように述べている．

> 概念に関しては，経営管理（administration）の文献は非常に抽象的なものからきわめて具体的なものまで存在するが，両者が関係づけられることはほとんどない．たとえば，チェスター・バーナード，アンリ・ファイヨール，メアリー・パーカー・フォレット，ハーバート・サイモン，リンダル・アーウィックなどによる業績には多くの議論があるにもかかわらず，それらの概念や命題はほとんど実証されていない．他方で，経営管理の問題に関する多くの調査は場当たり的な仮説をめぐって展開されており，仮にそれらに概念があるとしても，より一般的な理論での概念に対して，ほとんど注意を払われることはなかった．（*Ibid.*, p. 106）

つまり，トンプソンは，バーナードやサイモンによる議論の意義は認めながらも，それらが概念や命題の提起に終始しており，検証可能なデータに基づく実証が「科学化」のためには不可欠であると考えていた．前述の『オーガニゼーションズ』に至る方法論上の動向は，このトンプソンの考え方と合致する．

そのような状況の下で，1960年代から70年代にかけて，「コンティンジェンシー理論」（contingency theory）という名前で総称されることになる経験的な組織研究が，様々な形で展開されていく．そこで取り上げられた基本的な問題は，組織が直面する広義の環境と組織構造との関係である．これらの研究群の影響は大きく，日本の経営組織論における本格的な実証研究についても，初期の野中郁次郎や加護野忠男をはじめとする研究者によって，コンティンジェンシー理論として事実上開始されることになる（野中, 1974;

加護野, 1980).

　ここでコンティンジェンシー理論を取り上げるのは，後述するように，その内容が決定論的であるだけではなく，経営学の領域で決定論的視座の地位が確立される過程において，重要な影響を果たしたと思われることにある．ブルジョワ（L. J. Bourgeois）によれば，経営学の領域における決定論的視座の導入は，次の3つの要因と関連していたとされる（Bourgeois, 1984）．第1の要因が「科学的」手法の適用である．第2に，「倹約の理念」（the ideal of parsimony）に基づいて，一連の経験的な事実をより単純な理論によって説明しようとしたことである．第3に，組織行動を個人レベルのミクロ的なアプローチではなく，組織を分析単位とする，よりマクロな視点からとらえる方向に移行した点が挙げられる．そして，代表的な組織理論において，これらの3つの要因に完全に当てはまる初期の研究が，コンティンジェンシー理論である．

　以下では，広義のコンティンジェンシー理論での展開をまとめたドナルドソン（L. Donaldson）の著作（Donaldson, 2001）において，「官僚制理論」(the bureaucracy theories）と「有機的理論」(the organic theories）の2つに分類された諸研究の中から，それぞれの代表格である「アストン研究」(Aston study）と，ローレンスとローシュによる研究を中心として，それぞれの議論の背景にある決定論的な構図を具体的に考察したい．

アストン研究の方法論

　アストン研究とは，英国・バーミンガムのアストン大学（the University of Aston in Birmingham，ただし開始当初の名称はBirmingham College of Advanced Technology）で1961年に開始された組織に関する実証研究プロジェクトと，そこから生み出された一連の研究を，一般には指している．初期の研究プロジェクトはピュー（D. S. Pugh）を筆頭に，ヒクソン（D. Hickson），ヒニングス（B. Hinings），ハーディング（G. Harding）の4名を中心として構成されており，のちにターナー（C. Turner）やインクソン（K. Inkson），そしてチャイルド（J. Child）などが加わり，引き継がれていった．

アストン研究は，当初からバーミンガム地区の幅広い業務組織（work organization）を対象として，多様な項目をデータとして収集しており，当時の組織論の実証研究において，例外的な規模と詳細さを両立していた．また，数多くの研究が ASQ をはじめとする学術誌で発表され（たとえば Pugh et al., 1963 ; 1968 ; 1969），当時の組織研究に多大な影響を与えた．これらのアストン研究に属する一連の研究は，後に 3 冊の書籍にまとめられている（Pugh and Hickson, 1976 ; Pugh and Hinings eds., 1976 ; Pugh and Payne eds., 1977）．

このプロジェクトでは，もともとはウェーバー（M. Weber）の官僚制研究を重要な参照点として，概念が操作化され，それらが複数の尺度で定量的に測定されている．その内容の違いから，厳密な意味でのコンティンジェンシー理論ではなく，官僚制を定量的に分析した研究として独立して位置づけられることもある（たとえば Scott, 1992）．他方で，後述するように，組織構造のみならず，それに影響を与えるとされた「コンテクスト」（context）も詳細に測定されており，「広義の環境→組織内部の状況」という因果関係を想定している点では，狭義のコンティンジェンシー理論と類似した視座に立っている．

アストン研究は，ピューらからターナーらを経て，チャイルドらへと至る複数の世代にまたがって長期に継続されたこともあり，完全に一致した方法論でまとめられるわけではない．しかしながら，一群の研究が「客観主義－決定論」に基づく志向性を有していたことは，随所に見ることができる．たとえば，アストン研究の成果をまとめた書籍の第 1 巻の導入部では，次のように記されている．

> この調査単位［ピューらによる当初のプロジェクト］は，組織における行動に影響を与える要因を研究として取り上げて，公刊された文献を検討して，約 1 年にわたる内部での膨大な議論を経て，研究戦略を開発した．
>
> そこでは，その当時，組織の機能の仕方や組織成員の行動に関する状況を記述した事例研究は相当数存在するにもかかわらず，組織間を体系

的に比較する方法はほとんど存在しておらず，独自のデータベースを有する事例研究の代表性やそれによる過大な一般化の危険性を，評価することが難しいという見解がとられた．このことはこの領域において非常に不適切であると認識された．そのために，組織間での比較調査を実施して，事例研究が有する独自の個別性を［相対化して］位置づけられるような有意義で安定的な関係を探究する方向で，研究戦略は開発された．(Pugh and Hickson, 1976, p. vi)

　この引用部分からは，個別の事例研究に依拠するだけでは妥当な一般化が困難であり，その問題を克服するために，複数の組織を同一条件で比較可能な調査を行うことが，少なくとも当初のアストン研究の調査戦略であったことがわかる．このような立場は先述のトンプソンの見解ときわめて類似している．換言すれば，アストン研究は，トンプソンの描いた理想を，調査プロジェクトとして実現しようとしたものと見なすことができる．
　この種の立場は広義の実証主義に属するものであり，アストン研究における方法論に焦点を当てた論文の冒頭では，その立場がより具体的に示されている．

　　　ストウファーらは，その歴史的な業績において，社会学の発展に必要となる3つの条件に言及している．それらは，(1)関連する概念の操作化と，実証ないし反証を可能とする理論の言明，(2)可能であれば尺度を用いた，概念が指し示すものの分離と記述，(3)統制された実験と追試を用いた理論的命題に関する厳密な検証，である．この論文では，ストウファーによって言及された前者2つの基準に従うようにするとともに，それらの相互関係から，第3の基準もすぐに適用できる研究を報告する．(Hinings et al., 1967, p.61)

　ここでは，アストン研究における操作化，尺度開発ならびに分析は，「実証ないし反証を可能とする理論の言明」に基づいているとされており，論理実証主義なのか反証主義なのかといった科学哲学上の厳密な議論に配慮して

いるわけではないが，広義の実証主義的な視座に立脚していることが明示されている．この論文は調査プロジェクトの開始から6年後に刊行されており，当初からこの種の方法論上の立場を明確に認識していたか否かは定かではない．しかしながら，ピューらがアストン研究の成果をまとめた書籍の第1巻には，2本の論文を編集して研究での発見事実を記した第2章の冒頭で，ほぼ同じ記述が再録されていることも併せて考えると (Pugh and Hickson, 1976, p.17)，この種の方法論的立場がかなり確信的にとられていたことがうかがえる．

アストン研究では，以上のように調査の方法とその位置づけという点はかなり明確にされている一方で，その決定論的な枠組みはそれほどはっきりと当事者に認識されているわけではない．この点について，研究の内容に立ち入りながら，少し検討しておきたい．

アストン研究で中心的に検討されたのは，前述のように，官僚制と「コンテクスト」の操作化と両者の間の関係である．このうち，官僚制の概念は，(1)組織内の分業に関する「専門化」(specialization)，(2)組織内での活動や役割が手続きに関する規則に従う程度を示す「標準化」(standardization)，(3)組織におけるコミュニケーションと手続きが文書化されている程度を示す「公式化」(formalization)，(4)組織内での意思決定に関する権限が存在する場所を示す「集権化」(centralization)，(5)組織の形状である「形態」(configuration)，(6)組織構造の変化の度合いを示す「柔軟性」(flexibility)，の6つの次元に分解されている (Pugh et al., 1963 ; 1968)．これら6つが当該組織の構造的特性，すなわち「組織構造」(organization structure) である．調査において複数の質問項目で測定されたこれらの次元からは，主成分分析によって，「活動の構造化」(structuring of activities) と「権限の集中」(concentration of authority) の2つが特に重要な因子として抽出されている[2]．

他方，組織構造への影響が想定される「コンテクスト」とは，厳密には環境そのものではなく，環境と組織の間に介在する変数群であり，アストン研究で独自に認識されたものである (野中ほか, 1978)．コンテクストとして具体的に取り上げられたのは，(1)起源と歴史，(2)所有と統制，(3)組織規模，

図2-2　アストン研究における主要な論点

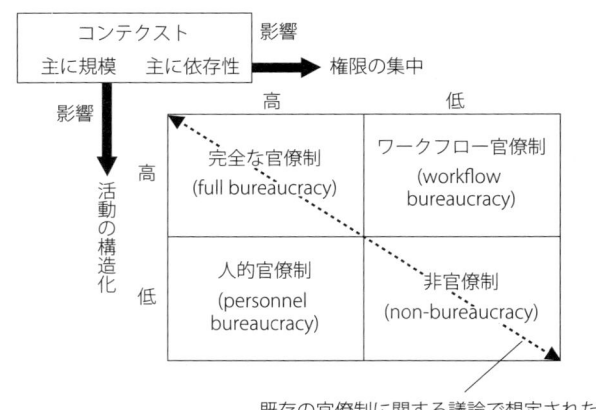

```
         コンテクスト         影響
      主に規模  主に依存性  ──→  権限の集中
  影響│                    高         低
     │         ┌─────────┬─────────┐
     │       高│完全な官僚制│ワークフロー官僚制│
     ↓         │(full     │(workflow       │
  活動          │bureaucracy)│bureaucracy)   │
  の構         ├─────────┼─────────┤
  造化       低│人的官僚制 │非官僚制       │
             │(personnel │(non-bureaucracy)│
             │bureaucracy)│              │
             └─────────┴─────────┘
                                  ↓
                   既存の官僚制に関する議論で想定された軸
```

(4)組織の社会的機能や目的などの「チャーター」，(5)ウッドワード (J. Woodward) の研究で想定されたような，組織で用いられるという意味での「技術」，(6)事業所の数で示される「立地」，(7)他の組織に対する「依存性」，の7次元である (Pugh et al., 1969).

　以上のように測定・分析されたコンテクストと組織構造との間では，様々な関係が考察されるが，特に重要なポイントは次の2つに集約できる．第1に，「活動の構造化」と「権限の集中」の2次元によって，組織は特徴付けられるという点である (Pugh and Hickson, 1976)．図2-2にあるように，従来の議論では「官僚制の程度」という1次元で考えられていたのに対して(左上から右下への対角線)，官僚制という概念が最終的に「活動の構造化」と「権限の集中」という2次元に分解されるのであれば，2つの次元は必ずしも連動するとは限らないことから，「高－低」の組み合わせだけでも，官僚制に関連する4つの組織類型が想定できることになる[3]．

　第2に，一部のコンテクストが「活動の構造化」や「権限の集中」と強い相関関係にあるという点である．とりわけ注目されたのは，従業員数で測定された組織規模である．アストン研究自体では，組織規模は「活動の構造化」と，「依存性」は「権限の集中」と，それぞれ強い正の関係にあるとした (Pugh et al., 1969 ; Pugh and Hickson, 1976)．また，チャイルドは，アス

トン研究の追試を別のサンプルで行い，規模を中心とするコンテクストは，組織における専門化の増大を媒介として，公式化と分権化を促進することを示した (Child, 1973).

若干注意しておきたいのは，コンテクストと組織構造との間に因果関係を想定するかどうかについては，やや慎重な説明も見受けられることである．たとえば，ピューとヒクソンは，どの変数間の相関係数も高くて0.7程度であり，完全な規定関係（つまり相関係数が1であるということ）にはないことに加えて，相関があることは何らかの因果関係があることを直接証明するものではない，としている (Pugh and Hickson, 1976). しかし，これらの説明は，多くの実証研究者にとっては，誤解に基づいているか，もしくは半ば自明であろう分析技法上の問題を言及しているにすぎない．たとえば，社会現象において，相関係数が仮に1.0であるとすれば，それは絶対的な規定関係にあるのではなく，同語反復的である2つの変数間の関係を取り上げていることになる[4]．社会科学で考察に値する現象は複数の要因が絡み合っているはずであり，完全な相関関係が成立するのだとすれば，そこではまったく同一の現象をそれぞれ別の側面から見ているだけなのである．

また，アストン研究では，官僚制の概念から組織構造を操作化し，コンテクストと組織構造との関係を中心に考えていた一方で，なぜ組織を考える上で構造的要因が重要となるのかという点については，検討された形跡がほとんど存在しない．一般に構造という概念が社会科学で重要となるのは，それが人々の行動を規定すると想定されることにある．バーナードの問題意識の1つも，組織から成員への影響力によって個人の自由意志が阻害される可能性にあった．この点に関するアストン研究での数少ない見解の表明は，研究成果をまとめた書籍の第3巻の導入部での，次のような記述に見ることができる．

[組織，部門，集団，個人と階層的に要素を描いて，要素間の関係を描いた図において] それぞれの箱にある変数のリストは完全ではないが，これまで研究してきた主要な内容の一部を示すものである．願わくは，その図からは，個人や集団はより大きなシステムの一部であり，そのよ

り大きなシステムはこれらのサブシステムの環境の一部を形成しているという事実も示される．図の左側にある下向きの破線は，このことを示そうとしている．このような研究の含意は，カッツとカーンによって，次のように強調されている．「研究における第1のステップは，一段高いシステムの組織に向かい，研究対象とする組織が，その一部を構成する上位のシステムに対する，研究対象とする組織の依存性を調べることが常に必要である．なぜなら，その上位システムは従属するシステムの行動の分散を制約しているからである．」

　図の右側にある上向きの破線は，下位システムも上位システムに対して影響しうることを示している．最高経営者という立場の個人は組織全体の構造やプロセスにかなりの影響を与えうるのである．（Pugh and Payne eds., 1977, p. vii. 傍点は筆者）

　この引用部分の主張を簡単にまとめると，次のようになる．上位システムは環境として下位システムの制約となる．他方で，下位システムも上位システムに影響を与える可能性もある．ただし，下位システムから上位システムに対して影響を与えられる状況は，とりわけ個人については，ごく一部に限られている．

　つまり，組織における個人は上位システムからの影響を基本的には一方的に受ける存在であるけれども，経営者や管理者という全体を管理する立場にある人は上位システムに影響を与えうるという点で，他の成員とは異なるということである．この点は，「相関係数が1.0ではないのだから，完全な規定関係にない」とする前述のピューらの説明において，「そのために経営者や管理者といった意思決定者に裁量の余地がある」という趣旨の記述が付け加えられていることと，基本的な立場が一致する．

　以上での議論をもとに，アストン研究において前提とされる要因間の関係をまとめたのが，図2-3である．ここで重要となるポイントは，3つある．まず，(1)コンテクストが組織構造に対して影響を与えるという直接的な研究の対象のみならず，(2)組織構造が組織成員に対して影響を与えることが暗黙的に想定されていることである．この2点からは，この図式において

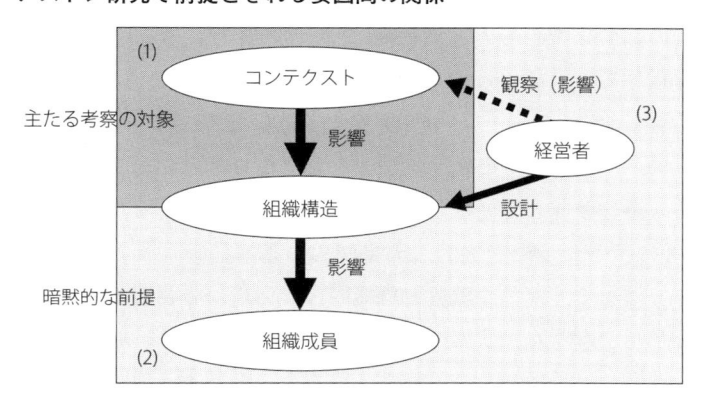

第 2 章　経営組織論における決定論的視座の展開

図2-3　アストン研究で前提とされる要因間の関係

```
(1)
主たる考察の対象　　コンテクスト　　観察（影響）
　　　　　　　　　　↓影響　　　　　　　　　(3)
　　　　　　　　　　　　　　　　　経営者
　　　　　　　　　組織構造　　　　設計
　　　　　　　　　　↓影響
暗黙的な前提
　　　　　　　　　　組織成員
　　　　　　　　(2)
```

「二重の決定論的構図」が成立していることがわかる．そこでは，単に観察される変数間での因果関係が研究対象として考察されるだけではなく，コンテクストとの間では従属変数となる組織構造も一般的な組織成員に対しては影響を与えることが，半ば自明のように扱われている．

　この図式の中では，バーナードが取り上げた，組織におけるふつうの個人の主体性は，もはや顧みられることさえない．先に触れたブルジョワの指摘のように，組織に所属する個人を直接的な分析対象としない「マクロ組織論」が「ミクロ組織論」とは異なる領域として成立した背景には，社会学と心理学という基盤となる学問領域の違いに加えて，このような単純な関係を組織と個人との間に想定することで，組織全体の現象を個人や小集団の活動と切り離して考察しやすくなったことがあるように思われる．

　さらに，(3)経営者に代表される意思決定者は，いわば組織構造の制約を受けるのではなく，その構造を設計したり，そこに影響を与えたりするという意味で，一般の組織成員とは異なる地位を与えられていることにも，注意が必要である．ここでは，中立的にいえば「観察者」ないし「設計者」としての役割を，より価値を含んだ言葉を用いれば「支配者」としての役割を想定することで，組織における主体性という点で組織成員が区分されている．

　この第3のポイントは，経営組織論，とりわけ実務家に何らかの示唆を提供しようとする議論では，きわめて一般的にとられている見方であり，かつ

重要な意味を持つ．第1章でも触れたように，単に状態を記述するのではなく，組織の運営に携わる実務家に対して，「設計者」の立場から有益となる視点を提供することにつながるからである．なお，この点に関しては，『経営者の役割』（*The Functions of the Executive*）というタイトルから推察できるように，バーナードの議論も類似した立場をとっており，バレルとモーガンから「幾分矛盾している」と指摘される所以でもある．

図2-3に示される決定論的な因果図式の基本部分は，アストン研究に固有のものではなく，広義の環境と組織内部の何らかの要因との間に一方向的な因果を想定する多くの研究にも当てはまる．そこでは，取り上げる変数や構成概念は異なっていても，上述の3要素を中心とする構図は共有されている．次項では，コンティンジェンシー理論の代表とされるローレンスとローシュの研究を考察することで，この点を確認することにしたい．

ローレンスとローシュの研究における決定論的構図

狭義のコンティンジェンシー理論とは，「組織構造に代表される組織的特性と，その組織が置かれた状況を反映するコンティンジェンシー要因との適合性によって，組織の有効性が決まる」と定義される（Donaldson, 2001）．この考え方に基づけば，コンティンジェンシー要因が組織のあり方を規定するものであり，そのコンティンジェンシー要因に適切に適応することが組織の管理者・経営者の役割ということになる．つまり，この定義自体によって，コンティンジェンシー理論は前項で示した図式を基本的には満たすことになる．

コンティンジェンシー理論と呼ばれる一群の研究は，この見方を共有している一方で，組織の有効性に大きな影響を与えるコンティンジェンシー要因として何を想定するかという点で，それぞれの研究は異なっていた．たとえば，英国・南エセックス地区の製造業を対象としたウッドワードの研究では，コンテクスト変数の一種である生産技術が重要なコンティンジェンシー要因とされる（Woodward, 1965）．あるいは，先に見たアストン研究をコンティンジェンシー理論と見なすのであれば，そこでのコンティンジェンシー要因は，組織規模を中心とする，組織構造との関係が強いコンテクスト変数

ということになる.

　その中で，コンティンジェンシー理論という概念を提起して，一連の研究をまとめたのが，ローレンスとローシュの研究である（Lawrence and Lorsch, 1967a ; 1967b）. ローレンスらが想定したコンティンジェンシー要因は，コンテクスト変数ではなく，組織が直面する環境の不確実性であり，第2次世界大戦終了以降しばらくの英国の産業を対象としたバーンズ（T. Burns）とストーカー（G. M. Stalker）の研究（Burns and Stalker, 1961）とともに，一般にはコンティンジェンシー理論を代表する研究として見なされている.

　ただし，立脚する方法論から当時としては広範な定量的調査を志向したアストン研究や，丹念な定性的調査をベースに置いたバーンズとストーカーの研究とは異なり，ハーバード・ビジネス・スクールに所属したローレンスらが展開したのは，実践志向が強い研究である. 彼らの調査・分析では，数量データを使ってはいるものの，絶対的な基準が存在しない変数が少なくないこともあり，分析では測定した数値から割り出した順位が少なからず用いられている. 加えて，研究対象はプラスチック産業6社，食品産業2社，容器産業2社の10社と限られていることもあり，内容としては，比較対象を設定した事実上の事例分析だといえる.

　したがって，ローレンスらの研究では，トンプソンやピューらが目指したような「科学化」の志向性は，一部の分析技法を除けば，相対的に弱い. それに代わって焦点が当てられたのは，実務での妥当性（relevance）だといえる. たとえば，この研究の中心的な内容は，ASQに学術論文として掲載されるとともに（Lawrence and Lorsch, 1967a），同時期に書籍として刊行されているが（Lawrence and Lorsch, 1967b），彼らの業績としてより広く認識されているのは，レビューと理論的な考察を後半に置くなど，一般的な研究書とは異なるスタイルをとった書籍の方である.

　このような研究上の特性もあり，ローレンスとローシュの研究については，その基本的な内容や主張は比較的容易に理解できる反面，そこでの方法論は，先に見たアストン研究ほど明確に示されているわけではない. そこで，彼らが展開した議論の内容から，背景で想定された要因間の関係を具体

的に考察したい．

　ローレンスとローシュの研究で中心となるのは，「直面する環境で必要とされる分化（differentiation）と統合（integration）を達成した組織が，より高い組織成果を達成できる」という命題である．その際に前提となるのが，システムとしての組織観，つまり複数の下位単位から構成されるシステムとして，組織を考える見方である．直面する環境もまた下位環境に分かれることから，企業は異なる下位環境を扱う部門（＝下位システム）ごとに，組織を分ける必要が生じる．科学的な知識を探究する基礎研究部門と，製品技術を開発する部門と，その技術をもとに製品を作る生産部門と，現時点での製品市場での販売を主たる業務とする営業部門では，仕事を行う上で直接接している環境が異なるということである．ここで，下位システムとしての組織の各部門は，それぞれの下位環境からの要求に適応していくことが必要となる．これが組織の分化である．

　他方，1つのシステムとしての組織は，組織全体として直面する環境に合わせて，自らタスクを遂行するために，分化した組織を統合していく必要がある．したがって，組織が高い成果を上げるためには，各下位部門が直面する下位環境に合わせて分化すると同時に，組織全体として必要な統合を達成する必要が出てくる．

　このような構成概念のうち，分化については，下位組織における(1)組織構造，(2)成員の対人志向性，(3)成員の時間志向性，(4)成員の目標志向性，の4項目に，また統合については，(1)分化された部門間の統合の程度と，(2)統合装置（integrating device＝職能部門間の調整機能を果たす部門やチームなど）の状況で，それぞれ操作化されている．

　ローレンスらの議論は，現実社会との対応が現在でも想定できる明快な洞察を含んでいた．技術革新や市場の動きが速ければ，各部門はそれに対応した動きをしなければならない．たとえば，技術の陳腐化が進むような状況において，的確な対応が迅速にできなければ，技術開発競争に遅れてしまう．他方で，開発部門と生産部門と営業部門は自らの置かれた立場から対立しがちであるけれども，各部門間の調整を通じて，組織全体で一体化しなければならない．

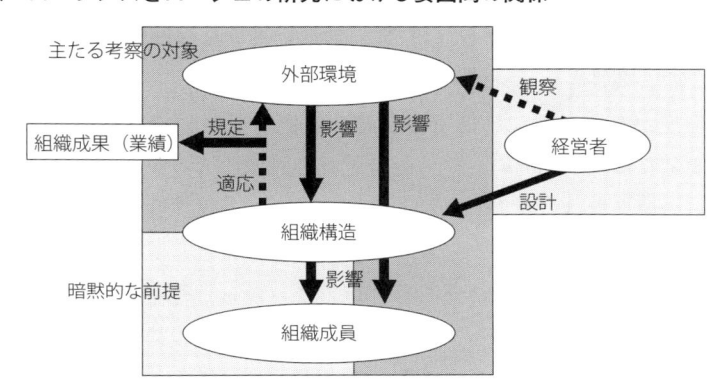

第2章　経営組織論における決定論的視座の展開

図2-4　ローレンスとローシュの研究における要因間の関係

　ただし，取り扱う事象が適切であるとしても，事象と対応する概念レベルでの説明の妥当性については，注意を要する．とりわけ，組織の職能部門間での統合が必要となる根本的な説明は，曖昧なまま残されている．研究対象とする企業で，最終的に統合された成果が評価されるのは，環境全体といった曖昧なものではなく，製品市場であると思われる．事業組織では，少なくとも製品開発と生産と販売は，最終的には製品市場で顧客から買ってもらうために，一体的に機能する必要が生じるからである．しかし，「統合とは，組織のタスクを達成するために，様々な下位システム間で努力の一体化を図る過程として定義できる．タスクは，少なくともある製品ないしサービスの設計，生産，販売を含む，インプット－変換－アウトプットの完全なサイクルとして定義される」（Lawrence and Lorsch, 1967a, p.4）といった定義では，統合に関して，環境と組織の間にどのような関係が具体的に存在するのかは，不明確である．

　このように，概念レベルでは完全には詰められていない側面はあるものの，ローレンスらの研究で基本的に想定されている要因間の関係は，図2－4のようにまとめることができる．ここで外部環境は組織構造を経由して組織成員に影響を与える．先の図2－3と異なるのは，組織構造の概念が若干広いことと，外部環境から組織成員に与える影響で直接考察されている部分が含まれること，の2点である．まず，外部環境から広義の組織構造に対す

る影響は，(1)狭義の組織構造への影響に加えて，(2)分化の必要性という意味での下位環境からの影響と，(3)先に触れたように曖昧な部分は残るものの，統合の必要性という点での環境からの影響の3点が考えられる．これらの外部環境からの影響に対応する広義の組織構造としては，狭義の組織構造，必要となる職能部門の設定，統合装置の設定の3点がある．また，ローレンスらの調査では，対人志向性，時間志向性，目標志向性が組織成員の認識として測定されているが，これらは独立した個人としてではなく，所属する部門によって変化すると考えられていることから，組織構造をまたいで矢印が描かれている．したがって，アストン研究では直接的には議論されていなかった組織構造と組織成員との関係は部分的には議論されることになる一方で，ここでも考えられているのは，組織構造を経由した環境からの一方向的な影響関係である．

　これらの分化と統合は，外部環境からの要求に対する適応によって実現することであり，その度合いによって業績が規定されることになる．この点が，図の左側に示されている．そして，広義の組織構造の設計を中心として，その適応を実現するのは，経営者である．

　以上の議論からわかるように，議論の細部では異なる点もあるものの，外部要因が組織構造を規定し，さらに組織構造が組織成員の行動を規定するという決定論的な経営組織論の基本的な構図は，ローレンスとローシュの議論でも成立している．

　コンティンジェンシー理論は1960年代に隆盛を誇るものの，70年代半ば以降になると勢いを失っていく．その理由ははっきりと特定することは難しいが，次章の最初に見るように，経営戦略論への関心の高まりと無縁ではないように思われる．その一方で，同様に次章で考察するように広義の主観主義に基づく立場からの批判は絶えず展開されてきたにもかかわらず，コンティンジェンシー理論への関心が低下した後の経営組織論でも，コンティンジェンシー理論の背景にあった決定論的な視座自体は，根強く残っている．次節では，コンティンジェンシー理論以降の経営組織論から，決定論的視座に基づく代表的な理論を2つ取り上げて，その概要を検討していきたい．

3 コンティンジェンシー理論以降の決定論的組織論

　コンティンジェンシー理論の勢いが衰えた後の組織論では，現在に至るまで，特定の理論が支配的になることはなく，異なる問題意識や視座に基づいて，多様な議論が展開されてきた．

　その一方で，その後の組織論がまったく無秩序に展開されてきたわけでもない．そこでの組織論全体としての大きな傾向としては，2点挙げることができる．第1に，以前ほど強いわけではないが，決定論的な視座は今なお多くの研究者によって支持されているという点である．前節の終わりでも触れたように，コンティンジェンシー理論そのものについては，研究として直接取り上げられることは現在ではほとんどない一方で，その根底に流れる発想は経営組織論の中に根強く存在している．

　第2に，組織構造をはじめとする組織内部の問題から，外部環境をはじめとする外生的要因と組織もしくは組織の集合体との関係に，中心的な関心を移した議論が数多く見られるようになった点である．それらの議論は，以前よりもマクロ的な視点から組織を考察しており，ある意味では組織論で扱われる領域が拡大したともいえる．その反面，そこでは，組織の内部管理という視点が相対的に希薄であり，私企業を研究対象としていたとしても，経営学の一角を構成する経営組織論の範疇を逸脱するような場合も存在する．

　そのようなマクロ的な視点に立った代表的な組織研究としては，取引費用理論（transaction cost theory），ポピュレーション・エコロジー（個体群生態学：population ecology），制度理論（institutional theory）を挙げることができる．このうち，本節では，取引費用理論とポピュレーション・エコロジーの2つを，決定論的な視座に立脚する議論として，その概要を見ていく．制度理論については，論者によって方法論的立場が異なることに加えて，その方法論の相違に重要な意味があると考えられることから，次章で別途取り上げる．

取引費用理論の基本的な構図

　本章の第1節で触れたように，取引費用をめぐる基本的な問題は今から70年以上前に，コースによって提起されている．そのコースの論文は「多く引用されるが，ほとんど使われない」状況に長らくあったが[5]，そこで基本とされる「市場取引か，組織への内部化か」という問題を中心に据えて，取引費用理論の体系化を図ったのが，ウィリアムソン（O. E. Williamson）である（Williamson, 1975 ; 1979 ; 1985 ; 1991 ; 1996）．

　ウィリアムソンによる議論の出発点は，コースの論文やコモンズ（J. R. Commons）の制度派経済学，ハイエク（F. Hayek）の情報に関する議論といった古典的研究に基づきつつ，経済学の主流を構成してきた新古典派経済学を一部修正した理論を提起することにあった．そのために，取引費用理論は組織を扱ってはいるものの，社会学との関係が深い一般的な組織論とは，理論的基盤が異なる．また，取引費用理論は，主流派の経済学と同様に，序章で見た客観主義の特性をほぼ完全に満たす方法論的立場をとっている．実際に，ウィリアムソンが取引費用に関連する変数を特定したことにより，広義の実証主義に基づく数多くの実証研究が行われてきた．

　上述のコースの論文に対して，ウィリアムソンは，生産関数や費用関数の背景にある技術ではなく，取引ならびに取引で生じる費用を主たる分析対象としていることと，不確実性が議論の中心を構成している点については賛同しつつも，取引費用の節約（economies）がなぜ，どのように生じるのかという，その背景となる要因は明らかにされていない点に問題が残されているとした（Williamson, 1975 ; Williamson and Ouchi, 1981）．そこで進められたのが，取引費用理論の体系化・精緻化である．

　取引費用理論の体系化・精緻化を進める上で，特に重要とされるのは，人間行動に関する仮定の明示と，取引形態を規定する要因の具体化，という2点である．

　人間の行動に関する仮定としては，さらに次の2点が強調される．1つは，新古典派経済学における「完全合理性」（hyper-rationality）という仮定を，人間の合理性は前提としながらも限界があるとする「制限された合理性」

(bounded rationality) という，サイモンが提唱した仮定に置き換えた点である．もう1つは，人間は自己利益を追求するとする新古典派の仮定を逆に強めて，「裏切りを伴った自己利益の追求」(self-interest seeking with guile) としての機会主義（opportunism）の存在を重視したことである．

つまり，人間の合理性には限界があるために，将来の状況を完全に予測することはできない上に，人間は相手を裏切ってでも自分の利益を追求するような存在であることを前提とすれば，ある条件の下では，市場での取引の費用は上昇し，場合によっては市場での取引自体が生じない「市場の失敗」(market failure) が発生してしまう．そのような状況を回避するためには，官僚制による非効率などが生じるとしても，市場取引ではなく，垂直統合によって階層組織に内部化する選択をとることが望ましいことになる．あるいは，場合によっては，長期契約や提携といった階層組織の中間形態をとり，単一の企業に完全に統合しないとしても，企業間に継続的な取引関係を作ることも選択しうる．

そこで取引形態の効率性を左右する条件として想定されるのが，市場での取引費用を高めることになる要因である．その基本的な要因としてウィリアムソンが挙げたのは，(1)資産の特殊性（asset specificity），(2)不確実性（uncertainty），(3)取引の頻度（transaction frequency）の3つである（Williamson, 1975 ; 1985）．これら3つの要因は相互に影響を及ぼすために一概にはいえないが，基本的には，各要因の程度が高まるほど，市場における取引のための費用は増大する一方で，組織への内部化のインセンティブは高まることになる．

このうち，資産の特殊性とは，資産が特定の取引に限定される程度のことである．特定の買い手向けの専用生産ラインのように，ある特定の取引だけにその資産が用いられて，他の取引に転用することが難しければ，買い手からの無理な要求を飲まざるを得ない状況に陥る可能性がある．そのような結果が生じることを事前に予測できるほどには，売り手側が合理的であれば，市場取引では必要な投資が行われない状況が発生することになる．そのために，資産の特殊性が高ければ，階層組織をはじめとする他の取引形態を選択するのが合理的な意思決定となる．ウィリアムソンは，取引費用を決定づけ

る最も重要な要因として資産の特殊性を見なしており，多くの実証研究はこの要因をめぐって展開されてきた（Geyskens et al., 2006）．

　第2の要因である不確実性は，大きくは事前の不確実性と事後の不確実性に分けることができる．事前の不確実性とは，将来生じる事象を正確に予測することが困難であるために，取引を行う前に締結する契約に，重要な事項を確定して盛り込むことが難しいことを指す．他方，事後の不確実性とは，仮に重要な事項が契約に記されていたとしても，その結果を事後的にでも確定することができず，契約通りに履行されたかどうかが明確にならないという問題である．ここでも，合理的な意思決定者は，これら2つの意味での取引の不確実性を事前に知ることができれば，市場での取引を行わないことになる．

　第3の取引の頻度での取引費用にかかわる論理は，市場での取引費用自体というよりも，階層組織への内部化との相対的な費用として意味を持つ．上述の2つの要因で見たように，市場取引は完全なものではない一方で，階層組織への内部化によっても，市場では発生しない管理上の費用の発生といった別の問題も生じる．しかし，取引の頻度が多い場合には，階層組織での管理上の費用は希釈化されることになり，市場取引との比較において，階層組織への内部化の優位性が高まることになる．

　これらの要因を想定することにより，市場を含めた取引の形態は合理的に選択できるものとして，位置づけることができる．取引費用理論では，この形態は「統治構造」（governance structure）と呼ばれる．

　そして，この統治構造は，「市場」，「ハイブリッド」，「階層組織」（hierarchy）の3つの形態に大きくは分類されるとともに，それぞれの形態は契約法の概念と対応させることができる（Williamson, 1979；1985；1991）．3つの形態の間では，まず契約において紛争が生じた場合に，その解決方法が根本的に異なる（図2-5）．市場では訴訟によって，階層組織では一方的な命令（fiat）によって，当事者間の紛争はそれぞれ解決される．さらに，これらの形態の間では，インセンティブや管理による統制（administrative control）という点でも，大きく異なる（Williamson, 1991）．市場では，個人に対する高いインセンティブを有する価格メカニズムに基づく自律的な適応

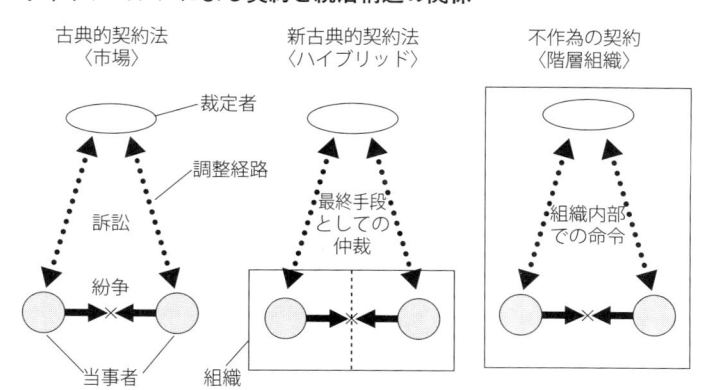

図2-5 ウィリアムソンによる契約と統治構造の関係

古典的契約法　　　　　　新古典的契約法　　　　　　不作為の契約
〈市場〉　　　　　　　　〈ハイブリッド〉　　　　　　〈階層組織〉

裁定者／調整経路／訴訟／紛争／当事者／組織／最終手段としての仲裁／組織内部での命令

(Adaptation A 〔autonomy〕) が行われるのに対して，階層組織では成員間での協調による適応 (Adaptation C 〔cooperation〕) がとられることになる．

　このような適応メカニズムの違いと直接結びつく形で，市場と階層組織では調整方法が異なっている．市場では強力なインセンティブが機能することから，垂直・水平統合は最終的な手段にすぎない．その一方で，双方向的な依存性 (bilateral dependency) が当事者間に存在すると，公式組織を用いた調整（管理による統制）による協調が有効とされる．このような状況では，官僚制に伴う費用が発生するものの，命令によって紛争が迅速に解決されたり，情報により容易にかつ正確にアクセスできたりするといった点で，階層組織は市場よりも優れた統治機構となる．長期契約などの「ハイブリッド」はその名の通り市場と階層組織の中間に位置し，適応方法も調整方法も両者を折衷したものになる．

　ウィリアムソンが立てた理論体系は非常に洗練されており，理論の基盤が異なるとはいえ，その緻密さと明快さでは，組織に関連する議論の中でも突出している．このような取引費用理論において想定される要因間の基本的な関係をまとめたのが，図2-6である．ここで中心となるのは，資産の特殊性をはじめとする取引の特性によって生じる取引費用が，最適な統治構造を規定するという関係である．そのために，経営者は取引費用を見定めて，統治構造を選択することが必要となる．状況に合わせて適切な統治構造を選択

図2-6 取引費用理論における基本的な関係

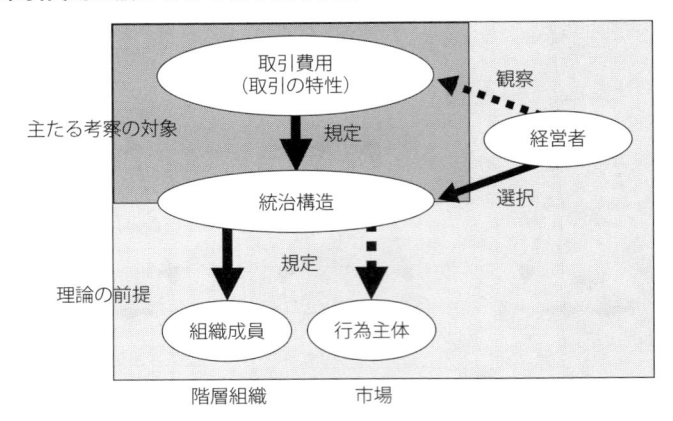

```
                    ┌─────────────────────────────────┐
                    │    取引費用                      │
                    │   (取引の特性)      ←---観察      │
  主たる考察の対象   │          │                ○     │
                    │        規定            経営者    │
                    │          ↓              │       │
                    │        統治構造 ←───────選択     │
                    │          │                      │
                    │        規定                     │
  理論の前提        │    ↓         ↓                  │
                    │  組織成員   行為主体              │
                    └─────────────────────────────────┘
                        階層組織     市場
```

することができなければ，不必要な費用増加を招くか，もしくは必要な取引が実行されないことになる．

また，統治構造として階層組織がとられた場合には，組織成員の行動は組織内部で規定されることになる．ここでは，この関係は暗黙の前提ではなく，取引費用理論が成立するための重要な前提として置かれている．図2-5に示されるように，紛争が生じたときに最終的には命令に従うことが，階層組織が市場と異なる点だとされているからである．他方，市場では行為主体は価格メカニズムに基づいて自律的に意思決定することになるが，自律的に行動できること自体は，市場という統治構造が選択されることで決定されることになる．

この構図全体から，取引費用が統治構造を規定するという決定論的な関係を取引費用理論にも見ることができる．コンティンジェンシー理論では，規定されるのは組織内部の構造であったが，ここでは市場と組織を中心とする統治構造である．この点からすると，取引費用理論は社会全体での取引のあり方という，よりマクロな視点からのコンティンジェンシー理論であると見なすこともできる．また，ここでは，市場における行為主体は自律的に行動するものである一方で，そのように振る舞えるかどうかは，自分で自由に決めることができるわけではなく，客観的な取引の特性から生じる取引費用によって規定されることになる．

ポピュレーション・エコロジー：究極的な環境決定論

　ハナン（M. T. Hannan）とフリーマン（J. Freeman）らによって提唱されたポピュレーション・エコロジー（個体群生態学）（Hannan and Freeman, 1977；1984；1989；Freeman, 1982；Carroll and Hannan eds., 1995）は，社会学系の組織論という点では，これまでに中心的に見てきた組織論の系譜に入る一方で，その内容は取引費用理論を含めた前述の議論とは大きく異なる．その違いの1つは，個別組織ではなく，類似した組織の集合体としての「ポピュレーション」（個体群）という，より大きな分析単位をとっている点である．さらに重要な違いは，ある種の組織が社会に存在することを，環境による淘汰（選択：selection）から基本的には説明する点にある．つまり，「変異（variation）－淘汰－保持（retention）」というダーウィニズム的な過程を経て，ポピュレーションとしてある種の組織が生き残ることになると，そこでは考える．このような考え方に立脚するポピュレーション・エコロジーは，以上で考察してきた議論と比較しても，きわめて強い決定論的志向を有している．

　ポピュレーション・エコロジーは，外部環境の淘汰を前提とすることから，個別組織による意図的な適応（adaptation）の有効性に，きわめて懐疑的である．その基本的な理由は，組織には慣性（inertia）が働くために，個人の意図通りには組織は動かないことに求められている．

　その慣性が生じる理由として，ハナンとフリーマンは組織内部と外部の双方での要因に求めた（Hannan and Freeman, 1977）．具体的に挙げられた内部要因は，(1)組織は工場や設備，専門化した人材などに投資を行い，資産となっていること，(2)組織の意思決定者が得られる情報には制約があること，(3)組織内部の政治的要因によって，変化が妨げられること，(4)組織に歴史があることで，そこでの規範が変化への制約となること，という4点である．

　他方，慣性を生み出す外部からの圧力の点では，以下の4項目を指摘している．(1)市場での参入・撤退の障壁となる法的および財務的制約が生じること，(2)組織に提供される情報が外部要因によって制約されること，(3)外

部から組織に与えられる正当性によって，変化への制約を受けること，(4) 一種の集合行為によって，合理的な選択がとりにくくなることである．つまり，内部要因によって個人ほどには合理的には行動できず，外部にも合理的な行動を制約する要因が存在するために，組織は外部環境の変化にすばやく対応することは難しく，その結果として外部環境の淘汰圧力が強い影響を与えると，ポピュレーション・エコロジーでは考える．

　以上で挙げられた組織の変化を妨げるとされる要因は，一般的な状況を想定しても，納得しうる．その一方で，外部環境の変化に組織として対応することが困難であるために，ポピュレーション・エコロジーで議論されるように，適応ではなく淘汰の問題を分析するのか，それとも変化への組織的適応が困難であるからこそ，仮に例外事象であるとしても，円滑に進むような状況を考察するのかは，研究の志向性として大きく異なる．

　ポピュレーション・エコロジーにおいても，個別組織側での意図を持った行動がまったく無視されているわけではない．特に生態的機能（niche）を巡っては，個々の組織の「戦略」が議論されている（Hannan and Freeman, 1977；1989）．そこで想定されている「戦略」とは，特定の環境において適合性（fitness）があるために，その環境下では効率性を発揮できる一方で，生存可能な領域が狭い「スペシャリスト」と，より幅広い環境に適合しやすいけれども，どの環境においても高い適合性は実現できない「ジェネラリスト」という2つである．具体的には，環境の変動に備えた資源のスラックの程度で考えられ，特定環境では効率的だがスラックが乏しいのが「スペシャリスト」であり，その逆が「ジェネラリスト」とされる．ここで「ジェネラリスト」は，安定的な環境の下では「スペシャリスト」よりも非効率となるために，生存する上で不利になる．また，不安定な環境の下でも，変動した環境の持続期間が短いという意味での「きめ細かい」（fine-grained）変動であれば，「ジェネラリスト」が有利になるものの，持続期間が長い「粗野な」（coase-grained）変動であれば，「ジェネラリスト」は持続期間内にその非効率性に耐えられないために，その環境に適合した「スペシャリスト」が再び有利になる．

　ただし，このような条件を前提として，組織側で2つの「戦略」から適切

第2章　経営組織論における決定論的視座の展開

だと考えるものを選んだとしても，意図的に環境に適応できることにはならない．ポピュレーション・エコロジーでは，組織が環境の変化に素早く対応できるとも，組織で対応可能になるような形で環境の変化を事前に予測できるとも，考えていないからである．この2つの「戦略」の選択は，硬貨の表と裏のいずれかを選んで，その後で硬貨を投げて勝敗を決めることと，類似の行為だと考えられている．

このようなポピュレーション・エコロジーが有するきわめて強い決定論的視座に対しては，批判も少なくない．ハナンとフリーマンは，初期の論文から10年以上経過して出版した書籍において，「論争と誤解」という1節を設け，その中で議論が決定論的であるとする批判に対して，次のように反論している．

　　もちろん個人の行為は組織にとって重要である．しかし，個人の行為は，組織全体にとってよりも，個々人が働く下位単位にとってより重要なのである．また，個人の行為は組織の個体群よりもその組織にとって重要なのである．組織の世界での変動を説明する観点からは，特定の行為者の動機や選好はおそらくそれほど重要ではない．
　　組織の世界を一般的に形成する上で，特定の個人や管理者（managers）の重要性をめぐる議論は，社会行為における自由意志と決定論の役割に関する議論に，しばしば陥りがちである．この混乱の一部は，決定論が，確率主義（probablism）ではなく，主意主義と誤って対比されることにある．この意味での決定論は，何らかの組織の社会学的理論であり，単なる生態学の理論ではない．社会構造が選択を制約する程度には，その効果は決定論的なのである．
　　しかしわれわれのモデルと分析は決定論的ではない．われわれの批判者の主張は逆ではあるが，以下の章で提示され推測されるモデルは，公式的な確率によるものなのである．そこでの従属変数は，ある種の変化に関する条件付き確率の制約として定義される移行率（transition rates）である．いかなる意味でも，われわれは，組織のポピュレーションが決まった形で展開するように運命付けられているとは考えていない．［ハ

57

図2-7 ポピュレーション・エコロジーにおける強い決定論的構図

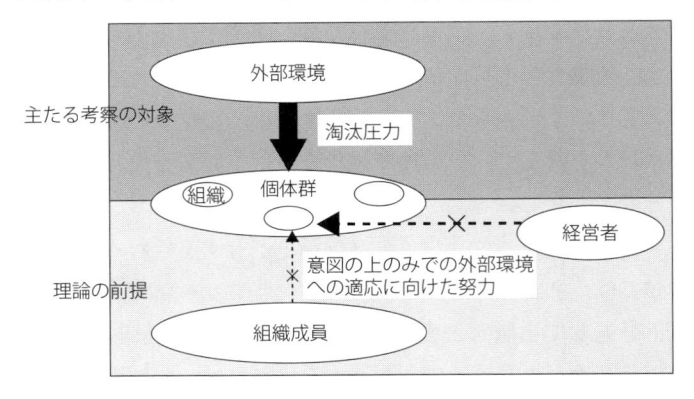

　　　　　　　　　　外部環境
　　主たる考察の対象
　　　　　　　　　　淘汰圧力
　　　　　　　組織　個体群
　　　　　　　　　　　　　　　　　　経営者
　　　　　　　　　　意図の上のみでの外部環境
　　理論の前提　　　への適応に向けた努力
　　　　　　　　　　組織成員

ナンらが考えていることは] まったく逆である．生態学アプローチは変化のプロセスを，条件付けられたもの (contingent) としてだけではなく，ランダムなものとして，扱っているのである．(Hannan and Freeman, 1989, p.40. 傍点は筆者)

　この記述を見る限りでは，決定論的であるとする批判に対するハナンらの反論は，論点をずらして展開されている．一般的な意味での決定論とは，行為主体の意図や行動によって左右されない外生的な要因によって，その行為主体の行動が制約を受けることである．そのために，ふつうは，決定論と主意主義は対立的な関係に置かれている．それに対して，彼らにとっての決定論は，運命論 (fatalism) とほぼ同義のものとして，議論が進められている．ポピュレーション・エコロジーで主として批判の対象となっているのは，人間の意図や意志をあまりに無力なものとしてとらえる，その基本的な考え方である．逆に「確率主義」に基づいて最終的な結果がまったくランダムに生じるという考え方のほうが，ある種の運命論に基づいているように，少なくとも筆者には思われる．

　図2-7には，ポピュレーション・エコロジーにおける基本的な要素間の関係が示されている．以上で見てきたように，ここでは外部環境からは淘汰圧力として機能しており，組織の成員は経営者を含めて，基本的にはいかな

る影響も及ぼせない存在にすぎない．外部環境を主体的に変えるどころか，経営者や組織成員が自ら努力して環境に適応しようとしても，最終的な結果は，確率的に予測されることになる外部環境の変動によって，もたらされることになる．ある特性を持った組織が生き残るのは，クジに当たるように「運がよくて，たまたま」環境に適合したからなのである．

この種の理論が社会科学として存在すること自体は，否定されるべきものではないだろう．ただし，ポピュレーション・エコロジーに関して確実に言えるのは，想定されるモデルが具体的なデータによって実証されたとしても，そのような実証研究がある産業を対象として行われたとしても，経営学の一角を構成する「経営」組織論ではないということである．人々が想定する通りには常に事態は進まないとしても，企業経営は意図や意志をもった人間の営みである．そして，そのような経営にかかわる人間の行為を理論面や現象面から考察するのが，経営学だからである．

4　第2章のまとめ

本章では，経営組織論において過去に展開された代表的な議論を，時代を追う形で取り上げて，その方法論的な背景を探ってきた．近代組織論の源流にあたるバーナードの議論では，現代的な意味での方法論の問題が直接取り上げられたわけではなかったが，決定論と主意主義の対立が意識され，そこでの基盤を構成していた．そのバーナードの議論を継承したものとして一般に位置づけられるのが，サイモンやマーチによる初期の代表的な著作である．しかしながら，サイモンらの議論では，決定論と主意主義の両立といったバーナードの問題意識は大幅に後退し，代わって主意主義的な見方とは対立する立場にある客観主義的・決定論的な志向性が明示的に打ち出された．

さらに，経営組織論では，マーチらの議論と連動する形で，経営学の「科学化」が積極的に推進され，決定論的な視座に立脚した研究が支配性を増していく．その代表的な議論が，かつて経営組織論で一世を風靡したコンティンジェンシー理論である．その後，コンティンジェンシー理論自体は衰退す

るものの，その背後で想定されていた決定論的な構図は今でも根強く残っている．本章で取り上げた取引費用理論やポピュレーション・エコロジーは，その典型である．それらの議論では，焦点が当てられる問題や分析対象はコンティンジェンシー理論とは異なるものの，その背景では決定論的構図が維持されている．

決定論に基づく研究はその前提がまったく間違っているわけではなく，そこからは意味がある知見を得ることができる．たとえば，先に見たローレンスとローシュの議論では，開発と生産と販売の間には，時間軸をはじめとして違いが生じるといった点が指摘されていた．このような事象が分業に基づく，人々が従事する職務の性質の違いから生じるというのは，一般的にも納得できる説明であるように思われる．

しかしながら，一連の決定論的視座に依拠する議論では，行為者の主体性がその背景となる構図に十分には組み込めない．決定論的な議論では，外部環境をはじめとする外生的要因が行為主体を規定するという関係が想定されている．そのような構図を前提とすると，重要だと思われる外生的要因に対して適応することが，行為主体側で基本的に想定される行動となる．あるいは，ポピュレーション・エコロジーのような極端な立場に立つならば，行為主体が意図の上で適応的な行動をとったとしても，最終的にはその意図とは無関係に，外部環境による選択にさらされることになる．

このような決定論的な議論が抱える問題は，外生的要因を所与として扱うために，行為者側で外部環境などを変革しようとするといった，主体的な努力から生じる現象が，分析の対象から外れることにある．言い換えれば，決定論的視座からは定常的な現象は分析可能である一方で，本来の意味での革新にかかわる現象は十分には考察できないのである．

ただし，これまでの経営組織論では，決定論に基づく研究が主流を構成してきた一方で，行為者の主体性を部分的にでも組み込んだ議論も散見される．そこで，次章では，主観主義・主意主義的な要素を取り入れた既存の組織研究から主要な議論を取り上げて，批判的な考察を加えつつ，決定論的視座と主意主義的視座を融合する可能性を探っていきたい．

第 2 章　経営組織論における決定論的視座の展開

●―●注―

1　ここで「決定論」と訳出した部分の原語は determination であり，determinism ではない．しかし，山本安次郎らによる訳書では，当該箇所は「決定論」と訳出されており，前後の内容からしても「決定論」とするのが適当だと判断した．

2　主成分分析からは，第3因子である「ワークフローのライン統制」と第4因子である「支持的要素の大きさ」もあり，初期の研究では第3因子についても詳しく考察されていたが，最終的には本文中にある2つの因子のみが注目されている (Pugh and Hickson, 1976)．

3　チャイルドが後に行った研究では，調査対象をバーミンガムからイングランド全域とスコットランドに拡大した「全英サンプル」(National sample) の分析から，「活動の構造化」と「権限の集中」との関係について，アストン研究の本来の結果のように独立したものではなく，一方が上昇すれば，他方が低下するという負の相関関係にあることを指摘している (Child, 1972a)．図2-1に則していえば，左下から右上への対角線が，チャイルドの考察した関係となる．

4　相関係数が1.0であることが2つの要因の間での規定関係の存在を完全に証明するための必要条件であるとするのは，Xという事象が生じると，Yという事象が例外なく発生する可能性が，少なくとも論理的には社会現象として存在しうる，と想定していることを意味する．このような見解は，本章第3節で見るハナンとフリーマンの反論で用いられる極端な決定論の定義と，論理的には同型である．このような議論を行っていることからは，ピューら（ならびにハナンとフリーマン）が外部環境と行為主体との間にきわめて機械的な関係を想定していたことが，推察できる．人間が反省能力を有する，つまり自らの行為の結果を見て，そこから学習するという存在であることを前提とすれば，仮に関連する要因をすべて統制できたとしても，ある要因が動けば，もう一方の要因も必ず連動するという関係が生じることを，理屈の上だけでも社会現象で想定することは困難だからである．自然科学が対象とする現象と社会科学におけるそれとの間で，人間の反省能力や主体性が及ぼす影響が異なる点については，沼上 (1995a ; 1995b) ならびに Numagami (1998) を参照されたい．

5　Williamson (1975)，p.3に引用された1974年のコース自身による記述による．

第 **3** 章

主体性をめぐる経営組織論の展開と可能性

　この章では，前章から引き続き，外部環境と組織との関係を中心として経営組織論の展開を考察する．その主たる焦点は，外部環境が組織側に対してある種の制約を課すという視点は保持しつつ，そこに組織側の主体性をどのように組み込めるのかということにある．
　第1節では，外部環境と組織との間に介在する変数として経営戦略を初期に導入したチャンドラー（A. D. Chandler, Jr.）とチャイルド（J. Child）の研究を中心に検討を進め，経営戦略という変数から組織側の主体性を検討する．第2節では，まず主観主義的な視座を導入した代表的な議論としてワイク（K. E. Weick）の研究を取り上げて，「イナクトメント」（enactment）の概念をもとに，意味や解釈という要素を取り入れた視点から，外部環境と行為主体との関係を考える．第3節では，制度理論に関して，マイヤー（J. W. Meyer）とローワン（B. Rowan）やディマジオ（P. J. DiMaggio）とパウエル（W. W. Powell）による基本的な議論を中心として，その前提に遡って考察する．その上で，決定論的な側面を有する議論としばしば見なされる制度理論には，外部環境としての制度と行為主体との間での双方向的な関係を想定できる素地があることを確認する．第4節では，ギデンズ（A. Giddens）の「構造化理論」（structuration theory）をベースとして外部環境と行為主体を相互に影響関係にあるものとして制度化をとらえたバーリー（S. R. Barley）とトルバート（P. S. Tolbert）の議論をまず考察した上で，「戦略グループ」を分析対象とするポラック（J. F. Porac）とトーマス（H.

Thomas) らによる研究を取り上げる．第5節では，本章での議論に基づいて，客観主義－決定論と主観主義－主意主義を融合した視座の可能性を提示することで，まとめに代える．

1 外部環境－組織の関係と戦略変数の導入

　第2章で考察したコンティンジェンシー理論は，1960年代に隆盛を極めるものの，70年代半ばあたりからは下火になっていく．そのコンティンジェンシー理論と置き換わるように，重要度を増してきた研究領域の1つが，経営戦略論である．

　経営戦略論では，とりわけ初期段階において，経験曲線効果や製品ポートフォリオ・マネジメント（PPM）をはじめとして，その発展の過程で実務家が大きな貢献を果たしてきた．その一方で，1970年代半ば頃からは，研究者の関心が高まり，本格的な実証研究も増加していく．たとえば，経営戦略論の領域で最も評価が高い学術誌とされる *Strategic Management Journal* の創刊は，1980年であった．

　コンティンジェンシー理論の衰退と研究領域としての経営戦略論の隆盛が並行するように生じたのは，単なる偶然ではなく，経営戦略という変数が企業・組織側での主体的な選択の可能性を少なくとも暗黙的には意味していることと関連しているように思われる．特定の環境下にあっても，そこで機能する経営戦略は多様であり，そのために戦略を選択して組み立てることが企業にとって重要であるという考え方に立てば，コンティンジェンシー理論のように，外部環境と組織との間に単純な規定関係を想定することが難しくなるからである．

　ここでは，本章の主旨に沿って，経営戦略論全体を概観するのではなく，経営戦略という変数を導入して，外部環境と組織との関係を考察した初期の議論として，チャンドラーとチャイルドの研究を取り上げて，そこでの基本的な構図とその意味について検討したい．チャンドラーの研究は，外部環境と組織との間に介在する要因として経営戦略を取り入れた初期段階の研究で

はあったが，戦略変数を導入することの意味は，必ずしも明らかではなかった．その一方で，後に展開されたチャイルドの「戦略的選択」（strategic choice）をめぐる研究では，方法論的な立場をはじめとして曖昧な部分は残されていたものの，組織側にある種の主体性が存在することが中心的に議論されていた．

チャンドラーによる経営組織論への戦略変数の導入

経営戦略という変数を導入して外部環境と組織構造を考察した議論としてまず取り上げるのは，チャンドラーによる『経営戦略と組織構造』（*Strategy and Structure*, 1962）である．

経営戦略論が研究領域として確立する以前に発表されたチャンドラーの研究は，経営戦略論の源流の1つとされている．さらに，ローレンスとローシュの研究よりも5年早く発行された同書では，経営史の視点から，主題である経営戦略と組織構造との関係に加えて，外部環境との関係も考察されている．

デュポン家の系譜に連なるチャンドラーは，現在も世界有数の化学メーカーであるデュポンや，かつてはデュポンとの関係を有していたジェネラル・モータース（GM），通信販売に始まり，全米最大の小売業者にまで一時期は成長したシアーズ・ローバックなどを対象として，歴史的事実を丹念に調査した．その結果として，爆薬事業から製品多角化を行ったデュポンは最終的に製品事業部制を採用し，複数の自動車会社を併合してできたGMは，ばらばらであった傘下の企業を統合するために，本社による統制システムを導入し，店舗網の地理的拡大を進めたシアーズは地域別事業部制をとるようになった，といったことなどが，明らかにされている．そこから導出されたのは，「組織構造は経営戦略に従う」（Structure follows strategy）という著名な命題である．

チャンドラーの著作は歴史に関する詳細な記述を中心としており，特定の方法論に明示的に依拠しているわけではなく，事業部制組織の普及過程のように，多様な解釈が可能な記述も少なからず提示されている．その一方で，上述の命題では，「経営戦略→組織構造」という明確な因果関係が想定され

ている．ここで重要なのは，チャンドラーはこの命題だけではなく，経営戦略と，コンティンジェンシー理論では独立変数となる外部環境との関係についても，明確に示していることである．同書の中で比較的少ない理論的な議論の箇所には，次のように記されている．

　　このような［組織構造は戦略に従うことに関する］理論的な議論は，次の2つの疑問によって，さらに進めることができる．(1)組織構造が戦略に従うのであれば，新たな戦略の管理上の要求に合わせることが必要となる新しい組織の開発が，なぜ遅れることになるのか．(2)なぜ組織構造の変化を必要とする新たな戦略が最初に生じるのか．
　　最初の疑問に対しては，少なくとも2つの妥当な答えがある．新たな戦略によって生み出される管理上の必要性が，構造的な変化を促すものではなかった，ないし必要とする程には強くなかったか，もしくは関係する経営陣がその新たな［変化の］必要性に気づかなかったというものである．
　　　　　　　　　　　　　　（中略）
　　第2の疑問に対する答えは，組織構造の変化を必要とする戦略の変化が，人口の変化や国民所得の変化，ならびに技術革新によって生み出された機会やニーズへの対応であるように思われることである．人口の増加や，郡部から都市部さらには都市郊外への移動，不況と好況，技術変化の加速といったことのすべては，企業の製品やサービスに対する新たな需要を創造するか，もしくは既存の需要を引き下げることとなった．新市場の見込みないし既存市場の縮小の恐れによって，地理的な拡大や垂直統合，製品多角化が促進されたのである．
　　　　　　　　　　　　　　（中略）
　　先の2つの疑問に対する答えは，一般命題として再度示すことで，簡単にまとめることができる．戦略的な成長は，人口や所得，技術によって創造される機会とニーズに気づき，既に保有しているか，もしくは拡張しつつある経営資源をより収益が上がるように用いることから生じる．(Chandler, 1962, pp.14-15)

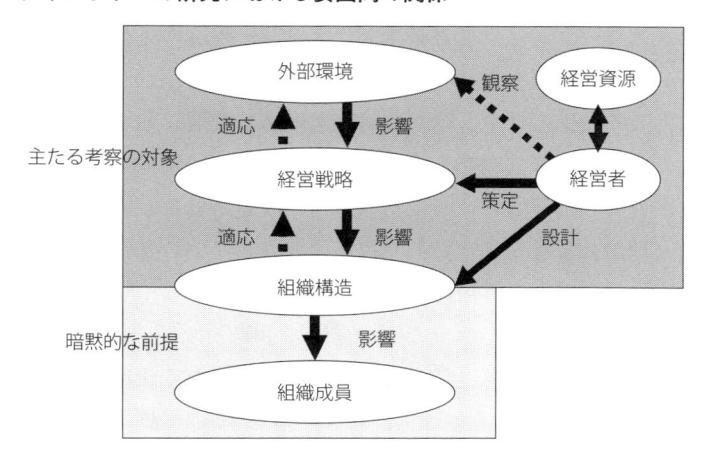

図3-1　チャンドラーの研究における要因間の関係

[図：外部環境→（影響）→経営戦略→（影響）→組織構造→（影響）→組織成員、経営戦略→（適応）→外部環境、組織構造→（適応）→経営戦略、経営資源↔経営者、経営者→観察（外部環境）・策定（経営戦略）・設計（組織構造）、主たる考察の対象／暗黙的な前提]

　つまり，人口の増加・移動や所得の上昇，技術革新の進展という外部の環境要因によって，既存の経営資源をベースとして成長戦略が策定され，その戦略の遂行によって，組織構造の変革が必要となるという一連の因果を，チャンドラー自身は想定していた．

　このチャンドラーが想定した図式をまとめたのが，図3-1である．この図で重要となるのは，前章で考察してきた研究の構図とは異なり，外部環境と組織構造の間に経営戦略が新たに要素として加わっている点である．また，この図式での経営者の主たる役割は，外部環境の動向と自社の経営資源を前提として，適切な経営戦略を策定し，さらにその経営戦略を遂行する上で必要な組織構造を設計することにある．つまり，環境・戦略・組織の間には「外部環境→経営戦略→組織構造」という因果関係が想定されており，外部環境と組織構造の間に直接的な因果関係を想定したコンティンジェンシー理論とは異なり，経営戦略という変数が外部環境と組織構造との間を決定づける重要な役割を果たすことになる．

　ただし，チャンドラーの議論では，経営資源も経営戦略と関連する変数として取り上げられているものの，外部環境と経営戦略の間と，経営戦略と組織構造の間のそれぞれでかなり強い規定関係が想定されていることから，戦略変数の導入によって組織側の主体性を考察しようとしたというよりも，コ

ンティンジェンシー理論の亜種として解釈する方が妥当であろう．実際に，ローレンスとローシュは，コンティンジェンシー理論の先行研究の1つとして，チャンドラーの研究を挙げている（Lawrence and Lorsch, 1967b）．

しかし，この構図のうち，経営戦略と組織構造の間に強い関係を仮定する一方で，外部環境と経営戦略との間ではそれほど強い関係を想定しないのであれば，広義の外部環境によって組織構造が規定されるという，コンティンジェンシー理論のような決定論的な視座は成立しないことになる．

そもそも経営戦略という用語からは，少なくともある一定の水準では，企業側が主体的に意思決定できることが言外に示唆される．そのために，同じような環境にあっても，各企業が選択する戦略が異なる状況は十分に想定可能であり，そのような考え方は実際に広くとられてきた．たとえば，ポーター（M. Porter）による著名な議論は，「S–C–P（Structure–Conduct–Performance）パラダイム」という古典的な産業組織論の流れをくんだ最も強い部類の決定論的構図を前提とする一方で，コスト・リーダーシップ，差別化，集中（focus）という3種類の「一般戦略」（generic strategy）を提示して，有効な競争戦略はこの3つから選択されるものとした（Porter, 1980；1985）．つまり，企業側がある程度以上の主体性を持って選択できるものとして経営戦略をとらえる限り，外部環境と組織構造との間には，強い規定関係は成立しなくなる．

そのために，その後の組織構造に関する経験的研究では，外部環境と組織構造との直接的な関係ではなく，戦略と組織構造との関係が主として考察されるようになる．たとえば，自動車メーカーの製品開発組織に関する代表的な研究である，初期の藤本隆宏の著作では，製品戦略の違いによって適切な製品開発組織の構造は異なるとされる（Clark and Fujimoto, 1991；藤本, 1993）．

歴史記述を主体としたチャンドラーの著作では曖昧なまま残されていた，経営戦略という変数を導入することの意義について，早い段階で明確に示したのが，チャイルドの「戦略的選択」にかかわる議論である．

チャイルドの戦略的選択

チャイルドが1972年に記した論文は，「戦略的選択」（strategic choice）と

いう新たな概念を通じて，外部環境と組織構造との間には直接的な規定関係が成立しないことを理論的に示して，コンティンジェンシー理論の基盤となる視座に挑んだ初期の研究である（Child, 1972b）．

ここでまず目を引くのは，第2章のアストン研究に関する記述からも推測できるように，チャイルドはもともとコンティンジェンシー理論に批判的だったわけではなく，むしろその流れの中心部に位置していたことである．彼はアストン研究の「第3世代」であり，さらに1973年に公式的な研究ユニットが発展的に解消した後も，アストン研究を中心的に受け継いでいた（Pugh and Hickson, 1976）．

ただし，ある領域で中心的な役割を果たしていた研究者が，それまでとは対立する立場で新たな理論的領域を主体的に生み出していく状況は，まったくの例外事象とは言い切れない．たとえば，日本でも，コンティンジェンシー理論の実証研究で主導的な役割を果たしていた加護野忠男が解釈論的な視座に立脚した『組織認識論』を記し（加護野, 1988），野中郁次郎がコンティンジェンシー理論の背景とされた情報処理パラダイムから「情報創造」の概念を経由して，知識創造理論の提起に至る過程も（野中, 1986；1990），方法論上の大きな転換を含んでいる．対象となる現象を深く考察することは，特定の方法論に拘泥されない形での新たな理論の探究につながる場合があるのだろう．

このようにアストン大学の研究グループに所属したチャイルドは，アストン研究を含めた広義のコンティンジェンシー理論では，組織内部でパワーを有する者が保持するはずの「選択に関する主体性」（agency of choice）に関心が向けられていないことに疑問を投げかけ，議論の前提にまで遡って検討した．

まず，ウッドワード（J. Woodward）やペロー（C. Perrow）らがコンテクスト変数として重視した（生産）技術については，技術自体が先行して存在して組織構造に影響するのではなく，ある環境の下で業務活動が決定され，その結果として特定の技術が選択されると考える方が妥当であるとした．アストン研究で重視されたコンテクスト変数である規模についても，大きな組織を分割して組織規模を縮小することや，情報技術をはじめとする管理シス

テムの整備などによって，主体的な選択の余地が十分に存在している．

当時の議論でより重要視されていた外部環境については，ローレンスらをはじめとするコンティンジェンシー理論での想定よりも，組織側からより主体的に関与できる存在であると，そこでは考える．1つには，組織が活動する環境自体をある程度は取捨選択している点である．さらに，次節で詳しく見るワイクの「イナクトメント」の概念や，当時流行していたガルブレイス(J. K. Galbraith)の説を参照しつつ，とりわけ外部に対して影響力を有する組織は，部分的にでも外部環境を操作できるとした．

加えて，既存研究で想定されていた組織構造と組織成果との関係に関してもチャイルドは疑問を呈する．外部環境やコンテクストが組織構造に影響を与えるためには，適合しない組織構造を選択した場合，組織成果が低下することで，組織側に一種の制裁が加えられることが前提となる．しかしながら，どの程度の組織成果が望ましいのかという基準自体は，組織側で主体的に選択可能である．また，外部環境から一定の成果が要求されるとしても，最終的な組織成果に影響を与える要因は様々に存在しており，組織構造が組織成果に与える影響は限定的であるとした．

以上のような考察から，外部環境やコンテクストが組織構造に強い影響を与えるという前提を置いて研究を進めることは難しいとして，チャイルドは「戦略的選択」という概念を提起した．戦略的選択とは，組織構造のみならず，達成すべき組織成果の基準に関する選択に加えて，外部環境の操作を含めた，組織側での主体的な行動を包括する概念である．また，組織内部でのパワー格差を前提として，戦略的選択は，それらの要因に関して，組織内部において意思決定の権限を有する「支配的連合」(dominant coalition)によって行われるとした．

この論文の中では一連の議論が図式として示されているが，本書での議論と関連する部分に限定した構図は，図3-2のように整理できる．この図中で，これまでに見てきた構図と最も異なるのは，外部環境をはじめとする外生的要因が規定関係の出発点となっているのではなく，支配的連合を中心として関係が構成されている点である．そこでは，外部環境は支配的連合に影響を及ぼす一方で，支配的連合の側から選択し操作する対象でもある．ま

図3-2 チャイルドの戦略的選択

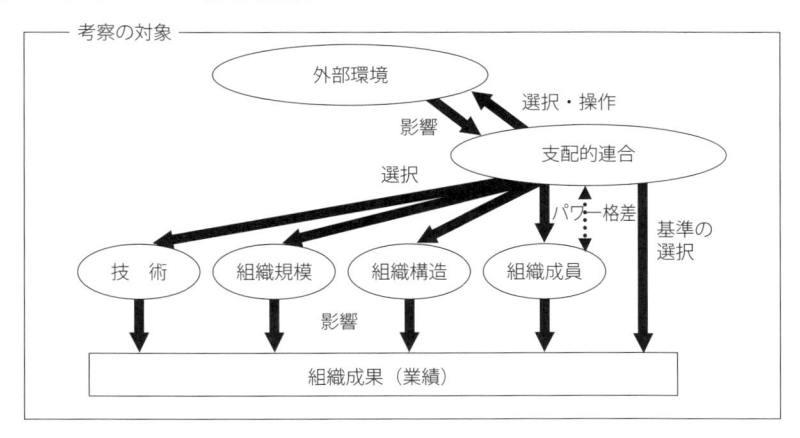

[図: 考察の対象を囲む枠内に「外部環境」と「支配的連合」があり、相互に「影響」「選択・操作」の矢印で結ばれる。支配的連合から「技術」「組織規模」「組織構造」「組織成員」へ「選択」の矢印が伸び、それぞれが「組織成果（業績）」に「影響」を与える。支配的連合と組織成員の間には「パワー格差」があり、支配的連合から「基準の選択」が示される。]

た，技術や組織規模はもはや影響を与える要因ではなく，支配的連合が戦略に基づいて選択する対象である．そして，この図で支配的連合を起点とする6つの矢印（「選択」と表記）が，戦略的選択ないし戦略を意味している．ここでは，一般の組織成員と支配的連合の間では，パワー格差の存在が前提とされている．一般の組織成員は，集合行為によって部分的に影響を及ぼす可能性があるとされているものの，基本的には支配的連合から選択され，影響を受ける存在である．

このチャイルドの論文はそれまでの主要な議論の前提にまで遡った上で，組織側の主体性の可能性を明示的に考察した初期の研究として位置づけることができる．さらに，そこでは，限られた紙幅の中で，凝縮された複数の議論が提示されたこともあり，後に様々な形で参照・展開されていく．

その1つが経営戦略論での展開である．マイルズ（R. E. Miles）とスノー（C. C. Snow）は，チャイルドの議論に基づき，類似した環境に直面していても，その適応方法は組織によって異なるとして，組織による環境適応の4つの類型を提示した（Miles and Snow, 1978）．そこでは，「防御型」（defender），「探索型」（prospector），「分析型」（analyzer），「反応型」（reactor）と呼ばれる4類型のうち，環境変化に有効に対応できない「反応型」を除く3類型は，いずれも特性が異なるだけで，顕著な優劣はつけられないとされる．このマイルズらの4類型は，主として経営戦略論において，

基本的な分類枠組みとして用いられることになる．さらに，後には，この類型に基づく精緻な尺度開発が行われ（Conant et al., 1990），近年でも実証研究が続けられている（たとえば Desarbo et al., 2005）．チャイルドの議論は，マイルズとスノーの研究を介する形で，現在まで実証研究を中心として，経営戦略論に活かされていることになる．

その一方で，チャイルドは，コンティンジェンシー理論の前提に対して組織側での主体性から疑問を呈したことから，決定論と主意主義という対立という方法論に関連する議論でも，戦略的選択という概念が参照されていく．たとえば，ウィッティントン（R. Whittington）は，戦略的選択の概念を軸として，決定論と主意主義に関する論争を検討している（Whittington, 1988）．ウィッティントンの論点は，決定論と主意主義の二分類では，サイモンらのカーネギー学派（Carnegie School）のような，選好に基づいて個人の中で自動的に選択が決定されるとする「行為決定論」（action determinism）と，解釈論的な主意主義を明確に区分できないとして，環境からの影響と人間の主体性を分類軸として独立させて，方法論の側面から経営戦略論を4つに分類した（図3-3）[1]．

このように，チャイルドの戦略的選択に関する論文は，比較的短いにもかかわらず，一方で経営戦略論における実証研究の土台となり，他方でその種

図3-3　ウィッティントンによる経営戦略論の4類型

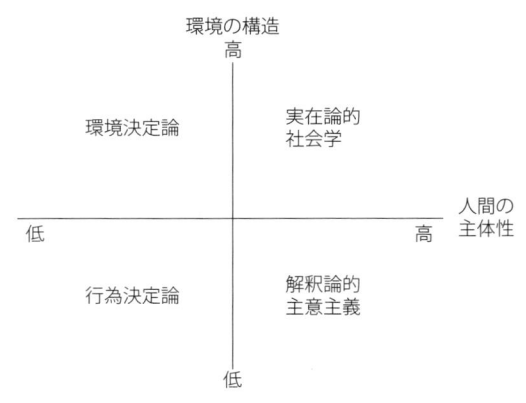

```
                    環境の構造
                      高

          環境決定論  │ 実在論的
                     │ 社会学
                     │
    ─────────────────┼─────────────── 人間の
     低              │           高    主体性
                     │
          行為決定論  │ 解釈論的
                     │ 主意主義
                     │
                      低
```

出所：Whittington（1988），p.524.

の研究とは相対する立場での議論の呼び水を提供するなど，方法論から見て多義的な側面で影響力を有していた．チャイルド自身は，最初の論文から25年後に刊行された戦略的選択の回顧と展望に関する論文において，ウィッティントンの前掲論文を参照しつつ，決定論と主意主義との対立を発展的に解消する方向で議論を展開している（Child, 1997）．しかしながら，少なくとも1972年の論文では，コンティンジェンシー理論の前提を批判的に検討することに主眼が置かれており，その後の展開の筋道が明確にされていたわけではなかった（Child, 1997 ; McLoughlin, 1999）．

　以上からは，外部環境と組織との考察に対して，経営戦略ないし戦略的選択という変数が新たに取り入れられることは，行為者側の主体性が考察の対象となるという点で，大きな意味を持っていたといえる．その一方で，この変数の導入によって，主体性をめぐる問題がすべて明確になったわけではなかった．とりわけ，戦略を生み出し実行する組織側の主体性とは，どのようなものであるのかという問題は，未解決のまま残されていた．

2　ワイクの「イナクトメント」をめぐる議論

　前述のチャイルドの議論は自らの方法論的な立場を少なくとも当初は明確にしていなかったのに対して，部分的にでも主観主義的な視座を導入して，解釈ないし意味の問題を議論の中核的要素に据えた研究も，70年代半ばあたりから徐々に展開されていく．その代表的な議論の1つが，第1章で示したバレル（G. Burrell）とモーガン（G. Morgan）による著作である（Burrell and Morgan, 1979）．バレルらの議論は，前掲の分析枠組み（図1-2, 本書14頁）に基づきながら，主観主義的な立場から，圧倒的な支配性を組織論で当時構築していた「客観主義－規制の社会学」に立脚する研究を批判的に考察することに主眼が置かれていた．

　バレルとモーガンのように，主観主義的な視座を前面に出した研究に対して，解釈や意味の問題を中心的な要素として導入しながらも，独自の視座に基づいた議論が存在する．その代表は，ワイクによる「イナクトメント」

(enactment) や「センスメーキング」(sensemaking, 意味付与ないし状況理解) を中心とする一連の議論である (Weick, 1969; 1979; 1995; 2001). ワイクの議論は, 意味や解釈といった視点を取り込むことで行為者の主体性を理論として取り入れながらも, 外部要因からの制約も同時に考慮している. つまり, ワイクの議論は, その特性から曖昧な要素を残しているものの, 外部環境と行為主体の関係を双方向的なものとして, 融合的にとらえようとしたものだといえる.

ワイクの議論における基本的な論点

ワイクの一連の著作における基本的な論点をあえて挙げると, 次の2点になる. 第1に, 人々が行動する上では, 取り巻く状況に関する情報が足りないからわからない不確実性 (uncertainty) だけではなく, その状況を様々に理解しうる多義性 (equivocality) の問題も重要であり, その多様な解釈の可能性を縮減しない限り, 人々は自らが置かれた状況を理解できないことを重視した点である. そこで, 主著の1つのタイトルが『センスメーキング・イン・オーガニゼーションズ』(*Sensemaking in Organizations*) とされていることから推察できるように, 多義性の削減によって状況を理解する「センスメーキング」が, ワイクの研究における主題の1つとなる.

このような解釈や意味の問題は, コンティンジェンシー理論をはじめとする決定論的な視座では, 原理的に重要にならない[2]. そこでは, 行為主体の外側にある世界は一意的であることが前提であり, その対象を解釈するのではなく, 「正確に」理解することが重要になるからである. それに対して, ワイクの立場からすると, 読み取る対象は少なくとも潜在的には多義的であることが前提とされており, ある特定の理解が先験的に「正しい」ことにはならない. この点に限っていえば, ワイクの議論は広義の主観主義的な視座に立脚している.

第2に, 外部環境は行為主体とは独立して存在するのではなく, 行為主体がとる行動から影響を受けると考える点である[3]. この点を強調したのが, 「イナクトメント」という概念である. イナクトメントをめぐる過程の内容については後述するが, ここで強調しておくべきことは, 行為主体側での行

動によって外部環境が影響を受けるという見方は，外部環境が行為主体側に一方向的に影響を与えると考える決定論的な視座とは相容れない点である．他方で，後述するように，行為主体が一方的に外部環境を操作したり，創出したりできるともワイクは考えておらず，外部環境から行為主体に対する影響関係も想定していることから，強い主意主義的な考え方とも違った立場にある．

　これらの2点が基本的な論点だと考えられる一方で，「あえて挙げる」と先に述べた理由としては，ワイクの議論には豊かな洞察を含む多様な側面があり，特定の論点だけを抽出することが難しいことが挙げられる．しかし，それ以上に重要となるのは，中心的な論点を「正確に」読み取ることが難しく，さらにそれが意図的に生み出されている（とワイク自身が主張する），その独特な著述のスタイルである．上述のようにワイクの論点は多義性の削減にある．自著についても，重要とする論点を単刀直入に述べることなく，また複雑な構成をとっているために，読者は文章の多義性を縮減しながら，自らの理解を進めていかなければならない．つまり，ワイクの著作では，読者がその本を読むという行為自体が，彼の主張を実践することを意味するのである．そこでは，テキストから著者の思考を「正確に」読み取ることは基本的には想定されておらず，読者は各々の立場から「センスメーキング」することが要求される．また，一連の議論が完全に一貫しているわけではないことからすると，ワイク自身も，その読者による行為の結果を参照しつつ，自らの議論を展開させてきたと思われる．

組織化の過程とイナクトメント

　本章での議論の中心となる外部環境と行為主体との関係にかかわる議論は，組織化の過程として，『組織化の社会心理学』（*The Social Psychology of Organizing*）のうち，半分以上の紙幅を割いて取り上げられている（Weick, 1969；1979）．ワイクの中心的な論点は，時間の経過とともに，組織化からセンスメーキングに移行していく．その一方で，ワイク自身はあまり明確にはしていないものの，議論の内容からすると，組織化の問題とセンスメーキングの問題は，ほぼ同一の現象を対象として，やや異なった側面から論じた

ものだといえる．言い換えれば，ワイクが初期に取り上げた組織化の問題は，それ自体が「イナクトメント」の過程を経ることで，その焦点が少し変えられていったと解釈できるだろう．

ワイクにとって，組織的な活動の本質を理解するために不可欠となるのが，「組織化」（organizing）である．一般に組織として語られる現象は，実際には絶え間ない変化が生じる過程の一部を切り取っているにすぎず，ふつう思われているほどには，安定的ではない．彼にとって社会現象を考察する上で鍵となるのは，名詞で表現される静態的な状況ではなく，動名詞や動詞で表される動態的な過程なのである．したがって，組織に関連する事象でも，「組織」という安定的・静態的なイメージを想起させる言葉ではなく，「組織化」という不安定で動態的な表現が用いられている．

組織化の過程が動態的で，少なくとも原理的には不安定な要素を含んでいることは，その内容から，より明確になる．この組織化の過程は社会文化の進化モデル（sociocultural evolution model）を模して説明される（図3-4）．図中の用語などからわかるように，ワイクが提示したモデルはダーウィニズムに基づく進化論的なモデルが下敷きとなっており，その点では，前章で見たポピュレーション・エコロジーと類似した図式が描かれているように見える．

しかし，組織化の過程に関するモデルは，(1)人々の行為が及ぼす影響を中心的に想定している点と，(2)淘汰・選択される対象が組織や個体群ではなく，「意味」である点などから，ポピュレーション・エコロジーとは，基本的な考え方で大きく異なっている．そこからは，一連の議論でメタファーを重視したワイクにとって，進化論的なモデルは，考え方の基盤として用いられたのではなく，組織化の過程を説明するためのメタファーに過ぎないと

図3-4 ワイクによる組織化の過程

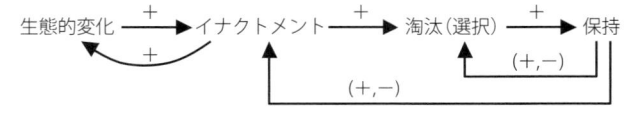

生態的変化 →(+) イナクトメント →(+) 淘汰(選択) →(+) 保持
　　　　　(+)　　　　　　　　　(+,-)　　　　　(+,-)

出所：Weick (1979), p.132.

いえる．

　この図は4つの要素から構成されている．フィードバックの矢印がすべての要素にあることから，これらの4要素の間には，明確な始点は存在していないが，この図式の中心となりうるのは，4つの矢印が交錯するイナクトメントである．イナクトメントは自然淘汰モデルでの変異（variation）にあたる言葉である．ここで変異ではなくイナクトメントという言葉が使われる理由は，「組織成員が，やがて自らに課せられる環境を創造する上で果たす，より積極的な役割をわれわれが想定している」からだとされる（Weick, 1979, p.130）．

　ただし，イナクトメントは一連の研究における中心的な概念の1つでありながら，じつは一貫した明快な定義をワイク自身は示していない．そのために，読者は提示される様々な間接的説明や例示から，その意味するところを推定するしかない．ワイクの説明や例示から推察する限りにおいては，イナクトメントとは，行為主体が（その当事者の意図を問わず）他者や当事者自身にとって解釈の対象となる行動をとること（ならびにそのような行動によって多義性が新たに生み出されること）を指していると思われる．ワイクが提示した例で言えば，「何かを言葉にすること」（saying）や「会合で見知らぬ人に他の人が気づくこと」が，イナクトメントである．そもそも「ワイクの著作を読んで，イナクトメントという新しい概念に着目する」ということが，読者によるイナクトメントの実践なのであろう．

　このイナクトメントという要素のみにつながっているのが，生態的変化（ecological change）である．この生態的変化という概念についても，明確な定義が与えられているようで，「正確な」意味はやはりつかみにくい．ただし，生態的変化に関する説明がイナクトメントに関する説明と交錯していることからすると，この把握の難しさは，意図的な構成や表現の結果だけではなく，概念上の混乱からも生じているように思われる．

　ワイクによる「イナクトメントは，有機体が外部『環境』と直接かかわる唯一の過程である」（Weick, 1977, p.130）という記述を手がかりとして，大雑把に解釈すれば，このモデルでの生態的変化とは，より一般的な言葉では，行為主体とは一応切り離された外部環境における変化ということにな

る．また，この図中の矢印にある「＋」の符号は，一方が増大すると，他方も増大するという関係を示している．したがって，生態的変化とイナクトメントとの間では，外部環境で生じた変化が増大すると，より多くの行動が喚起されるとともに，人々の行動が増大すると，外部環境にもより多くの変化が生じるという双方向の関係が存在することになる．

　他方で，この図式において外部環境の変化が問題となるのは「ふつう人々は円滑に進んでいる物事には気づかないという事実をとらえるため」で，「注意が喚起されるのは，変化が生じたときだけ」とされる（*Ibid.*, p.130）．そこでは，外部環境は行為主体に知覚されない限り，イナクトメントには影響を及ぼさないことになることから，ワイクが想定する外部環境と行為主体の関係は，両者が双方向的に影響を与えるということだけではなく，緩やかな繋がりが想定されることになる．これらの外部環境と行為主体に関するワイクの見方は，これまでに見てきた決定論的な図式とは，大きく異なっている．

　第3の要素である「淘汰（選択）」は，イナクトメントの意味が確定できれば，比較的単純に理解できる．淘汰の過程では，「イナクトされた多義的な表現」（enacted equivocal displays）に解釈のためのある種の構造（＝解釈のための枠組み）を当てはめて，その表現の多義性の削減が図られる．そのような解釈のための構造としては，過去の経験によって形成された「因果地図」（cause map）がしばしば用いられるとされる．簡単に言えば，イナクトメントによって生じた曖昧な状況を理解していくのが淘汰の過程であり，その際には過去の経験に基づいて理解するということがしばしば生じるということである．前述のように，ここで淘汰されるのは，多様な解釈であり，その解釈に用いられる枠組み（スキーマ）である．

　そして，図の右側にある「保持」において，ワイクの枠組みで保持されるのは，「うまくいったセンスメーキング」（successful sense-making）から生み出される「イナクトされた環境」（enacted environments）である．この「イナクトされた環境」というのは，もともと多義的であった状況を，その中で重要と思われる要素間での因果関係を想定した「因果地図」などによって，意味が理解できるようにまとめたものである．「イナクトされた環境」

は本当の環境ではないけれども，人々に認識され，保持されることによって，はるかに重要な意味を持つ．

また，「イナクトされた環境」からは，イナクトメントと淘汰の過程にそれぞれフィードバックされる．つまり，保持された「イナクトされた環境」は，次のイナクトメントの過程に，その前提となる「環境」として機能したりすることで影響を与えるとともに，淘汰の過程にも，多義性を削減するための枠組みとして用いられたりして影響を与えるということである．ただし，図中の符号で示されるように，このフィードバックの過程は他の矢印とは異なり，一定の関係にはない．過去の経験に基づいて，一定の状況認識が維持・強化される場合もあれば，過去の経験から切り離された新たな状況認識が生み出され，それに基づく行為が続く場合もあり，それらは行為主体によって選択されるということである．

ワイクの議論からの示唆

前項で見てきた組織化の過程に関するワイクの議論は，外部環境と行為主体の関係から整理すると，図3-5のようになると思われる．ワイクの議論は過程に注目していることから，これまでに見てきた研究との間で単純に比較ができるわけではない．しかしながら，このように単純化した図式から

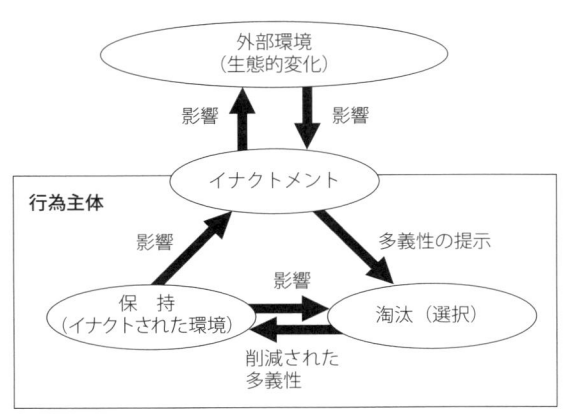

図3-5 ワイクの組織化過程における外部環境と行為主体の関係

は，ワイクの議論とより一般的な見方，とりわけ決定論的な研究との相違点が明らかになる．

1つには，行為主体は外部環境から一方的に影響を受けるだけではなく，イナクトメントを通じて，外部環境に影響を与えると考える点である．また，単純に行為主体と外部環境との間で相互関係があると考えるだけではなく，組織化という動態的な過程を想定して，行為主体で生じることを理論的に踏み込んで考えた点でも，これまで見てきた議論とは異なるといえる．また，そこでは多義性の削減をめぐる過程が想定されており，解釈や意味を扱っているという点で，主観主義的な要素が取り入れられている．

実際に，ワイクの議論を引用した研究では，類似したポイントにしばしば焦点が当てられる．特に多く見受けられるのは，次の2つである．第1に，外部環境と行為主体との関係について，外部環境から行為主体が一方的に影響を受けるのではなく，行為主体も外部環境に対して影響を与えるか，もしくは主体的に環境を創造しているという点に焦点を当てて，「イナクトメント」を引用したものである．典型的な例としては，前節で挙げたチャイルドの論文やマイルズとスノーの研究を挙げることができる (Child, 1972b; Miles and Snow, 1978)．先に見たように，これらの研究では，コンティンジェンシー理論をはじめとする環境決定論に対して批判的な立場から議論が展開されており，そのような見解を支持する概念として，「イナクトメント」が用いられている．

ただし，この面に焦点を当てた引用方法は，必ずしも間違っているわけではないが，前項で見てきたような過程に踏み込んで論じることはなく，静態的に近い部分に焦点を当てており，ワイクの議論での中心的な要素が展開されているわけではない．ワイクも「イナクトメントに関する議論では，選択的な認知，または抵抗に遭わない行為と同義のものとして，誤ってふつう用いられる」と記している (Weick, 1995, p.78)．ここで「抵抗に遭わない行為」というのは，行為主体の意志で環境が操作可能であることを指している．多義性を有する自著の記述を「センスメーキング」の素材として読者に提供しているのであれば，他人の「センスメーキング」の妥当性を指摘することが適切か否かという点では疑問が残るものの，真意が伝わっていないと

ワイク自身が考えているのは確かである．

　第2に，外部環境が行為主体とは独立して客観的に存在するのではなく，行為主体の解釈を通じて理解されるものであることに焦点を当てたものである．この種の引用や展開は，スミルシチ（L. Smircich）とスチュバート（C. Stubbart）の議論に典型的に見られるように（Smircich and Stubbart, 1985），解釈論的な要素を取り入れて，客観主義－決定論的な視座に批判的な研究でとられる傾向にある．先に見た「イナクトメント→淘汰→保持」という流れは一種の解釈が狭まっていく過程であり，またワイク自身も実証主義（positivism）に対する代替的な考え方であることを明示していることや（Weick, 1977, p.26），別の論文でダフト（R. L. Daft）とともに「解釈システム（interpretation systems）としての組織」という問題を考察していることからすれば（Daft and Weick, 1984），このような立場も誤っているわけではない．

　しかしながら，上で触れたワイクの記述において「選択的な認知と同義」として扱う議論として対応するのは，この第2の引用・展開方法であり，ここでも自らの真意が十分には伝わってないとワイクは考えている．また，スミルシチとスチュバートは，「解釈論的社会学に由来する視座であり，共有された意味が社会的に構成された体系として，組織を見なしている」点において，ワイクのイナクトメントに関する議論と，バレルとモーガンの議論を同列に並べている（Smircich and Stubbart, 1985, p.724）．しかし，『センスメーキング・イン・オーガニゼーションズ』において，ワイクは，解釈論固有の問題を抱えた典型例としてバレルらの議論を明示的に取り上げ，複数の箇所でかなり厳しく批判している（たとえばWeick, 1995, p.69, p.136）．つまるところ，ワイクの議論では，解釈や意味の問題が取り上げられているものの，客観主義的な視座との対比によって，解釈や意味の重要性が単に主張されているわけではないのである．

　このように，ワイクのモデルを部分的に展開した議論について，ワイク自身は引用の方法について，必ずしも納得しているわけではない．その一方で，ワイクが提示したモデルや議論が既存の研究とは異なる視座を有していることが認識されている点では，それらの議論が誤っているともいえない．

ここで本書での議論との関連で，ワイクの議論の特色として指摘できるのは，決定論とは明らかに異なる形で，行為者の主体性を強調した点である．曖昧な状況から多義性を削減していく「センスメーキング」を重視することにより，外界で生じている現象が一意的で「正確」に読み取るべきものではなく，何を対象として，そこから何を読み取るのかという点で，行為者が意図しているか否かを問わず，原理的には理解の多様性・自由度が存在していると考えた．

　他方で，ワイクは完全に外的要因からの制約から自由な存在としての行為者を想定したわけでもない．図3-4と図3-5からわかるように，イナクトメントは外部環境に影響を与える一方で，外部環境からの影響も受けると考えられている．ワイクの議論における外部環境の位置づけについては，「センスメーキング」の過程を典型的に示す事例として，ワイクが絶賛しているポラックとトーマスらの研究を第4節でより詳しく考察することで検討を進めることとして，ここで触れておくべきことは，ワイクは行為者の主体性を念頭に置きながらも，少なくとも『センスメーキング・イン・オーガニゼーションズ』における議論では，外部環境からの制約を決して軽視していなかった点である．この点は単純な構図を有する解釈論者とは大きく異なる．

　次節での議論に移る前に，ワイクが提起した様々な論点の中で，方法論とは異なる視点で本書の議論と関連する事項を，1点ほど追加しておきたい．ワイクはイナクトメントを中心とする過程を記述することで，組織が保守的に行動する傾向にありがちであることと，環境変化に対して対応可能なメカニズムを示した一方で，柔軟な組織が常に望ましいとは思っていない点である．このことは第6章で検討する本書の枠組みとの関連で，重要な意味を持つ．次の記述には，この問題に対するワイクの見解が明快に示されている．

　　組織は柔軟性と安定性とのバランスを維持することによってのみ，存続可能であるが，これを実行することは困難である．
　　　一時的ではない環境変化に適応するように現在の慣習を修正可能とするために，柔軟性は必要である．そのような組織はイナクトメントを通じて変化を感知しなければならず，またそのような生態的変化を受け入

れて認識できるだけの，斬新な行為の十分な蓄積を保持しなければならない．完全な柔軟性に伴う問題は，そのような［完全に柔軟な］組織はアイデンティティや継続性の感覚を長期的に保持できないという点にある．いかなる社会的な単位も，部分的にはその歴史によって，その単位が行ってきたことによって，そして繰り返し選んできたことによって，規定される．慢性的な柔軟性はアイデンティティを破壊するのである．

　安定性は新たなコンティンジェンシーを扱うための経済的な手段を提供する．組織が記憶を有し，反復する能力がある限りは，いかなる組織でも利用可能な規則性が世界に存在するからである．しかしながら，反応するためのより経済的な方法がまったく発見されない可能性があり，さらに新たな環境の特性がまったく気づかれない可能性があることから，慢性的な安定性は逆機能的である．（Weick, 1977, p.215）

　この記述からは，新たな環境に柔軟に対応するためのある程度の能力は必要である一方で，柔軟すぎる場合には，組織が機能しないと考えていることがわかる．過去の経験や歴史に基づく安定性も，組織が継続して発展していくためには求められるということである．そのために，困難ではあるけれども，柔軟性と安定性のバランスが重要となってくる．

　この点に関連して，図1-2で見たように，バレルとモーガンは，安定性・保守性を重視する「規制の社会学」と柔軟性・革新性を重視する「秩序の社会学」の対立軸を第2次元として設定して，従来の組織研究が「客観主義-規制の社会学」に属する機能主義に偏りがちであることを，批判的に記している．バレルらの指摘は当時の議論の分布に関する指摘としては理解できる一方で，いずれかの見方だけが常に重要となるわけではない．現実の組織や個々人が織りなす社会現象を考察する際に重要となるのは，ワイクが指摘するように，安定性・保守性の側面と柔軟性・革新性の側面がバランス良く共存することである．

　ワイクの議論は単純明快に展開されているわけではなく，方法論的立場も細かい点では必ずしも一定ではない．しかしながら，先に記してきたように，ワイクは客観主義や決定論的視座とは明確に異なる議論を提示する一方

で，単純な主観主義的視座についても批判的である．ワイクは完璧な像を描いたわけではないが，客観主義－決定論的な視座と主観主義－主意主義的な視座が単純に対立する構図にはなく，複数の論点を挙げることで，両者が建設的に統合できる可能性を示してきたといえるだろう．

以下に続く節では，制度理論の基本的な議論に関する検討を基盤として，これらの2つの視座を統合した構図の可能性をさらに探っていくこととしたい．

3　制度理論の概要と背景となる構図

前章第3節で触れたように，コンティンジェンシー理論以降で外部環境と組織との関係を取り上げた主要な議論の1つに，制度理論（institutional theory）がある．社会的な制度が行為主体の行動にもたらす制約に着目する点で，制度理論は行為者の主体性や制度の変動・変化を軽視する傾向にあるとされる（たとえばCovaleski and Dirsmith, 1988; Hirsch, 1997; Hoffman, 1999; Washinton and Ventresca, 2004; Heugens and Lander, 2009）．そのために，制度理論は戦略的選択とは対極に位置する，決定論的視座に立脚した議論と見なされることがある（Judge and Zeithaml, 1992）．つまり，決定論－主意主義という対立軸で見た場合，本章の前節までに見てきた戦略的選択やワイクの議論のような行為者の主体性を重視する議論よりも，むしろ第2章で検討してきた決定論的枠組みに基づく議論に近いものとして，制度理論は位置づけられることが少なくない．

しかしながら，後述するように，人々の行為の結果として制度が形成されるとする社会的構成論が，とりわけ初期の研究には影響を与えており，そこでの議論の前提とされている．そのために，制度という外部環境を人々は形成する一方で，自らの制約要因となるという双方向的な関係が，制度理論に基づいて考察できる可能性がある．このような制度理論を通じた考察により，ワイクの議論ではやや曖昧であった，外部環境と行為主体との間での双方向的な関係は，より整理された形で理解することができる．以下では，制

度理論の主要な議論の概略を見た上で，その理論的な背景に遡って考察することで，行為者側の主体性と外部環境としての制度との関係を統合的に扱うための視座を検討していきたい．

主要研究における制度理論の概要

制度理論に分類される研究には，考察の対象とする現象や理論的な説明に関してかなりのバリエーションがあり，取引費用理論のような一貫性・統一性は存在していない．極端な場合，制度に関する議論を包括的に扱ったスコット（W. R. Scott）の著作のように（Scott, 2001），社会的制度を何らかの形で取り上げた研究が広義の制度理論に含まれることになる．また，その中心的な概念である「制度」（institution）自体についても，精緻な定義が共有されているわけではない．

このように，制度理論は緩やかにつながった研究群を一般に指すことから，研究間の関係もやや曖昧である．たとえば，テネシー川流域開発公社（TVA）における調査とそれを基盤とする理論的考察を展開したセルズニック（P. Selznick）の著作は，「制度」という概念を通じて，合理的な行為者像を懐疑的にとらえている（Selznick, 1947;1957）．この点では，セルズニックの議論は，1970年代後半以降に注目を集めていく一連の制度理論と共通することから，制度理論の源流の1つと見なされることもある（Scott,1987）．ただし，セルズニックの議論はその後の議論とは扱っている現象が異なることから，「古い制度論」（old institutionalism）として，ふつう独立して扱われている（DiMaggio and Powell, 1991）．

1970年代以降から今日に至る「新しい制度論」（new institutionalism）に分類される研究に限っても，理論的な枠組みに一貫性があるとは言い難い．その一方で，多くの議論に共通する見方は次の3点にまとめることができる．(1)組織構造の変更や組織成員の行動は組織成果を高める方向で合理的に展開されるとは限らず，社会的な制度からの圧力に順応する方向でも進められる．(2)社会制度からの要求には技術的な合理性があるとは限らない一方で，制度への順応は正当性（legitimacy）をもたらす．(3)組織による順応は自明視されていて自然に行われる場合もある一方で，正当性に基づく外

部資源の獲得や，逆に正当性が得られないことによる外部からの制裁の回避といった，（技術的な合理性とは異なる）正当性から生じる組織側での合理性に基づいてとられる場合も少なくない．

　これらの点をより具体的に検討するために，制度理論に分類される数多くの議論が参照するマイヤーとローワンの研究とディマジオとパウエルの研究の概要を，それぞれ見ておきたい（Meyer and Rowan, 1977 ; DiMaggio and Powell, 1983）．

　マイヤーとローワンにとっての基本的な問題意識は，公式組織の構造は必ずしも効率的な組織成果をもたらすものではないという点にあった．ウェーバー以来，近代化による市場経済の進展と集権的国家の成立によって，高い合理性を有する官僚制が社会で広まったと考えられてきた．このように，直面する環境に対応するために，より高い効率性を有する組織構造が採用されるという考え方は，広義のコンティンジェンシー理論に受け継がれてきた．ところが，実際の組織成果は必ずしも公式組織の構造だけで左右されるわけではない．公式組織の中には非公式組織が存在し，複数の組織間でも組織の構成要素の間でも，緩やかにつながっているだけである．

　ただし，効率的ではないとしても，特定の組織構造が社会で広まる理由は他に存在する．そこで中心となる概念が正当性である．前述のように，特定の組織構造を採用することによって，正当性を確保できるのであれば，外部からの資源獲得が容易になる．さらに，より多くの資源を外部から獲得することができれば，組織の生存につながることになる．ここで重要となる正当性の付与につながる環境は，バーガー（P. L. Berger）とルックマン（T. Luckmann）がいうところの「社会的に構成された現実」（social constructed reality）である（Berger and Luckmann, 1967）．つまり，ある特定の構造に実際には合理性が存在しないとしても，合理的であると人々の間で共通した認識が作られているのであれば，その採用が正当性をもたらすと，そこでは考えるのである．そのために，この論文の副題は「神話と儀式としての公式構造」（formal structure as myth and ceremony）とされており，マイヤーとローワンが実質的な機能を有しないものとして公式構造を見なしていることが，明示されている．このような考え方は，製品市場をはじめとする外部

環境への適応によって効率性を高めることを中心に置いたコンティンジェンシー理論などの基本的発想とは，大きく異なる．

その一方で，効率性をもたらさない公式構造を有する組織は，生存するために必要な効率性を達成できず，機能しない可能性がある．また，複数の社会制度で異なる圧力がかかり，それらの間で矛盾した要求がなされる可能性がある．そのような問題に対処するためにとられる方策の1つが，実際に行われる活動を表向きの公式構造から切り離して，組織の生存にとって重要となる活動で合理性が維持できるようにする「分断」（decoupling）である．何らかの構造を採用することに実質的には意味がないとしても，形式的にだけ取り入れて，制度的な要求に順応したふりをして，実際には活動に支障が生じないように対応するということである．

このように，マイヤーとローワンの議論は，コンティンジェンシー理論で想定されたような合理的な要素を完全に排除したわけではない一方で，社会的に構成された（だけの）「神話」という，効率性ではなく正当性をもたらす制度的要因を，個別組織の構造を規定する重要な要因として，新たに提起した．

他方，ディマジオとパウエルは，マイヤーらの研究を下敷きとしつつ，様々な組織が類似する「同型化」（isomorphism）という現象に焦点を当てて，さらなる議論を展開した．彼らによれば，同型化には，淘汰過程を経て生き残った組織が類似する「競争的同型化」と，社会制度を通じて組織が類似する「制度的同型化」の2種類がある．そこでは，競争的同型化を扱うのはポピュレーション・エコロジーだとされる一方で，ディマジオらの関心は制度的同型化に向けられた．

さらに，ディマジオとパウエルは，制度的同型化を生み出す3つのメカニズムを提起した．(1)強制的同型化（coercive isomorphism），(2)模倣的同型化（mimetic isomorphism），(3)規範的同型化（normative isomorphism）という，今では広く知られる概念上の類型である．強制的同型化は，政府に代表されるような，当該組織が従属する他の組織から公式・非公式に与えられる圧力や，当該組織が機能する社会における文化的な期待から生じる圧力によって生じる．それに対して，模倣的同型化は，どのような方法がよいの

かがはっきりしない不確実性が高い状況下において，各組織が特定の他の組織をモデルとして模倣することで，自発的に生じる同型化である．また，規範的同型化は，専門家化（professionalization）が社会で進むことによって，大学をはじめとする教育機関や専門家のネットワークなどを通じて生じる同型化である．

　これらの同型化は当該組織に必ずしも効率性をもたらすとは限らない．マイヤーとローワンが指摘したように，組織が同型化するのは，効率性を追求するためではなく，当該組織が正当性を獲得することによって，ある種の便益を得るとともに，制裁を回避できるからである．

　ディマジオとパウエルの議論は，その後に進められていった実証研究の枠組みを提供することになる．ここで興味深いのは，これら3つの類型のうち，北米で展開されていった議論が，模倣的同型化に集中した点である（Mizruchi and Fein, 1999）．たとえば，制度理論の代表的な実証研究として知られる事業部制の採用過程に関する論文でも，ディマジオらの3類型の中で焦点が当てられたのは，模倣的同型化であった（Fligstein, 1985）．ミズルチ（M. S. Mizruchi）とフェイン（L. C. Fein）は3つの類型の中で模倣的同型化に焦点が当てられた理由を，強制的同型化で扱われるパワーや強制力の問題ではなく，模倣的同型化と関連する認知的な意思決定過程の問題に，北米の組織論研究者がもともと関心を持っていたことに求めた．ミズルチらによれば，ディマジオとパウエルの論文は模倣的同型化の概念を提起したものとして「社会的に構成された」のである．

制度理論の基盤としての社会的構成論

　ディマジオとパウエルが提起した同型化の類型のうち，その後の研究では模倣的同型化に焦点が絞られていった「社会的構成」について，ミズルチらは社会学で重視されるパワーの論点が脱落したとして，批判的にとらえている．

　しかしながら，マイヤーとローワンが先行して展開した議論からディマジオとパウエルの議論へと移行する過程では，皮肉にも，ミズルチらの議論における理論的な基盤である「社会的に構成された制度」という視点は制度理

第3章　主体性をめぐる経営組織論の展開と可能性

論において薄まっていった[4].

前述のように，マイヤーとローワンの論文における社会制度とは，次のように，社会的に構成されたものとして考えられていた.

> 組織は自らの環境における現象によって構造を形成され，環境と同型化しがちであるという観察は，目新しいものではない．そのような同型化に関する1つの説明は，技術や交換の相互依存性によって，組織は環境に適合するというものである．
>
> （中略）
>
> 組織と環境を対とする第2の説明，そしてここで強調される説明は，組織は社会的に構成される現実（Berger and Luckmann, 1967）を構造に反映しているというものである．（Meyer and Rowan, 1977, p.346）

このような社会的構成論に基づくマイヤーとローワンの制度観に対して，ディマジオとパウエルの論文では，バーガーとルックマンの著作が参照されていないなど，社会的構成論の視点は後退している．その代わりに，ディマジオらは，ギデンズの『社会理論の最前線』（*Central Problems in Social Theory*）から，バーガーらの議論とある意味では類似する「構造化」（structuration）の概念を借用して展開している．ディマジオとパウエルによる「構造化」の過程とは，次のようなものである．

> [組織間で同型化が生じる場所である]組織フィールドは先験的に規定できるわけではなく，経験的な調査に基づいて定義されねばならない．フィールドは，制度的に定義された程度までのみ存在する．制度が定義される過程，つまり「構造化」の過程は4つの部分から構成される．そのフィールドにおける組織間の相互作用の増大，明確に定義された組織間の支配の構造と連合のパターンが出現すること，フィールドにおいて組織が処理しなければならない情報負荷の増大，そして一群の組織の参加者間での，共通の企図に関与していることについての相互認識の発展，である．（DiMaggio and Powell, 1983, p.148）

そこでは，制度は組織やその参加者によって形成されるものであり，それが生じるのが「構造化」の過程であると考えられている．その点では，ディマジオとパウエルの議論において，社会的構成論に基づいた見方は完全に放棄されたわけではない．しかしながら，ディマジオらの主たる関心はこの過程自体ではなく，そのような過程を通じて生み出される制度が及ぼす影響である．また，この「構造化」の定義自体も，ギデンズのもともとの考え方とは多少の距離がある．

制度理論においてバーガーとルックマンによる社会的構成論の見方が後退していった点については，ズッカー（L. G. Zucker）による初期の議論（Zucker, 1977）と対比することにより，より明確になると思われる．このズッカーの論文は，マイヤーとローワンの論文と同じ年に発表されており，制度理論の源流となる論文の1つとして，マイヤーらの文献とともに，しばしば取り上げられてきた．

ズッカーにとっての制度化とは，ある種の文化が世代間で伝承されて，維持され，最終的には変えることが容易ではなくなっていく過程である．ズッカーは，制度化の過程について，バーガーとルックマンの議論と直接関連させて，次のように述べている．

> このように，制度化は過程であるとともに，属性変数でもある．制度化は現実として社会的に構成されたものを個々の行為者が伝承していくという点で過程であると同時に，その過程におけるどの時点でも，行為の意味は，多かれ少なかれ，この社会的現実の自明視された部分（a taken-for-granted part）として定義しうる．そして，制度化された行為は客観的で外在するものとして認識されてしまう．行為は，それについての共通の理解を変えることなく他の行為者によって潜在的に反復されうる場合に，客観的である．その一方で，諸行為に関する主観的な理解は，それらが外部世界の一部として見なされるように，間主観的な理解として再構成される（バーガーとルックマン〔1967〕の「物象化」〔reification〕と「客観化」〔objectivation〕を参照のこと）．(Zucker, 1977, p.728, バーガーらの議論の参照部分についても，原文から抜粋)

ズッカーの主張で重要となるのは，制度化を通じて，ある種の意味や理解が行為者とは独立した客観的で外在的なものとして認識されることによって，自明視される点である．この過程を経ることにより，元来は個人の主観に過ぎなかったものが客観的に存在するもののように変化し，個々の行為者は当たり前のものとして疑問を感じないまま行動するようになるということである．

　以上での考察からは，制度理論における行為主体と外部環境との関係は複数の側面を有していることが推察できる．

　ディマジオとパウエルの議論では，行為主体は既に存在する制度を前提として同型化して正当性を確保することにより，外部からの資源獲得が容易になるとされる．このような見方は実際の活動の効率性を高めるのか，正当性を獲得するのかという点では異なるものの，対象となる要因とその背景が異なるだけで，その構図自体はコンティンジェンシー理論に類似した決定論的な適応関係となる．

　この点からいえば，本節の冒頭で触れたジャッジ（W. Q. Judge）らの議論（Judge and Zeithaml, 1992）のように，戦略的選択をベースとする研究とは方法論的に対立するものとして，制度理論を位置づけることも可能となる．また，正当性の確保による外部からの資源獲得を個々の組織が目指すという点は，フェッファー（J. Pfeffer）とサランシック（G. R. Salancik）によって展開された「資源依存理論」（resource dependence theory）（Pfeffer and Salancik, 1978）との結びつきが強いとされる（Oliver, 1991;Mizruchi and Fein, 1999）．そのために，先行した資源依存理論とは違った，制度理論独自の貢献が曖昧になっているという指摘もなされている（Tolbert and Zucker, 1996）．

　他方，バーガーとルックマンの著作を主たる基盤とするズッカーの議論では，制度化が進んだ段階においては，本来は人々が作り出した意味や理解があたかも客観的な存在のように自明視されることになる．その点では，意識的な選択によって行動がとられるわけではないために，正当性を獲得するための適応過程よりも，行為者側の主体性はさらに低い．その一方で，制度として外在するように見えるものは，人々によって生み出されたものである．

図3-6 制度理論の基本的な議論で中心となる行為主体と外部環境との関係

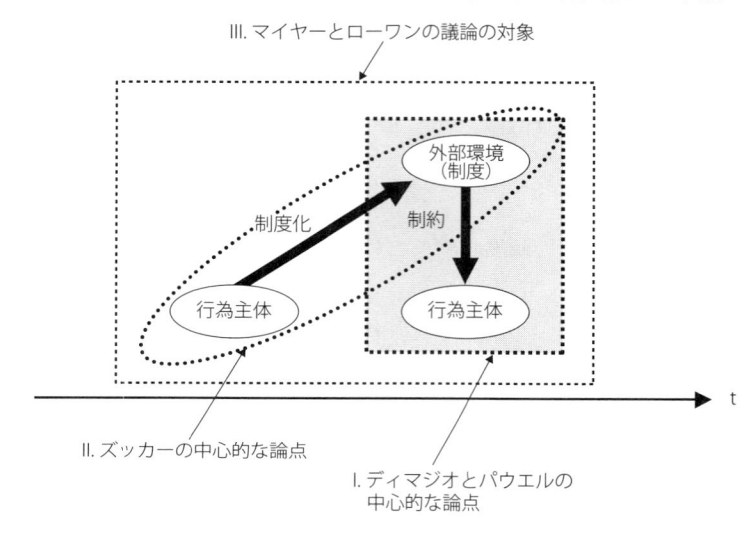

　以上のようなディマジオとパウエルの議論，ズッカーの議論，ならびにマイヤーとローワンの議論で中心的に取り上げられた行為主体と外部環境（＝制度）との関係を図式として整理したのが，図3-6である．ここで，まずディマジオとパウエルにおける中心的な議論（図中のⅠ）では，制度が行為主体の行動を制約するという構図となる．それに対して，ズッカーが主として論じたのは，制度化の過程であり，行為主体の行動によって，後に制約となる外部環境を自ら生み出す点である（図中Ⅱ）．マイヤーとローワンの議論は，ズッカーと同様に社会的構成論に基づいた制度観を有している一方で，ディマジオらと同様に，制度が単純に自明視されるのではなく，正当性に基づく資源の獲得を目指すことになることから，両者を包含したものになる（図中Ⅲ）．

　ここで制度理論における「制度」の位置づけによって，この構図が幅広く成立するのか否かが変わってくる．先に見たように，ディマジオとパウエルの議論では，社会的に構成された存在としての制度という視点は後退しており，直接的にはズッカーのような視点が強調されるわけではない．しかし，先に見た「構造化」過程に関する記述に見られるように，ディマジオらの議

論を含めた多くの制度理論が,少なくともある程度は社会的に構成された制度というのを前提にしていると考えるのであれば（Abell, 1995; Barley and Tolbert, 1997），マイヤーとローワンが議論の対象とした，行為主体によって作られた制度によって，行為主体自身が制約を受けるという図式が，広く成り立つことになる.

制度理論に関する以上の考察からは，次のことがわかる．制度は行為主体に対して制約を課す一方で，この理論に属する多くの議論の基本的な前提に基づく限り，その制約自体は人々によって作られている．この点において，制度理論は本来単純な決定論ではない．制度理論に決定論的な図式を見る場合には，理論全体で（潜在的に）想定されている構図全体の一部に焦点を当てたにすぎない．逆に言えば，人々によって生み出されたものであっても，いったん制度化が進んでしまえば，簡単には覆すことができないものとなる．

このように考えると，制度理論では，個々の研究で着目される現象がどのようなものであっても，その根本には，行為者の主体性を想定しうる前提が置かれている．それと同時に，単に行為者が自らの意志通りに自由に行動できるわけではなく，制度という外部環境からの制約も前提とされている．

つまるところ，制度理論の基本的な発想をベースとして，外部環境と行為主体のいずれが規定力を持つのかという「決定論－主意主義」の対立軸を，融合できる可能性が引き出される．そして，この行為主体が自らを制約する環境を作り出すという考え方は，前節で見たワイクの見解と類似した発想を含んでいるといえよう．

4　決定論的視座と主意主義的視座の発展的融合に向けて

制度理論からの理論的展開

前節で見てきたように，制度理論には全体として完全にまとまった理論体系は存在しないものの，行為者の主体性が想定される社会的構成論が部分的

にでも前提として組み込まれている．この点からは，人々から切り離されて外部に存在する要因が人々の活動を規定するという単純な決定論とも，人々の主観的な理解によって社会が規定されるという単純な解釈論とも異なり，両者を融合した理論的枠組みの可能性が示唆される．

このような制度理論に対する考え方に沿う形で，バーリーとトルバートは，ギデンズの構造化理論を基盤とする理論的展開を試みた（Barley and Tolbert, 1997）．バーリーらは，先に見てきた議論と同様に，ズッカーの議論とマイヤーとローワンの議論がバーガーとルックマンの議論に依拠していることに注目する．また，ディマジオとパウエルの議論についても，明示的ではないにせよ，制度が人々の相互作用によって生み出される点で，類似した視点に立脚しているとする．しかし，多くの制度論者は制度が制約を課す側面のみに着目し，制度が人々によって生み出される側面はほとんど考慮していないとも指摘する．

そこで，バーリーらは，「社会的行為者とその適切な活動ないし関係に関するカテゴリーを同定する，共有された規則や規型（typification）」（*Ibid.*, p. 96）として，解釈論的に制度を規定する．このように制度を定義することによって，制度の変動や再生産の過程が説明可能になるとともに，ギデンズの「構造」概念との類似性を見いだすことができる．ここで，社会的構成論を介して制度理論とギデンズの理論が結びつくことになる．

ギデンズが一連の議論で展開してきたのは，本書で見てきた決定論的・客観的・静態的な社会（構造）観と主意主義的・主観的・動態的な社会観の統合である（Giddens, 1976；1977；1979；1984）．そのような問題意識に基づいて提起されたのが，「構造化理論」（structuration theory）である．ギデンズの構造化理論は，図3−3（72頁）で示したウィッティントンによる外部環境と行為主体の2軸で構成される分析枠組みでは，「環境の構造」と「人間の主体性」の双方を高く想定する，右上の象限に位置づけることができる[5]．このような欧州を中心とする議論の流れに沿って，バーリーらはギデンズの構造化理論をベースとして，制度化のモデルを提示した．

まず，外部環境といえる構造側では「制度の領域」（institutional realm）が，行為主体側の「行為の領域」（realm of action）が，それぞれ想定され

第3章 主体性をめぐる経営組織論の展開と可能性

る．制度の領域における秩序は，表意（signification），支配（domination），正当化（legitimation）の3つのシステムから構成される．これら3つの制度側のシステムに，行為の領域で対応するのが，コミュニケーション，パワー，制裁（sanction）である．この制度と行為における3つの要素は直接つながっているわけではなく，「モダリティ」（modality）を介して，相互に影響を与えることになる．具体的なモダリティは，解釈の構図（interpretive schemes），資源（resources），規範（norms）である．つまり，ギデンズのいう「構造化」は，表意－解釈の構図－コミュニケーション，支配－資源－パワー，正当化－規範－制裁という3つの相互関係を基盤としている．

そのような構造化に関する議論をもとにして，バーリーとトルバートは制度化のモデルを提起した（図3-7）．ここで「スクリプト」とされているのは，抽象的な概念であるモダリティを観察可能なものとしてとらえるためだとされる．

まず，一番左側に示された矢印 a は，制度的な原則が具体的な状況で用いられるスクリプトにコード化されることを意味している．一般的な原則では，人々の行為との対応関係が漠然としていて，影響関係が想定できないからである．続く b では，コード化されたスクリプトをもとにして，行為者が行動することを意味している．この行動に関して原文では「イナクトする

図3-7 バーリーとトルバートによる構造化理論をもとにした制度化のモデル

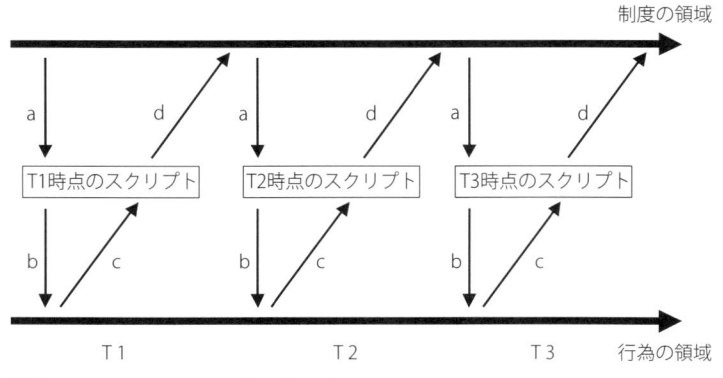

出所：Barley and Tolbert（1997），p.101

(enact)」という言葉が用いられており，本文中には明示されていないものの，その内容はワイクの用法と類似している．このスクリプトの「イナクト」は他の代替案の中から意識的に選択されることもあれば，自明視されているために他の選択肢が想定されない場合もある．

　矢印aとbが制度から行為に対する影響であったのに対して，矢印cとdは行為者側から制度側に影響を及ぼす経路である．まずcは，行為の結果として，スクリプトが複製されたり（replicate），改訂されたり（revise）することを意味している．スクリプトが変わらないとしても，そのまま保持されているわけではなく，人々の行為によって再生産されることによって維持される．また，既存のスクリプトからの逸脱は，同意が得られる状況でない限り，他の行為者からの支援が得られにくいために，スクリプトは簡単に変更されるものではない．そして，スクリプトから制度に至るdは，その期間にパターン化された行動や相互作用が，バーガーとルックマンがいうところの客観化（objectification）・外在化（externalization）に至る経路を意味している．

　バーリーとトルバートによる考察は，前掲の図3-6の要素を包括的に含み，さらに行為主体側の行動から既存の制度に対する影響まで射程に入れて，社会的制度と行為主体との関係を理論的に検討したものだといえる．

　ただし，そこでの議論は具体的な事象に対応して展開されているわけではなく，包括的な枠組みの提示にとどまっていることから，その妥当性はモデルで扱われた個々の内容をどのように解釈するのかによっても変わってくる．その点からすると，バーリーらのモデルは，特定の現象を見る上での具体的な枠組みとして，他者がすぐに使えるようなものではない．その一方で，外的要因が行為主体に一方的な影響を与えるわけでもなければ，行為主体が外部からの制約を顧みることなく行動できるというものでもない融合的な図式を，組織論の領域で具体的に提示したという点では，バーリーらの提示したモデルは1つの参考となるように思われる．

「ホーウィック研究」に見る2つの視座の融合

　バーリーとトルバートが展開した議論はかなり抽象度が高いことから，こ

こでより具体的な分析を通じて，外部環境と行為主体が相互に影響関係にある点について，理解を深めておきたい．先の論文の筆者の1人であるバーリーは，医療現場への画像診断装置の導入過程を対象として，ギデンズの構造化理論に基づいた分析を展開していることから（Barley, 1986 ; 1990），それらの研究を取り上げるのが妥当なのかもしれない．しかしながら，バーリーの研究は現場観察に基づいて物理的・空間的にかなり限られた領域での「構造化」の過程に焦点を当てており，よりマクロ的な視点から主として考察を進める本書の立場とは，必ずしも一致するわけではない．

そこで，ここではバーリーの研究に代えて，スコットランドのニットウェア（編物）製造業者に関するポラックとトーマスらの研究（Porac, Thomas, and Baden-Fuller, 1989 ; Porac et al., 1995 ; Porac and Thomas, 1990）を取り上げて，検討することにしたい．ポラックらの研究は，特定のニットウェア産地を対象とする，よりマクロ的な視角を持ちながら，バーリーによる画像診断装置の導入に関する論文を参照している点に端的に表れているように，客観主義と主観主義を統合した立場から分析を進めている．

また，ここで主として取り上げる1989年の論文に関しては，第2節でも触れたように，ワイクが自著で注目したものでもある．ワイクは『センスメーキング・イン・オーガニゼーションズ』において，同書での中心的な概念である「センスメーキング」を典型的に示した研究としてポラックらの論文を挙げて，「ホーウィック研究」（the study of the Hawick）と名付けた上で，紙幅を割いて検討している（Weick, 1995, pp.76-82）．加えて，ポラックらは，ワイクのイナクトメントのみならず，チャイルドの戦略的選択や，バーガーとルックマンの議論，マイヤーとローワンの議論なども，主要な構成要素として論文の中で展開している．これらの点を勘案すると，戦略的選択を中心とする戦略変数の導入とワイクの研究と制度理論の検討から2つの視座を融合する可能性を探ってきた本章での議論を総括する上で，ポラックらの研究は適した題材の1つであるように思われる．

ポラックとトーマスらが注目したスコットランドのホーウィック地区を中心とするニットウェア製造業者は，事業体としては独立的でありながらも，いくつかの戦略上の特性を共有していた．製品はカシミヤなどの染色した毛

糸（後染めではないということ）を用いた，流行は追わないが多様なデザインのバリエーションを有する高価格製品に絞られていた．ターゲットとする市場は欧州や日本，米国といった先進国であり，特約代理店経由でデパートや専門店を中心として販売されていた．また，生産面では，以前は手編みであったものが徐々に機械化されてきたものの，量産に踏み切ることはなく，柔軟な生産体制を維持していた．

　以上の特性を基本とするホーウィックのニットウェア業者は，先端的なファッションを売りにするイタリアの企業や，量産・低価格志向のアジアの企業などとは，直接的な競合関係にはないと考える一方で，価格競争を抑制する志向性を有しながらも，スコットランドを基盤とする企業を中心とする少数の企業とは競合関係にあると認識していた．つまり，ニットウェアとしては同じカテゴリーに入るとしても，少なくともホーウィックの各企業にとっては，カットソーをはじめとする異なる製法や市場を狙った製品を手がけるメーカーは，競合企業ではなかったのである．

　このように，広くは同じ産業でありながら，その一部だけが類似の次元で競合するという現象は，「戦略グループ」（strategic group）という概念で経営戦略論では扱われてきた（たとえば Porter, 1980）．そこでポラックらが問題としたのは，どのようにして戦略グループ（ポラックらの用語では「競争グループ」〔competitive group〕）が生じるのかという点である．そこでは，戦略グループは先験的に存在するものではなく，競合企業をはじめとする関係主体間で共有された認識を基盤とすることが，想定されている．

　そこで重要となるのが，個別企業レベルでの認識の基盤となる心的モデル（mental model）である．個別企業で事業にかかわる意思決定を行う経営者（manager）は，外的要因に部分的に影響を受けつつ，主として事業上の取引を通じて，心的モデルを徐々に形成する．その中心となるのが，自社や競合企業，取引先がどのような特性を有していて，その業界でどのような経営方法が有効であるのかといったことに関する信念である．この心的モデルに基づいて，自社が主眼を置く市場や事業のあり方についての「戦略的選択」が行われ，事業が展開される．また，その選択された市場からは，関連する行為主体をはじめとする市場の動向に関する情報が，自社が注目する「市場

の手がかり」(market cues) としてもたらされ，経営者が有する心的モデルは影響を受けることになる．たとえば，「自社の製品は，デザインは保守的だが高品質なニットウェアである」という信念を持っていれば，そのような製品を好む取引先や顧客に向けて製品が供給されることになり，競合するのは同種の製品を扱う企業となる．そこでは，イタリアやアジアの企業には直接的な関心は寄せられず，それらの動向からはあまり影響を受けることがない．

　ポラックらは，ワイクの議論をベースとして，この一連の過程を「緩やかに結びついたイナクトメントの過程」(loosely coupled enactment process) と呼んでいる．ここで重要となるのは，個々の企業で行われる「イナクトメントの過程」は，競合企業をはじめとする関連する行為主体とは独立して行われるのではなく，製品・サービスでの競合や取引を通じた相互参照によって，類似した心的モデルを有するようになる点である．競合企業間では，類似の問題に対して同様の対応策がとられることによる「間接的模倣」や，競合企業間のコミュニケーションによる「直接的模倣」によって，心的モデルが類似することになる．この点から，戦略グループが先験的に存在するのではなく，認識の共有を基盤として成立していることになる．

　また，取引先や顧客との間でも，製品の供給・購買を通じて，フィルターにかけられた情報が相互に流れることにより，事業自体が類似する競合企業ほどではないにせよ，類似した心的モデルが相互に形成され，それに基づき事業が行われ，購買行動が生じることになる．たとえば，保守的なデザインの高級ニットウェアを好む顧客は，そのカテゴリーの製品に基本的には注目していて，ニットウェア全体に関心があるわけではない．そのために，このターゲットとなる顧客から流れてくるのは，そのカテゴリーの製品に関する情報である．つまり，同じ価値連鎖の中に位置する各主体は，ここでも一種の相互参照によって，類似した信念を形成し，さらに維持・強化していくのである．

　以上の議論で想定される構図を抽出して再構成したのが，図3-8である．ここでは，行為主体側で解釈や心的モデルという主観的な要素が重視される一方で，製品の取引関係や製品市場での競合状況といった物質的

図3-8　ポラックとトーマスの議論における図式

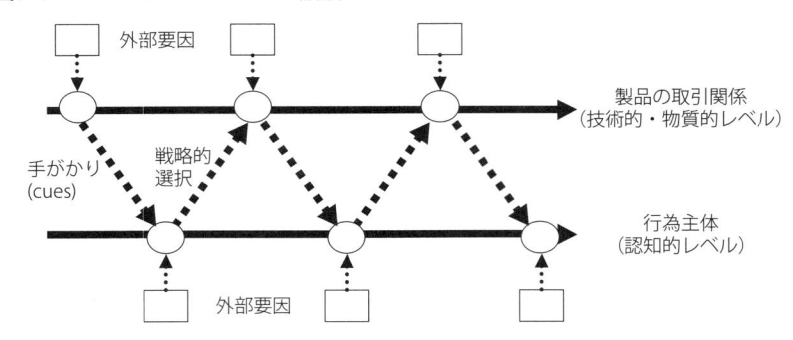

（material）な要素も同時に組み込まれている点である．製品市場の定義やそこでの競合状況などは，外在するものではなく，関係する行為主体の心的モデルに基づいて形成されるものである．他方で，行為主体側で共有された「外部環境」のイメージは，単に認知的・心理的なものにとどまっているわけではなく，製品・サービスの生産・供給・取引という形で具現化されている．さらに，その取引関係は行為主体側での特定の認識を維持・強化するという意味で，制約するものでもある．

　このようなポラックらの議論では，製品市場での競合関係が外在するものではなく，関係する行為主体（特に経営者）の心的モデルを背景とするものとして，主観主義的な要素を取り入れている．その一方で，関係する主体間で共有される信念や認識は，観念だけで成立しているのではなく，実際の商取引として具現化されるものである．制度理論で想定されていたような「神話」や「儀式」といった形式的なものにすぎず，合理性が規準となる領域とは独立してとらえる見方とは異なり，行為主体間で共有される信念は合理性を規準とする技術的・物質的な領域と不可分だと考えられているのである．

　この技術的・物質的領域と心理的・認知的領域との関係は，双方向的であるがゆえに，他の行為主体との関係も含めて，基本的には自己強化的に機能する．そこでは，心的モデルはこれまでの信念を強める方向で漸進的に修正され，さらにそのモデルに基づいて行為するという循環的な過程を経ることで，関係する主体間での認識には大幅な変化が生じにくい状況が想定されて

いる．ポラックらのモデルには行為主体からの影響は織り込まれているものの，そこでの焦点は変革が生じにくいメカニズムに置かれていたのである．

以上からわかるように，ポラックらによる議論は，客観主義・決定論と主観主義・主意主義とを組み合わせた複合的な図式を明らかにしており，この点では大きな意義がある．その一方で，そこでは自己強化的な過程に基本的な関心が寄せられていることから，安定的な状況が行為主体の行動によって変動する革新の問題が十分には扱えないように思われる．

5 第3章のまとめ：決定論－主意主義の融合と「革新」

本章では，行為者側の主体性を取り入れた経営組織論を中心に取り上げて，考察を進めてきた．これらの論者の間では，議論されている内容が必ずしも一致しているわけではないけれども，行為者側の主体性を認めつつ，何らかの形で外的な制約を想定している点では，共通しているといえる．決定論的視座に立脚した研究のように外部要因からの強い規定関係を前提としていない一方で，制約のない自由な立場で行為者が振る舞えるとも，基本的には考えていないのである．

この点からすれば，決定論的な見方は主意主義的な見方と完全に対立するわけではなく，両者は融合的に考えることができる．制度理論の構図が描かれた図3-6に典型的に示されるように，決定論的な見方は完全に誤っているというよりも，その背景に踏み込むことなく，全体の構図の一部を切り取る形で議論したものとして，とらえることもできる．

このような決定論的視座と主意主義的視座が融合する可能性については，本章の第3節と第4節を中心として考えてきた．しかし，以上の議論ではまだ十分にはとらえられない要素もある．それは，本書の主題となる「革新」に関する問題である．

制度理論やそれを基盤として応用的ないし派生的に展開した上述の研究では，細部は異なるものの，行為主体によって形成・構成され，客観化された制度や構造，取引関係といったものが，行為主体の行動や認識を制約すると

いう双方向的な関係が想定されている．そのために，先に決定論的な構図が部分的にでも成立する点を指摘したことから推察されるように，いったん成立した制度や構造は多少の修正は加えられながらも，基本的には維持・強化される方向で議論が展開されてきた．ワイクの著作でも，変動が生じる可能性は示唆されながらも，前述のように安定性の意義が論じられていたり，あるいは「自己成就的予言」（self-fulfilling prophecy）という，認識と現象の間での相互強化過程がたびたび取り上げられたりするなど，状況が安定的に推移する背景が様々に議論されている．これらの議論では，主意主義・主観主義的な要素を取り込みながらも，事態が安定的に推移するメカニズムを検討してきており，その制度なり構造が大きく変革される革新の過程に関心が向けられることが，相対的に少なかったといえる．

　行為者側の主体性が限定されており，受動的な側面が暗黙的にでも強調されてきた点については，主として制度理論を対象として，しばしば批判されてきた．たとえば，オリバー（C. Oliver）は，組織と外部環境（＝制度）との関係では，組織側が外部環境に対して受け身であることもあれば，より積極的に環境を変革することも可能であるとした（Oliver, 1991）．そこで，提起されたのが，最も受動的な「黙従」（acquiesce）から「妥協」（compromise），「回避」（avoidance），「抵抗」（defiance），そして最も能動的な「操作」（manipulation）という，制度過程に対する5つの「戦略的対応」（strategic response）である．そこからは，制度に受動的に適応するだけではなく，制度に対して抵抗したり，状況によっては制度を都合がよいように操作したりすることを選択できる点において，自らに制約を与える制度の下でも，組織は主体的に行動できる存在であることが示唆されている．

　前掲の図3-6で示した制度理論で想定される構図に，制度理論に対するオリバーの批判を参考にして構成要素を追加した図式は，図3-9のように示すことができる．この図の中で，決定論的構図はⅠとなる．その一方で，ズッカーが中心的に論じた議論に沿えば，Ⅰで示される関係の源泉である制度も，人々によって生み出されたものに過ぎない．人々を制約する制度に絶対的な根拠が存在しないのであれば，ポラックらが論じたように物質的な要素を取り込んで，容易には変えられないものとして見なしたとしても，永続

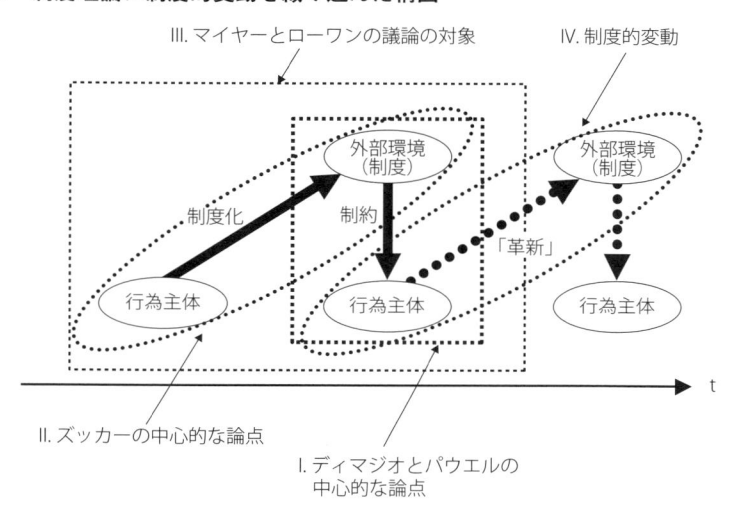

図3-9　制度理論に制度的変動を織り込んだ構図

的となる理由は存在しない．いったんは定着した制度は，頻繁に生じることではないにせよ，あるいは制度全体ではなくその一部にとどまるにせよ，原理的には変動しうるのである．

そこで，図3-6で初期の制度理論における主な議論が対象としていた3つの領域に，図3-9において新たに付け加わるのが Ⅳ である．Ⅳ は，いったん定着した制度が行為主体側からの働きかけによって変動しうることを意味している．人々の行動を制約している制度的要因は，人々の手によって，再び変動しうるのである．そして，Ⅳの経路が生じる状況が革新であると，ここでは考える．

続く第4章と第5章では，これまで検討してきた経営組織論に代えて，主だった技術革新研究を取り上げる．これら2章で重要な論点の1つは，革新の一種であるはずの技術革新に関する研究には，ここでいう革新ではなく，むしろかなり素朴な決定論的視座に基づく研究が存在していることにある．そこで，2つの章では，これまでの経営組織論に関する議論と同様に，背景となる理論上の構図まで遡って，既存の技術革新研究を検討することにしたい．図3-9のように制度上の革新が含まれる構図を，技術の発展過程に対

して適用する問題については，技術革新研究を検討した上で，第6章で改めて議論する．

●─ 注 ─
1 ウィッティントンの図における「実在論的社会学」での実在論とは，バスカー（R. Bhasker）などによって主張される「超越論的実在論」ないし「批判的実在論」であり，バレルとモーガンが指摘するような一般的な実在論とは異なっていることには，注意が必要である．
2 ワイクは『組織化の社会心理学』では解釈（interpretation）という言葉をしばしば用いている一方で，『センスメーキング・イン・オーガニゼーションズ』では，解釈という言葉には，先験的に存在するものを探し当てるというニュアンスがあり，人々が主体的に意味を作り出していることを強調するためには「センスメーキング」という概念がより妥当であると論じている（Weick, 1995, pp.13-16）．そこからは，ワイク自身は，解釈という言葉を後に好まなくなっていることが示唆される．
3 ただし，ワイク自身は理論的な立場から外部環境という言葉を好まない．
4 ちなみに，ミズルチらは，ディマジオらの議論自体を社会的構成論に沿ったものとして解釈している（Mizruchi and Fein, 1999, p.679）．つまり，ミズルチらは，ディマジオとパウエルの議論の後継者に対して，特定の要素だけを抽出して議論していることを明示的に批判する一方で，自らもディマジオとパウエルの議論について，テキスト自体からは読み取りにくい解釈を「発明」していることになる．ある文献が著名になる過程では，重要とされる論点が社会的に構成されるという社会学的な現象が生じるというミズルチらの考察には，興味深い論点が含まれている．他方で，ディマジオらの議論に対するミズルチら自身の解釈が批判を受けるべきものでないとすれば，特定の文献に関する他者の解釈についても，それが見当違いなものでない限り，批判を加えることも妥当ではないことになる．彼らにとって，パワーの問題は社会問題を考える上で欠かせないのかもしれないが，それは1つの見方でしかない．
5 ウィッティントン自身がこの象限で想定しているのは，「批判的実在論」（critical realism）をベースとする「実在論的社会学」であり，ギデンズの構造化理論ではない．バスカーらが展開した批判的実在論では，構造化理論を批判的に議論することが少なくない．しかしながら，社会構造をはじめとする外部要因と行為者の主体性をいずれも強いものとして扱い，両者の融合の可能性を考えている点において，広い視野に立てば，批判的実在論と構造化理論の類似性は高い．

第 4 章

技術革新の
誘引メカニズム

　この章の主たる目的は，技術開発活動で取り組むべき問題を提示する「技術革新の誘引メカニズム」（inducement mechanism）について，2つの伝統的なモデルと，その問題点を改良したモデルを取り上げて，それぞれのモデルが内包する問題点を検討することにある．

　ここでの中心的な論点は，本章で取り上げる議論では技術革新にかかわる問題が直接取り上げられているものの，本書において革新の本質と考える動態的な側面が十分に考察されているわけではないということにある．第1節で取り上げる2つの伝統的なアプローチでは，技術革新を主題としながらも，その背後ではかなり素朴な決定論的構図が想定されている上に，実際に生じる現象を適切に説明できるものでもない．また，そこでの問題点を解消すべく提示された議論においても，前章で経営組織論を題材として考察してきた行為者の主体性については，曖昧なまま残されており，ここでも革新が本来意味する主体的・動態的な側面が十分に議論されているわけではない．

　第1節では，「技術プッシュ・アプローチ」と「需要プル・アプローチ」と呼ばれる2つの決定論的視座に基づくモデルの概要を見た上で，これら2つの接近法には根本的な問題があることを指摘する．第2節では，技術プッシュ・アプローチと需要プル・アプローチの問題を踏まえて，マワリー（D. C. Mowery）とローゼンバーグ（N. Rosenberg）によって提唱された「連鎖モデル」を検討し，2つの伝統的なアプローチの問題が部分的には解消されている一方で，このモデルでは技術開発活動で焦点が当てられる問題が生成

される過程が曖昧である点を中心に検討する．第3節では，ローゼンバーグによる「焦点化装置」と「技術的相互補完性」に関する議論を取り上げる．このローゼンバーグの議論では，「連鎖モデル」では曖昧であった点はより明確になるものの，そこで中心的な要素となるシステム性ないし相互依存性が生成する過程については，「連鎖モデル」と同様に曖昧なまま残されていることが明らかにされる．

1　2つの決定論的アプローチとその問題

　前の2章では，外部環境をはじめとする外生的要因と組織との関係をめぐる経営組織論の議論を検討してきた．そこからは，決定論的視座に基づく研究が特に1960年代以降には中心となってきた一方で，組織側の主体性を理論的に解明しようとする試みも展開されてきたことがわかる．

　本章と続く第5章では，技術開発活動で取り組むべき問題が行為主体に対して提示されるメカニズムを取り上げた議論を中心として，技術革新にかかわる研究を領域横断的に検討していく．そのうち，この章で中心的に検討を加えるのは，技術革新の誘引メカニズムである．言うまでもなく，技術革新は自然に出現するのではなく，人間の活動によって生み出されている．その一方で，どのような技術に焦点を当てて，その開発を進めるのかということは，必ずしも個々人の志向性に還元できるとは限らず，製品市場の状況といった行為主体の外側にある要因によって規定される可能性も存在する．つまり，行為主体側の努力の方向が外生的要因と何らかの関係にあると考えるのであれば，外部環境ないし外生的要因と，行為主体としての組織との関係が，技術革新にかかわる活動についても，先に見てきた経営組織論と同様の構図として成立することになる．

　とりわけ個人の活動とは独立して生じる外生的要因によって，焦点を当てるべき技術的問題が規定されると考えるのであれば，技術革新活動に関しても，外生的要因と行為主体との間に決定論的構図が想定されることになる．そこで，本節では，決定論的視座に基づく，技術革新の誘引メカニズムに関

する伝統的なモデルをまずは取り上げて，そこに内在すると考えられる問題を検討していきたい．

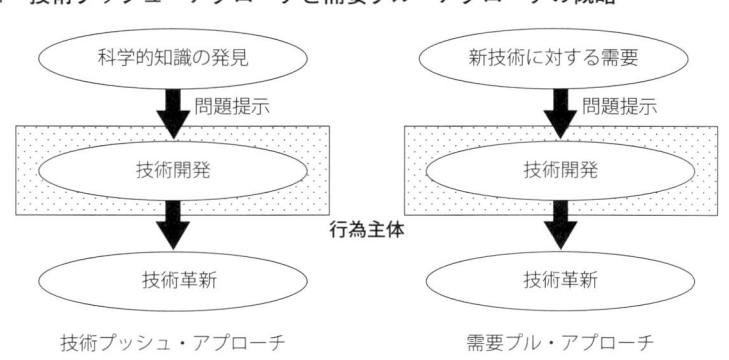

技術プッシュ・アプローチと需要プル・アプローチの概要

技術革新の誘引メカニズムに関する伝統的な考え方としてしばしば挙げられるのは，「技術プッシュ（technology-push）・アプローチ」と「需要プル（demand-pull）・アプローチ」の2つである．これらのモデルは，経済学での議論を基本的な背景としていることに加えて，主として第二次世界大戦後の欧米における政策レベルでの問題意識が強く反映してきた．

技術プッシュ・アプローチと需要プル・アプローチは，技術革新の根本的な源泉を供給側にある技術に求めるのか，それとも消費者側の需要に求めるのかという点で，一面では対立関係にあるとされる．簡単にいえば，技術プッシュ・アプローチでは，科学・技術が発展し，その新たな技術を具現化した財・サービスが開発され，最終的に製品市場に投入されるという経路が想定されている（図4-1左）．この構図の下で，技術革新の究極的な源泉として位置づけられるのは，科学的知識の増大・発見である．また，そこからは，当面具体的な目標とつながらないとしても，将来の技術革新に向けた研究開発活動に対して重点的に資源配分を行うことが，社会全体でも，個別企業でも，重要な政策上の含意として導き出せる．

他方，需要プル・アプローチでは，新技術に対する需要が先験的に存在す

図4-1 技術プッシュ・アプローチと需要プル・アプローチの概略

ることによって，供給（企業）側の技術開発が進められ，その結果として技術革新が生じるという，技術プッシュ・アプローチとは異なる経路が想定されている（図4-1右）．そこでは，供給側では需要の動向を把握することが，また技術革新を促進させる政府の役割としては新技術に対する需要を創出することが，それぞれ重要な含意となってくる．

　需要プル・アプローチの理論的背景は，新古典派経済学に求めることができよう．しかしながら，技術を中核的要素の1つとして社会の変動をとらえようとしたマルクス経済学とは異なり，新古典派経済学では技術や技術革新は本来限定的な役割を担うものでしかなかった．技術はインプットとアウトプットの関係を示す生産関数として表されるものであり，技術革新はその生産関数のシフトや形状の変化によって示されるにすぎない．そのために，技術革新の重要性を結果的に説くことになったのは，20世紀における近代経済学の制度化の流れではむしろ傍流に属した研究者であった．

　たとえば，シュンペーター（J. A. Schumpeter）は動態的な経済理論を展開する過程で，経済成長における「新結合」（neue Kombination）の重要性に触れている（Schumpeter, 1926)[1]．第1章の冒頭でも触れたように，シュンペーターのいう「新結合」は，技術革新とは必ずしも同義ではないけれども，その著作の中には，後に議論が展開される技術プッシュ・アプローチと需要プル・アプローチという2つの技術革新の誘引メカニズムと関連する記述が示されている．

　　消費者の嗜好に自発的かつ不連続な変化が生じる場合には，ビジネスマンが扱わねばならない予見の突発的な変化が問題になる．（中略）確かにわれわれは［消費者の］欲求の充足から始めなければならない．なぜなら消費者はすべての生産の最後に位置しており，ある時点での所与の経済的状況はこの側面から理解されねばならないからである．しかし，経済システムにおけるイノベーションは，まず新たな欲求が消費者側に自発的に生じて，しかる後に生産に用いる用具が［消費者の欲求からもたらされる］圧力を通じて変わるという形では一般的には生じない．われわれはこのような関係の存在を否定はしない．しかしながら，

第4章　技術革新の誘引メカニズム

　経済的変化をふつう開始するのは生産者であり，消費者は必要であれば生産者に教育されるのである．あたかも新しいものや，あるいは習慣的に用いてきたものとは何らかの側面で異なるものを欲するように，消費者は教育されるのである．それゆえに，消費者の欲求を経済の循環の理論における独立的でかつ実際に基本的な力として考えることは可能であり，必要ですらある一方で，「変化」を分析するにあたっては別の態度をとらなければならないのである[2]．（英語版，p.65）[3]

　このようなシュンペーターの主張には，需要プル・アプローチと技術プッシュ・アプローチの違いと関連する視点の相違が示されている．需要プル・アプローチは，技術革新，ないし広義のイノベーションは，需要の変化，さらに還元していえば「消費者の欲求の変化」によって引き起こされるという立場をとる．言い換えれば，技術革新やイノベーションは，消費者の選好という環境の変化に対する企業の適応行動によって生まれるとする立場である．これに対し，シュンペーターは，革新一般において（需要に対する）企業の受動的な適応よりも，主体的な側面を重視した．この点は，技術革新における供給側の行動がもたらす意義を重要視するという意味では，技術プッシュ・アプローチの発想と共通している．技術革新ないしイノベーションの誘因として，需要側が重要なのか，供給側が重要なのかという点で，両者の考え方は根本的に異なるのである．

　ただし，ここで注意すべきなのは，シュンペーターは一般に想定されるよりも供給側の役割が需要側よりも重要であるとしているものの，技術プッシュ・アプローチ自体を提唱したわけではないことである．彼が強調したのは，「企業者」（Unternehmer）の主体的な行動が経済成長の主たる源泉だという点である．したがって，シュンペーターが着目するのは，行為主体である人間である．

　それに対し，技術プッシュ・アプローチの主眼は，科学的知識の発展が結果として社会に影響を与える技術革新につながるという経路に置かれている．科学的知識は人間の行為から生み出される一方で，技術プッシュ・アプローチで中心に据えられるのは，科学的知識を生み出す過程ではなく，発見

された科学的知識のもたらす影響なのである．換言すれば，技術プッシュ・アプローチでは，技術革新を誘発する究極的な要因は発見された科学的知識そのものに先験的に存在しているという仮定が，暗黙的に置かれていることになる．そこでの人間は，主体的な役割を強調したシュンペーターの議論とは異なり，科学的な知識や法則の発見過程を媒介する存在でしかない．

　ここで，これら2つのアプローチで想定される技術革新の誘引メカニズムについて，整理をしておきたい．技術開発活動で取り上げられる問題が専ら市場で形成されると考えるのであれば，需要プル・アプローチをとることになる．需要に関する情報が市場から示されることで，それに従って技術開発を行う主体である組織や個人が活動することになるからである．他方，技術プッシュ・アプローチに立脚するのであれば，科学的知識が取り組むべき問題を規定することになる．そこでは，技術開発活動を行う組織や個人の活動における焦点は，科学的知識の発展によって自動的に設定されることになるからである．

　このように需要プル・アプローチと技術プッシュ・アプローチは，技術開発活動の規定要因を需要側に求めるのか，供給側に求めるのかという点で，対立している．ただし，いずれのアプローチにおいても，技術開発活動で取り組むべき問題は，その活動に直接携わる組織や個人が関与することなく外部世界で設定されると考えられている．想定する要因は異なっていても，外生的要因によって規定されることを前提にしている点において，いずれのアプローチも決定論的視座に立脚しているのである．

需要プル・アプローチの問題点

　技術プッシュ・アプローチと需要プル・アプローチという2つの考え方は，学問的な領域での対立にとどまらず，いずれの視座に立脚するかによって，政策が変わるなど，社会的に大きな影響を与えるものであった．特に1960年代後半あたりになると，科学の発展が技術革新を単線的にもたらすという，技術プッシュ的な発想に基づく政策に対する疑念が持たれるようになる．技術革新との間に具体的な関係が見いだせない基礎研究に対して多くの公的資金や企業の資源が配分されることの意義が，疑問視されるに至ったの

表4-1　技術革新に関する主な経験的研究の概要

HINDSIGHT	20の兵器システムの開発に対して，基礎科学，応用科学，技術それぞれの相対的貢献度に関する分析．米国国防総省がスポンサー．(Sherwin and Isenson, 1967)
TRACES	5つの技術革新の開発について，ミッション志向の研究，ミッションに基づかない研究，開発，応用それぞれの相対的貢献度に関する分析．米国科学財団（NSF）がスポンサー．(TRACES, 1968)
SAPPHO プロジェクト	化学産業と科学装置産業における成功した技術革新と失敗した事例を「ペア」にした比較分析．総計で43のペアが研究されており（化学産業22，素材産業21），サンプルは国際的．成功失敗の判断基準は商業的．また34の失敗事例に関係する要因も検討．(Rothwell et al., 1974)
ハンガリー版 SAPPHO	SAPPHO のペア比較技法を，ハンガリーの電子産業における12の成功・失敗のペアに適用．(Szakasits, 1974)
Carter and Williams (1957)	英国で技術的に進んだ (technologically progressive) 200社の特性を研究（技術的に進んだ企業とは，ある主観的判断の下で，科学・技術の応用においてその時期で最良の方法に近い状況を維持している企業のこと．）．
Mayers and Marquis (1969)	米国の5産業（鉄道，鉄道設備，住宅材料，コンピュータ，コンピュータ部品・周辺機器）における567の成功した技術革新の特性を研究．
女王賞研究	英国において産業技術革新女王賞 (Queen's Award to Industry for Innovation) を1966年から1969年の間に獲得した84の技術革新に関する研究．成功につながる要因や技術革新を阻害する要因を同定．(Langrish et al., 1972)
ベルギー研究	ベルギー企業12社の技術革新戦略と製品政策について10年から15年の期間にわたって研究．成功の基準は商業的（利益率7％以上）．(Hayvaert, 1973)
オランダ研究	1966年から1971年に，金属加工セクターに属するオランダ企業45社の技術革新潜在能力に影響を与えた要因．成功の基準は商業的．具体的には，（1971年における，1966年以降に上市された技術革新の売上高/1971年の総売上高）(Schock, 1974)
MIT研究	5カ国（仏・西独・蘭・日・英）の5産業（自動車，工業用化学製品，コンピュータ，家電，繊維）における技術革新での成功・失敗に影響を与えて要因を探究．全サンプルは164の技術革新から構成．(Utterback et al., 1975)
繊維機械研究	繊維機械産業における20の急進的技術革新と15の漸進的技術革新（すべて商業的に成功したもの）の生成を取り巻く要因を探究．18の失敗事例（漸進的10, 急進的8）に関わる要因についても検討．このプロジェクトには約20社の詳細な研究が含まれ，サンプルは国際的．(Rothwell, 1976)
Gibbons and Johnston (1974)	情報源を技術革新過程のインプットと見なし，異なる情報源の相対的重要性を比較．調査の対象となった情報源の1つは科学者の共同体．

出所：Coombs et al. (1987), pp.98-99.

表4-2　既存の経験的分析における技術革新の主要因の比率

	市場，ミッション，生産の必要性による技術革新（%）	技術的機会による技術革新（%）	サンプル数
Baker et al.(1967)	77	23	303 *
Carter and Williams (1957)	73	27	137
Goldhar（1970）	69	31	108
Sherwin and Isenson (1967：HINDSIGHT)	61	34	710 †
Langrish（1971）	66	34	84
Myers and Marquis (1969)	78	22	439
Tannenbaum et al. (1966)	90	10	10
Utterback（1969）	75	25	32

＊：新製品・新工程のアイディア．†：20の技術開発における研究の事象．
出所：Utterback（1974），p.622．

である．このような状況を背景として，技術革新の源泉や技術革新の成功要因の探求を主たる目的とする多くの経験的研究が展開された（表4−1）．

　これらの研究によって，結果的には「技術革新にとって重要なのは，需要である」という社会的信念が強化され，需要プル・アプローチ的な技術革新観が社会で支配性を強めていく．たとえば，アターバック（J.M.Utterback）は，技術革新に関する既存の経験的研究に関する包括的なレビューに基づき，技術革新に影響を与える主たる要因は需要であると主張した（Utterback, 1974）．アターバックによれば，様々な領域における重要な技術革新の6割から8割は市場の需要やニーズ（market demands and needs）に対応して行われており，新しい科学や技術の進歩や機会に対応して生じた技術革新はその残りの部分に過ぎないとされた（表4−2）．

　経験的研究に基づくこのような結果からは，技術革新の源泉や成功要因として需要の重要性が明らかになり，その理論的背景である需要プル・アプローチの優位性が確立されたように思われた．しかし，アターバックの議論のように，既存の経験的研究から技術革新における需要の重要性が指摘される一方で，一部の経験的研究の方法自体に問題を投げかける議論も現れた．

マワリーとローゼンバーグの研究はその1つである（Mowery and Rosenberg, 1979）．

　経済史を専門とするマワリーとローゼンバーグは，経験的研究という具体的なレベルで技術革新に関する議論を展開することは，特に実際の政策を誘導するという意味で重要だと考える．その反面，そこでの結論が需要プル・アプローチに偏っているという点で問題があることを指摘した．需要プル・アプローチを重視することは，技術プッシュ・アプローチから必然的に到達する「基礎研究の重要性」という問題を取り上げないことにつながる．実際に，需要プル・アプローチに立脚する経験的研究は，基礎研究に対する補助金の削減を正当化する手段として当時の米国では機能していた．

　10の経験的研究に関する検討に基づき，マワリーらが具体的に問題にしたのは，次の2点である[4]．1つは，それまでの研究では，「需要」の定義が曖昧かつ包括的であるために，需要以外の要因が経験的調査の設計段階から既に排除される構造になっていることである．社会調査法からいえば，抽象度の高い理論上の「需要」の概念と実際に調査で用いられる操作定義ないし尺度が一致しておらず，構成概念妥当性（construct validity）の問題が存在しているといえる．第2に，それまでの各研究が同じ説明変数を取り上げておらず，様々な環境での技術革新過程の異なった側面について焦点を当てているために，そもそも同種の研究ではない点である．つまり，既存研究は異なる問題に焦点を当てているために，そもそも比較可能ではないにもかかわらず，あたかも同じような知見が累積されてきたかのように解釈することの問題を，マワリーらは指摘している．

　まず，需要の重要性を指摘した最も重要な研究の1つとされていたマイヤーズ（S.Myers）とマーキス（D.G.Marquis）の研究を通じて（Myers and Marquis, 1969），マワリーらの指摘を具体的に見ていきたい．マイヤーズらの研究は「科学的・技術的発見の民間経済での応用を促進・進展させる要因に関する経験的知識を提供する」ことを目的としており，「需要の認識は技術的な可能性（technical potential）の認識よりも技術革新の要因であることが多い」という最終的な結論を導出した．この研究に対するマワリーらの最大の批判は，「市場の需要」（market demand）といった調査における概

念上の定義があまりにも曖昧であるために，技術革新において科学・技術的知識の生成よりも需要の方が重要であることを支持する証拠にはならないというものである．

マイヤーズらの「市場の需要」の定義には，現存する需要だけではなく，潜在的な需要も含まれている．しかし，マワリーとローゼンバーグは「潜在的な需要はこの世のほとんどすべてのものに存在しうる」と指摘する．換言すれば，この「市場の需要」とは，合理的な経済的意思決定の基礎を提供する，市場を通じて伝えられるすべての価格シグナルということと同義なのである．その一方で，技術プッシュ的技術革新とされる「技術的機会」（technical opportunity）という要因は，「支配的で直接的な要因が製品や生産工程を創造ないし改良する技術的機会が認識される場合」（Myers and Marquis, 1969, p.79）であり，市場性をまったく考慮に入れることなく，技術革新活動が行われるという状況が想定されている．しかし，資本主義経済において，とりわけマイヤーズらの調査対象である私企業では，将来の利潤に対する期待に基づいて意思決定が行われるのであり，期待される市場の需要が技術革新に対する支出を正当化するほど大きくなければ，技術革新活動が行われることはないはずである．つまり，需要の定義が広くとられる一方で「技術的機会」の役割が限定されているという意味で，需要プル的技術革新と技術プッシュ的技術革新が非対称的に定義されているために，需要プル型技術革新が支配的であるという結論は調査から導出されたというよりも，調査の設計段階から自明であるとマワリーらは主張した．

また，第2の各研究での焦点が異なるという問題とは，具体的には次のようなものである．先述のマイヤーズとマーキスの研究では，個別企業における技術開発の源泉が取り上げられている．それに対して，TRACESやHINDSIGHT（表4－1参照）では，特定の技術革新に対して様々な個人や非営利組織や私企業が関与してきた経時的な過程に焦点が当てられている．さらにSAPPHOのような研究では，個々の企業を分析単位として，プロトタイプの生産に続いて生じる技術革新の商業的成功の要因を主として検討している．

つまり，検討の対象とされた研究の間では，様々な状況において同じよう

な結果が出てきたのでもなければ，扱っている一部の説明変数が単純に異なっているのでもなく，研究目的自体が異なっており，本来であれば，研究を比較することで一定の結論を出すことができないはずである．したがって，需要プル・アプローチが支持される論拠は，厳密な研究から得られるのではなく，共有された信念に基づくだけになる．

このような議論を通じて，マワリーとローゼンバーグは次のように結論づけた．経験的研究というより具体的なレベルでは，技術革新の方向性を規定する要因として，市場の需要がより重要であるとはいえない．さらにここで重要となるのは，経験的研究レベルの問題自体ではなく，その理論的背景である需要プル・アプローチの優位性が，これらの経験的研究からは何ら示されないことである．

技術プッシュ・アプローチの問題点

前項の議論では，需要プル・アプローチが技術革新の規定要因を十分に取り込んだモデルとは言えないことがうかがえる．それでは，需要プル・アプローチと対立関係にある技術プッシュ・アプローチは，現実をより説明しうるものなのであろうか．ここでは，次節で示す代替的なモデルを提示したクライン（S. Kline）とローゼンバーグの議論から（Kline and Rosenberg, 1986），技術プッシュ・アプローチに内在する問題点を検討したい．

技術プッシュ・アプローチで想定される具体的な構図は，図4-2のようにまとめることができる．ここでは，基礎研究から技術開発，生産，販売へ

図4-2　クラインらが批判する技術プッシュ線型モデル

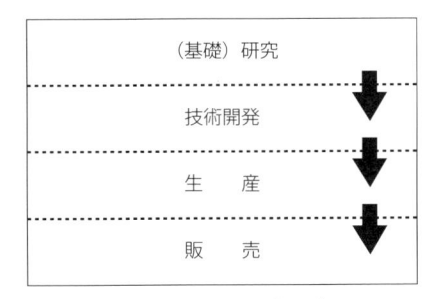

```
┌─────────────────────┐
│     （基礎）研究     │
│                 ▼   │
├─────────────────────┤
│      技術開発       │
│                 ▼   │
├─────────────────────┤
│      生　　産       │
│                 ▼   │
├─────────────────────┤
│      販　　売       │
└─────────────────────┘
```

出所：Kline and Rosenberg (1986), p.286.

と一方向的に技術革新が展開する状況が示されている．この図からは，科学的知識の発展が技術の発展をもたらし，それによって新しい財・サービスが市場に提供されるという経路をたどる線形モデル（linear model）として，技術プッシュ・アプローチを見なすことができる．現代では基礎研究の重要性が一般に認められている．そのような信念の背後では，われわれがこれに類似するモデルを暗黙的に仮定している場合が少なくない．そのために，「研究→開発→製品化」という流れを図式化した「技術プッシュ線形モデル」とでもいうべきこのモデルは，需要プル・アプローチと同様に，直感的には妥当であるようにも見える．

それに対して，クラインらは「技術プッシュ線形モデル」の問題として，次の4点を指摘している．第1の問題は，はたして技術革新がこのような連続的過程を経るのかという問題である．教科書的なミクロ経済学で仮定されるように，人間が完全情報を獲得できる「全知全能的」（omniscient）存在であるならば，このような線形モデルは有効なのかもしれない．しかし現実の世界では，情報は不十分で不確実性は高いのであり，当初想定したことと寸分違わず物事が展開することはない．さらに注意すべきなのは，技術革新は定義的に不確実性が高いことである．それまでに存在し得なかった新しい技術が生み出されるからこそ「技術革新」なのであり，ルーティン化した課業と比べて明確になっていることは当然少ない．逆にいえば，新規性が乏しく，既に明らかになっていることは，革新とは言い難く，革新が一方向に順次展開していくモデルは妥当性を欠くことになる．

第2の問題は，科学的知識の応用として技術的知識を見なす，科学と技術との関係である．これまでの技術革新が科学の発展によって大きな恩恵を受けてきたことは間違いない．だが，その事実が「科学→技術」という一方向的な規定関係を意味するとは限らない．たとえば，自転車は今から一世紀以上も前に発明され，その後に前輪と後輪が同じ大きさである形状に変化して，現在までに無数の改良が加えられてきた．今では子供でも，補助輪がついていない自転車を乗りこなせる．その一方で，ある科学者は走行中の自転車の安定性を科学的側面から分析しようとしたが，失敗に終わったという．仮に技術革新に科学が不可欠とすれば，科学的知識が確立されていないこと

から，現在の自転車につながる技術的知識は蓄積できないことになる．つまり，技術の発展にとって，科学的知識は必要条件ではなく，科学と技術は「技術プッシュ線形モデル」で仮定されるほど密接ではないのである．科学と技術はある程度は独立して存在しうる，緩やかに結ばれた関係にあると考えるのが妥当になる．

　第3の問題は，科学的知識の蓄積が技術の発展をもたらしただけではなく，逆に技術の発展やそこでの必要性が科学の発展をもたらしたという，逆の関係もしばしば見られることである．極端な場合には，技術における知見が科学の領域そのものを形成することすらあるという．つまり，科学から技術への一方向的な規定関係だけが存在するのではなく，科学に対して技術が与える逆の影響も，知見自体や解くべき課題の設定といった点において十分にありうるのである．

　第4の技術プッシュ・アプローチの問題は，「市場の需要」が無視されているという点にある．前項で考察した需要プル・アプローチの問題と併せて考えると，この問題は最も重要であるともいえる．需要プル・アプローチに関して挙げられた問題点は，技術革新と需要が無関係であることを意味しているのではない．資本主義経済下の企業は，利潤最大化を目指すわけではないとしても，何らかの利潤を獲得すべく事業活動を展開していると考えるのが妥当であろう．そうすると，技術革新が市場の需要とは独立して生じるよりも，何らかの関係が両者の間に存在していると考える方が自然である．技術革新は最終的に財・サービスとして提供されるために「究極的な評価基準は経済的問題」なのである（Kline and Rosenberg, 1986, p.284）．

　この第4の論点を前提とすると，技術革新の誘引メカニズムを説明しようとするモデルでは，需要の問題が部分的にでも扱われるのが妥当になる．しかしながら，「技術プッシュ線形モデル」において，市場は基礎研究から一方向的に展開する技術革新が最終的に到達する場所にすぎず，需要が技術革新を誘引することにはならない．仮に経済学でいう狭義の需要ではなく，「ニーズ」を含めた広義の需要を考えたとしても，「技術プッシュ・モデル」では基礎研究・科学からの一方向的な流れしか想定されていないことから，基本的な構図は変わらない．それゆえに「市場の需要の存在，あるいは技術

的機会の存在のいずれかが技術革新が生じる十分条件を示していると見るよりも，むしろそれぞれを技術革新に至る十分条件ではなく，必要条件と考えるべき」だといえる（Mowery and Rosenberg, 1979, p.143）．技術プッシュ・アプローチで想定される構図では，需要プル・アプローチと同様に，技術革新の誘引メカニズムを十分に説明することは困難なのである．

以上の議論からは，需要プルと技術プッシュという決定論的な視座に基づく2つの接近法には，技術革新の誘引メカニズムを説明する上で全面的に依拠するだけの説明力はないことが推察される．比較的単純な図式に基づき，直感的には妥当であるように思われる2つのモデルのいずれでも，技術革新活動に結びつく構図の全体像が十分には説明できないのである．そこで，次節からは，上述の問題点を克服しうる代替的なモデルないし説明法を中心として，考えていきたい．

2 代替的説明としての「連鎖モデル」

需要プル・アプローチと技術プッシュ・アプローチを最も簡単に両立させる方法としては，場合分け，つまり「需要プル型技術革新」と「技術プッシュ型技術革新」の2つに技術革新を排他的に分類することが，まず考えられる．アターバックやマイヤーズらについても，いずれか一方の誘引メカニズムのみが存在すると主張しているのではなく，どちらかがより支配的なのかということを検討したにすぎない．したがって，マイヤーズとマーキスなどが行った研究には，不備があるように思われる一方で，その理論的基盤である2つのアプローチ自体を完全に放棄する必要はないともいえるのかもしれない．

しかし，先に見てきたローゼンバーグらの批判は，単に研究単体としての問題だけではなく，需要プル・アプローチと技術プッシュ・アプローチそれぞれが，技術革新が引き起こされる要因を説明する上で，根本的な問題を抱えていることに向けられていた．前述のように，特に問題となるのは「市場の需要」である．「市場の需要」という要因だけでは，技術革新の誘引メカ

ニズムは十分に説明できないとしたのがマワリーとローゼンバーグの研究であれば，クラインとローゼンバーグは「市場の需要」という要素を欠いた技術革新モデルもまた成立し得ないことを指摘している．つまり，「需要プル型」と「技術プッシュ型」を排他的に分類することでは，根本的な問題の解決にはならないのである．ここで必要となるのは，この2つのアプローチとはまったく異なるか，あるいは両者を部分的にでも融合させた技術革新のモデルである．

そこで，ここでは，クラインとローゼンバーグが代替的に示した「連鎖モデル」（chain-linked model）（Kline and Rosenberg, 1986 ; Kline, 1990）を取り上げて検討したい．このモデルでは，需要プル・アプローチと技術プッシュ・アプローチを部分的に融合させることで，新たな構図が示されている．

「連鎖モデル」の概要

前節で示したようにクラインとローゼンバーグが「技術プッシュ線形モデル」に対して批判的であった背景には，それに代わる新しいモデルを提示することがあった．彼らが新たに提起した「連鎖モデル」に取り入れようとした要素は，主として次の4点である．

第1に，市場の需要と科学・技術の進歩という2つの誘因を同時に扱うことである．前節でも記したように，技術的要因だけが技術革新を規定するわけではなく，需要プル・アプローチで唯一最大の規定要因であった「市場の需要」もその必要条件として彼らは認識していた．

第2に，不確実性の問題である．これも前節で触れたように，技術革新には，最初は理解されていない要素が何らかの形で含まれており，技術革新の過程では不確実性を無視することはできない．ただし，クラインらは技術プッシュ・アプローチで基本となる仮定自体に疑問を持っていたことから，不確実性を確率に置き換えた数理モデルなどを示そうとしたわけではない．そこで，正統派の経済学者が従来とってきた技術観とは別の立場から，彼らは技術にアプローチしようとした．正統派に属する経済学者の間では，インプットとアウトプットの関係として技術をとらえ，それ以上は立ち入らないというのが，通常の技術の扱い方であるといってよいだろう．それに対し

て，技術を外側から眺める視点から分析を精緻化することよりも，技術という「ブラックボックスの内部」(inside the black box) にクラインらは関心を寄せていた．不確実性が高いことを与件として分析を進めたとしても，彼らにとっては意味をなさなかったのである．

　市場の需要と不確実性という2つの要素と併せて考慮した第3の問題は，技術革新の成立過程では，単発の大規模な技術革新だけではなく，その後に続く改良も同様ないしそれ以上の重要性を持つという視点である．特に経済的便益という点でいえば，大規模な技術革新そのものよりも，その後で連続的に生じる小規模の技術革新の方が影響は大きいとされる[5]．

　これらの3点を前提として，技術プッシュ・アプローチや需要プル・アプローチとは異なった要素が新たなモデルでは考慮されている．その第4の要素は，フィードバックを含めた双方向的な情報の流れを各領域間で想定したことである．技術プッシュ・アプローチにおいても，需要プル・アプローチにおいても，基礎研究・科学，技術・設計，市場という各領域の間での情報の流れに関しては，一方向的な動きが想定されていた．たとえば，需要プル・アプローチであれば市場から技術開発への流れであり，技術プッシュ・アプローチであれば基礎研究・科学から技術開発への流れである．この伝統的な2つのモデルでは，背後にある枠組みや仮定と矛盾することから，一方向的ではない情報の流れを組み込むことができない．

　この双方向的な情報の流れをモデルに組み込むために，少なくとも暗黙的に置かれていると思われる重要な仮定は，学習する主体としての人間である[6]．大規模な技術革新が生み出された時点では，定義的に不確実性は高く，そこで最良の設計概念（design concept）と思われていたものでも，後に誤っていることが判明することもある．このように不確実な状況に置かれた場合に，人間はその環境に単に身を委ねるわけではなく，自分の置かれた状況をできるだけ理解して，不確実性を削減しようと主体的に活動する．そこで重要な役割を果たすのが，自分の行動に対する結果に関する情報をフィードバックするループである．そのフィードバックから得られた情報をもとに行われるのが，その後の技術的改良である．つまり，決定論的視座に立脚する需要プル・アプローチや技術プッシュ・アプローチが受動的な人間像を暗

黙的に想定していたのに対して，クラインらは双方向的な情報の流れを想定することによって，学習を通じてより主体的に技術革新活動に取り組む人間像を暗黙的に仮定していたといえる．

以上の点に加えて，科学と技術の間でのより緩やかな関係も織り込んで提起されたのが，「連鎖モデル」である．図4-3に示されたモデルは，1．基礎研究，2．知識，3．潜在的市場，4．発明・分析的設計の生成，5．詳細設計・試験，6．再設計・生産，7．流通・市場という7つの要素・段階から構成されている．

このモデルでは，各段階間を結ぶ情報・連携の経路が1つだけ想定されていた伝統的なアプローチとは異なり，5つの経路が想定されている．第1の

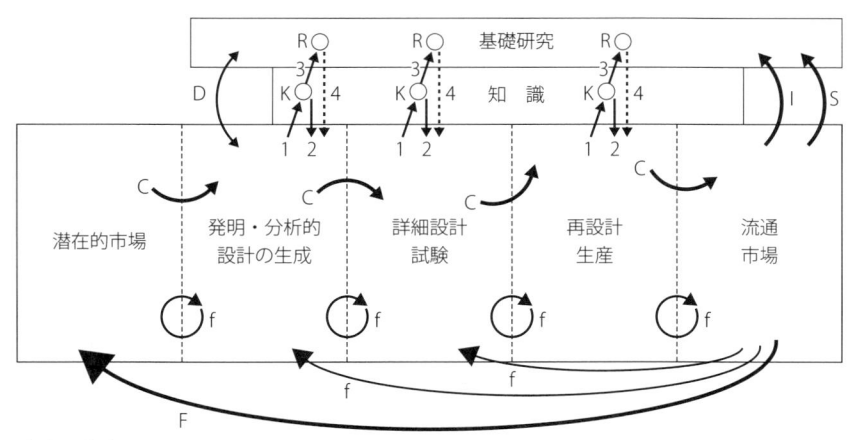

図4-3　クラインとローゼンバークが提唱する「連鎖モデル」

矢印の意味
C：技術革新の中心的連鎖．
f：フィードバック・ループ．
F：特に重要なフィードバック・ループ．
K-R：知識を経由して基礎研究に至るリンクと戻る経路．問題がK点で解決されれば，Rへの3のリンクは用いられない．基礎研究から戻る経路（リンク4）は問題があるため，破線．
D：発明と設計における問題と基礎研究との間の直接的なリンク．
I：装置や機会，道具，技術的手法の支援．
S：製品領域の背景にある科学的研究が直接情報を得たり，外部の仕事をモニターすることによる支援．獲得された情報はその連鎖のどこにでも適用できる可能性がある．

出所：Kline and Rosenberg（1986），p.290.

経路は「技術革新の中心的連鎖」(the central chain of innovation) と呼ばれるものである（図中C）．この経路は伝統的なモデルでの想定と同様に，隣接した段階間を結ぶものである．

　第2の経路はフィードバックの経路である（図中Fとf）．このフィードバックは隣接する段階間と離れた段階間の双方に存在している．なかでも重要な経路は実際に存在する製品市場から潜在的市場にフィードバックする経路である（図中F）．

　第3の経路は図中の"K-R"に示されるものである．ここで注意すべきなのは，技術プッシュ・アプローチや需要プル・アプローチとは異なり，基礎研究が発明・分析的設計から流通・市場までの4段階と並置されている上に，基礎研究とそれら4段階との間には「知識」という要素が介在する点である．基礎研究が4つの段階と同種の要素として扱われるのではなく，並置されているのは，科学と技術革新の間の関係が「基礎と応用」という意味で密接な関係にあるのではなく，緩やかな繋がりに留まっていることが前提とされているからである．また，「知識」という要素が組み込まれているのは，技術開発の過程で問題が生じた場合には，基礎研究によってその解明に即座に着手されるのではなく，最初に既存の科学的知識に解決策を求めて，それでは解決できないことがわかってはじめて基礎研究が開始されることを意味している．技術革新の過程で担当者が即座にわからない場合には，まず既知の科学としてそれまでに蓄積された知識に解を求める（図中矢印1）．そこで，解が既存の科学的知識から得られる場合はそれがフィードバックされる（図中矢印2）．他方，既存の知識から必要な情報が得られない場合には，基礎研究が必要となる（図中矢印3）．ただし，基礎研究の成果が当該技術革新に直接フィードバックされることは，それほど多くはない（図中矢印4〔破線〕）．

　第4の経路としては，急進的技術革新（radical innovation）が想定されている（図中D）．この場合には基礎研究から技術革新が生じるとされており，半導体やレーザー，原子爆弾，遺伝子工学などが該当する．

　最後の第5の経路は技術革新から科学に対するフィードバックである．これには，2つの場合が考えられる．1つは，技術革新から科学への情報の

フィードバックである（図中S）．もう1つは，製品の技術革新が科学の発展にもたらすフィードバックである（図中I）．この後者の例としては，古くは望遠鏡の開発による天文学の発展を，最近では断層診断装置などの医療機器の開発による医学の発展を，挙げることができる．

このようなモデルでは，技術革新において科学が重要な役割を果たすという以外にも複数の重要な経路を想定しているために，技術革新の過程をより的確にとらえることができるというのが，クラインとローゼンバーグの主張である．

「連鎖モデル」の意義と2つの解釈

「連鎖モデル」において注目すべき点は，いくつか存在する．その1つは，モデルに科学・基礎研究を取り込みながらも，一連の技術革新過程からは独立性が高いものとして扱っている点である．また，各段階間で需要ないし科学・技術からの一方向的なフローが想定されているのではなく，双方向性が様々な形で取り入れられていることにも，注目すべきであろう．

とりわけ重要となるのは，この双方向性をモデルに組み込む際の仮定だと思われる，不確実性の解消法としての「学習」である．技術革新は定義的にそれまでにない要素を含んでおり，当初はわからないことが何らかの形で存在している．そのために，その技術革新にかかわる技術的知識や市場の状況といった複数の次元において，当事者が理解を深めていくことが必要となる．そこで，モデルにおいてフィードバックが組み込まれていることは，重要な意味を持つ．フィードバックによって必要な情報を獲得することによって，「学習」が生じ，その技術革新に関する理解を深めていくことができるのである．

このように，「連鎖モデル」は伝統的な技術革新のモデルに内在する問題点を改良して，重要な視点を組み込んだものである．その一方で，「連鎖モデル」には，需要プル・アプローチや技術プッシュ・アプローチには存在しない曖昧な点が残されている．それは，技術革新はいかなる過程で生じるのかについて総合的に理解することは可能である一方で，何が要因で展開するのかはモデルから示されない点である．極端に言えば「技術革新では需要が

重要ではあるけれども，基礎研究も無視することができない」，あるいは「技術革新は一般に考えられているよりも複雑な過程を経る」といった言明にまとめられる以上のことが，根元まで遡って検討されている証左を，このモデルに見ることは難しい．特に本書で検討してきた問題との関連でいえば，「技術開発活動で取り上げられる問題は外生的に規定されているのか否か」ということを，このモデルの内容から判断するのは困難である．

この点に関して，決定論に立脚する2つのモデルと「連鎖モデル」で想定される図式を簡略化して対比したものが，図4-4である．需要プル・アプローチと技術プッシュ・アプローチでは，内容は異なるものの，技術革新過程で解くべき問題は外生的に与えられる点では共通している．そこでは，技術革新活動を担う組織や個人はあくまでも受動的な存在である．

それに対して，「連鎖モデル」からは，単一の図式を導出することは難しい．そこで基本的に想定されるのは，次の2つの解釈である．その1つは，需要プルや技術プッシュのように，外生的に問題が提示されると見る解釈である（解釈A）．もう1つは，需要をはじめとする組織外部の要素から問題が直接提示されるのではなく，それを条件として技術革新で取り組むべき問題は組織内部で生成されるとする解釈である（解釈B）．いずれの解釈をと

図4-4 技術的問題の形成メカニズムと行為主体との関係

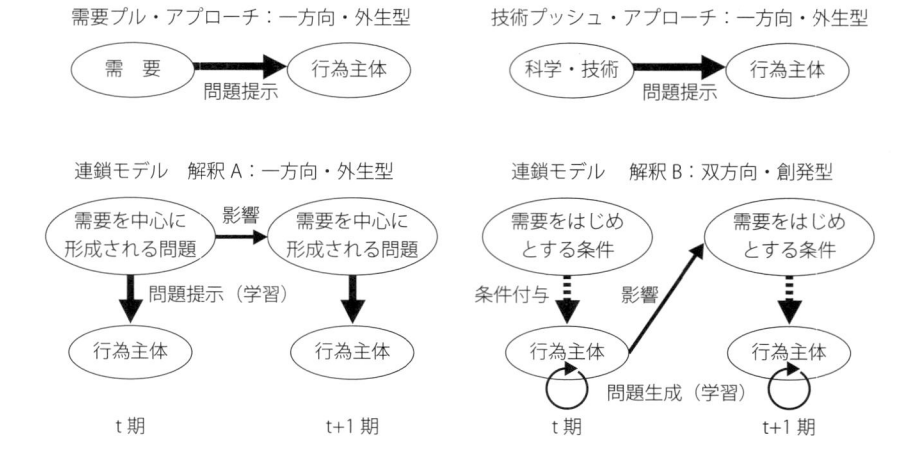

るかによって，組織における技術革新活動に対する解釈は変わってくるのであるが，クラインらの記述では，その点は曖昧なまま残されている．

　その解釈を進める上での1つの鍵となりうるのが，「学習」という概念に関する解釈である．彼らのモデルに関する説明では，そもそも学習そのものについては明示されていないために，解釈を特定することは困難である．

　その解釈を明らかにするための数少ない手懸かりの1つといえるのは，「不確実性」のとらえ方である．外部世界に存在しているけれども，情報の受け手である行為主体で処理能力が足りないことで不確実性が生じているのであれば，「解釈A」になる．このような解釈をとることは，経営組織論で言えばコンティンジェンシー理論における不確実性の概念（たとえばGalbraith, 1977）と近いものになり，客観主義的な方法論に立つことになる．

　それに対し，外部世界にも，組織内部や個人にも先験的に存在しているとは限らず，これから生成されるゆえに理解できないことを「不確実性」と呼ぶのであれば，「解釈B」となる．この場合には，外部世界に事前に存在する「解答」を探ることにはならず，焦点を当てるべき問題は人間の行為の結果として出現することになる．この「解釈B」をとるとすれば，経営組織論に関して前章で考察した主観主義的な視座を導入した構図に，部分的にでも基づくことになる．たとえば，ワイク（K. E. Weick）のような議論に基づくのであれば，削減されるのは「不確実性」ではなく，潜在的には複数存在する解釈の収斂を意味する「多義性」ということになるだろう．

　このように「不確実性」には，大きくは2つの解釈の余地があり，いずれの解釈をとるかによって，「学習」が意味するところも変わってくる[7]．しかしながら，クラインとローゼンバーグによる議論は「技術革新を組織化する中心的な次元は，もしあるとすれば，不確実性である．定義的に，技術革新は新しいものを創造することを含意するのであり，最初は理解しておらず，われわれが不確実（uncertain）である要素をその新しいものは含んでいるのである」（Kline and Rosenberg, 1986, p.294）という部分に認められるだけで，「不確実性」というものが本質的に何を意味するのかは，明確にはされていない．

　解釈を特定する上で，他の手掛かりとなりうるものとしては，「需要」の

概念がある．需要の概念については，ローゼンバーグがマワリーと共に記した前掲の論文において，既存の研究におけるその定義の曖昧さを強く批判している．したがって，批判した点が新たなモデルにおいて何らかの形で克服されているのであれば，少なくとも需要が決定論的な役割を果たす1つの変数として組み込まれているのか，それとも異なるのかという点は明らかになる．しかしながら，クラインとの論文では，需要の概念は明らかにされていない．

　需要に関連して，その概念の不明確さよりも問題だと思われるのは，クラインとローゼンバーグが示したモデルには，「潜在的市場」という要素が組み込まれていることである．マワリーとローゼンバーグが記した論文では「潜在的需要はこの世のほとんどすべてのものに存在するであろうし，技術革新が市場を見いだしたという単なる事実が，技術革新を説明する上で『潜在的な需要プル』という議論の余地がないものの証拠として用いることが許容されることは，ほとんどない」という非常に強い調子でマイヤーズらの研究を批判している（Mowery and Rosenberg, 1979, p.107）．この点は既存研究に基づいて需要プル・アプローチが支持できない理由の1つであった．

　ところが，クラインとローゼンバーグが示したモデルでは，「潜在的需要」と同様に商業的に成功すれば事後的に存在が常に確認できる「潜在的市場」という概念が，中心的要素として取り入れられている．この「潜在的市場」という概念を出発点としてフィードバックが組み込まれているモデルでは，2つの解釈のうち，いずれをとるべきなのかは最終的に明確にはならないのである．

　クラインらの「連鎖モデル」では，需要プル・アプローチないし技術プッシュ・アプローチのいずれか一方のみに依拠することから生じる問題を克服すべく，改良が加えられている．また，科学と技術革新の関係やフィードバック・ループなど見るべき点も少なくない．本書の問題に則して言えば，技術革新活動において焦点を当てるべき問題が，単一の外生的要因によって決定論的に規定されない可能性も，「連鎖モデル」から示唆されることである．

　しかしながら，ここで明らかにしたいのは，代替的なモデルの可能性では

なく,その具体的なメカニズムである.先に示した2つの解釈が併存している状況では,その内容を詰めて検討していくことは,困難なのである.そこで,次節では,先に考察してきた複数の議論に関わっているローゼンバーグによる研究をさらに検討することで,「連鎖モデル」の解釈の特定を試みたい.

3　ローゼンバーグの「技術的相互依存性」

クラインとローゼンバーグの「連鎖モデル」が技術革新の生成メカニズムの概要を示したとすれば,ローゼンバーグによる議論は,技術開発活動において焦点が当てられる問題が形成されるメカニズムを直接扱ったものとして,位置づけることができる (Rosenberg, 1969; 1979).それらの研究でローゼンバーグが注目したのは,社会的文脈も含めた広義の技術自体のシステム性に内包される補完性である.

「焦点化装置」と「技術的相互依存性」

ローゼンバーグが焦点を当てた具体的な問題は,技術変化の方向性 (direction of technological change) を規定する要因である (Rosenberg, 1969).そこで,ローゼンバーグは「焦点化装置」(focusing devices) という概念を用いて,一連の過程を説明しようとした.この「焦点化装置」という考え方は,技術がシステムとして機能していることを前提として,ハーシュマンによる「誘引メカニズム」(inducement mechanisms) (Hirschman, 1958) という概念を応用して,展開されている.

ローゼンバーグのいう「焦点化装置」とは,次のようなものである.技術が1つのシステムを形成しているとすると,その要素間には複雑な相互依存性が存在する.逆にいえば,要素間に相互依存性が成立することによって,そのシステムは機能しているのである.しかし何らかの要因によって,要素間で成立していた一種の均衡状態が崩れるか,もしくは不安定な状況にさらされると,それまでの技術システムは機能不全に陥り,当事者は問題を解決

しなければならなくなる．そこで解決されるべき問題が，技術開発活動の焦点となる．

このように，複数の要素から構成され，それらの間に相互依存性が存在するために生じる技術システムに内在する問題提示機能を，ローゼンバーグは「焦点化装置」と呼んでいる．自動車の例から，もう少し具体的に見ておきたい．ある自動車において，エンジンの改良によって高速化が図られたとする．しかし，自動車というシステムを高速化するには，エンジンを改良するだけでは不十分である．たとえば速く走るのであれば，安全に止まるためにブレーキ系統の改良も必要になる．そうしなければ，自動車全体としての安全性なり機能は果たせないからである．このように，高速化を図るためにエンジンが改良されたのであれば，ブレーキ系統を次に改善する必要性が「焦点化装置」から示唆されるのである．

ローゼンバーグが「焦点化装置」の具体例として示したのは，次の3つである．第1に，製品システム内での「技術的不均衡」(technical imbalance or disequilibria)の発生である．これは，技術システムの要素が変わった場合に，技術システム全体を機能させるために他の要素も波及的に変わらなければならない状況を指す．前述の自動車のエンジンとブレーキとの間に見られるような関係が該当する．

第2に，投入要素の不確実性である．ある要素が不確実な要因であれば，技術システム全体が不安定な状態になる．そのような場合には，不安定な状況を生み出す要因を取り除くことに，焦点が当てられることになる．19世紀における英国の熟練労働者が機械に代替された過程は，その代表例とされる．その頃の最大の問題は，賃金の高騰ではなく，ストライキなどで労働者が資本家に従わないことであった．労働というインプットが不安定であるがゆえに生じる問題を回避する方法は，労働節約的な機械に生産工程を代替することであった．

第3に，既存のインプットの供給が何らかの理由で絶たれたり，急激に減少したりする状況である．この場合には，既存の投入要素に代わる方策に関心の焦点が当てられる．代替的な供給源を開拓するとか，あるいは代替的なインプットを探索するといった形で，直面する問題に対処することになるの

である．この典型例としては，第二次世界大戦の初期時点に日本が東南アジアを占領した際に，米国では天然ゴムの供給が絶たれ，結果として米国の合成ゴム産業が発展した過程が挙げられている．

　この3つの事例は「焦点化装置」を網羅的に示しているわけではない一方で，それらに共通する原理は抽出できる．狭い意味での技術や，より広義の経済的・社会的文脈に組み込まれた技術（あるいは社会や経済そのもの）は，1つのシステムを形成している．ある構成要素で生じた問題によって，そのシステムとして不均衡が生じた場合には，新たな均衡に向かうことによってシステム全体の機能不全から回復できる．このようなメカニズムは，ある種の強制力を持った形で，取り組むべき技術的問題を当該システムにかかわる主体に提示する機能を果たす．この一連の過程が，「焦点化装置」に関する議論で想定される本質的な要素である．

　このような「焦点化装置」に関する議論は，技術革新の誘引メカニズムに対して，重要な示唆をもたらす．インプットの価格上昇や費用低下，将来の期待利潤といった経済的な要因は，技術革新の過程で重要な役割を果たすのであろう．しかし，市場から提示されるシグナルの抽象度は高く，技術革新に関して特定の方向性を提示するものではない．たとえば，原油価格が上昇して，代替エネルギーの重要性が増大したとしても，そこから太陽電池で用いられる特定の部材において，ある方向での技術開発の必要性が直接示唆されることはないのである．需要プル・アプローチの問題点として先に指摘したように，経済的要因は特定の技術革新を誘発する上での必要条件ではあるけれども，十分条件とはなり得ない．それに対して，ローゼンバーグはシステムとしての技術の均衡回復力をベースとする「焦点化装置」という具体的なメカニズムに，その解答を求めた．

　さらに，ローゼンバーグは別の論文において，「焦点化装置」と同様の発想に基づいて，技術革新が経済成長に影響をもたらすメカニズムを中心に議論を展開している（Rosenberg, 1979）．そこで具体的に取り上げられたのは，米国経済の成長において技術革新が果たした役割である．さらに，具体的に焦点が当てられたのは，特定の技術革新が独立して有する革新性ではなく，ある技術革新が波及的に及ぼす影響である．つまり，斬新な特性を有す

る技術革新が単独で経済成長に大きく貢献したのではなく，複数の関連した技術革新が生じることによって，経済全体に大きな影響がもたらされたというのが，ローゼンバーグが提示した論点である．

このような技術革新の波及性をもたらす要因として，ローゼンバーグは経済システムの要素間の補完性（complementarities）を挙げる．ある技術革新が当該分野にとどまらず，関連する分野に多大な影響を与えるのは，各産業間に補完性が存在するからである．さらに，その補完性をもたらす背景には「技術的相互依存性」（technological interdependence）が存在しているとされる．

電灯の事例からこの点を具体的に見ておきたい．電灯という技術革新が社会的・経済的に重大な影響を与えたのは，単に白熱電球が発明されたからではない．電灯とは，電力が安価で安定的に供給されなければ，社会に与える影響は限られている．電灯が社会的に大きな影響をもたらすことになった背景に存在するシステムは，発電所での集中発電や電力供給用の送電網，電力消費量を世帯ごとに測定するメーター，そして電灯を，主たる構成要素としている．電力を安価で安定的に供給するためには，発電機を改良するだけでは成果は限定されている．送電網の改良や長距離送電の費用改善などが実現されてはじめて，発電機の改良から得られる成果は十分発揮されるのである．実際に，電灯という技術革新において成功をおさめたのは，エジソンやウェスティングハウスといった，電灯をシステムとしてとらえた人々であった．

システムとしての技術の意義と残された問題

ここで，ローゼンバーグの議論をまず整理しておきたい．以上で取り上げた論文で，ローゼンバーグが中心的に議論したのは，広義の技術がシステムを構成することの意味である．先に取り上げた1969年の論文では，システムに内在する特性，すなわち新たな次元での均衡回復力によって技術革新の方向性が規定されるメカニズムについて，議論が展開されている（Rosenberg, 1969）．他方，1979年の論文では，技術的相互依存性という概念を通じて，システム性による技術革新の波及効果とそこから経済成長にもたらされる影

響が，主に取り上げられている（Rosenberg, 1979）．前者の論文では，広義の技術が持つシステム性によって技術革新の方向性が規定されるという「技術革新メカニズムの内部構造」が取り上げられているのに対して，後者の論文ではそこから社会にもたらされる影響に着目した議論だといえるだろう．繰り返せば，このようなローゼンバーグの主張の背後に共通するのは，狭義の技術や社会のシステム性からもたらされる新たな均衡状態の創造である．

　ローゼンバーグが展開したシステムとしての技術にかかわる議論からは，本章で検討してきた問題に対する重要な示唆を得ることができる．その1つは「連鎖モデル」では不明確であった技術的問題の形成メカニズムが，ローゼンバーグの議論ではより明確にされている点である．前述のように，「連鎖モデル」には重要な論点が含まれている一方で，そこでは「ある特定の技術革新がなぜ生じたのか」という問いに対しては，メカニズムを特定することが難しく，アドホックな解答しか得ることができない．それに対して，ローゼンバーグの議論は，そのような「連鎖モデル」の問題を補完する形で，システム性にその1つの答えを求めたものだといえる．加えて，システム性による一定の均衡状態の回復ではなく，不均衡を通じて新しい均衡状態へ向かうというシュンペーター的な経済システムの発想を技術革新の議論に適用した点においても，ローゼンバーグの議論から学ぶべきことは少なくない．

　その一方で，本書で関心を寄せる技術的問題が形成されるメカニズムについて，ローゼンバーグの議論から，すべての解答が得られるわけではない．特に問題となるのは，そのシステムないし相互依存性の背後にある要因や過程である．上述の議論によれば，ある種の構造に基づいて技術開発活動で解くべき問題が示唆されることを，ローゼンバーグは「焦点化装置」と呼んでいる．しかし，そこでは，そのシステムや相互依存性は所与のものであり，ある種の要素の間で相互依存性が存在している理由は，定かではない．そのシステムや相互依存性が生じる過程まで理解できなければ，最終的には問題形成メカニズムがわかったことにはならないのである．

　このように考えていくと，システムや相互依存性に関しても，前節で検討した「学習」の概念と同様の問題に行き当たることになる．仮に技術自体の

特性からそのシステム性が生じるとすれば，関係する組織や個人による技術革新活動は外生的に与えられた問題を解くものになる．仮にそうだとすると，ローゼンバーグの議論は表面的には異なるものの，最終的には技術決定論，すなわち技術プッシュ・アプローチと根底では共通する論理構造を有することになる．

　しかし，冒頭にも述べたように，ここでいう技術システムとは，社会的・経済的文脈を含めたより幅広いものが想定されている．ローゼンバーグ自身も，提示した議論が技術決定論とは異なるものとして，次のように記している．

　　　説明しようとしていることは，素朴な技術決定論と混同してはならない．素朴な技術決定論では，先行的に生じた技術の変化から社会的・経済的・政治的変化は説明される．むしろ［論文の以下の部分で］主張することは，経済学者が一般に認識しているよりは技術は累積的で自己発生的だということである．経済理論から接近する場合には，市場，とりわけ要素価格を通じて媒介される市場の諸力の圧力とシグナルに受動的に適応する領域として，技術変化は考えられることが多い．逆の危険は，経済的諸力は技術変化の方向性を何ら条件づけないと解釈することである．（Rosenberg, 1969, reprinted in p.110）

　ここでローゼンバーグは技術プッシュ・アプローチに見られるような技術決定論のみならず，市場を通じた需要のシグナルへの適応から技術革新を説明しようとする需要プル・アプローチもまた明示的に退けている．「焦点化装置」や「技術的相互補完性」に関する議論が単なる技術決定論はなく，また需要プル・アプローチのような「需要決定論」でもないとすると，技術開発活動に携わる主体にとって，システム性はどのように生じるのであろうか．

　この問題でも，最終的には「連鎖モデル」での議論と同様の2つの解釈が可能になる．たとえば，前述の電灯システムで考えてみる．この事例では，集中的な発電所と送電網と電力メーターと電灯の4点がシステムを構成して

おり，そのシステム性を認識したか否かが成功の分かれ目になったとされていた．だが，このシステム性の構造自体がどのようにして生じたのかは，明らかではない．仮に分散型の電力システムを構想したとすれば，発電所と送電網は必要な要素ではなくなり，代わりに小型の発電装置と蓄電池といった要素がシステムを構成することになるだろう．そのようなシステムが当時の技術水準から実現可能であったかどうかは，仮定の要件でもあり，実際には定かではない．しかし，技術開発活動で解くべき問題がシステムによって示唆されるのであれば，分散型の発電装置や蓄電池に対する技術開発は，集中型の発送電システムとは異なる形で進んだ可能性は，少なくとも論理的には考えられることになる．

経済的・社会的，あるいは技術的要因が組み合わされることによって適切な解は外生的に決まると考えるのか，その組み合わせによるシステム自体が複数の可能性から最終的に生み出されて，その上で生じた構造なり制度が様々な要因に影響を与えるのか．この異なる考え方の背後には，前の2章において経営組織論を題材として検討してきた問題と，理論的には同じ構図が存在している．技術開発活動では適応的な行為者像が最終的に妥当なのか，それとも構成要素間の相互依存性が生じる外部世界と，技術開発活動に携わる行為主体との間には，より双方向的で能動的な関係を考えるべきなのか．いずれの見方をとるかによって，技術開発活動に関する考え方が大きく左右されるのである．

4　第4章のまとめ

この章では，技術革新の誘引メカニズムとして，技術プッシュ・アプローチと需要プル・アプローチという2つの伝統的なモデルを検討した上で，その問題点を克服しようとしたローゼンバーグらによる，大きくは2つの議論を考察してきた．

第1節で見たように，技術プッシュ・アプローチと需要プル・アプローチという，いわば素朴な決定論的モデルは，技術革新が生じる過程を適切に示

すものではない上に,「革新」という言葉が本来意味すると思われる動態的な側面が考察できるものではない．そこでは，技術革新という問題を主題としながらも，実際に考察の対象とされるのは，技術にかかわる常軌的な問題解決活動である．仮にそのようなモデルが妥当な説明を提示しているとしても，そこで基盤となるのは，組織のコンティンジェンシー理論などと同様に，外部環境によって「解くべき問題」が規定されるという構図である．

第2節と第3節で取り上げたローゼンバーグらによる議論では，技術革新がもたらす動態的な側面が部分的ながらも示されている．「連鎖モデル」では，連続的な展開ではなく，「学習」につながるフィードバックが想定されていた．そして，「焦点化装置」や「技術的相互補完性」にかかわる議論では，システムの要素間での相互依存性に基づくダイナミクスが描かれる．

その一方で，先に示したように，これらの議論でも，そのダイナミクスを生み出すシステム性といったものが，行為主体とは独立して存在しているのか否かという，先に経営組織論に関して検討してきた問題については，曖昧なまま残されている．これまで議論してきたように，行為者側の主体性を部分的にでも組み込むことは,「適応」とは対峙するものとしての「革新」を考える上で，重要だと思われる．しかしながら，少なくとも本章で取り上げた技術革新にかかわる議論では，その問題を十分に扱うことはできない．

そこで，次章では，技術革新に関して別の視点から考察してきた研究を題材として，さらに検討を進める．そこでの主題は，技術革新および広義の革新を考える上で，外部世界からの制約を部分的にでも認めつつ，行為者側の主体性をどのようにとらえていくのかということにある．

●—● 注
1 ただし，第1章の冒頭でも触れたように，このシュンペーターの著作における中心的な論点は，技術革新自体ではなく，「企業家」という要素と金融システム（銀行家）の重要性を中心として，動態的な視座から新しい経済学の体系を打ち出そうとしたことにある．

2 「経済の循環」(der Kreislauf; circular flow) とは，均衡を中核概念とする，従来考えられていた静態的な経済システムを指している．シュンペーターはこの概

念を用いて，自説の動態的経済システム論との差異を明確に描き出している．

3 シュンペーターによる『経済発展の理論』(*Theorie der wirtschaftlichen Entwicklung*) の邦語訳はドイツ語の原著を忠実に翻訳したものであるが，英語版（*The Theory of Economic Development*）は原著から内容がかなり書き換えられている．この該当箇所についても，英語版と原著（ならびにそれに基づく日本語訳）とは表現が異なっている．

4 マワリーとローゼンバーグが取り上げた10の研究とは，次に挙げるものである．1. Myers and Marquis（1969），2. Lanqrish et al.（1972），3. HINDSIGHT（the Director of Defense Research, 1969；Sherwin and Isenson, 1967；Greenberg, 1966），4. TRACES（Gibbons and Gummett, 1977），5. BATTELLE（Battelle Research Institute, 1973），6. Gibbons and Johnston（1974），7. Carter and Williams（1957；1959），8. Baker et al.（1967；1971），9. SAPPHO（Rothwell et al., 1974, 10. FIP（Teubal et al., 1976）．このうちアターバックのレビューで取り上げた研究と重複するのは5つ（2，3，7，8，9）である．

5 たとえば，クラインらによって引用されているエノス（J. L. Enos）の研究では，石油精製産業における新しい工程技術（熱分溜，重合，触媒分溜，触媒改質）の導入を「アルファ段階」，その新工程の導入以降の改良を「ベータ段階」と区別して，両者の平均的な費用削減効果が比較されている（Enos, 1958）．そこでは，ベータ段階の効果はアルファ段階の3倍（前者が4.5%，後者が1.5%）にのぼり，新技術の導入自体よりもその後の改良の方が経済的便益に貢献したことが明らかにされている．

6 このモデルに「学習」という概念が背景で想定される理由は，モデルの内容に加えて，筆者の1人であるローゼンバーグが技術革新過程における「学習」の重要性を強調していることにもある（"Learning by Using," in Rosenberg, 1982, pp.120-140）．

7 解釈Aをとれば，どこかに先験的に存在するけれども，分かっていないことを知ることを「学習」と呼ぶことになる．他方，解釈Bをとれば，原理的には多様に存在する解釈の中から，特定の解釈が選択されていく過程を「学習」と呼ぶことになる．組織学習に関する用語でいえば，前者の学習はいわゆる「一次学習」（single-loop learning）に，後者の学習は「二次学習」（double-loop learning）と，それぞれかかわっている．ここでは本旨との関係で学習の概念については立ち入って考察しないが，組織学習に関する諸研究には，解決すべき問題があることは指摘しておくべきであろう．組織学習という概念を突き詰めて考えると，何が「学習」であるのかということが問題となるという点で，方法論上の議論を避けて通ることは困難である．しかしながら，組織学習に関する少なからぬ研究では，何をもって「学習」となるのかという問題が，あたかも自明であるように議

論が展開されている．組織学習に関する研究は，根底にある方法論上の問題を含めて議論しない限り，表面的な議論に終始してしまうように思われる．

第5章

技術革新研究における
システム性と主体性

　この章の目的は，前章での議論を引き継ぐ形で，技術開発活動で焦点が当てられる問題が行為主体に提示される過程を中心として，技術革新にかかわる既存研究を背景に遡って領域横断的に検討し，本書での理論的枠組みの基盤となる論理を検討していくことにある．

　本章での議論を通じて主として明らかになるのは，次の2点である．第1に，技術開発活動で取り組むべき問題が，構成要素間のつながりという意味での技術のシステム性から提示される可能性である．前章の後半から考察してきたこの問題に対して，本章での議論からは，曖昧であったシステム性に対する解釈が特定される．

　第2に，技術のシステム性をはじめとする技術開発活動のあり方に影響を与える要素は，行為者の活動とは独立して存在する完全な外的要因なのではなく，社会的な構成物としてとらえることが可能な点である．そこからは，技術開発活動を考察する際にも，より主体的な存在として行為者を扱える可能性が示唆される．

　第1節では，アバナシー（W. J. Abernathy）やクラーク（K. B. Clark）らによって展開されたドミナント・デザインに関する研究を取り上げて，前章でのローゼンバーグ（N. Rosenberg）による「焦点化装置」に関する解釈の特定化を試みるとともに，そこでの議論の内容を具体的に検討する．第2節では，技術革新研究において主観主義的な要素を取り入れた議論について，クーン（T. Kuhn）による科学の領域での「パラダイム」に関する議論と，

そのクーンの議論に基づいて技術開発過程を考察した2つの議論を取り上げる．第3節では，構成主義を明示的に打ち出した「技術の社会的構成」を中心とする議論について，その位置づけと内容を中心に検討する．

1　ドミナント・デザインをめぐる議論と技術革新

前章の後半で指摘したように，ローゼンバーグはシステム性に基づく技術開発の「焦点化装置」について，社会や経済システムの視点から議論を進めた．それに対して，アバナシーを中心として展開された「ドミナント・デザイン」（dominant design）をめぐる一連の議論は，表面的には関係が薄いように見えるけれども，その内容を立ち入って検討すると，ローゼンバーグの「焦点化装置」と同様の問題を個々の産業や企業のレベルで考察したものとして，とらえることができる．

以下では，アバナシーらの議論について，『生産性のジレンマ』（*The Productivity Dilemma*）を中心とする初期の議論と「脱成熟」（de-maturity）を中心とする後期の議論にわけて，順に考察していく．ここで初期の議論と後期の議論を区分する理由は，想定された技術革新の誘引メカニズムが決定論的な色合いが濃いものから，企業・組織側の主体性を取り入れたものへと，大きく転換したことを読み取ることができる点にある．

ドミナント・デザインに関する初期の議論

アバナシーとアターバック（J. Utterback）による初期の議論では，産業の発展に伴って製品革新（product innovation）が減少し，代わって工程革新（process innovation）が増加するという現象に焦点が当てられた（Abernathy, 1978; Abernathy and Utterback, 1978; Utterback and Abernathy, 1975）．米国の自動車産業における歴史的な発展過程に見られたこの現象から導出されたのが，ドミナント・デザインという概念である．

ドミナント・デザインとは，それまでに独立して導入されてきた複数の技術革新を1つの製品としてまとめることで当該産業においてその後の技術的

基準となる製品デザイン（設計）を指す．自動車産業でいえば，内燃機関を動力源とし，軽量シャーシを採用するなどしたＴ型フォードが該当する．

　ドミナント・デザインが重要視された最大の理由は，当該産業における製品の評価基準が製品技術から費用へと移行していく分水嶺となることにある．ドミナント・デザインの出現によって，大規模な製品革新の重要性は低下し，逆に工程革新の重要性は増大していく．さらに段階が進むと，製品革新だけではなく工程革新の重要性も低下して，いずれにおいても漸進的な技術革新しか生じなくなる．また，製品技術と生産技術の歴史的発展過程をこのように関連させてとらえようとしたことから，アバナシーらは製品と組織を含めた生産工程の両者を包括した「生産単位」（productive unit）を分析単位として設定した．

　このドミナント・デザインは，支配的な製品設計や工程が確立していない「流動期」（fluid phase）からそれらが確立した「特定期」（specific phase）への転換が生じる「移行期」（transitional phase）の中で出現する．アバナシーらは「生産単位」を分析単位にしたことから，この移行期では技術革新，製品ライン，生産工程，組織構造，企業の能力（capacity）という５つの要素は連関して展開することが想定されている（表5-1）．このうち組織構造については，製品や工程の成熟に伴ってより集権的で官僚的な「機械的組織」への移行が進むと考えられている．表に記述された内容からも推察できるように，このような組織観は情報処理モデルに基づくコンティンジェンシー理論に理論的な基盤を置いていた[1]．

　また，技術革新は当初は市場のニーズから誘発されるが，生産単位の発展に伴って技術的機会から誘発されるように変化すると，アバナシーらは考えた（表5-1参照）．流動期の初期段階では，市場のニーズが明確に定義されておらず，不確実性が高い．それに対して，ドミナント・デザインが確立された後になると，研究開発活動における「目標の不確実性」（target uncertainty）が減少する．そこで，特定期に近づくにつれて，技術的リスクをもたらす研究開発プロジェクトの魅力度は高まり，より大規模な研究開発投資が正当化されることになる．このような技術革新の誘引メカニズムに対する考え方は，すべての技術革新を同じレベルで扱った「連鎖モデル」と

139

表5-1 移行期における通常の推移

技術革新	製品ライン	生産工程	組織の統制	能力の種類
流動期との境界				
頻繁で斬新な製品革新(市場から誘発される).	顧客の要求に対応した高い製品ラインの多様性.	柔軟だが非効率. 汎用機械と熟練労働力を利用.	緩やかに組織化されている. 企業家的基盤.	小規模で, 技術の源泉やユーザーの近くに立地. 後方統合は低水準.
累積的な製品革新. 通常はモデルラインに対する定期的な変更の際に組み込まれる. および(内部で生み出される)工程革新の増大. および技術に誘発された技術革新.	少なくとも相当な量が生産される1モデルが販売される. **ドミナント・デザインの成立.**	流れ作業志向の合理化された生産工程の配置が増大する. そこでは, 短期的に継続する課業と現場の熟練に依存している.	垂直的な情報システムや水平的な関係やリエゾンやプロジェクト・グループの創造を通じて達成される統制.	集中化された汎用的能力. 規模の増大はボトルネックの解消によって達成される.
	重要なオプションがほとんどない, 高度に標準化された製品.	専門化・自動化された機器の「島々」が一部工程に導入される.	変化の頻度低下に伴う, 目標設定と階層と規則による統制.	生産要素の費用低減と混乱の最小化と物流の利便性を達成するように施設を立地.
費用低減に誘発された漸進的技術革新が支配的. 斬新な変化には同時に製品と工程の適応を伴い, ほとんど導入されない.	技術的パラメータによって特定化されたコモディティ的製品.	「システム」として設計された統合的生産工程. 主たる従業員の課業は, そのようなシステムを監視すること.	官僚的で垂直統合的, かつ職能を強調することによって階層的に組織化される.	特定の技術に専門化された大規模な設備. 能力の増強は新しい設備の設計を通じてのみ行われる.
特定期との境界				

▼ 通常の移行方向

出所:Abernathy (1978), p.82. ただし, 下線は筆者.

は異なり, 技術ないし「生産単位」の成熟に伴い「市場のニーズ」から「技術的機会」へと技術革新の源泉が移行するという視点に立って, 一種の「場合分け」をしたものといえよう.

以上のような情報処理モデルに立脚した組織観や, 技術革新を誘発する主な要因が「市場のニーズ」から「技術的機会」に移行すると考えたことに典

型的に見られるように，初期のアバナシーらの議論には，適応・決定論的な側面が強く現れている．ただし，その時点でのアバナシーらの主たる関心は産業発展と技術革新の関係にあったことから，このような議論はどちらかというと派生的であった．「生産性のジレンマ」という書名に端的に示されるように，産業の成長にしたがって，急進的技術革新（radical innovation）が減少する一方で，製品の標準化と大量生産による生産性の向上の重要性が増大することに，彼らの中心的な問題意識は置かれていた．そのために，初期の議論では，ドミナント・デザインが出現する過程についても，具体的なメカニズムに関しては，ほとんど言及されていない．

「後期ドミナント・デザイン論」における視座の転換

1980年代に入ると，アバナシーはクラークらとともに，ドミナント・デザインの背景にあるメカニズムも視野に入れて，さらなる議論を展開していった（Abernathy et al., 1983；Abernathy and Clark, 1985；Clark, 1985）．「後期ドミナント・デザイン論」とでも呼べる新たな議論の特色は，次の2点にまとめることができる．その1つは，日米の自動車産業の比較から得た知見に主として基づき（Adler, 1989），産業進化の過程は不可逆的ではなく，新たな技術革新による「脱成熟」（de-maturity）による「産業の復興」（industrial renaissance）が可能であるとして，初期の議論に修正を加えた点である．もう1つは，ドミナント・デザインの生成メカニズムに関する議論を，製品デザインの階層性に基づいて展開した点である．

ここでまず注目されるのは，前期の議論において主たる関心が寄せられたマクロ的な法則定立性の問題が後期の議論では後退し，それぞれの技術革新が企業の競争優位に及ぼす影響のメカニズムに主たる関心が移行したことである．アバナシーらの初期の議論では，流動期での急進的技術革新が，移行期を挟んで，特定期での漸進的技術革新（incremental innovation）に転換するというある種の法則性が想定されていた．そこでは，産業ないし生産単位の成熟に伴って，技術革新は不可逆的な方向に展開していくことが強調されていることから，行為主体としての企業は受動的な存在としてとらえられることになる．つまり，初期の議論では，産業ないし生産単位の成熟度を規

定要因とする決定論的な構図が想定されていたといえる．

　それに対して，後期の議論では，企業が産業の成熟度に対して主体的に影響を与えることが前提となる「脱成熟」という問題が中心に据えられた．そのために，前期の議論で想定されていた「産業のライフサイクル」のような，法則定立的な志向性が弱まるとともに，ある法則があたかも成り立っているように思われる状況が生じるメカニズム自体に議論の焦点が移行していく．このことは，主たる分析対象としていた当時の自動車産業を取り巻く状況を考えると，議論の転換が生じた背景を理解できるように思われる．同一のマクロ的な法則性に日米メーカーが従っているとすれば，米国メーカーの単なる「怠慢による適応失敗」以上には，この現象は説明できないことになる．より深い考察を加えるならば，企業側の主体的な活動を織り込んだ説明が必要となってくるのである．

　脱成熟とドミナント・デザインの生成メカニズムという後期の議論における2つの主要な問題は，前者が後者の議論の前提となる形で，密接に結びついている．そこで，まず脱成熟の問題を扱った研究から，具体的に検討しておきたい（Abernathy et al., 1983；Abernathy and Clark, 1985）．

　前述のように，前期の議論では，急進的技術革新と漸進的技術革新の2類型を前提として，前者から後者への一方向的な発展過程が想定されていた．それに対して，これらの後期の議論では，概念的には連続変量として新たに設定された「技術／生産」と「市場／顧客」という2つの軸に基づいて，技術革新が4つに分類されている（図5-1）．これらの2軸は，それぞれ複数の下位次元から構成される1つの概念を示している．「技術／生産」の軸は広い意味での企業の技術的能力を示すもので，設計技術から生産システムや組織，熟練，資本設備，知識といった要素から構成されている．もう一方の「市場／顧客」の軸は広い意味での企業のマーケティング能力を示すもので，顧客基盤との関係や流通・サービスのチャネル，顧客の知識や顧客のコミュニケーションの様式などから構成されている．「技術／生産」がどちらかというと組織内部の能力を指すのに対し，「市場／顧客」は主として製品の供給を通じた組織の外部世界との関係に関する能力を意味するともいえよう．

　この2つの軸から推察されるように，脱成熟に関する議論で焦点が当てら

図5-1　技術革新の変革力マップ

```
                        市場／顧客の結びつき
              （既存の結びつきの破壊／新たな結びつきの創造）

              ┌─────────────────┬─────────────────┐
              │   ［ニッチ創造］  │    ［構築］      │
              │                 │  ドミナント・デザイン │
技術／生産     │                 │                 │
（既存能力の   ├─────────────────┼─────────────────┤ （既存能力の
 維持・深耕）  │                 │                 │   破壊・陳腐化）
              │   ［通常］       │   ［革命］       │
              └─────────────────┴─────────────────┘
                     （既存の結びつきの維持・深耕）
```

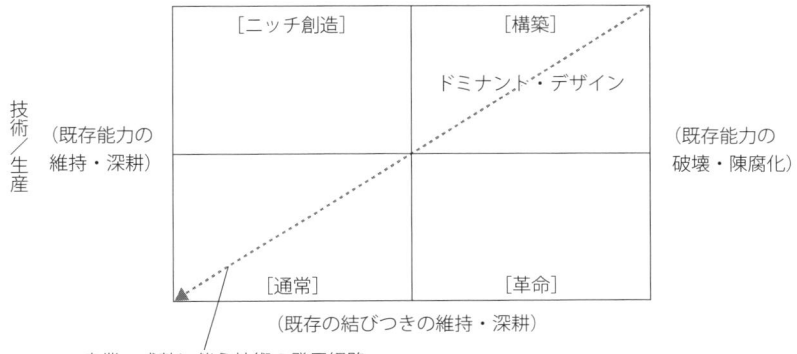

産業の成熟に伴う技術の発展経路

出所：Abernathy and Clark（1985），p.8の図に一部追加．

れたのは，企業の競争優位の源泉となる独自能力である．様々な技術革新は，各企業が有する既存の独自能力を維持・発展させるように機能する場合もあれば，既存の能力を破壊して新たな能力が構築される形で機能する場合もある．また，既存の能力を破壊して新たに創造する場合でも，既存の技術的能力は影響を受けない一方で，既存のマーケティング能力が破壊されることによって，既存企業の競争優位の基盤が揺らぐこともある．

このような既存能力の維持・破壊に影響を与える各技術革新の「変革力」（transilience）を「技術／生産」と「市場／顧客」という2軸でとらえようとしたのが，図5-1に示される枠組みである．ここでは，初期の議論で想定されたような法則性は前提とされていないものの，ドミナント・デザインの出現によって既存の能力を維持・発展させる図中の矢印の方向に，一般的には技術革新は進展する傾向にあるとはいえる．既に競争優位を持つ企業がその基盤を自らの手で壊したいとは，ふつう考えないからである．このような観点からは，脱成熟とは，技術革新が展開する一般的な経路から「逸脱」して，既存企業の能力を破壊するものと位置づけることができる．

続いて，「後期ドミナント・デザイン論」における第2の論点とした，ドミナント・デザインの生成メカニズムについて，クラークを中心として展開

された研究に基づいて，考察を加えておきたい（Clark, 1985; Abernathy and Clark, 1985）．そこでクラークらが関心を寄せたのは，ドミナント・デザインの成立と，「変革力マップ」に示されているような技術革新の変遷が生じる背後の論理である．これらの議論における中核となるのは，問題解決過程としての技術革新の過程と，問題解決過程としてとらえた際の製品デザインの階層性である．技術革新の過程では，製品システムのすべての要素が常に同じように重要なのではない．前章で取り上げたローゼンバーグも指摘するように，ある種の強制的な力によって，技術革新過程の各時点において，重要度の高い問題は個別に規定される．

そのようなメカニズムの理論的な背景としてクラークらが取り上げたのが，製品の位置づけに関する探索過程としてのデザインと，デザインの階層性である．当該製品がいかなるものであるかは，当初から理解されているわけではない．たとえば，初期の自動車の動力源については，蒸気機関なのか，電動機なのか，ガソリンを使った内燃機関なのかは明確ではなかった．現代の一般的な見解からすると驚くべきことに，1900年以前の段階では，電気自動車の信頼性は内燃機関よりも高かったのである．しかし，1902年までには，ガソリン・エンジンの優位性が明確になる．クラークらがいう「中核概念」（core concept）の確立である．このように中核概念の選択の問題がなくなると，それを前提とする，より細かい問題に焦点は移行する．ガソリン・エンジンという選択肢が固定すると，ガソリン・エンジンを前提として，エンジンの始動方法や大きさやバルブの配置といったような問題に，中心的に検討される問題が移行していくということである．さらに，それらの下位の問題の選択肢が固定化すると，それが次なる前提となって，技術革新過程において焦点が当てられる問題が移行する．

このように，技術革新過程において「中核概念」から徐々に問題が精緻化されていく背景では，製品デザインの階層性が想定されている．製品デザインは潜在的には複数の階層を構成し，「上位」からより「下位」へと解決すべき問題の精緻化が一般的には生じるということである（図5-2左）．ただし，製品デザインの階層性は最初から顕在化しているわけではない点には，注意が必要である．このような「デザインの階層」（design hierarchy）は，

図5-2 デザイン階層の成立過程

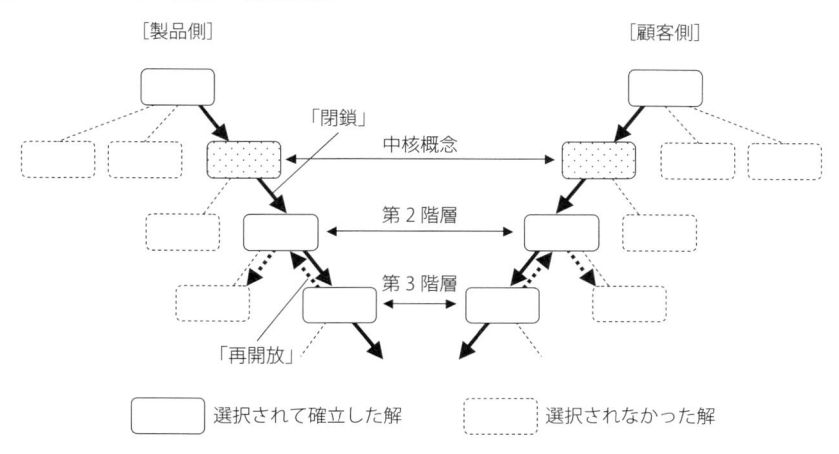

[製品側]　　　　　　　　　　　　　　　　　[顧客側]

「閉鎖」　　中核概念

第2階層

第3階層

「再開放」

□ 選択されて確立した解　　　┆ ┆ 選択されなかった解

「上位」の問題が解決されることで，次なる問題の焦点がより「下位」に移行するという過程によって，時間の経過とともに出現する．

　また，初期の議論で中心的に取り上げられた急進的技術革新から漸進的技術革新へと技術革新の特性が変遷していく理由について，クラークらはこのような製品デザインの階層性と，それに基づく解決すべき問題の下位階層への移行から説明した．「中核概念」が確立する前の段階では急進的技術革新が重要である一方で，確立された後の段階では，技術革新の過程で重要になる問題が徐々に精緻化されることにより，漸進的技術革新に移行するということである．

　ただし，製品デザインの階層性は製品側の技術的特性だけに求められているわけではない．そこでクラークらが想定したのが，鏡像としての「顧客の概念」（customer concepts）である．初期段階では製品側で基本的な技術的要素が決まっていないのと同様に，顧客側でも製品について当初から理解しているわけではない．顧客は当該製品の使用と経験を通じて，その製品に関する概念を確立していくのである．また，そのような顧客側の概念は一方的に生じるのではなく，製品と顧客の連続的な相互作用によって生み出される．製品側が顧客側からの要求を一方的に受けるのでもなければ，製品側の技術的特性が顧客側に一方的に押しつけられるわけでもなく，顧客側の概念

が製品側から影響を受けつつ，顧客側の概念もまた製品側に影響を与えているのである．

たとえば，初期の自動車は当時主流であった交通機関である馬車との関係で，「馬なし馬車」と一般的には定義づけられていた．そのために，製品側の開発努力は「馬なし」の根拠である原動力の選択に焦点が当てられていた．ガソリン・エンジンという選択肢は，顧客側の「基本的な交通手段」という概念の確立なくては成立しなかったし，逆に顧客側の概念もまた製品デザイン側の中核概念の確立なくては成立し得なかったのである．あるいは，自動変速機のような技術革新は，「基本的な交通手段」という上位の顧客の概念では問題視されなかったかもしれないが，「都会や都市間旅行のための交通手段」という顧客の概念の精緻化に伴って，重要度を増していった．つまり，顧客側の概念も製品デザインと同様に階層性を構成しており，その階層性は製品デザインと補完的な関係で徐々に成立していくものだといえる（図5-2全体を参照）．

ただし，技術開発の過程で取り上げられる問題は，より下位の階層へと精緻化される方向に進むだけではない．一定の解が確立して，同種の他の解の探求が徐々に行われなくなることで上位階層が「閉鎖」されるだけではなく，「閉鎖」されたはずの階層が「再開放」されることもある．これが「脱成熟」である．図5-1の「変革力マップ」上で示せば，顧客の概念だけで変化が生じることが「ニッチ創出型技術革新」であり，製品デザインだけで変化が生じることが「革命型技術革新」にあたる．

ドミナント・デザインをめぐる議論からの示唆

以上で見てきたアバナシーやクラークらによる議論からは，前章の後半で検討してきた問題と関係する事項として，次の2点が示唆される．

その1つは，ローゼンバーグのいう「焦点化装置」としてのシステムないし構造は，先験的に存在するものではなく，技術の発展過程を通じて生み出されるという見方である．ドミナント・デザインが成立する前の段階では，システムの構成内容は不確定である一方で，成立後にはシステムの基本構成が確立して，それを前提として，より細分化された問題の解決が図られるこ

とになる.ただし,確立したシステムは容易に変更できるわけではないものの,「脱成熟」という形をとって,大きな変動が生じる可能性もある.

　第2に示唆されるのは,そのようなシステムないし構造の構成は,相似的な「顧客の概念」という一種の構造から影響を受けるけれども,その影響は一方向的なものではなく,製品デザインの問題の構造からもまた顧客の概念に対して影響を及ぼすことである.

　この2点をもとに考えると,前章で指摘したようにローゼンバーグの議論では曖昧であった解釈を絞りこむことができる.技術開発の過程における問題の「焦点化装置」は堅固な構造として先験的に存在するわけではなく,同じく階層的な顧客の概念と双方向的な相互作用によって生成される.したがって,技術開発活動で取り上げるべき問題は,そのような活動に携わる組織や個人が外部世界とは独立して自由に決められるわけではない一方で,組織や個人が外部世界から一方的に規定される関係にもない.つまり,単純な適応論的・決定論的な視座ではなく,より主体的な存在としての組織や個人を想定する視座に基づいて技術革新の過程を考察することがより適切である可能性が,アバナシーらの一連の議論からは示唆されるのである.

　このように,アバナシーらの議論からは,とりわけ「後期ドミナント・デザイン論」において,技術革新過程を考察する上で行為者の主体性を組み込むことの重要性が示唆される.その一方で,彼らの視座が最終的に転換しているか否かという点については,留保が必要であろう.上述のように,アバナシーやクラークらの議論は概念的には単純な適応論的・決定論的な視座とは異なるように思われる.しかしながら,同時に彼らは「問題解決」や「(コンテクストに対するデザインの)適合性」(fitness)といった「適応」を前提とする用語を用いて,技術革新メカニズムに関して説明する方法をとっている.

　概念的には一方向的な決定論を放棄する一方で,このような適応論的な用語を使って議論を展開するのは,概念を不適当に拡張しているともいえる.本来の用法からすると,一方向的な規定関係があるからこそ,適合とか適応といった概念を用いることが可能になる.双方向的な規定関係を想定するのであれば,適応すべき対象は自らの行動によっても左右されることになり,

極端にいえば「自らが自らに適応する」という循環的な関係を意味しかねない.

　この種の問題は言葉の上での問題にとどまらず，本来意図される「広義の適応概念」と一方向的な規定関係を意味する「狭義の適応概念」が概念的なレベルで混同される可能性が存在する．たとえば，技術革新過程を概念的に論じたフォン・ヒッペル（E. von Hippel）の研究では，クラークらの研究を引用して議論の意味づけがなされながらも，最終的には「最適な課業の分割方法」という狭義の適応概念に沿った主張が展開されている（Hippel, 1990）．外部世界に対して能動的・主体的な行為者観に基づいているはずの議論が，決定論的な主張の論拠として用いられているのである．

　以上の議論に基づけば，クラークやアバナシー，あるいはローゼンバーグが提示したような技術革新過程に関する分析枠組みには，適応という概念を基本とする枠組みのなかでは扱いきれない問題が内在しているといえる．そこで，続く2つの節では，行為者の主体性を明示的に取り込んだ技術革新研究を取り上げて，その背景に触れつつ，検討を進めたい．

2　技術革新研究におけるパラダイム論の展開

　クラークらの議論はその内容としては単純な決定論からは脱却している一方で，その本来の目的もあり，方法論上の転換が明確な形でなされているわけではない．それに対して，広義の主意主義の一種といえる構成主義の要素を明示的に取り入れた技術革新過程に関する研究も，これまで取り上げてきた議論とは基本的には独立した研究群として存在する．そのうち，以下の2節で具体的に取り上げるのは，「技術パラダイム」（technological paradigm）に関する議論と，「技術の社会的構成」（social construction of technology）と呼ばれる一連の研究である．

　これらの研究はその名称から推察されるように，クーンによる「パラダイム」に関する議論やバーガー（P. L. Berger）とルックマン（T. Luckman）による「現実の社会的構成」（social construction of reality）に関する議論

といった隣接領域での既存研究を技術革新の領域に応用する形で展開されている．そこで，以下では，その源流となるクーンの議論とバーガーとルックマンの議論を簡単に見た上で，技術革新の過程を直接取り上げた研究について，順に考察を進める．

理論的基盤としての2つの研究

　クーンによるパラダイムにかかわる議論は科学史の領域で，バーガーとルックマンの議論は第3章でも触れたように社会学の領域で，それぞれ展開されており，直接的な関係はなさそうにもみえる．しかし，関心がある人々にとっては周知のように，この種の議論は純粋に客観的な世界の存在に対する懐疑という点で，共通した要素を有する．これらの議論をある特定の視点から統合的にとらえようとした「ポスト・モダニズム」は，近年では批判的に受け止められることも少なくない．ただし，どの程度批判的にとらえるのかは別にして，かつては自明視されていた考え方の存在基盤を再考するという点においては，クーンらの議論が果たした役割は少なくないように思われる．

　クーンらが展開した議論は，自明視されていた近代の論拠に対する懐疑と根底で結びつく．西洋における近代とは，宗教を中心とするドグマからの個人の独立を意味するはずであった（村上, 1976）．独立した個々人はいかなる迷信に惑わされることなく，いかなる偏見に左右されることなく，中立的に物事を見て，判断することができる．それが西洋社会における近代の精神であったといえる．

　ところが，科学史での研究からは，自然科学という最も価値中立的であると思われた世界ですら，真実が発見されるという単線的な進歩の過程を経てきたのではなく，科学者の共同体の中での価値に依拠する形で展開してきた歴史が明らかにされる．そのような議論の原型は，ハンソン（N. R. Hanson）の著作である『科学的発見のパターン』（*Patterns of Discovery*）に見ることができる（Hanson, 1958）．そこでは，「理論負荷性」（theory-ladenness）という言葉によって，科学者は自由な視点から観察しているわけではなく，「理論」というフィルターを通じて観察しているとされる．

そして，パラダイムという概念を提起したクーンの研究は，科学史の領域において，後の論争につながる解釈の余地を残しながらも，科学的知識の累積的進歩に対する疑念をより明確に打ち出した初期の業績である（Kuhn, 1962）．クーンは古代から現代までの科学の歴史を踏まえ，個々の発見や発明が単線的に累積することによって科学の発展がもたらされているのではないことに着目した．「通常科学」（normal science）と呼ばれる段階では，その科学的領域の知見は累積的に発展する．その一方で，通常科学においては，その累積的な知見に基づいて説明することができない「変則事象」（anomaly）が出現する．ふつう変則事象に対しては，科学者の共同体で共有されている規範的枠組み（問題の立て方や解の出し方や仮説の判定方法など）に則って解決が試みられる．この規範的枠組みは教育によって制度的に伝承されていくものである．しかし，説明できない変則事象が増え続けると，研究の基盤であるはずの既存の枠組みに対する疑念が人々の間で高まってくる．そして，それまで説明できない変則事象をより明らかにする新しい規範的枠組みが出現し，多くの研究者がその体系を承認することによって，新しい体系に移行するという状況が生じる．クーンは研究者が依って立つ規範的枠組みをパラダイムと呼び，そのパラダイムが転換する状況を「科学革命」（scientific revolution）と名付けた．

　つまり，「パラダイム」や「科学革命」といった言葉を用いて表現されたのは，科学の歴史的発展過程は事実の発見が累積していったのではなく，研究者の共同体で承認されたある枠組みの中で累積し，その崩壊と新たな枠組みの確立によって新たな科学的知識の累積が開始されるという軌跡を描くという過程であった．これは単に過去の研究方法が誤っていたということを意味するのではない．科学という価値中立的と思われていた作業に携わる研究者でさえも，主として教育の過程を通じてある規範的な枠組みを身につけて，それにしたがって研究活動を遂行している．パラダイムが危機に瀕することがなければ，現代でも「偏見」に基づいて研究活動は日常的に遂行されているのである．逆に，ドグマにもなりうる規範的枠組みがなければ，「変則事象」の変則性そのものを人間は理解することができないともいえる．

　パラダイムにかかわる問題は，われわれの研究領域である経営学と無縁の

問題ではない．第2章で見てきたように，経営学の領域では，今日に至るまで「疑似科学」からの脱却がたびたび志向され，自然科学で用いられてきた調査方法論が積極的に導入されてきた．これまでの経営学において，厳密な意味でのパラダイムが成立したことがあったのか否かについては，議論の余地があるように思われる．ただし，経営学においても，価値自由な視点から社会や経営に関する事象を観察しているのではなく，研究者の共同体で共有された何らかの理論的枠組みに基づいて考察が進められてきたことは間違いない．

たとえば，コンティンジェンシー理論が経営組織論の領域である時期に隆盛を極めたのは，隣接領域である社会学などでの研究活動と密接に関連していたのであろうし，アストン研究における測定尺度の開発やローレンス（P. R. Lawrence）とローシュ（J. W. Lorsch）による研究やラベリングなどが広く知られたことなどと切り離して考えることはできないだろう．そこでは，研究者の外部にある世界のみによって何らかの理論的問題の重要性が規定されてきたのではなく，関係する研究者の間で暗黙の合意が成立することによって，その種の重要性が自己強化的に高まっていったように思われる．経営学のように，自然科学の立場から見れば原初的だともいえる研究領域であっても，クーンらの議論と無縁ではないように思われるのである．

もう一方の「現実の社会的構成」に関する議論については，制度理論の基盤を構成するものでもあり，既に第3章で触れているが，ここで改めて，その理論の概要を見ておきたい．知識社会学の系譜を受け継ぐバーガーとルックマンの議論（Berger and Luckmann, 1966）をごく簡単にまとめると，次のようになる．人々は日常生活において制度によって制約されている．しかし，その制度は人々の行為の外側に「客観的」に存在する，つまり人間の諸活動と独立して外在するのではなく，社会において漸進的に構成されている．日常生活における物事のやり方というのは最初から決まっているのではなく，時間を経るごとに厚みを増して確立していくものである．そのような過程を経て，最終的に「制度」は成立する．それが「制度化」の過程である．いったん制度が形成されると，人々は他の人々から認められるように，すなわち「正当化」されるように，自らの行為を制度に合わせるようにな

る．このような過程を経て確立した制度は，人間の成長過程における社会化を通じて，客観的世界としてとらえるように次の世代へと引き継がれる．

以上で見た内容からすると，クーンの議論とバーガーとルックマンの議論は，異なる領域で基本的には独立して展開された議論である一方で，客観的事象の有無という存在論的な側面はともかく，人々が「客観的な事実」をそのまま受け入れて行動して，その結果として社会的な事象が出現しているわけではないという点においては，認識論的には一致している．第3章で見たワイク（K. E. Weick）の議論などと同様に，純粋な客観主義的視座への疑義に基づく新たな理論的枠組みを提示しているのである．

ただし，ここで注意すべきなのは，クーンの議論においても，バーガーとルックマンの議論においても，純粋な客観主義的視座を放棄している一方で，極端な主観主義に基づいた枠組みが提唱されているわけではないことである．彼らの議論に沿えば，社会的行動は堅固な客観的論拠に基づいているのではなく，しょせんは人々の間での合意や解釈の共有に依拠しているにすぎないことになる．しかしながら，その点が明らかになったからといって，人々の行動パターンがすぐに変容するわけではない．他の解釈や理解の可能性が原理的にあったとしても，多くの人々はそのような選択肢にすぐにとることはないのが，社会なのである．

また，特にクーンの議論に関連して指摘しておきたいのは，パラダイムが確立する前後において，非連続的な変化が生じる点である．科学の領域における非連続的な変化について，クーンは「科学革命」と呼んだ．このような非連続的な変化は，内容は異なるが，技術革新でも同様に生じることが想定可能である．たとえば，先に考察したアバナシーらの議論においても，ドミナント・デザインの出現前後では非連続的な変化が出現すると考えられていた．

以下では，クーンの議論を基盤として技術革新の領域で展開された「技術パラダイム」に関する2つの議論を取り上げる．技術パラダイムという概念を中心に据えている点から推察されるように，そこでも，技術パラダイムの出現前後において，ある種の非連続性が生じることが議論の前提となっている．

コンスタントの技術パラダイム論

　科学の領域におけるパラダイムに関する議論は，技術革新研究においても，内容が異なる複数の研究として応用的に展開されてきた．ここでまず取り上げるのは，技術史家であるコンスタント（E. W. Constant）の研究である（Constant, 1973 ; 1978 ; 1980）．

　コンスタントの一連の研究における中心的な焦点は，技術システムの歴史的な発展過程に置かれている[2]．そこで特に関心が寄せられたのは，技術の発展過程において技術者の共同体（community）が果たす役割である．そのために，コンスタントのいう技術パラダイムとは，後述するドーシの議論とは異なり，技術者の共同体におけるパラダイムのことである．つまり，コンスタントによる技術パラダイムに関する議論は，科学者の共同体におけるパラダイムの確立・転換が「科学革命」を起こしたというクーンの議論を，相似的に技術の領域に適用したものだといえる．

　コンスタントによれば，技術パラダイムとは，「技術の操作方法（operation）として受け入れられた様式であり，技術的課業を完遂するためのふつうとられる諸手段」であり，「科学パラダイムと同様に，単なる装置や工程ではなく，合理的根拠（rationale）であり，慣行であり，手順であり，方法であり，手段であり，一連の技術を認識する特定の共有された方法である」と定義される（Constant, 1973, pp.553-554）．

　コンスタントの議論で具体的な考察の対象とされた事例は，ピストン・エンジンからターボジェット・エンジンへという航空機の動力機関での「技術革命」である．ターボジェット・エンジンの場合，当初は科学の領域での知識蓄積によって，ピストン・エンジンを利用するプロペラ機の限界が複数の技術者個人によって理論的に認識された（「推測的変則事象」〔presumptive anomaly〕の発生）．そのようにしてピストン・エンジンの限界を理論的に認識した技術者はそれぞれ独立的に技術開発を行い，その開発活動が進むにしたがって従来の技術パラダイム（この場合にはピストン・エンジン）の限界が顕在化してくる（「機能的失敗」〔functional failure〕の発生）．その結果，既存のパラダイムが危機に瀕しているという認識が，共同体を通じて技

術者の間に共有され，最終的に技術パラダイムが転換するとされる．

このように，コンスタントは，クーンの「科学革命」に関する議論と並置する形で，急進的技術革新の生成を「技術革命」として位置づけるとともに，クーンによって重視された，科学者の共同体内での測定法や慣習などに関する合意確立の重要性に関する議論を，自らが考察の対象とする技術者の共同体に対して，ほぼそのまま適用した．

しかしながら，科学者の共同体と技術者の共同体が常に比較可能な存在であるのか，あるいは科学者の世界に関する議論をほぼそのまま転用できるほど，技術者の世界は類似性が高いのかという点については，検討が必要であろう．たとえば，アレン（T. J. Allen）は研究機関における科学技術に関する情報の流れを分析して，科学と技術との間では，とりわけアウトプットという点で大きな違いがあることを指摘した（Allen, 1979）．科学でも，技術でも，インプットは論文や議論などによる言葉で表された「情報」である．その一方で，科学のアウトプットは基本的には論文という形をとり，言葉による「情報」として再度生み出されるのに対して，技術の主たるアウトプットはハードウェアや製品という「もの」として具現化された形をとる．技術でも文書という言葉としての「情報」も生み出されるものの，それはあくまでも副産物であり，技術開発における中心的なアウトプットは「もの」として具現化されている．

アレンによれば，このような違いを前提として，科学者は論文や研究所外部の研究者とのコミュニケーションを研究上の情報源として重視するのに対し，技術者は顧客や売り手とのコミュニケーションや分析・実験を情報源として重視するというように，情報源の重要度が異なっているとされる．科学者の共同体は論文や直接的なコミュニケーションを提供する場として科学者のアウトプットに大きな影響を与えると思われる．それに対して，技術者の共同体はインプットとしての情報を提供するものの，アウトプットの評価に対して強い影響を与える唯一の存在ではないのである．

また，コンスタントが分析対象とした航空機の動力機関では，比較的高度な科学的知識が応用される領域であることから，科学的知識が果たす役割が一般的な技術よりも高い可能性もある．あるいは，高度な技術に基づく航空

機の領域であっても，市場や社会と切り離された世界だけで，技術革新が進むわけではない．たとえば，商業用旅客機では，かつては高速化や大型化が積極的に進められた一方で，近年ではオペレーション全体の効率性の方が重視される傾向にある．この種の変化は閉じられた技術者の共同体だけで進んできたわけではないだろう．

以上から，技術は最終的には財やサービスとして具現化されてはじめて意味を持つことを前提とすれば，技術者の共同体が急進的技術革新で重要な役割を果たすとしても，そこに焦点を絞って議論を進めることによって，見落とされる側面は少なくないように思われる．したがって，少なくとも技術革新一般を対象として考察するには，コンスタントが提示した技術パラダイムの枠組みを応用することは難しいように思われる．

ドーシの技術パラダイム論

技術パラダイムという概念を中心として技術革新の領域展開された議論は，ドーシ（G. Dosi）によっても，コンスタントとは異なる形で展開されている（Dosi, 1982；1988）．上述のように，コンスタントはクーンの概念的な展開方法を技術の領域で転用する形で議論していた．それに対して，ドーシの議論は根本的な考え方ではクーンの議論を参照している一方で，その内容はクーンの議論やコンスタントの議論とは，かなり異なっている．

ドーシによる技術パラダイムの議論は，従来の技術革新観を経済学の立場から批判的にとらえる「技術変動の経済学」（economics of technological change）に属するとされる．そこでは，技術決定論を排除するとともに，正統派経済学の議論に則った「需要決定論」もまた批判の対象となっている．そのために，この系統の議論では，技術プッシュ・アプローチのみならず，需要プル・アプローチも検討の対象として展開されてきた（Howells, 1997）．前章で見てきたように，技術プッシュ・アプローチと需要プル・アプローチは，技術革新の誘引メカニズムとして対立した関係にあった．そこで，技術パラダイムという概念を提起することによって，これらの2つの見方の対立を発展的に解消しようとしたのが，ドーシの議論である．

ドーシによれば，技術とは「知識の集合体であり，まさに『実際的な』も

のであると同時に，ノウハウ，方法，手続き，成功失敗の経験，ならびに物的装置・機器といった『理論的な』ものでもある」とされる（Dosi, 1982, pp. 151-152）．ドーシは，このような技術の定義を前提として，「自然科学に基づく選択された原則と選択された物的技術に基づいた，選択された技術的問題の解の『モデル』と『パターン』」（*Ibid.*, p.152）として，技術パラダイムを定義し，クーンの「科学革命」になぞらえて，急進的技術革新を「技術革命」としてとらえた．

この定義は先に見たコンスタントによる定義とも類似しており，科学者の共同体と科学の発展を分析対象とするクーンの議論を，ドーシは技術の領域で単純に展開しただけのように見えるかもしれない．しかし，制度派経済学を専門とするドーシの主たる問題意識は，コンスタントが注目した技術者の共同体とは異なった側面に向けられており，技術パラダイムが確立する対象やそのメカニズムに関する議論は，コンスタントの議論とはかなり異なった形で展開されている．

先に触れたように，ドーシが技術パラダイムという概念を提示した主たる目的は，需要プル・アプローチと技術プッシュ・アプローチとの対立を発展的に解消した形で，ある特定の技術進歩が生成・選択される過程を説明することにあった．そこで，ドーシは，需要プル・アプローチに関しては，前章で考察したマワリー（D. C. Mowery）とローゼンバーグの議論を基本的には支持して，需要のみに着目することでは，技術革新の要因を理論的に説明することは困難であることを指摘するとともに，技術プッシュ・アプローチは経済的要因の重要性を無視していると主張した．

この問題に対してドーシが新たな解答として示したのが，制度的・社会的・経済的諸要因によって，様々な技術の中からある技術が選択されて技術進歩の方向性が規定されるという説明経路である．このメカニズムは，ネルソン（R. R. Nelson）とウィンター（S. G. Winter）の「選択環境」（selective environment）を模して，「選択装置」（selective device）と呼ばれた．ドーシによると，この「選択装置」とは，ローゼンバーグのいう「焦点化装置」とほぼ同じものを指す．

ここでドーシが関心を寄せる問題と関連して重要となるのは，市場の機能

である.供給(企業)側は複数の技術革新を選択肢として市場に対して提示する.そして,その市場では提示された選択肢の中から事後的に技術革新の「最終選択」(final selection)が行われると考えるのである.

このような市場での選択の結果として社会的に確立されるのが,技術パラダイムである.技術パラダイムはいったん構築されると,その強力な排除効果 (exclusion effect) によって,(クーンのいう「通常科学」になぞらえた)「通常の (normal) 問題解決活動」の方向性を規定することになる.このパラダイム内部での発展の方向性は,ネルソンとウィンターがいう「技術発展の自然なトラジェクトリー」(natural trajectory of technical progress) に対応して,ドーシは「技術トラジェクトリー」(technological trajectory) と呼んだ.

技術パラダイムに関するドーシの議論からは,本章での議論と関係して,複数の示唆が得られる.その1つは,アバナシーらが注目した急進的技術革新から漸進的技術革新への転換という問題に対して,需要プル・アプローチと技術プッシュ・アプローチの融合という技術に関する別の重要な問題と併せる形で,1つの解答を提示した点にある.急進的技術革新が生じた後に生じる技術パラダイムは強力な排除効果を有している.そのために,技術パラダイムの成立後には,技術革新の方向性が明確となり,特定の技術が支配的になることにより,技術間の競合関係は緩和され,技術革新の過程は安定化するとされる.

このような特性を有するドーシの議論は,直接的に関心を寄せる問題に関しては,アバナシーらの議論とは異なるものの,最終的に分析の対象となる問題については,少なくとも結果としては類似している.たとえば,クラークは「デザインの階層」という概念を用いて,急進的技術革新から漸進的技術革新に転換する過程では,製品・生産者側と需要者側で対になる形で上位レベルの問題が固定化するとしており,そこで基本的に着目される点は,ドーシの議論とほぼ同一である.

また,クーンの「科学革命」を模して提唱される「技術革命」という概念からは,第3章で取り上げた制度理論の問題に対する1つの解答を得ることができる.第3章で取り上げた制度理論においては,ズッカー (L. G.

Zucker) のように制度化の過程に焦点を当てた議論も存在するものの，ミズルチ（M. S. Mizruchi）らが指摘するように，定着した制度が行為主体側の活動を規定する側面がその後強調されるようになる．また，制度理論全体でも，オリバー（C. Oliver）が指摘するように，既存の制度の変革について取り上げられることは限られている．それに対して，ドーシの議論では，「技術革命」や「技術パラダイム」という概念によって，技術革新の過程が常軌的段階と非常軌的段階に区分されていて，両者間での移行の過程が論じられている．類似した論点は，急進的技術革新と漸進的技術革新という区分を技術革新で想定し，その変遷の過程を明らかにしようとしたアバナシーらの議論にも見ることができる．

　この点において，ドーシ，あるいはクーンやアバナシーらの議論からは，技術革新過程，より広くは一般的な問題解決過程において，制度理論で主として注目されていたような常軌的・漸進的な状況とは質的に異なる別の段階が，変遷の過程全体を見た場合に存在することが示唆される．つまり，確立した制度が強力な排除効果を発揮することにより，決定論的な構図が成立するような状況だけではなく，既存の制度自体が新たな制度と入れ替わる「革新」ないし「革命」も生じうることが，それらの研究における中心的な論点の1つなのである．

　この「非常軌的段階・急進的革新」と「常軌的段階・漸進的革新」という2つの区分は，技術開発活動に限定されるものではなく，制度理論やワイクなどが扱ってきた広範な組織的・社会的活動に対して，原理的に適用可能である．ドーシらの説明対象となったのは，技術革新の過程や活動である一方で，そこでは，技術に内在する論理に基づく技術決定論は排除され，その代わりに一種の社会的な制度化のメカニズムから説明が加えられている．したがって，もともとの議論の対象は技術革新に絞られていたとしても，そのメカニズムの基本原理は広い意味での制度が関係する社会現象で展開できることになる．

　ただし，ドーシの議論からは以上のように意味のある知見が得られる一方で，まだ明らかではない点は残されているように思われる．ここで特に問題となるのは，以下の2点である．これら2つの問題は内容的には若干異なる

ものの，分析枠組みにおける行為者の役割や主体性の位置づけが曖昧にされている点では，共通している．

　その1つは，技術パラダイムの生成メカニズムである．ドーシによれば，市場を中心とする広義の社会的諸要因による「最終選択」の結果として，技術パラダイムは確立するとされる．そこで問題となるのは，これらの社会的諸要因によって，特定の技術が一方向的に「最終選択」を受けるのだろうかという点にある．「選択装置」という概念がローゼンバーグの「焦点化装置」に類似していることは，前述のようにドーシ自身が明示している．しかしながら，前章の後半で指摘したように，その「焦点化装置」に関するローゼンバーグの議論では，いかにしてその装置自体が生じるのかについては，曖昧であり，ドーシの「選択装置」に関しても，同様の問題が残されているのである．

　技術パラダイムという概念を提起することによって，需要が技術革新の方向性を先験的に規定するとされる需要プル・アプローチを否定したとしても，広義の社会的諸要因によって技術変化の方向性が最終的に規定されるというのであれば，結局は需要を含めた広い意味での「社会決定論」に位置づけられることになる．実際に，ドーシ，あるいはネルソンとウィンターやローゼンバーグの議論に対しては，トラジェクトリーが確立される過程において外生変数としての社会的要因の役割を強調しすぎているという批判もある（Molina, 1993）．

　第2の問題は，主として認識論の側面において，クーンの議論との関連性が曖昧なことである．ドーシがクーンの概念を部分的にせよ援用した理由の1つには，先験的な特定の要因ではなく，事後的に生じるパラダイムが確立した後に強力な排除効果を発揮することにあると思われる．この点は，規範的な枠組みが伝承されることによって排除効果を生み出すと考えるクーンの主張と一致する．

　しかし，先に見たように，クーンの議論がもたらした貢献の1つは，科学的な研究活動において純粋に「客観的な」観察の可能性を否定して，その代わりに制度的に構成される認識枠組みの役割を強調して，主観主義的な認識論に立脚した点にある．この点についてのドーシの立場は，以下に示す論文

中の記述から推察されるように，曖昧である．

> [技術には，物理的に具現化された装置と共に，過去の経験や最先端の技術に関する知識などが含まれるという] このような見解では，技術には，技術的に実現可能な代替案や概念上の将来の発展についての限定的な集合に関する「認識」が含まれる．技術に関するこのような定義はきわめて印象論的ではあるけれども，技術変化のパターンを探究する上では有用であるように思われる．このような定義と「科学」の属性との間の概念上の距離は，現代の認識論によって示唆されるように，それほど大きくはないことがわかるだろう．(Dosi, 1982, p.152)

　この記述からは，ドーシは，単にクーンの言葉だけを拝借してパラダイムという概念を提起したのではなく，認識論的な側面にまで踏み込んで考察していることがわかる．しかしながら，この記述に見られるように「排除の対象となる技術」には主観主義的な要素が取り入れられる一方で，「排除効果を発揮する側」にまで主観主義的な要素が部分的にでも議論に織り込まれているのか否かという点については，定かではない．つまり，ある技術がパラダイムを構成する基準は，「排除効果を発揮する側」に位置する社会において構成されるとドーシが考えているのか，あるいは先験的に存在する「ニーズ」が評価基準となるなど，じつは社会に先験的に存在するとしてとらえているのか，という点が，その枠組みからは明らかにならないのである．この点に関連して，技術の優劣が先験的に規定されうるのか，事後的に決まるに過ぎないのかが明らかでないとして，ドーシの議論に対しては疑問も投げかけられている (Pinch and Bijker, 1987)．

　ドーシの議論に見られるように，技術決定論に対峙する経済学系の研究では，市場の（あるいはより広い意味での社会の）選択機能が重視される傾向にある．ただし，その選択機能がどのように形成されるのかという点については，注意深い論者であるドーシでさえ，解釈の余地が残される形で議論を進めてきたといえる．

3 技術の社会的構成論

　ドーシの議論では,「技術パラダイム」や「技術革命」という概念によって,非連続的な変化が描かれるとともに,需要や技術といった単一の外部要因によって技術革新過程が規定されるとする決定論的視座に代わる考え方が提示されていた.ただし,そこでは,その背景で想定される方法論にかかわる側面については,具体的に議論されているわけではない.

　それに対して,「技術の社会的構成」(Pinch and Bijker, 1987 ; Bijker, 1992 ; 1995) や「技術の社会的形成」(Williams and Edge, 1996 ; MacKenzie and Wajcman, 1999 ; Hara, 2003) に関する議論は,「人工物」(artifact),つまり「もの」としての技術に焦点を当てるとともに,少なくとも認識論的には主観(構成)主義的な視座に立脚し,技術革新過程における行為者の主体性を明示的に取り入れたものである.

　この系譜に属する議論は,1970年代から英国を中心に展開されてきた「科学的知識の社会学」(sociology of scientific knowledge) を源流としており,定義によってはかなり広範な議論を含むとされる[3].そのような広い定義をとった場合の研究群は,議論の内容や対象が必ずしも同じではない一方で,「技術決定論」(technological determinism) に対する批判を中心に展開されてきた点では,大きくは一致する (Williams and Edge, 1996).

　ウィリアムズ (R. Williams) らによれば,技術決定論に基づく議論は次の2つの要素を含んでいるとされる.その1つは,技術の性質と技術変化の方向性は,「技術の内的論理」(inner technological logic) に従う形で,容易にわかるか,あるいは事前に決定づけられているということである[4].第2の要素は,技術は仕事や経済生活や社会全体に対して,必然的かつ決定的な「影響」(impacts) を有しているということである.つまり,技術決定論では,人間の諸活動とは独立した論理とそれに伴う影響力が技術自体に内包されているために,技術によって人間の行為が一方向的に規定されると考えることになる.逆に,技術決定論に批判的な立場からは,少なくとも暗黙的には,一種の構成主義的な視点から議論が展開されることになる.

このように，広義の「技術の社会的構成」ないし「技術の社会的形成」に関する議論は，方法論的な立場に関しては大きくは一致するものの，その内容は論者によって様々である．そこで，ここでは「技術の社会的構成論」の主唱者であるバイカー（W. E. Bijker）らの議論（Pinch and Bijker, 1987；Bijker, 1992；1995）に焦点を当てて，その内容を検討していくことにしたい．バイカーらの「技術の社会的構成」に関する議論は，バーガーとルックマンの議論を直接転用しているわけではないものの，その名称から想定されるように，構成主義的な視点に立脚して技術革新の過程を考察している．

バイカーらは，「社会的に構成された技術」という視座を基礎に置く理由として，次の2つを挙げている．その1つは，発明や技術革新は「天才的な」個人によって生み出されるとしても，その功績は個人を取り巻く社会的関係と独立したものではないことである．第2に，ある技術の確立には技術者だけではなく，販売担当者から消費者，あるいは政府といった社会の構成員が幅広く関与していることである．

これら2点から，技術者個人の能力や，あるいは技術者の共同体といった狭い社会の状況のみから技術革新の過程は分析されないことになる．さらには，人工物としての技術が社会的に構成される過程を経ると考えることから，技術決定論のように，ある技術が合理的な経路に沿って選択されたという目的論（teleology）に基づく事後的な説明も排除される．バイカーらにとって説明すべきことは，技術革新が成功した要因ではなく，その過程でありメカニズム全体である．結果的に確立した技術は社会的に要求されていた何らかの必要条件は満たしていたとしても，十分条件を満たしていたわけではないと考えるのである．

技術の社会的構成論の方法論的な位置づけを明確にする中核的な概念の1つに，「解釈の柔軟性」（interpretative flexibility）がある．技術決定論的な視座に立てば，具現化された技術である人工物は「固有の性質」を有していることになる．そのために，厳密な意味での技術決定論に基づけば，人工物に一対一で対応した唯一の利用法なり解釈しか存在し得ない．それに対して，技術の社会的構成論では，利用法や解釈といった人工物に関わる知識は先験的に存在するのではなく，関係する行為主体間の相互作用を通じて事後

的に形成されるという立場をとる．そのために，人工物に対する解釈や意味づけは，技術固有の性質といった絶対的な根拠の上に成立しているのではなく，原理的には人々の間で共有されているにすぎないことになる．

バイカーらは，このような人工物としての技術に対する多様な解釈の存在を「解釈の柔軟性」と呼んでいる．ただし，解釈の柔軟性という概念は，単に人工物に対する解釈が柔軟であるという観念的な問題のみならず，その人工物の設計（design）に関する柔軟性も意味している（Pinch and Bijker, 1987）．

解釈の柔軟性について，彼らの研究で取り上げられた自転車の事例からより具体的に見ておきたい．19世紀後半までの自転車の形状は前輪が大きく，後輪が小さいというものであった．両輪が同一のサイズである現在の形態に転換したのは，チェーンが発明されたからという説がある．しかし，実際にはチェーン付の自転車が出現した後も，しばらくの間は前輪が大きい自転車が主流であった．この前輪が大きい自転車に対しては，大きくは2つの見方が当時あった．1つは，乗車時の安定性が悪く，「危険な」自転車というものである．これは，主として女性がとっていた解釈である．もう1つは，安定しないゆえに「男らしい」（macho）自転車という解釈であり，主として若い男性や上流階級の男性から与えられていた評価である．当然ながら，前輪が大きい自転車は，「危険」と考えている人々から見れば非機能的である一方で，「男らしい」という肯定的な評価を与えている人々から見れば機能的であった．したがって，ある形状の自転車が機能的であるかどうかは先験的に決まっていたわけではなく，いかなる解釈をとるのかによって「前輪が大きい自転車」という人工物に対する評価は異なっていたのである．

技術に関する解釈や利用法は先験的な外部要因に規定されるわけではないことから，少なくとも論理的には，解釈の柔軟性はいかなる状況でも存在しうるのかもしれない．しかしながら，先に見たアバナシーやドーシなどの議論に基づけば，知識としての技術であろうが，人工物として具現化された技術であろうが，その発展過程では，トラジェクトリーという一種の固定化が現象として生じる．つまり，当該技術に対する多様な解釈が潜在的には可能であるとしても，ドミナント・デザインや技術パラダイムが確立した後に

は，多くの人々はある特定の解釈ないし利用法を所与で自明のものとして扱い，他の解釈の可能性を積極的に探索することがなくなるのである．

　この点について，バイカー自身は，先に挙げた自転車の事例に加えて，ベークライトと蛍光灯の2つの事例を含めて対象とした，技術の歴史的な発展過程の分析を通じて明らかにしている（Bijker, 1995）．そこで中心的に議論されているのは，人工物としての技術の「閉鎖（closure）と安定化（stabilization）」と解釈の柔軟性との関係である．そこでいう「閉鎖」とは，人々の間で，ある人工物に対する支配的な解釈が出現することで，解釈の柔軟性が低下することを指す．また「安定化」とは，ある解釈に基づく特定の人工物が支配的になり，その開発が進むことであり，「閉鎖」と密接に関連している．多様な解釈は原理的には常に可能である一方で，いったん「閉鎖」が生じれば，実際には支配的になったものとは異なる解釈や設計をとることは困難になる．

　前述の事例において，前輪が大きい自転車に対して2つの異なる解釈が存在したように，ある人工物としての技術に対して特定の解釈を与える基盤となる集団を，バイカーらは「関連社会集団」（relevant social group）と呼んだ．関連社会集団は，特定の人工物に対して独自の問題群を提示する機能を果たす．自転車の例に見られるように，当初の段階では，ある人工物に対する解釈は確立していない．そのような解釈の柔軟性によって，関連社会集団から提起された問題に対しては，人工物に体現する形で解が与えられるために，最初の段階では解として複数の人工物が提起される．しかし，一般的には時間の経過にしたがって，異なる関連社会集団の間で解釈の柔軟性が低下する「閉鎖」が生じる一方で，そこで支配的な人工物が確立することによって，関連社会集団の内部での「安定化」が進展していく．

　図5-3には，解釈の柔軟性や「閉鎖」といった，バイカーの議論における主要な要素の関係が，図式として示されている．このような解釈の固定化による技術の発展を，社会的な諸要因によって人工物が選択されていく進化的な過程として，バイカーらはとらえた．このバイカーらの議論は，関連社会集団内外で解釈が固定化してくることで支配的な（人工物としての）技術が出現するととらえている点で，アバナシーやドーシの議論で着目された

第5章 技術革新研究におけるシステム性と主体性

図5-3 バイカーの中核的な議論で想定される図式

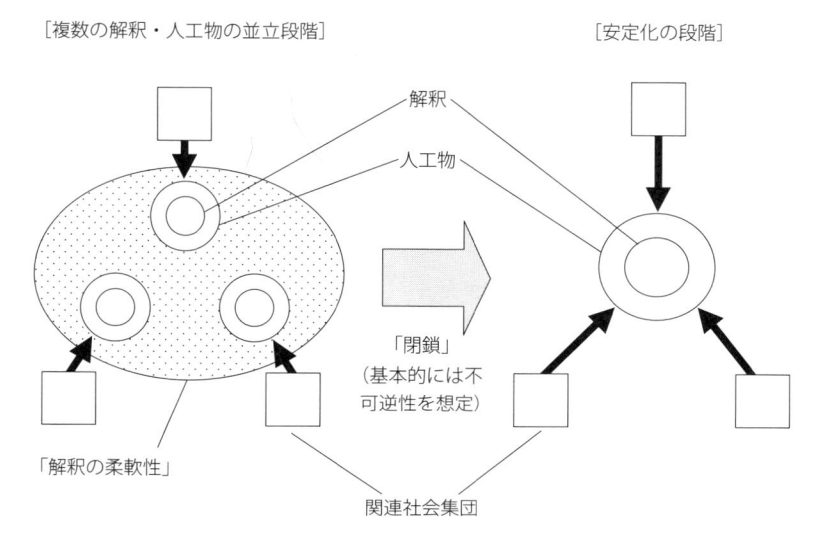

［複数の解釈・人工物の並立段階］　　　　　　　　　　　［安定化の段階］

解釈
人工物
「閉鎖」
（基本的には不可逆性を想定）
「解釈の柔軟性」
関連社会集団

「トラジェクトリーの固定化」という現象を分析対象とするとともに，解釈の柔軟性という概念を軸として構成主義的な視座を議論の中核に据えている．この点は，バイカーらの議論が広義の方法論，とりわけ認識論の側面で，主観主義的な要素を明示的に取り入れたことを意味している．

ただし，関連社会集団は特定の解釈とそれに付随する問題を提起する機能を果たす一方で，異なる解釈が競合した末に，特定の関連社会集団（たとえば社会的にパワーを有する集団）の解釈が支配的になると考えられているわけではない．

自転車における「空気入りタイヤ」に関するバイカーの事例は，この点を示している（Bijker, 1987）．空気入りタイヤについて，それを開発したダンロップをはじめとする空気入りタイヤ製造業者は振動問題を解決する手段としてとらえていた一方で，スポーツの道具として自転車をとらえていた人々は，自転車の振動が解決されるべき問題だとはとらえていなかった．両者の見解は対立していたが，最終的には空気入りタイヤは広く受け入れられることになった．その理由は，スポーツ以外の利用者が支配的になったからでもなければ，ダンロップなどが振動問題を自転車利用者に広く訴えたからでも

ない.実際には,空気入りタイヤを装着した自転車が従来のタイヤを使った自転車よりも高速に走行できるという特性が,自転車レースで偶然明らかになったからである.この特性は開発者側でも,ユーザー側でも,認識されていなかった.つまり,空気入りタイヤに対する解釈が「振動問題の解決手段」から「高速走行用を実現する手段」に移行したことが,新しいタイヤが広まる契機になったとされる.

このような事象に注目していることからも,バイカーは「社会決定論」を避けようとしていることがうかがえる.前述のように,バイカーらは技術パラダイムに関するドーシの議論について,結局のところは社会からの規定関係を想定するものと見なしている.あるいは,第3章で取り上げた制度理論のうち,制度が行為主体の行動を規定する側面を強調する議論は,一種の「社会決定論」といえる.その点からすると,バイカーの議論はその種の議論とは異なる視座から,技術の発展過程を考察したものとして位置づけることができる.

その一方で,バイカーら自身は,「アクター―ネットワーク理論」(actor-network theory)で議論された「翻訳」という概念を援用して「空気入りタイヤの意味が翻訳された (translated)」と説明するにとどまり,それ以上の解釈は加えていない (Bijker and Pinch, 1987, p.46).技術決定論でも社会決定論でもない社会的構成論を参照するとすれば,トラジェクトリーの固定化はいかなるメカニズムによって生じるのであろうか.

次章では,この問題も含めて,技術の発展過程,より広くは経営全般,における革新に関する本書の理論的枠組みを検討していきたい.

4　第5章のまとめ

本章では,前章での議論を受ける形で,アバナシーやクラークによるドミナント・デザインに関する議論,コンスタントならびにドーシによる技術パラダイムに関する議論,バイカーらによる技術の社会的構成論を中心に,技術革新過程に関する既存の議論を検討してきた.

第5章　技術革新研究におけるシステム性と主体性

　本章での議論における主要な論点を改めて整理しておくと，次の2点となる．

　第1に，技術のシステム性が行為主体に対して問題を提示する機能を果たす可能性である．この点は，前章で取り上げたローゼンバーグの議論でも指摘されていた一方で，本章で検討したアバナシーやクラークによる議論においても，理論的な系譜が異なるにもかかわらず，類似の現象に関する考察が進められていた．加えて，ドーシの議論においても，ローゼンバーグの議論が明示的に参照されていた．

　第2に，技術革新の過程を考察する際に，行為者の主体性を部分的にでも組み込んだ有効な枠組みが存在しうる点である．第3章では，既存の経営組織論を考察することで，行為者の主体性を組み込んだ理論的枠組みの可能性を検討してきた．それに対して，本章において特に着目してきたのは，第1の論点として挙げた技術のシステム性との関係である．本章では，行為主体に問題を提示する機能を有すると考えられる技術のシステム性自体が，何に基づいているのかという問題を検討してきた．アバナシーらの「後期ドミナント・デザイン論」では，必ずしも明示的に議論されてはいないけれども，その内容からは，ローゼンバーグの議論では曖昧であった行為主体側から影響を与える可能性が示唆された．そして，技術の社会的構成論は，その名称から明らかなように，構成主義的な方法論に立脚する議論である．このような視点からは，外部世界に存在するように見える制度なり構造が，人々によって作り出されていることになる．そこでは，技術革新で取り組むべき問題は外部世界から一方向的に与えられるものではなく，組織や個人がより主体的に関与できるものとして，考えることができる．

　これらの2点に加えて，追加して指摘しておきたいのは，安定的な状況と大きな変化が生じる状況の2つが技術革新の過程には存在しており，一方から他方に移行する場合には重要な非連続性が存在していることが，本章で中心的に取り上げてきた多くの議論で想定されていた点である．アバナシーらによるドミナント・デザイン論と，ドーシによる技術パラダイムでは，この問題が中心的に取り上げられていた．そこでは，議論の内容が必ずしも一致するわけではないが，ドミナント・デザインや技術パラダイムといった安定

的な基盤が確立する前後において，技術革新過程のあり方が質的に変化することを明らかにされていた．また，バイカーの議論においても，アバナシーらの議論と比べると曖昧な部分があるものの，「閉鎖」や「安定化」といった概念からは，技術の発展過程における非連続性が意識されていることを読み取ることができる．

次章では，これらの議論から示唆される点を参照しつつ，本書で中心的な理論的枠組みを検討していきたい．

●—● 注
1 アバナシーらの組織観が情報処理モデルを基盤としていることは，その主唱者であるガルブレイスの研究を直接引用していることからも推察できる（Abernathy, 1978, p.79）．
2 コンスタントの研究は，電力供給システムの生成過程を歴史的分析したヒューズ（T. P. Hughes）の研究（Hughes, 1976 ; 1979 ; 1983）とともに，技術史の中では「システム・アプローチ」として分類されることがある（Bijker, Hughes, and Pinch eds., 1987）．技術史のシステム・アプローチにおける最大の特徴は，技術を1つのシステムとしてとらえるとともに，事例の記述にとどまることなく，システム的な視点から一般化を志向する点にある．そこでは，システムとしての技術が発展する方向性が規定されるメカニズムとして，「技術フロントの逆突出」（reverse salients）（Hughes, 1976）や「複数技術の共進化」（co-evolution of technological multiples）（Constant, 1978 ; 1980）といった概念が提起されてきた．これらの概念は，ローゼンバーグの「技術的不均衡」（technical imbalance）と類似した現象を指しているものとして，位置づけることができる．
3 「技術の社会的構成論」や「技術の社会的形成論」の定義は，論者によって異なる．「技術の社会的形成論」を主唱する研究者にとっては，技術決定論に批判的であり，かつ社会的な相互作用を分析枠組みに取り入れた研究を総称したものが「技術の社会的形成論」となる（たとえばWilliams and Edge, 1996）．そこでは，「技術の社会的構成論」はその一部として位置づけられる．また，最も広い定義では，先述の「技術変動の経済学」もその一部とされる．それに対して，「技術の社会的形成論」は「技術の社会的構成論」やラトゥール（B. Latour）を主唱者とする「アクター－ネットワーク理論」（actor-network theory）と並ぶ，より限定的な領域の研究を指すものと考えられることも少なくない（たとえばGrint and Woolgar, 1997）．本書では，「技術の社会的形成論」に完全に依拠するわけ

ではないことから，後者の立場をとる．なお，「技術の社会的形成論」の内容と立場に関する包括的な説明については，原（2007）を参照されたい．

4 このように定義される技術決定論では，技術自体に「本質」(essence) ともいうべき固有の性質が存在していると考えることから，技術決定論的な技術観を「本質主義」(essenalism) として，技術決定論に対抗する技術観を「反本質主義」(anti-essentialism) として，それぞれ呼ぶことがある（GrintandWoolgar,1997）．

第6章　理論枠組みの提示と事例分析の位置づけ

度や技術の意味づけは人々の行為の結果として構成されるものにすぎないとされる．その一方で，社会的な制度や技術の意味づけは，いったん社会で確立し定着すると，行為主体が容易に変えられるわけでもなければ，無視して行動することも難しくなる．確立した制度や技術の意味づけによって，行為主体の行動は，少なくともある程度は制約を受けるのである．

　この点を前提にすると，決定論的構図に基づく説明は完全に誤っているとは言えない．先験的な外部要因からの絶対的な規定関係は想定できないものの，制度や意味づけが人々の間に定着した状況においては，ある種の決定論的構図が仮想的に成立することになる．

　第3に，制度や意味づけが社会的に確立することによって，行為主体の行動パターンには，ある種の不連続性がもたらされるということである．このような問題は，第5章で取り上げたアバナシー（W. J. Abernathy）らによるドミナント・デザインに関する議論やドーシ（G. Dosi）による技術パラダイムの議論に見られるように，技術革新過程に関する研究を中心として検討されてきた．ドミナント・デザインや技術パラダイムという概念は，社会的な制度や意味づけの確立を意味している．それらが確立する前の段階では，解釈や活動の自由度が相対的には高いのに対して，確立した後には，制度や意味づけからの一定の制約の下で技術革新活動が展開されることになるのである．たとえば，アバナシーらの議論では，ドミナント・デザインが確立する以前には，多様な解釈に基づく様々な技術・人工物の開発が活発に行われるとされる．しかしながら，いったんドミナント・デザインが確立されれば，他の選択肢をとることが潜在的には可能であったとしても，確立したドミナント・デザインを前提として，問題解決活動が進められていくことになる．

　ただし，先に指摘したように，制度や意味づけによる制約は絶対的な根拠に基づいているわけではない．そのために，クラーク（K. B. Clark）が「再開放」と呼んだような前提条件の見直しは，少なくとも原理的には常に可能である．たとえば，T型フォードが開発され，人々に受け入れられることによって，自動車の動力源に関する「中核概念」は内燃機関になったとされる一方で，自動車の動力源が内燃機関であることは，いかなる状況でも変わらぬ前提にはならない．この点は，蓄電池とモーターを動力源として組み合わ

173

せた電気自動車が，近年になって再度脚光を浴びていることからも，理解できるだろう．

第4に，システムとして技術をとらえることで，技術開発活動における一種の焦点化メカニズムがより具体的に示される点である．この点を示唆する議論の1つは，第5章で取り上げたクラークらの研究である．そこでは，製品デザインの階層性とともに，鏡像としての「顧客の概念」を想定することで，技術開発活動で解決されるべき問題が人々に提示されるメカニズムが考察されていた．また，ローゼンバーグ（N. Rosenberg）の「焦点化装置」に関する議論に示されるように，技術のシステム性は特定の人工物・製品の内部における狭義の技術だけではなく，たとえば送電システムと発電機と家電製品との相互関係といったように，より広い領域を対象とする社会的なシステムにおいても，同様に機能する．

ここで注意すべきなのは，焦点化メカニズムとしての技術のシステム性は，技術的特性に基づく要素間の関係性よりも，社会的な機能としての結びつきから見た構成要素間の関係の点で，重要となることである．技術的特性と完全に切り離されたシステム性は存立し得ないという意味では，技術的特性は無視できるものではない．その一方で，先験的に存在する技術的特性は，ある特定のシステム性を一意的に規定するわけでもない．ある要素間において強い関係性が存在する理由は，先験的な技術的特性に求められるのではなく，潜在的には存在していた選択肢の中からシステム全体の意味づけや構成要素が選択されて，社会的に定着したからである．

たとえば，電気を使った照明システムの構成要素として，白熱電球やハロゲンランプが用いられるのか，蛍光灯，あるいは発光ダイオード（LED）や有機ELが主流になるのかといったことは，技術的特性だけで決まるわけではない．技術的特性は利用可能性や発展可能性を示すだけで，最終的には，それらを勘案した上で，社会的に選択されるにすぎない．

また，現時点では主流となっている技術システムを構成する要素が，仮に機能的に優れているとしても，それは先験的に存在する技術的特性から直接生み出されるとは限らない．前述の議論にしたがえば，技術開発活動で焦点が当てられる問題は社会的に形成されることになる．そのために，ある構成

第6章　理論枠組みの提示と事例分析の位置づけ

要素が機能的に優れているのは，その技術開発に焦点が当てられ，多くの人々の努力や多くの経営資源が割かれた結果でもある．当該技術が相対的に優れた特性を潜在的に有することは，そこで優れた機能的特性が生み出されるための絶対的な条件とはいえないのである．

ギデンズの構造化理論

本章で提示する理論的枠組みでは，既存研究から示唆される上述の4つの論点に加えて，社会学者のギデンズ（A. Giddens）が提唱した「構造化理論」（structuration theory）（Giddens, 1979；1984）も，その基盤の一部となる．

ここで前もって強調しておきたいのは，本書では，ギデンズが社会理論として展開した議論を技術革新や企業経営の領域に可能な限り忠実に適用するのではなく，ギデンズの議論を構成する要素の一部に限って参照する点である．前章で取り上げた科学でのパラダイムと技術パラダイムとの関係に喩えるならば，ギデンズの議論と本章の議論との関係は，クーン（T. Kuhn）の議論とコンスタント（E. W. Constant）の議論との関係ではなく，クーンの議論とドーシの議論との関係により近いといえるだろう．

ギデンズが展開した「構造化理論」にかかわる議論のうち，ここで示す理論的枠組みを考える上で主に取り入れる要素は，次の2点である．

第1に，社会的な「構造」（structure）の概念を中心にして，客観主義的視座と主観主義的視座を発展的に統合しようとする点である．ギデンズがいう構造とは，「社会システムの再生産に再帰的にかかわる規則と資源」である（Giddens, 1984）[1]．この定義からも推測されるように，この構造は行為主体とは独立して存在するのではなく，行為主体によって再生産されることによってのみ成立するものである．つまり，行為主体によって適用されることによってのみ，構造の存在が維持され，その力が発揮されるという点において，そこでの構造は「仮想現実」なのである（Parker, 2000）．したがって，ギデンズのいう構造は，単純な客観主義に基づく構造概念とは異なる．その一方で，その人々によって再生産される構造から，行為主体は制約を受けることをギデンズは想定しており，単純な主観主義に基づいて議論が展開され

175

図6-1 ギデンズの議論における社会構造と人間の主体性との関係

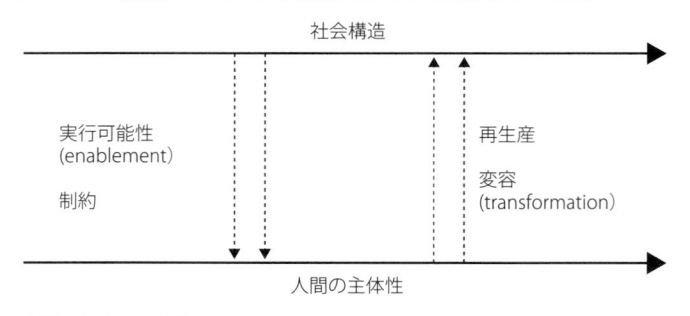

```
                           社会構造
    ────────────────────────────────────────────▶
              │  │              ▲  ▲
   実行可能性  │  │              │  │  再生産
   (enablement)│  │              │  │
              │  │              │  │  変容
   制約       │  │              │  │  (transformation)
              ▼  ▼              │  │
    ────────────────────────────────────────────▶
                          人間の主体性
```

出所：Smith（1998），p.306.

ているわけでもない．

　ギデンズの議論のうち，社会的な構造と人間の主体性（agency）との間の関係を図式として示したのが，図6-1である．この図からわかるように，社会的な構造と行為主体との間には，双方向的な関係が存在している．このような構造と行為主体との関係について，ギデンズは，両者が独立して併存する「並列性」（dualism）と区分して，「構造の二重性」（duality of structure）と呼んでいる[2]．

　第2に，構造は行為主体に対して制約を与える（constraining）だけではなく，構造の存在によって実現可能なことがある（enabling）として，構造がもたらす肯定的な側面が示唆されている点である．構造から行為主体に対する影響とは，潜在的には実行可能な選択肢の多くが考慮されないような状況が生じ，実際に人々が取り組む活動のあり方が限定されることである．この点を否定的にとらえると，構造からの影響は制約となる．その一方で，行為主体とは独立した外部要因に依拠することが原理的には不可能であっても，再生産される（にすぎない）構造がもたらす「存在論的安心感」（ontological security）によって，現実がより確実なものとして認識される．このような安定性の側面に着目するのであれば，構造は「実現可能性」をもたらすものと見なすことができる．

　このような構造の機能に関する積極的な側面は，第3章で考察したワイク（K. E. Weick）の安定性の機能に関する考察と，類似した側面を有する．82

第6章　理論枠組みの提示と事例分析の位置づけ

頁に記したように，ワイクは硬直的な「センスメーキング」や「イナクトメント」には問題があると考える一方で，「慢性的な柔軟性は組織のアイデンティティを破壊する」という立場から，常に柔軟な状況が望ましいと考えているわけでもない．究極的には絶対的な根拠が外的に存在しない状況において，アイデンティティや「存在論的安心感」が行為者に安定的な状況認識をもたらすという点において，ギデンズとワイクは類似した論点を挙げているといえよう．

技術システムの構造化理論

以上での議論に基づいて，本書の理論的枠組みとして提起されるのが〈技術システムの構造化理論〉である[3]．図6-2には，この枠組みの基本的な構図が示されている．〈技術システムの構造化理論〉の中心となるのは，複数の要素技術から構成される「技術システム」とそれに対応する解釈が，時間の経過とともに収斂し，安定化していく過程である．

ここでは構造を，原理的には人々による行為の結果として生成・再生産さ

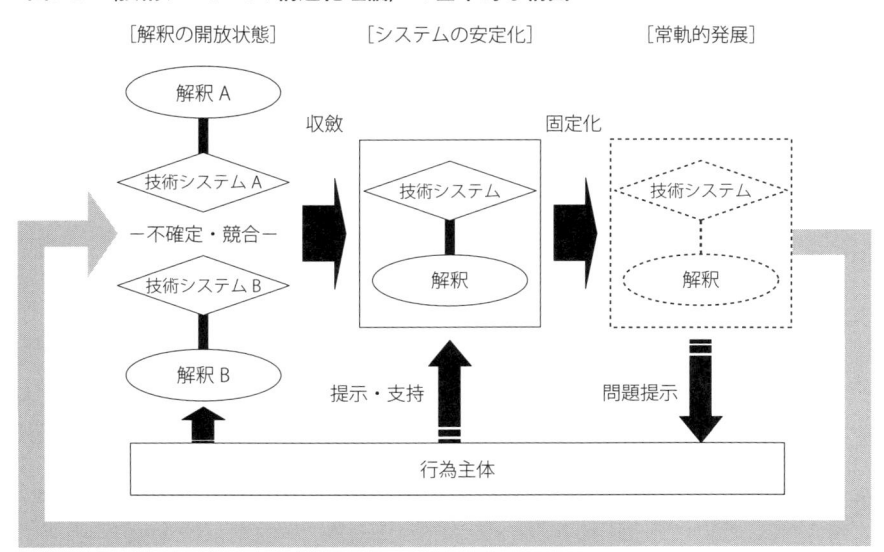

図6-2　〈技術システムの構造化理論〉の基本的な構図

［解釈の開放状態］　　　［システムの安定化］　　　［常軌的発展］

解釈A／技術システムA／－不確定・競合－／技術システムB／解釈B
収斂 → 技術システム／解釈
固定化 → 技術システム／解釈
提示・支持　　問題提示
行為主体
［再解釈］

れるものの，あたかも人々の行為とは独立して存在するように，人々の諸活動をある一定の方向に組織化するものとして定義する[4]．この意味で構造という言葉を用いる場合には，一般的な用法と区分するために，〈構造〉と標記する．

このように定義される〈構造〉は，人々による解釈を限定し，その行動を一定の範囲に制約する役割を果たすとともに，人々の諸活動の基盤となることで安定的な状況をもたらす．また，〈構造〉は単なる観念上の産物にとどまらず，たとえば取引関係のように，行為主体間の関係性にも反映されるとともに，製品や設備をはじめとする人工物にも反映される．そのために，いったん定着して再生産される状況になると，大きく変動することは難しくなる．

この〈構造〉が生成・再生産される一連の過程が，本書で言う構造化である．そして，技術の発展過程に限定して，構成要素間の結びつきとしての技術が固定化するとともに，ある技術に対する多義性が収斂していく過程が，「技術システムの構造化」である．つまり，技術システムの構造化とは，要素技術間での一定の関係性とそれと対応する解釈が生み出されて，その中で特定のものが社会に定着し，最終的には行為主体間で自明視された諸活動の前提となる一連の過程を指す．

先の議論で見てきたように，技術に対する解釈は，先験的に存在する何らかの外部要因によって規定されているわけではない．また複数の要素となる人工物から構成される技術システムは，たとえば変電装置やテレビ受像器のように１つの製品として存在している場合でも，あるいは発送電やテレビ放送のシステムのように複数の製品を構成要素とする一種の社会システムである場合でも，ある解釈に基づいて構成要素が組み合わされているにすぎず，絶対的な規定要因が存在しているわけではない．技術に対する解釈とそれに対応する技術システムは，実際の状況では既存の社会的文脈や物理的資源からの制約は受けるものの，原理的・潜在的には多義的で，複数の異なる発展の方向性が存在する．それが顕在化する段階が，図の左側に示された「解釈の開放状態」である．このような技術革新にかかわる一連の過程の初期段階では，ドミナント・デザインが確立する前段階では様々な技術が提案される

のと同様に，異なる行為主体が提示する複数の解釈やそれと対応する人工物の間で，実際に競合が生じることも少なくない．

　ただし，技術に対する解釈とそのシステムの構成に関しては，その多様な可能性が常に顕在化しているわけではない．提示された解釈と技術システムに対して，技術者などの間での直接的な支持や，あるいは需要者の購買行動や供給業者の開発・供給活動といった人工物としての技術を通じた間接的な支持が展開されることで，通常は時間の経過とともに複数の行為主体間で共有され，収斂する．その結果として，特定の解釈と技術システムとの対応関係が支配的になる「システムの安定化」が生じる．これは技術システムの〈構造〉が出現する段階であり，前章で見たアバナシーらの議論ではドミナント・デザインの成立が，ドーシの議論では技術パラダイムの成立が，それぞれ対応する状況だといえる．また，「解釈の安定化」に対応して，当該技術をめぐる基本的な分業関係も一般に固定化していく．

　さらに，そのような安定的な状況が継続していくと，技術に対する特定の解釈とそれに対応するシステムの構成は自明視されていくとともに，そのシステムと対応した分業関係の下で，当該技術にかかわる活動が進められることになる．そのために，その他の解釈や技術システムが存在しうることを，関係する行為主体が想定しなくなっていく．また，一部の行為主体によって技術システムや解釈に関する新たな選択肢が提示されたとしても，支配的となった技術システムを他の主体が自明のものとしてとらえ，それを前提とした分業関係も確立していることから，代替的なシステムは容易には広まらない．

　この「常軌的発展」の段階では，他の選択肢の可能性が基本的には封じられることになることから，暗黙の制約が加えられているかのように，行為主体は技術開発や事業活動に従事することになる．その一方で，この暗黙の制約は，技術システムが異なる方向に向けて発展する可能性を閉ざす代わりに，固定した解釈とシステムを基盤として，より下位の細分化された問題に行為主体の活動の焦点を向けさせる．つまり，特定の限られた問題に人々の努力が集中するという意味で，順機能的な側面も存在するのである．これは，ギデンズの議論では「実現可能」(enabling) として，あるいはワイク

の議論では「安定性」として，それぞれ呼ばれるものと対応する．ここでは，解釈と技術システムが固定化していることから，潜在的には他の発展可能性が存在しているとしても，あたかも技術発展の方向性が技術システムから問題が提示されるように，特定の方向に向けて技術開発が行われ，技術が発展していく．このように，固定した解釈とシステムを前提として，各行為主体が技術開発活動を展開するために，この段階では決定論的な視座からの説明が成立する状況だといえる．

しかし，一見決定論的な説明が成立するような状況であっても，当該技術に対する解釈とそのシステムは，前述のように，絶対的な要因によって規定されているわけではない．そのために，支配的であった解釈と技術システムが再び問い直される状況は，実際にはそれほど頻繁に生じるわけではない一方で，理論上の可能性としては常に存在している．この「技術の再解釈」が実際に生じて，多くの行為主体によって受け入れられると，当該技術に対する解釈とそのシステムは再度不安定な状態になると同時に，逆に技術発展の方向性に関する新たな可能性が再度「開放」される．このように，いったんは確立した解釈と技術システムの社会的な再検討の過程は，アバナシーらが「脱成熟」（de-maturity）と呼んだ状況に対応する．

〈技術システムの構造化理論〉の主たる意義

以上で見てきた〈技術システムの構造化理論〉という理論的枠組みの主たる意義としては，次の3点が考えられる．

第1に，この枠組みからは，外部の構造を行為者の行動とは独立したものとしてではなく，その生成の過程に主体的に関与していくことができるものとして，考えることができる点である．決定論的な視座に基づくのであれば，既に存在する外部要因を前提として人々は行動することになる．それに対して，〈技術システムの構造化理論〉に基づけば，自らを取り巻く環境は，思いのままに作ることができるものではない一方で，その生成に主体的に関与することができる．自らを制約する要因に適応するだけではなく，それを創造的に革新していく役割を部分的にでも担うことができるものとして，人々の行為を見なすことができるのである．

第6章　理論枠組みの提示と事例分析の位置づけ

　第2に，〈構造〉の安定化がもたらす順機能的な側面が，考察の対象とされる点である．先述の枠組みにおいて，「常軌的発展」の段階では，潜在的な技術の発展可能性は基本的には閉ざされることになる反面，技術開発活動の焦点がより下位の問題に移行していくことが想定されている．そこでは，一種の制度化によって，ある種の社会的な制約が課せられることの裏返しとして，人々の間で解決すべき問題が共有され，累積的な問題解決が図られることになる．つまり，「常軌的発展」の段階には，革新が困難になるという負の側面だけではなく，安定的な基盤の下での成長ないし深耕が実現されるという積極的な意義も存在していることが，この理論的な枠組みで示されることになる．

　第3に，新たな技術が発展する過程では，技術的知識の生成だけが重要な要素ではないことが示唆される点である．この枠組みで中心となるのは，一種の社会的制度である技術のシステム性が人々の間で共有され，固定化していく過程である．したがって，ここでいう革新は，様々な行為者による主体的な活動によって，社会的な〈構造〉なり制度が変動する過程を意味することになる．そこでは，技術開発過程から生み出される技術的知識は絶対的で唯一の規定要因ではない．場合によっては，新規性が高い技術が開発されなかったとしても，固定化していた解釈が見直されて，社会的な〈構造〉が変動することさえ生じうる．技術の発展過程では，狭義の技術開発活動だけが大きな意味を持つとは限らず，一部で思われているよりも，行為主体をめぐる幅広い要因が深くかかわっているのである．

2　本書における事例分析の位置づけ

　次章以降では，〈技術システムの構造化理論〉とそれに関連した問題について，事例分析を中心として考察していく．まず第7章では，〈技術システムの構造化理論〉の具体例として，電子関連技術である「高密度実装技術」が1960年代から90年代中盤までにたどってきた過程を取り上げる．第8章では，要素技術の発展という側面から，ある合成樹脂を事例として，その用途

が探索され拡大していく過程を中心に考察する．第9章では，1990年前後におけるインクジェット・プリンタの発展過程に関する事例分析を通じて，〈構造〉の一種である「スキーマ」からの制約や各企業を取り巻く状況が企業行動に与える影響と企業の主体性との関係について検討する．

本節で明確にしておきたいのは，このような単一事例を用いた分析が本書全体に占める位置づけである．単一事例研究の妥当性の根拠としては，ある理論や仮説と考える上で代表的であるとか，逆に例外的であるといった要因がしばしば挙げられてきた（たとえば Yin, 1993; 2009）．しかしながら，本書では，単一事例を扱う妥当性の論拠として，これらの一般的な説明方法はとらない．

代表性や例外性といった要因に依拠して単一事例分析の妥当性を主張しない理由は，それらが本書の方法論的立場と合致しないことにある．代表性や例外性が単一事例研究の妥当性の基準となるという主張は，そのような見解を表明する当事者が認識しているか否かにかかわらず，広義の実証主義的な方法論を基盤としている．そこでは，社会現象に関して客観的に存在する何らかの法則性を発見・検証する手段を選択する際に，仮説検証型の定量的な分析手法と比べて分析者の主観が入り込みやすく，数も限られる事例分析が，同等の役割を果たせる条件を満たす場合なのか（代表性），もしくは一般的ではないからこそ，例外的な状況を考察できる事例分析に意味がある場合なのか（例外性）ということが，その背後で（暗黙的にでも）想定されているのである．それに対して，本書では，単純な客観主義的方法論に立脚して社会現象を考察することの問題や限界についても検討してきた．本書で中核となる議論で否定的にとらえる立場から経験的分析を位置づけることは，形式的にも矛盾することになり，その内容から考えても妥当ではない．

そのような一般的な説明方法に代わって，本書では「ある理論が客観的な事実と一致していることを証明する道具としてではなく，他者が特定の世界観を採用するように説得する上での修辞的な支持」として経験的研究一般をとらえ（Ashley, 1985），その1つの方法として事例分析を位置づける．あるデータや資料などに基づく経験的研究が特定の理論を支持していると認識されるのは，その経験的研究が関係する理論の「正しさ」を直接証明してい

第6章　理論枠組みの提示と事例分析の位置づけ

るからではなく，研究を提示する側がその受け手に自らの主張を説得する方法として，経験的研究が役に立つと見なしているからだということである．

　誤解がないように強調しておけば，このような立場をとるがゆえに，定量的分析や，あるいは定性的調査や事例分析も含めた経験的研究は単なる説明の手段にすぎず，そこで考察される内容自体には意味がないといった極端な主張を展開したいわけではない．むしろ定量的研究であっても定性的研究であっても，それが受け手側にとって正当だと思われる過程を経て分析され，妥当な検討を加えられている限り，社会現象を理解する上で豊かな意味をもたらすものであると，筆者は考えている．

　ここで主張したいのは，いかなる経験的研究であっても，主観的な要素を原理的に排除できないために，ある種の理論ないし説明の妥当性を受け手に説得するものにすぎないという点である．前章で取り上げたクーンの科学哲学に関する議論からも示唆されるように，客観的な事象が（観察可能か否かは別として）存在するという立場をとったとしても，少なくとも認識論的には主観性を排除できないのであれば，人々が提示する証拠に基づいて何らかの（社会）現象の存在を絶対的に「証明」することはできないのである．

　以上の議論からは，個々の研究が人々に受け入れられる根本的な理由は，研究に示された内容を受け手側が何らかの理由で「納得」していることに他ならないといえる．いかに精緻な研究方法に基づいているかといった表面的な手法の問題に基づいているのでもなければ，提示された証拠によって「真実」が証明されているからでもない．受け手側がある研究の成果を「正しい」ように感じることは納得の度合いとつながっているのであろうが，そこで示される内容が客観的な「真実」に近いのかどうかは，究極的には外的基準によって保証されるようなものではないのである．

　このような立場からは，事例分析は知見を深める方法の1つである一方で，他の方法と比べて，劣っているとも優れているとも，一概にはいえない．そして，社会現象を扱う研究者にとって，研究手法を考える上で本当に大切なことは，人々が納得するかどうかという表面的な現象ではなく，どのような理由で人々が納得しているのかという，その現象の背景にできる限り遡って，反省的に考察を進めるということであるように思われる．

3　電子技術における代替性と補完性

　次章では〈技術システムの構造化理論〉にかかわる具体的な事例として，電子技術の一種である高密度実装技術の発展過程を取り上げる．本節では，それに先立ち，主要な電子部品における数量的な関係を簡単な分析道具に基づいて考察したい．ここで中心的に検討するのは，システムの構成要素としての電子部品の間で見られる数量的な関係である．負の関係が見られる場合には2つの電子部品の間に代替関係が，正の関係が見られる場合には補完関係が，それぞれ背景に想定される．前者は新規技術による既存技術の代替という，技術革新研究において中心的に取り上げられてきた問題と関係している．他方，後者は本章の前半部分で検討した，技術のシステム性という問題と関係している．

　これらの点において，この節で検討する問題は本書での議論と深くかかわっている．ここで特に問題となるのは，代替性にせよ，システム性に基づく補完性にせよ，なぜある種の関係性が生じているのか，という点にある．

要素技術間における3つの関係

　先に示した分析枠組みでは，複数の要素から構成されるシステムとして，技術をとらえている．ここで，まずはシステムを構成する要素技術間の関係を整理しておきたい．

図6-3　要素技術間における3つの関係

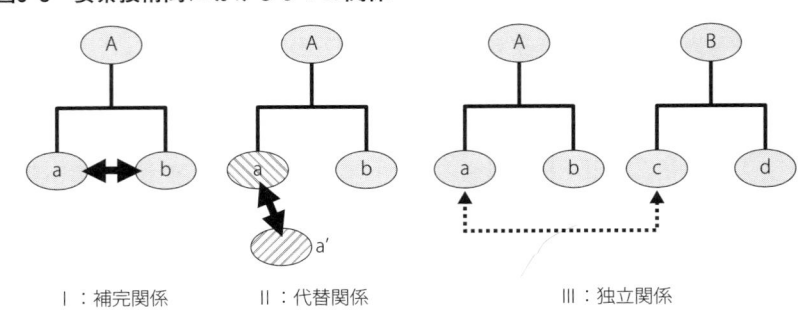

Ⅰ：補完関係　　Ⅱ：代替関係　　Ⅲ：独立関係

図6-3には，要素技術間で概念的に想定される3つの関係が示されている．この図では，aとbという2つの要素から構成されるAという単純なシステムが基本的に想定されている．この図に示される3つの関係のうち，既存の技術革新研究で主として想定されてきたのは，左側の2つの図で示される補完関係と代替関係である．これら2つの関係はミクロ経済学の教科書で，それぞれ補完財と代替財，総称して連関財と呼ばれる2財の関係と類似している．ただし，技術革新研究で一般的に考察の対象とされてきたのは，より動態的で複雑な状況である．

　図6-3の左側に示された補完関係とは，同一のシステムを構成する要素間の関係である．2つの要素間で考えれば，双方が存在することでシステムとして機能する関係にあることを意味する．たとえば，液晶テレビというシステムを考えた場合，液晶パネルとチューナーは補完関係にある．もちろん液晶テレビ自体はより多くの要素から構成される複雑なシステムではあるが，パネルを欠いても，チューナーを欠いても，テレビとしては機能しない．

　これまでの技術革新研究では，要素技術における機能面でのギャップがさらなる技術革新を生み出す点を中心として，補完関係は取り上げられてきた．たとえば，第4章で考察した，ローゼンバーグによる「技術的不均衡」や「焦点化装置」に関する議論は，その典型である．あるいは，「システム・アプローチ」と一部で呼ばれる技術史の領域では，第5章でも取り上げたコンスタントは「複数技術の共進化」(co-evolution of technological multiplies) という名称で (Constant, 1978; 1980)，また電力システムの生成過程を研究したヒューズ (T. P. Hughes) は「技術フロントの逆突出」(reverse salients) という名称で (Hughes, 1976)，ローゼンバーグの技術的不均衡に類似した概念をそれぞれ提起している．これらの議論では，一部の要素技術の発展によって，システムが機能する上での均衡が崩れて，他の要素技術の発展が促進されるという，技術革新の誘引メカニズムが基本的に想定されている．そこで前提となるのは，複数の構成要素が特定のシステムにおいて補完関係にある状況である．

　他方，代替関係とは，あるシステムの構成要素として複数の要素が類似の機能を果たすために，それらの要素が同一システムに併存することが困難な

状況を指す．たとえば，テレビの表示装置では，旧来からの技術であるブラウン管と，新規技術である液晶やプラズマ・ディスプレイ，有機 EL ディスプレイとの関係が代替関係にあたる．

既存の技術革新研究において，代替関係は中心的な問題を構成してきた．新たに生み出される技術は，それまで社会に存在していない，まったく新しい用途に適用されることは稀であり，何らかの形で既に存在している物理的機能ないし社会的機能に関して，既存技術を代替するからである．さらに，これから第 8 章で取り上げるクリステンセン（C. M. Christensen）らの研究（たとえば Christensen and Bower, 1996）でも検討されてきたように，既存技術から新規技術への代替が生じる際に，相対的に高い能力を有するはずの既存企業が新規参入企業と比べて劣位に陥り，場合によっては撤退を余儀なくされるという現象は，技術革新研究で主として検討されてきた問題の 1 つである．

社会的な選択が合理的に行われるのであれば，そのシステムが機能する上で重要だと見なされる特性に関して，最も優れた要素が最終的に選択される一方で，同等の機能を持ちながらもその特性では相対的に劣る要素は淘汰されるか，もしくは限定された領域や用途だけで用いられることになる．このように，合理的な選択を前提とした場合の要素技術間での代替が生じる背後の論理は，比較的単純である．

その一方で，実際に代替が生じる状況の背景はそれほど単純ではない．その 1 つには，経路依存性（path dependency）という概念に示されるように，社会的な選択はある一時点での合理的な判断だけに基づいて決まるわけではないことがある．また，合理的な選択がとられるとしても，ある特定の要素技術がすべての主要な特性で他の要素技術に勝っているとは限らない．たとえば，液晶パネルとプラズマ・ディスプレイ・パネルを比較した場合に，消費電力では液晶が優位にある一方で，動画性能ではプラズマが現在でも優れているとされる．さらに，技術革新が生じることによって，個々の技術の相対的な優位性も変化する上に，その優位性を序列づける基準となる，社会的に重要とされる特性自体も変動しうる．このように，技術革新はその本質として動態的な要素を含んでいる上に，単純に物理的な機能の問題ではなく，

社会的な要因も大きく関係している．そのために，技術革新を伴う代替関係は現実の現象としては単純ではなく，それゆえに経営学の領域をはじめとして，活発に研究が展開されてきた．

図6-3の右側に示されているのは，要素技術間に基本的には関係がない「独立関係」である．要素間に関係がないことから，既存の技術革新研究では問題にされることはほとんどなく，ここでの議論でも，他の2つと比べて重要度は低い．この独立関係が生じる場合には，要素技術はそれぞれ異なるシステムに属していることになる．そのために，仮に複数の要素技術が類似した機能を有していても，それらの間に代替関係ではなく独立関係にある場合には，何らかの経緯で，複数の要素技術間で棲み分けが生じていると考えることができる．

電子部品における代替関係と補完関係

上述の要素技術間の関係性の類型を念頭に置いて，次章で事例として扱う高密度実装技術と密接な関係にある主要な電子部品の間での関係を，簡単な分析道具から考察することにしたい．ここでの議論の中心は，技術革新が生じた際の各電子部品の数量的な推移にある．

先に述べたように，技術革新研究において既存技術と新規技術の関係が問題となる理由の1つには，両者の間に代替関係が存在することがある．とりわけ新規技術が既存技術を圧倒する場合には，「技術進歩」が生じる形で，既存技術は新規技術にほぼ完全に代替されることになる．たとえば，自動車などの開発と普及によって，一般的な交通手段としての馬車を今日では見かけないというように，既存技術が置き換えられるようなことである．

新規技術によって既存技術が代替されていく状況を2つの技術（製品）における生産（販売）量の変遷として概念的に表したのが，図6-4である．この図では，既存技術である「技術1」が新たに登場した「技術2」によって代替され，さらに「技術2」がより新しい「技術3」によって代替される状況が示されている．ここでは，技術進歩の結果として成長することを前提として，新しい技術に基づく製品ほどピーク時の生産量が大きくなることを想定しているが，代替的な技術においてピーク時の生産量が同じであるとし

図6-4 「技術進歩」に基づく新旧技術の代替と生産量

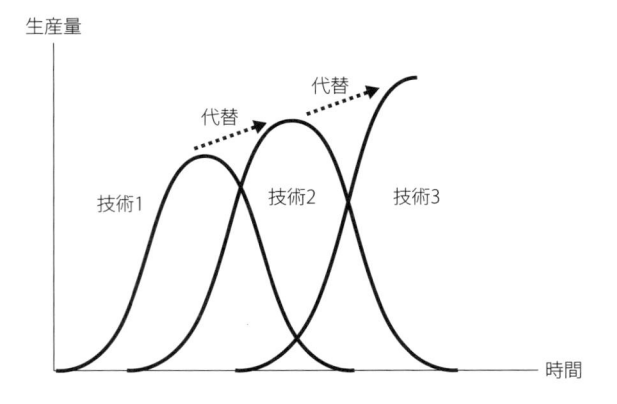

図6-5 2つの代替的な技術間で想定される推移

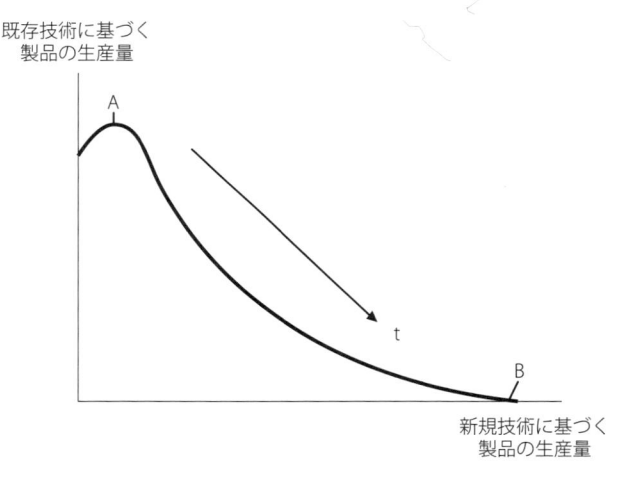

ても，以下での議論は基本的には変わらない．

　図6-4に示された推移を前提として，既存技術に基づく製品の生産量を縦軸，新規技術に基づく製品の生産量を横軸にそれぞれとった場合の概念図は，図6-5のように表すことができる．アバナシーらのドミナント・デザインに関する議論やフォスター（R.N.Foster）の「S字曲線」（Foster, 1986）に示されるように，新規技術は当初から既存技術に性能やコストでふつう優位に立つわけではなく，新規技術の利用法が広く知られているわけでもない

ことから，初期段階では，新旧技術の双方の生産量が増大する．ただし，既存技術と新規技術が初期段階でそれぞれ異なる用途に用いられるのではなく，最初から両者の間で直接的に代替する関係なのであれば，数量としては顕在化していないものの，潜在的には新規技術への代替は発生していることになる．

　新旧技術が最終的に棲み分けることになるのであれば，先の類型では「独立関係」となり，2つの技術間に一定の関係は見られないことになる．しかし，技術進歩によって，既存技術から新規技術への代替が本格化するのであれば，新規技術の量的拡大とともに，既存技術は量的に減少する関係が生じる．図上のA点は，その代替関係が生産数量として顕在化して，既存技術の衰退が決定的になる転換点を示している．その後は新規技術の生産量が増大する一方で，既存技術の生産量は減少していく状況が継続的に進んで，最終的には既存技術は新規技術に完全に置き換えられることになる（B点）．アナログ・レコードとコンパクト・ディスクとの関係のように，新規技術が圧倒的な地位を築いた場合，既存技術が生き残ったとしても，それが利用され続ける領域はきわめて限定されることになる．そのために，本当に完全な代替が生じないにしても，完全な代替が生じた場合と現実にもたらされる意味はそれほど変わらない．

　以上の概念的な考察について，日本国内での電子部品の生産数量に関するデータに基づいて，実際の状況を続いて確認しておきたい．最初に取り上げるのは，真空管からトランジスタ，集積回路（IC）という，電子部品の領域で過去に生じた最大級の技術革新での関係の推移である．

　図6-6には，真空管（受信真空管）とトランジスタとの関係が，通商産業省（当時）の『機械統計年報』で公表された期間内で，グラフとして示されている．この2つの技術では，既存技術であった真空管を縦軸，新規技術であったトランジスタを横軸にそれぞれとることで，図6-5に示された概念図と類似した関係を見ることができる．統計資料に登場した1957年から69年の間は，真空管の生産量もトランジスタの生産量も増大している．しかし，69年をピークに真空管の生産量は73年を除いて徐々に低下していく一方で，トランジスタの生産量は急激に増加する．75年には第1次石油危機の影

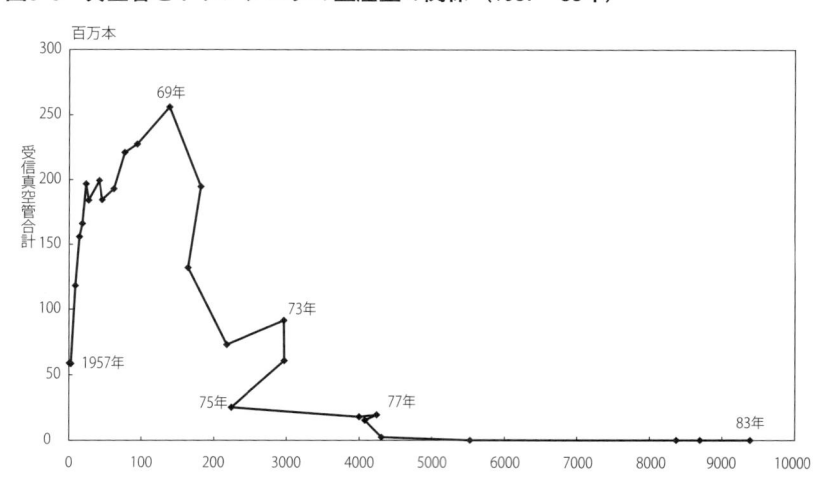

図6-6 真空管とトランジスタの生産量の関係（1957〜83年）

注：真空管には受信用真空管，高信頼管，通信管が含まれる．『機械統計年報』各年版より作成．

響からか，いったんはトランジスタの生産量も落ち込む．しかし，76年以降は，トランジスタは再び増大に転じる一方で，真空管は緩やかながらも減少し続ける．そして，真空管の生産量が公表された最終年である83年には，受信真空管の生産量がわずか2900本であったのに対し，トランジスタの総生産量はその約300万倍である約94億個であった．

ちなみに，受信真空管の生産量が減少し始める70年は，カラーテレビ受像器で回路の固定素子化が急激に展開し始めた年でもある（新宅, 1994）．真空管からトランジスタへという主要な回路部品の代替が，当時の花形製品であったカラーテレビでも生じ，主だった家電製品での真空管の採用が消滅したことが，数量の変化にも表れている．

このグラフからわかるように，新規技術が既存技術に代替する場合には，図6-5に示した概念図のような関係が実際に見受けられる．ただし，この図では，各技術の増減の状況が認識しやすいという利点はある一方で，既存技術の生産量が減少に転じる前の状況は視覚的にわかりにくい．

そこで，新旧技術間における生産量の比率がよりわかりやすくするため

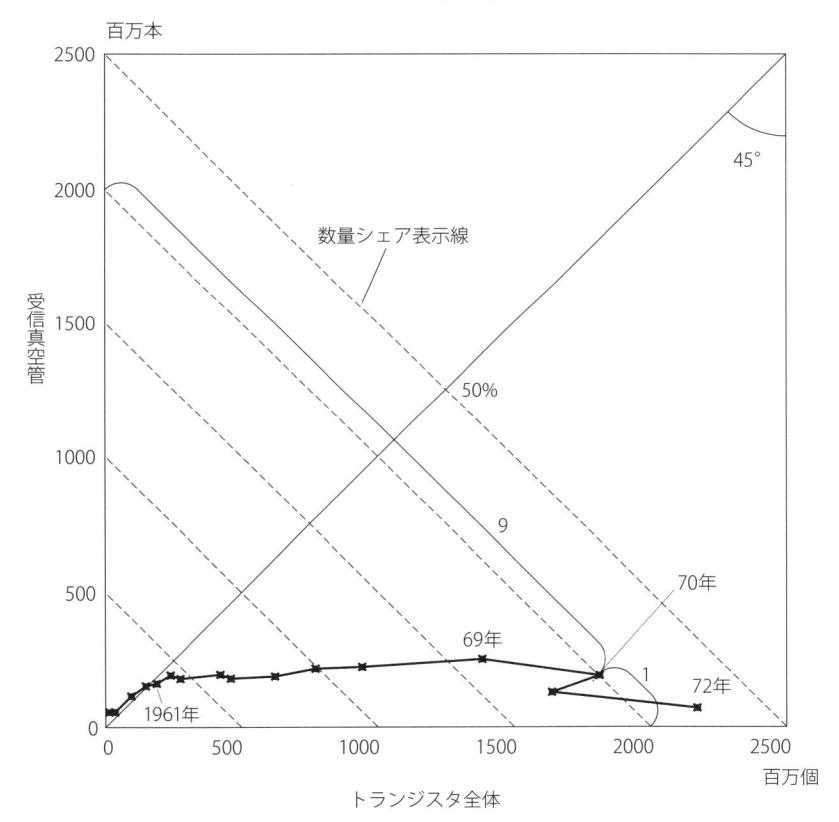

第 6 章　理論枠組みの提示と事例分析の位置づけ

図6-7　トランジスタと真空管の生産量の関係（1957〜72年）

注：『機械統計年報』各年版より作成．

に，縦軸と横軸の尺度を統一したグラフで考察してみたい．この方法で，図6-6と同じく真空管とトランジスタの関係を描いたのが，図6-7である．この図では，2つの技術の生産量がプロットされた点を通って，横軸と縦軸それぞれの同一数値の目盛りを結ぶ線分（「数量シェア表示線」）を引くことができる．その点では，対応する線分が生産量の比で内分されるために（ただし横軸の項目が左側，縦軸の項目が右側へと位置は逆転する），2つの技術（製品）間の「数量シェア」が示される．図中に便宜上表されている5本の破線は，その「数量シェア表示線」の例である．たとえば，1970年の生産

量は破線で示された左から4番目の「数量シェア表示線」あたりにプロットされており，トランジスタと真空管の比はおおよそ9：1となる．

　この図を見る上でのポイントは，プロットされる各点の正確な位置ではなく，経時的な傾向の変化である．この図上にプロットされる点を時間順につないだ線が右下方向に向かう場合には，縦軸の既存技術が減少する一方で，横軸の新規技術が増大する状況にあることを意味することから，数量で明確に示される形で代替関係が生じていることになる．また，図6-5のようなグラフとは異なり，この図には新旧技術間の比が示されるために，既存技術の生産量が減少傾向になる前段階から，新規技術への代替状況を読み取ることができる．たとえば，グラフが横軸に対して並行するように描かれる場合には，既存技術の生産量は一定である一方で，新規技術の生産量は増大することから，新規技術の「シェア」は年を追うごとに上昇していることになる．

　とりわけ2つの技術間の関係を考える上で重要となるのは，原点から右上への対角線である．この図の縦軸と横軸の尺度と範囲を同じとする正方形として設定すれば，この線は各軸に対して45度の傾きとなる．この45度線はすべての「数量シェア表示線」を1：1の比で2分する，つまり新旧技術の「シェア」がともに50％で等分される点を示している．したがって，この線は，特に既存技術を用いた製品1単位が新規技術を用いた製品1単位と代替される状況では，新旧技術の支配性が変化する分水嶺となる．代替関係にある2つの技術の場合では，45度線の左側では既存技術が5割以上の「シェア」を有する状況にあるのに対して，45度線の右側では新規技術に基づく製品の数量が既存技術のそれを上回ることになるからである．

　他方で，この図には，代替関係にある新旧技術間だけではなく，補完的な2つの技術間の関係も表すことができる．原点から右上に引いた直線上に2つの技術の生産量をプロットした線が示されるのであれば，この2つの技術の間には，一定の正の関係が存在していることになる．45度線で1：1の関係が見られたのと同様に，原点から右上に引かれた直線は2つの技術間に一定の比率での「シェア」が継続して維持されていることになる．このような一定の正の関係が見受けられる場合には，2つの技術を構成要素とする技術システムか，もしくはより広い社会的なシステムが存在している可能性が，

そこから示唆される．

　図6-7にある真空管とトランジスタの間の関係を示すグラフからは，真空管の生産量が減少する以前から，トランジスタへの代替は急速に進んでいたことがわかる．尺度を合わせていない図6-6で見たように，真空管の生産量が減少に転じるのは1970年である．しかし，図6-7からは，グラフが45度線の右側に移行し，トランジスタによる「シェア逆転」が生じているのは，9年早い61年である．その後は真空管の生産量も上下動しながら上昇しているものの，トランジスタの生産量は真空管をはるかに上回る勢いで拡大しているために，61年以降のグラフの形状はほぼ横這いとなる．つまり，この期間にトランジスタの「シェア」は年々拡大していたのである．

　このような真空管とトランジスタとの間に見られる関係は，その当時の背景を考えると，妥当であるように思われる．先に記したように，カラーテレビ回路の固定素子化は1970年前後に急激に進んだ一方で，ラジオをはじめとする回路構成がより単純な電子機器では，固定素子化はより早い時点で生じていた．たとえば，東京通信工業（現・ソニー）が世界初となるトランジスタ・ラジオを市販したのは1955年であり，真空管式とトランジスタ式のラジオの生産量が通産省統計で分割された64年時点において，日本国内におけるトランジスタ・ラジオの生産台数はすでに真空管式ラジオ総生産台数の3倍以上を数えていた．

　トランジスタを使用した電子機器は真空管を用いる機器と比べて，消費電力が小さく，信頼性や耐久性に優れ，小型化できるといった特性を有しており，真空管を使った機器がトランジスタを使った機器に単純に代替されたわけではない．しかしながら，通常は新規技術が既存技術と比べて優れているために代替が生じるのであり，単純な代替が生じないのは特別なことではない．ここで代替関係として重要となるのは，トランジスタがそのような特性を有していたために，もともとは真空管が使われていたラジオという製品において，真空管の生産量が縮小するよりもはるかに早い時点で回路部品がトランジスタに置換されていた点である．いってみれば，潜在的な「需要」を奪われるかたちで，早い時点から真空管はトランジスタに代替されていき，最後の主用途であるテレビも奪われることで，真空管は特殊用途以外の領域

からはほぼ全面的に駆逐されたのである．

　このような代替関係は，中核的な電子部品における他の新旧技術間でも見ることができる．たとえば，ゲルマニウム・トランジスタとシリコン・トランジスタの関係を取り上げてみたい．半導体であるトランジスタは，原子から電子を取り出すことによって機能している．ただし，この電子の取り出しやすさ（バンドギャップ）が各元素によって異なっており，バンドギャップが小さいゲルマニウムが，トランジスタの材料として当初は用いられていた．しかし，電子を取り出しやすいということは，不純物が混入しやすいということでもあり，ゲルマニウム・トランジスタはそれほど信頼性の高いものではなかった．そこで，バンドギャップはやや大きいものの，信頼性を上げることができるシリコンに，トランジスタの原材料は切り替えられていく．このゲルマニウム・トランジスタからシリコン・トランジスタへの間の代替によって，米国の半導体産業ではヒューズやシルバニアからテキサス・インスツルメンツやモトローラに主導権が移行したとされる（Foster, 1986）．

　先の「数量シェア」を表す図から，ゲルマニウム・トランジスタとシリコン・トランジスタの生産量の推移を確認しておきたい．既存技術であったゲルマニウム・トランジスタを縦軸に，新規技術であったシリコン・トランジスタを横軸として，これまでと同じく通産省統計として公表された日本国内の生産量データから描いたグラフが，図6-8である．

　このグラフの形状からは，ゲルマニウム・トランジスタとシリコン・トランジスタとの関係は，先に見た真空管とトランジスタとの関係とかなり類似していることがわかる．1965年頃までは，ゲルマニウム・トランジスタは生産量でシリコン・トランジスタを圧倒していた．しかし，67年頃からシリコン・トランジスタの「シェア」は上昇し始め，69年には「シェア逆転」が生じている．そして，70年頃からは，シリコン・トランジスタの生産量は71年と75年を除いて，一貫して増大しているのに対して，ゲルマニウム・トランジスタの生産量は徐々に減少している．この図では，グラフの尺度による視認性の関係で省略しているが，ゲルマニウム・トランジスタが統計で最後に登場する83年時点では，ゲルマニウム・トランジスタの生産個数が約500万

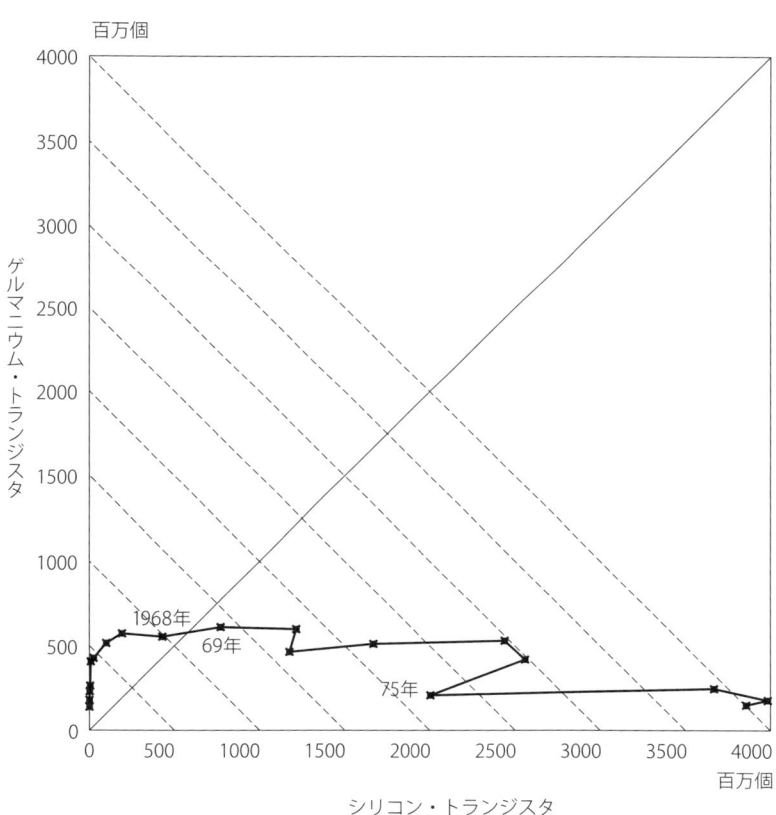

第6章　理論枠組みの提示と事例分析の位置づけ

図6-8　シリコン・トランジスタとゲルマニウム・トランジスタの生産量の関係（1960〜78年）

注：『機械統計年報』各年版より作成．

個であるのに対して，シリコン・トランジスタの生産個数はその1800倍に上る約90億個であった．同じトランジスタでも原材料が異なるゲルマニウム・トランジスタとシリコン・トランジスタの間では，真空管とトランジスタとの間のような技術革新に基づく代替関係が生じていたのである．

電子部品間での補完関係とその背景

真空管とトランジスタ，あるいはゲルマニウム・トランジスタとシリコ

図6-9 トランジスタと半導体集積回路（IC）の生産量の関係（1970～94年）

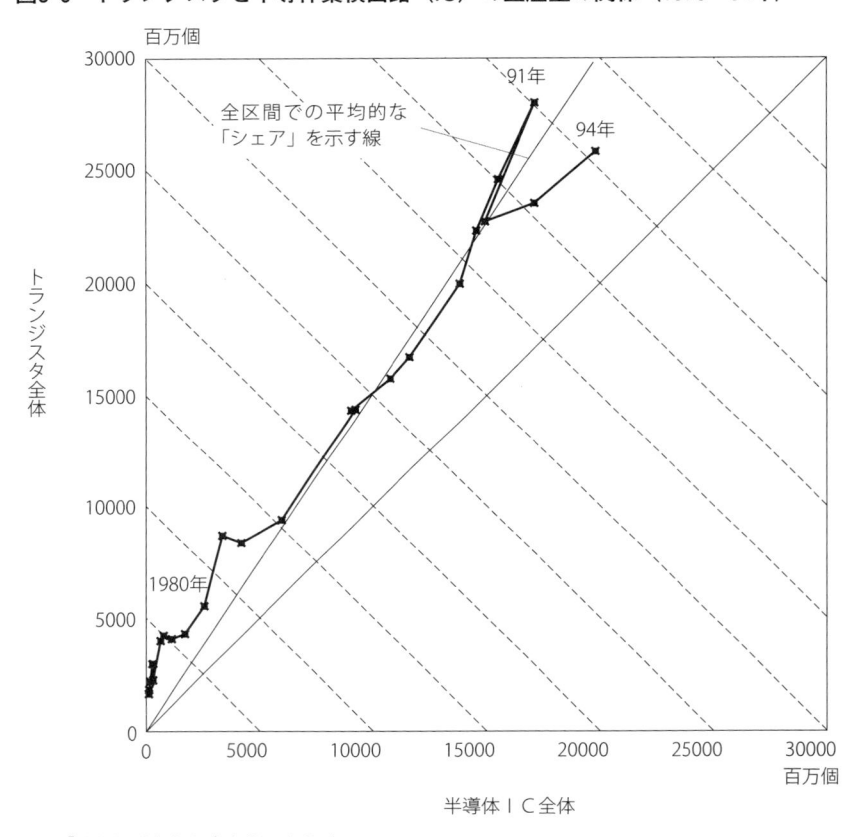

注：『機械統計年報』各年版より作成．

ン・トランジスタの事例に関係に見られるように，生産量において既存技術と新規技術との間では代替関係が実際に生じていることがわかる．

しかし，既存技術と新規技術との間では，代替関係が常に成立するとは限らない．図6-9には，日本国内におけるトランジスタの総生産量を縦軸に，半導体集積回路（半導体IC）の総生産量（ICには大規模集積回路（LSI）などの集積度が高い製品も含む）を横軸にとり，図6-7や図6-8と同じフォーマットで示したものである．ここで興味深いのは，「真空管－トランジスタ－IC」という主要な電子部品における一連の技術革新のうち，トラ

ンジスタとICの関係は真空管とトランジスタの間の関係とはまったく異なる点である．

なかでも注目されるのは，トランジスタとICの生産量の間には，一定の正の関係が存在している点である．この図では，ICの生産量が通産省統計で公表された1970年から94年の25年間を対象としており，いわゆるバブル経済下の90年と91年と，その直後の93年と94年では動向がやや異なることを除くと，トランジスタとICの「シェア」は，とりわけ80年前後からはかなり安定的であったことが形状からわかる．2つの電子部品間の相関係数をとってみても，0.992とかなり強い関係にあり，そのために便宜的に計算した線形単回帰分析の決定係数も高い（0.983）．なお，ここで切片をゼロとして「シェア」を計算すると，全区間でのトランジスタとICとの平均的な比は，おおよそ3：2となる．

類似の関係はICと主要な受動部品との間にも見ることができる．図6-10には，固定抵抗器と固定コンデンサ（蓄電器）という2種類の主要一般部品（これらの部品は一般に「受動部品」のカテゴリーに含まれる）の生産量とICの生産量との関係の推移をそれぞれ示している．固定抵抗器と固定コンデンサの生産量は実数ベースで巨大であり（たとえば1994年の固定抵抗器の生産量は1773億個），ICの生産量と対応しない．そのために，図中では受動部品側の尺度はICの尺度の10倍として設定しており，図6-9とはフォーマットが異なる点には注意が必要である．

図6-10からは，ICと固定抵抗器，固定コンデンサそれぞれの生産量との間にも，正の関係があることがわかる．相関係数を見ると，対固定コンデンサで0.995，対固定抵抗器で0.988となる．また，全区間での平均を計算すると，ICの生産量1個あたり，固定コンデンサで約7個，固定抵抗器で約6個という対応関係となる．

トランジスタとICの間やICと受動部品の間に生産量で代替関係ではなく，正の関係があることは，その技術的特性から説明できるように見える．たとえば，トランジスタとICとの関係は，真空管とトランジスタとの関係とは異なり，集積度の違いはあっても，シリコンを主たる材料とする固定素子化という点では，技術的には同系統であるといえる．用途の違いが存在す

図6-10 集積回路と受動部品の生産量推移（1970～94年）

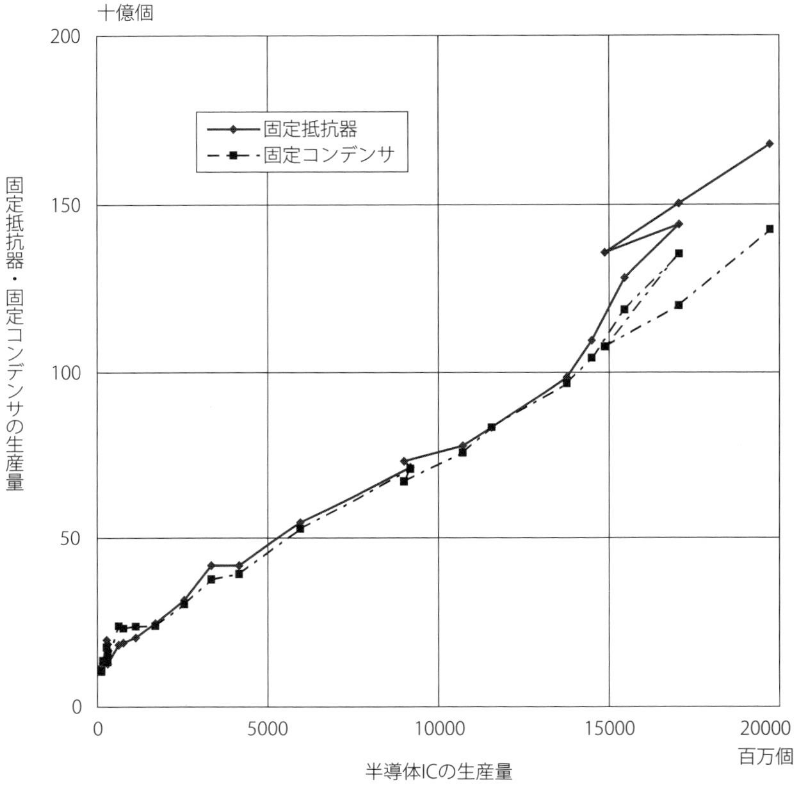

注：『機械統計年報』各年版より作成．

ることを考えれば，トランジスタとICとの間に代替関係ではなく，補完関係が存在していても，おかしくはない．また，ICと受動部品との間でも，組み合わされて何らかの機能を有する電子回路が形成されるのだから，この関係も何ら不思議ではないともいえるのかもしれない．

しかし，このような説明方法は，じつはこれまでに本書で批判的に考察してきた技術決定論に基づいている．ある技術的特性があることによって，その技術を用いた製品のあり方やシステムが決まるという考え方に立って，理由が説明されている．この種の技術的特性を完全に無視できるわけではない

一方で，そこからは説明できない事柄も存在する．

たとえば，IC が「集積回路」と呼ばれるのは，トランジスタなどの能動部品に加えて，受動部品をウェハ上に形成して，独自の回路を構成するからである．そのことを前提とすると，トランジスタや抵抗器は IC 上に組み込めない用途が残ったとしても，生産量が増大していくとは限らない関係にある．このような見方は，少なくとも IC の黎明期には，荒唐無稽であるどころか，真剣に考えられていた．たとえば，次章の事例分析でも触れるように，一部の受動部品メーカーは自社の主力製品が消滅する可能性を考え，半

図6-11　カーボン抵抗器とチップ抵抗器の生産量の関係（1984～94年）

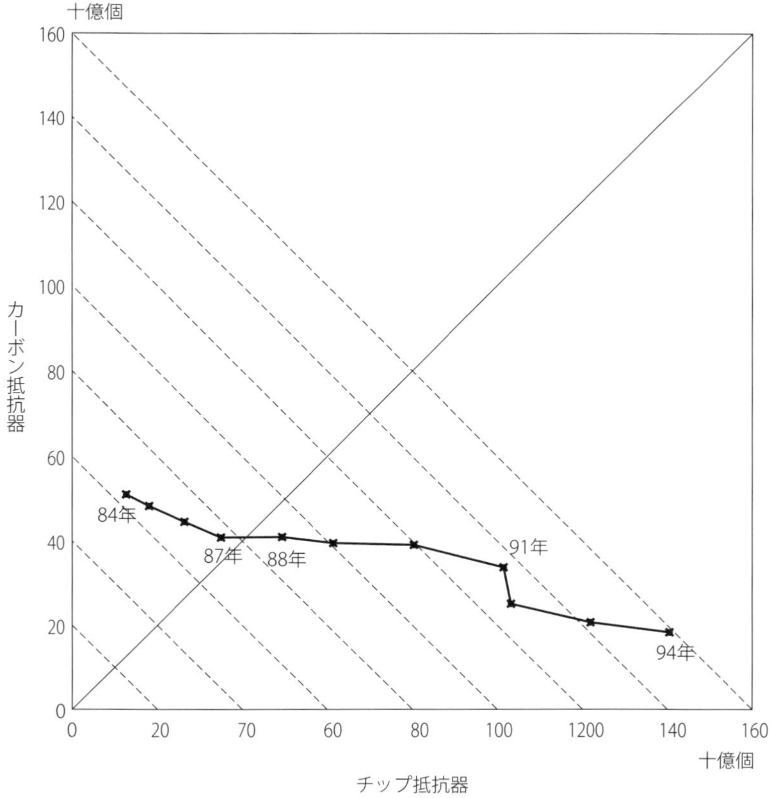

注：『機械統計年報』各年版より作成．

導体ICとは異なり，部品を組み合わせて作るハイブリッドIC（混成集積回路）への進出をはじめとして，対応策を考えていた．

あるいは，同種の技術で用途が違えば，ともに発展していくとも限らない．図6-11には，固定抵抗器のうち，従来型の「カーボン抵抗器」を縦軸に，米粒大の微細部品である「チップ抵抗器」を横軸にそれぞれとって，通産省統計で公表が始まった1984年から94年までの生産量の推移が示されている．このグラフからわかるのは，固定抵抗器では，カーボン抵抗器からチップ抵抗器への変化がこの期間に急速に進んでいる点である．84年の段階ではカーボン抵抗器とチップ抵抗器の生産量の比は約8：2であった．それに対して，88年にはチップ抵抗器の「シェア」が50％を超え，さらに11年後である94年には約1：9と，固定抵抗器における生産量の関係は完全に逆転している[5]．

トランジスタとICとの関係やICと受動部品との関係が成立する理由は，必ずしも単純に説明できるわけではない．ただし，カーボン抵抗器からチップ抵抗器への変化まで含めて視野に入れた場合，その背景の1つとして考えられるのが，次章で取り上げる高密度実装技術の進展である．高密度実装技術とは，微小な部品をプリント基板上に装着することによって，電子機器を小型化する技術の総称である．現在のノートパソコンや携帯電話といった機器には，この技術が応用されている．そこでは，小型の電子部品を組み合わせて，基板上で回路を形成するために，製品としてのシステムが形成される．また，この組み合わせを実現するためには，各部品メーカーや完成品メーカー，製造装置メーカーなど関係する様々な主体が技術開発まで含めて連動する形で，企業間での分業が行われている．

微小部品を組み合わせて回路を形成して電子機器を作ることは，機械を小型にするのだから当たり前のように思えるかもしれない．しかし，それは高密度実装技術が進歩して，基本的な構成要素や手法が定着した結果でしかない．次章で見るように，小型化の手法は様々に提案されてきており，先に挙げたチップ部品のように，現在では電子機器の小型化に用いられる技術が別の用途に向けて開発されたこともある．

逆に言えば，今では当たり前のように思えることを対象とすることに，こ

こでの分析の意味がある．現在は自明なように見えることが，現在の状況を振り返ると，必ずしも自明ではなく，他の発展方向が少なくとも可能性としては存在していた．その過程の全体像を表そうとするのが，本章で示してきた〈技術システムの構造化理論〉なのである．

●─● 注
1 以下での議論からわかるように，対象とする現象や問題意識の違いから，本書ではギデンズによる構造の定義をとるわけではない．ここでギデンズの定義に触れる理由は，ギデンズの方法論的立場を明確にするためだけである．
2 このようなギデンズの「二重性」をめぐる考え方は，狭義の社会理論に限定されるのではなく，組織における構造と行為主体との関係や安定性と変動との関係でも展開されている（たとえば Orlikowski, 1992；Farjoun, 2010）．
3 ここで示す枠組みは加藤（1999）での議論に若干の修正を加えたものである．なお，類似の枠組みとしては，カプラン（S. Kaplan）とトリプサス（M. Tripsas）の研究がある（Kaplan and Tripsas, 2008）．本書での議論とカプランらが提示した枠組みとの間で共通するのは，技術が人々の認知によって解釈したものととらえた上で，「醸成期」（era of ferment），「ドミナント・デザイン」，「漸進的変化期」，「技術的不連続」（technological discontinuity）の4段階で構成される技術のライフサイクルを想定している点や，技術トラジェクトリーが制約と実現可能性（constrain and enable）の双方を提供するといった点である．
4 ここでの構造の定義に関しては，ロペス（J. López）とスコット（J. Scott）の議論（López and Scott, 2000）を部分的に参考にしている．なお，ロペスらは，ギデンズによる「構造の二重性」に関する議論は開発途上にあるとも指摘している．
5 カーボン抵抗器の国内生産量が低下していった一方で，チップ抵抗器の生産量が増加した背景には，主として2つの要因が存在していた（『電波新聞』1989年7月20日）．第1に高密度実装技術の発展により，日本国内での需要がチップ部品にシフトしたこと，第2に日本の抵抗器メーカーが，特に85年のプラザ合意直後の円高に対応して，カーボン抵抗器の生産を東南アジアに移管したことである．この構図は，国内での生産は高付加価値製品にシフトして，従来からの量産品は東南アジアを中心とする海外の開発途上国に移管して水平分業体制を敷くという，テレビをはじめとする当時の電子機器における施策と類似している．

第7章 高密度実装技術の発展過程[1]

　この章では，1960年代から90年代中旬までを対象として，プリント基板への小型部品装着技術である「高密度実装技術」が発展してきた過程を考察する．ここでの主たる目的は，〈技術システムの構造化理論〉の全体像に関する具体的なイメージを描き出すことにある．

　以下に示す事例では，特に次の点に注目している．1975年以前の段階では，個別の要素技術は，場合によっては競合するように，それぞれが独立性の強い形で発展していた．しかし，75年前後から現在の要素技術の組み合わせが出現し始め，80年頃にその骨格と位置づけが明らかになる．高密度実装技術における技術システムの〈構造〉の安定化である．その後は，「常軌的発展」として，その構造を深化する形で各要素技術の技術開発は進められていった．前章で示した〈技術システムの構造化理論〉とは，この〈構造〉の確立とその後の自己強化的な技術の発展過程全体を指すものとして，とらえることができる．

　以下では第1節で高密度実装技術の概略を示した上で，第2節から第5節にかけては，その発展過程について具体的な内容を経時的に考察する．ただし，高密度実装技術では多様な要素が関係しているが，議論を単純化するために，チップ部品（リード線のない極小一般部品）とチップ・マウンタ（チップ部品自動装着機）とプリント配線基板の3点をシステムの構成要素として，ここでは特に注目する．第6節では，前節までの事例分析をもとにした議論を本章のまとめとして展開する．

1　高密度実装技術の概略

　高密度実装技術を簡単に表現すれば，多様な部品を狭い空間内に収納する形で回路を構成することによって電子機器の小型化を進めるための技術である．もう少し厳密に定義すると，「膜技術と微小接続技術を駆使して半導体や要素部品を配線基板の上に配置・接続し，これを他の構成部品とともに筐体に効率的に立体的に組み込み，所要の電子回路を得るための総合技術」となる（ハイブリッドマイクロエレクトロニクス協会編, 1994a）．現在では広く用いられているノートパソコンや携帯電話，携帯用カムコーダといった民生用小型電子機器は，高密度実装技術によって支えられているといっても過言ではない．

　回路の小型化を進める上では，多様な構成要素において技術開発が行われて，それらが連動することによって，回路全体の小型化・高密度化が実現できる．

　その重要な構成要素の1つは，電子部品が装着されて回路を構成するベースとなるプリント基板である．以前からあるプリント基板では，片方の面に銅箔で回路を形成して，基板に穴を貫通させて，もう一方の面から足（リード）が付いた電子部品を差し込んでいた．それに対して，高密度実装技術では，電子部品を基板に差し込むのではなく，それぞれの面に電子部品を載せている．基板の表面に部品を装着することから，高密度実装技術は「表面実装技術」（surface mount technology）とも呼ばれる．また，表面実装される基板では，最低でも表と裏の両面に異なる回路が形成される．一般に，部品を差し込むタイプは「片面配線基板」，両面に回路を形成するタイプは「両面配線基板」と呼ばれる．さらに，表面と裏面の間に回路を形成して，スペースを圧縮することも可能である．3層以上で構成される基板である「多層配線基板」では，回路構成に必要な物理的空間はさらに削減され，実装密度は上昇する．現在でも，空間に余裕があったり，部品や回路の特性から一定の空間を必要としたりする回路などでは，片面プリント基板が用いられているが，技術的制約がなく空間的制約が重要となる場合には，多層プリ

ント基板が用いられる．

　回路・機器の小型化には，プリント基板の密度を上げるだけではなく，基板に装着される部品の側でも対応が必要となる．たとえば，主要な電子部品であるLSIでは，高密度化に向けて，広く知られるようにその内部の集積度が飛躍的に上昇してきただけではなく，回路に装着する際に用いられるパッケージの形状も変化してきた．従来のパッケージは部品の長辺から両側に，相対的に太い複数の接続端子（ピン）出ており，そのピンでプリント基板と接続していた．それに対して，表面実装に対応したLSIでは形状が異なるパッケージが用いられる．その1つであるQFP（Quad Flat Package）と呼ばれるパッケージは，DIP（Dual Inline Package）と呼ばれる以前のパッケージとは異なり，正方形で4辺すべてからピンが出ていることに加えて，ピンピッチ（端子間の幅）も狭く，より多くのピンが用いられている．あるいは，スペースをとるピンの代わりに，パッケージの底面に電極を形成するBGA（Ball Grid Array）といった方法も開発されている．これらは一例にすぎず，用途などに合わせた様々な半導体パッケージが，実装密度の向上のために開発され，用いられてきた．

　他の電子部品でも，回路の高密度化に向けた技術開発が行われてきた．前章の終わりにも触れた固定抵抗器や固定コンデンサのチップ部品化は，その典型である．従来の固定抵抗器や固定コンデンサはリードが付いているのに対して，チップ部品はプリント基板に直接実装することが前提となる形状をしており，サイズも小さい．また，主要なチップ部品では，高密度実装技術の進展とともに小型化が進められてきた．後ほど事例で見るように，初期段階で主流であったサイズは3.2mm×1.6mmであった．寸法から「3216」と呼ばれるこのサイズでも，従来のものと比べると，小型である．他方，以下の事例で扱う範囲外ではあるが，現在のJIS（日本工業規格）で定められている最小のチップ部品のサイズは，0.4mm×0.2mm（「0402」）である．厚みや部品特性を考慮せずに単純に面積で比較すれば，「0402」は「3216」の64分の1である．

　また，部品を基板に装着する際に用いられる「マウンタ」と呼ばれる装置も，高密度実装技術とともに発展をしてきた．マウンタが用いられた当初の

主眼は生産工程の自動化による省力化にあった．しかし，現在のように微小な部品を基板上に正確に装着するためには，マウンタは不可欠となっている．チップ部品の微細化が進むにつれて，マウンタの側でも対応が進められてきた．また，後述するように，マウンタの部品搭載速度や扱える部品点数も年を追うことに向上している．

その他にも，水晶発振子などの特殊な電子部品の小型化や，部品をプリント基板の回路に固定するためのはんだ付けの手法や装置の開発も，高密度実装技術の発展とともに，展開されてきた．電子機器に用いられる様々な部品や技術が連動する形で，回路の高密度化による電子機器の小型化がこれまでに進められてきたのである．

これらの高密度実装技術を構成する要素のうち，次節から進める分析で中心的に取り上げるプリント基板と電子部品（受動部品）とマウンタという3つの構成要素間の関係を単純化したものが，図7-1である．

ここで重要となるのは，これら3つの要素に限定した場合でも，様々な企業が高密度実装技術の発展に関与してきた点である．たとえば，高密度実装技術の発展過程では，完成品である民生用小型電子機器のみならずマウンタや電子部品など幅広い領域を手がける松下電器（現・パナソニック）グループは重要な役割を果たしてきた一方で，電子部品でもマウンタでもTDKや太陽誘電，富士機械製造のような独立した企業も技術の発展に貢献してい

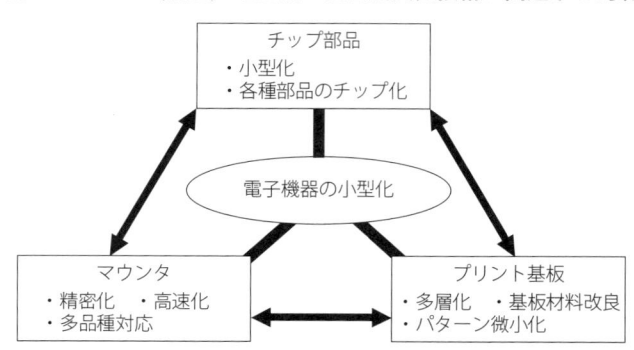

図7-1 技術システムの〈構造〉確立後の高密度実装技術に関連する3要素

る．つまり，1つの企業内部で統合的に技術が開発されたわけではなく，事業領域が異なる企業が回路の高密度化による電子機器の小型化という目標に向けて，あたかも連動するように技術開発が進められてきたのである．この断面だけを見ると，ローゼンバーグ（N. Rosenberg）のいう「技術的不均衡」のように，所定の関係の下で，自らが取り組むべき技術的問題の解決に取り組んできたように思われる．

しかしながら，図7-1のような関係が確立するのは，1980年代以降であり，それ以前には現在のような状況が多くの関係者に必ずしも認識されていたわけではない．たとえば，マウンタの前身はインサート・マシン（部品挿入機）と呼ばれる装置であり，またチップ部品はハイブリッドICで用いられる部品として開発された．ただし，後で見るように，インサート・マシンとハイブリッドICの間には，現在のような広義の補完関係ではなく，工程の合理化の手段として代替関係にあった時期がある．また，ハイブリッドIC自体は，現在の一般的なICである半導体（モノリシック）ICとは，もともとは競合する関係にあった．これらの点からは，現在の高密度実装技術のシステムは，当初から確固たる形で存在していたどころか，以前は対立的な代替関係にあった要素さえも包含していることがうかがえる．

また，高密度実装技術におけるシステムの構造は，先験的に存在しているものが様々な技術開発の結果によって，「発見」されたわけではない．技術システムの構造が確立するまでの過程では，複数の発展経路が存在しており，その一部では直接・間接に競合が発生していた．高密度実装技術におけるシステムの構造は，電子機器・部品関連企業を中心とする行為主体によって，最終的に生み出される．そして，構造が確立した後には，それに沿った技術開発が進められることによって，高密度実装技術における構造はより堅固なものへと発展してきたのである．

2　高密度実装技術の成立前史

「マイクロ・モジュール」の誕生

　現在の高密度実装技術の原型は，ハイブリッドICに求めることができる．小型部品を基板上に装着して実装密度の高い回路を形成するという高密度実装技術の基本的な発想は，もともとハイブリッドICで考えられていたものだからである．また，チップ部品がハイブリッドIC向けに当初開発されたことに加えて，チップ部品の基礎技術がハイブリッドICの技術を応用している点にも，ハイブリッドICと高密度実装技術との関係を見いだすことができる．

　しかし，後ほど見ていくように，高密度実装技術はハイブリッドICの技術を直接転用したものではない．回路の一部を素子化するハイブリッドICと回路全体を高密度化する高密度実装技術とでは，基本的な目的が異なっている．この違いによって，コストや機能等の点で必要とされる要素に差が生じ，結果として異なる発展経路が出現することになる．

　ハイブリッドICとは，前述のように個別部品を組み合わせて1つの素子として回路を形成する部品である．その1つである厚膜ハイブリッドICについて，より具体的に述べると，セラミックスなどの耐熱性がある基板上に金属ペーストで小容量の抵抗器やコンデンサと配線を形成し，さらにトランジスタやダイオード，あるいは定格容量の大きい抵抗器やコンデンサといった独立した小型部品を，その基板上にはんだ付けして，回路が構成される．個別部品を組み合わせることから，部品と回路を1枚のウェハ上に直接形成するモノリシック（半導体）ICとの対比で「混成集積回路」という訳語が当てられることもある．

　ハイブリッドICは，複数のモノリシックICを組み合わせて1つの素子とする「マルチ・チップ・モジュール」の手法として近年になり再び脚光を浴びている側面はあるものの，モノリシックICでは対応が難しい領域に限定して使われる，いわばニッチ製品の地位に長くあった．しかしながら，

ハイブリッドIC自体は回路素子の小型化を目指すために，モノリシックICに先行して開発されたものであった．

ハイブリッドICをはじめとして，その後の電子技術の発展につながる基盤技術の多くは，米国における兵器の電子化・小型化への要求の高まりと深い関連があるとされる[2]．第二次世界大戦以降，レーダーなどの電子技術を応用した兵器の重要性が増大するにつれて，電子機器の小型化と信頼性の確保が重要な課題となっていた．その一方で，部品間を導線で接続する従来の回路構成手法では，その要求を満たすことができず，既存技術の改良にとどまらない新たな発想が模索されていた．

電子回路の小型化の手法として最初に提案されたのは，「ティンカー・トイ（Tinker Toy）計画」である．米国標準局（National Bureau of Standards. NIST〔National Institute of Standards and Technologies〕の前身）によって1950年に発表されたこの計画では，すべての電子部品が22ミリ角のセラミック基板上に統合することが考えられていた．そこでは，ミニチュア真空管が最上部に搭載され，受動部品は基板上に厚膜ないし薄膜技術で形成することが想定されていた．

その後，真空管に代わってトランジスタが普及することで，ミニチュア真空管の利用を前提としていたティンカー・トイ計画は宙に浮く．しかし，1957年には，当時の米国で電子産業をリードしていたRCA（Radio Corporation of America）が，このティンカー・トイ計画を修正・発展させた新型素子を発表した．後のハイブリッドICにつながる「マイクロ・モジュール」である（図7-2）．

マイクロ・モジュールは，面積比でティンカー・トイ計画の約8分の1程度となる7.8mm角のセラミック基板上に，厚膜抵抗素子や半導体素子などを個々にマウントしたものを積み重ねて立体化したものである．半導体も含めた個別部品を基板上に装着して1つの回路を形成するという発想は，ハイブリッドICと同じであることから，マイクロ・モジュールはハイブリッドICの原型とされる[3]．3次元の構造など，当時としては進んだ発想を取り入れていたこともあり，米国陸軍はこの方式を支持した．ただし，生産技術などの問題で実用化が進まなかったことにより，最終的にはこの素子自体が普

図7-2　RCA のマイクロ・モジュール

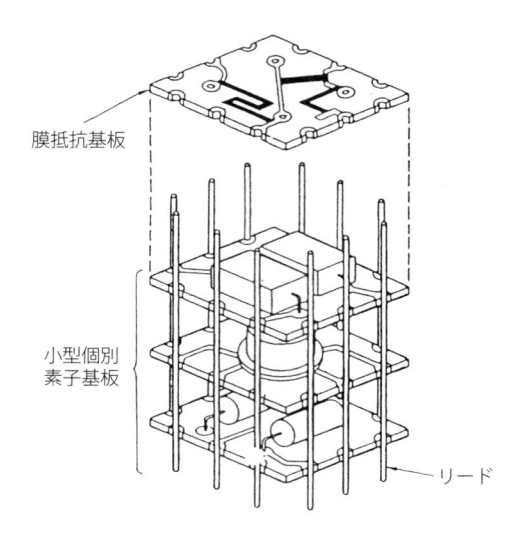

膜抵抗基板

小型個別素子基板

リード

出所：山本監修『SMT ハンドブック』16頁.

及することはなかった．

　他方，米国の空軍と海軍は，それぞれマイクロ・モジュールとは異なる小型化技術を支持した[4]．空軍が支持したのは，1958年にウェティングハウスが発表した「モレトロニクス」(Moletoronics) である．この方式はエネルギー変換現象を利用して電子回路の機能を実現しようとする斬新な発想に基づいていた．空軍はこの計画に多額の資金を投入したが，最終的には失敗に終わる．また，海軍は，国立研究所であった DOFL (Diamond Ordnance Fuze Laboratory) が1957年に発表した「2－D (Two-Dimensional) 計画」を支持した．2－D 計画とは，マイクロ・モジュールと類似した発想に基づいて，セラミックないしガラス基板上の2次元空間にトランジスタやダイオード以外の部品を厚膜ないし薄膜技術で形成することで，回路の小型化を目指すものであった．

　以上のように，第二次世界大戦後の米国では，軍事用を中心にして回路の小型化に対する要求はきわめて強かった．その中で，「微小部品を組み合わせて，1つの回路を小型化して形成する」という現在の高密度実装技術につ

ながる発想と要素技術は，産声をあげた．

ハイブリッドICの誕生と位置づけの変化

　セラミック基板上で部品を組み合わせるマイクロ・モジュールに対して，シリコンなどの半導体を基板として用い，その基板上に抵抗器などの受動素子だけではなくトランジスタなどの半導体回路も含めて直接形成しようとする考え方が生まれた．これは，現在ICとかLSIなどと一般的に呼ばれる半導体ICである．先にも触れたように，特にハイブリッドICと対比する場合，半導体ICは1枚の（monolithic）ウェハ上に必要な素子を直接形成することから，モノリシックICともいわれる．以下で「モノリシックIC」と表記する場合には，集積度にかかわらず半導体IC全般を指している．

　モノリシックICは1950年代の後半にテキサス・インスツルメンツとフェアチャイルドにおいて独立して基本技術が開発されている．モノリシックICの開発過程については，広く知られており，本章の主眼から外れることもあり詳述しないが，1枚のウェハ上に回路を形成するこの技術は，部品を装着するマイクロ・モジュールの限界を一気に解決するものとして，注目を浴びる．ただし，初期段階のモノリシックICは必ずしも信頼性が高いものではなかった．

　他方，マイクロ・モジュールにかかわる技術としては，1960年代に入ると，グレーズと呼ばれるAg-Pd（銀－パラジウム）系厚膜ペーストや，セラミック積層コンデンサといった基本となる要素技術が開発されていった[5]．IBMはこれらの技術を利用して，1964年に「SLT」（Solid Logic Technology）と呼ばれる技術を発表する[6]．SLTはセラミック基板上に厚膜とフリップチップで回路を構成したもので，その後の厚膜ハイブリッドICの基本形といわれる[7]．そして，IBMは同社のコンピュータ産業における地位を決定づけることになる汎用コンピュータ「360シリーズ」にSLTを採用した[8]．

　以上のように，米国では高集積素子の技術開発が活発に展開されていたのに対して，当時の日本の電子産業は米国の後塵を拝する存在にすぎなかった．トランジスタ・ラジオや白黒テレビなどの一部の完成品については，米

国への輸出が行われつつあったが，基幹部品などの「先端技術」については，わずかの例外を除けば，主として米国の動向に追随していた．

電子部品・回路の高集積化技術についても，1960年代前半の日本では，ハイブリッドICとモノリシックICの双方に関して，米国の後追いをする形で関心は高まり，技術開発も進められていた．たとえば，63年には日立製作所が日本で初めてマイクロ・モジュールの開発に成功している．ただし，電子部品技術の進展に対しては，将来に対する期待だけではなく，大きな構造変化をもたらす可能性から，曖昧ながらも不安感も同時に存在していた．とりわけ受動部品メーカーは，受動部品がICに取り込まれることによって独立した受動部品の需要が減少することを懸念していた．

そのような将来の構造変化を意識して，部品メーカーはIC化への対応を試みていた．とりわけ規模の面で劣位にあった部品専業メーカーでは，他社と共同でICの事業化を模索する動きもあった．たとえば，1964年には，東光，パイオニア，アルプス電気，光電製作所の電子部品メーカー4社の合弁で，「協同電子技術研究所」が設立された．この合弁企業は，モノリシックICとハイブリッドICの開発と事業化を目的としており，69年には安川電機も参加した[9]．また，比較的規模の小さい受動部品メーカーなど32社は「電子部品微小化技術研究会」を62年に発足している．同研究会は，巨額の投資を要するモノリシックICではなく，相対的に小規模な投資で済むハイブリッドIC技術を短期間で確立することを目的としていた．

1960年代後半になると，日本でもICの事業化が本格的に開始される．モノリシックICでは，66年前後に事業化の目処が立ち始めて，67年には日本電気をはじめとする合計10社が量産に移行した．また，ハイブリッドICにおいても，67年頃からハイブリッドICに不可欠であったチップ部品の国産化が開始されている．

このように，1960年代後半にはモノリシックICとハイブリッドICの双方において，日本国内における事業化が活発化していった一方で，ICを取り巻く状況はまだ混沌としていた．モノリシックICの重要性は既に広く認識されていたものの，回路が標準品で柔軟性がない，抵抗値が制約される，インダクタが基板上に形成できないといった技術面を中心とする問題を抱え

ていた．その一方で，ハイブリッドICは，チップ部品を搭載して作るためにユーザー側での回路の自由度が高く，柔軟性が高いという点が注目されていた．ハイブリッドICの問題とされていた高コストが量産装置の導入によって克服されるように思われていたこともあり，60年代後半の時点では，ハイブリッドICがモノリシックICに直接対抗する有力なデバイスとして成長する期待は存在していた．

　当時の日本において，ハイブリッドICの用途として特に注目されたのは，カラーテレビである．1966年には，RCAがテレビ専用IC「CA3013」を発表して，自社製テレビに採用したこともあり，日本のテレビメーカー各社はモノリシックICを含めたカラーテレビ回路のIC化に積極的に取り組んでいた．とりわけ民生用機器が電子産業の中心にあった日本では，カラーテレビの成長期とICの立ち上げ時期が重なっていたことは，重要な意味を持っていた．潜在的な市場規模と期待される成長率から民生用電子機器の中心にあった点からすると，カラーテレビがICの主たる用途として想定されたのは，いわば自然な流れであった．

　さらに，RCAは1970年頃にカラーテレビへのICの応用手法である「サーキット・モジュール」を発表する．「サーキット・モジュール」は，カラーテレビの主要な回路のすべてをハイブリッドIC技術でモジュール化を図るという点で，当時としては画期的な技術であった．このRCAの動きに対して，当時の米国のテレビ市場においてRCAと並ぶ地位にあったゼニス・ラジオはテレビ用回路厚膜モジュールに関してRCAから技術供与に関する提携を結んでいる[10]．

　日本でも，テレビ回路のIC化への気運は高まっていた．その背景には，このような米国での動向に加えて，IC産業の成長を側面から支援するために，当時カラーテレビに課されていた物品税がIC化テレビに限って減免される政策的な措置が1970年頃に検討されていたという日本国内固有の事情も存在していた[11]．

　ICに対する期待が高まる状況の中で，実際に各テレビメーカーはハイブリッドICの採用を含めてテレビ回路のIC化を急激に展開する．たとえば，表7-1(a)に示されるように，1971年には当時の主要な画面サイズである18

213

表7-1　1971年と72年の各社主要カラーテレビ（18／20型）の部品構成

(a)　1971年

	モノリシックIC	ハイブリッドIC	トランジスタ	ダイオード	発売月
A社	5	4	23	52	
B	9	8	18	30	1971年6月
C	10	0	21	28	1971年10月
D	10	1	17	22	1971年9月
E	11	0	30	50	1971年8月
F	9	2	17	33	1971年8月
G	11	6	20	59	1971年9月
H	7	8	16	59	1971年8月
I	8	2	17	48	1971年11月
J	16（全IC合計）		18	35	1971年10月
平均	9.38	3.38	19.5	41.13	
標準偏差	1.32	3.2	4.27	13.66	

(b)　1972年

	モノリシックIC	ハイブリッドIC	トランジスタ	ダイオード	発売月
松下電器	8	1	32	58	1972年10月
日立	10	0	36	31	1972年8月
東芝	11	0	28	45	1972年5月
ソニー	9	0	31	43	1972年6月
三洋電機	6	0	43	45	1972年7月
シャープ	5	6	21	50	1972年4月
日本ビクター	6	0	38	48	1972年5月
三菱電機	6	0	32	60	1972年6月
ゼネラル	7	3	61	61	1972年6月
新日本電気	10	0	22	36	1972年5月
富士電機	6	0	40	40	1972年5月
RCA	5	4	23	52	1972年6月
平均	7.64	0.91	34.91	47	
標準偏差	1.97	1.83	10.54	9.27	

注：71年は『テレビジョン』第26巻第10号（1972），804頁より．具体的な社名は非掲載．
　　72年は『日経エレクトロニクス』1973年2月26日号，48-49頁より．
　　71年の平均と標準偏差からはJ社を除外．
　　71年のA社は72年のデータからの対比で，RCAと推定できる．いずれの平均と標準偏差からもRCAは除外．

インチと20インチのカラーテレビの大半には，モノリシックICとハイブリッドICが一気に採用された．

　なかでもゼネラル（現・富士通ゼネラル）はRCAの後を追う形で，ハイブリッドICによる回路のモジュール化に特に積極的に取り組んでいた．その主たる理由は，同社ではモジュール化に対して「トータル・パッケージング」という概念を用いていたことから推察されるように，設計段階から組立工程，検査・調整，あるいは保守修理にわたる広い範囲をモジュール化によって合理化しようとしたことと，同社は総合電機メーカーとは異なりモノリシックICを社外から購入しなければならなかったために，自社における設計の自由度を残しながら回路のIC化を図る方法として，ハイブリッドICをとらえていたことにあった[12]．

　他のテレビメーカーはハイブリッドIC技術に基づくモジュール化をゼネラルほどは積極的に推進したわけではなかった一方で，1970年頃の段階では，回路のモジュール化は他社にとっても重要な検討課題の1つではあった．このような状況のもとで，部品メーカー側でも，カラーテレビ回路へのハイブリッドIC化は期待されていた．たとえば，前述の「電子部品微小化技術研究会」では，70年からは72年にかけて，テレビ回路用のハイブリッドICの試作を行っている．

　また，ハイブリッドICはテレビ用に限らず，電子関連産業全般でも注目を集めていた．前述のように，電子回路へのICの採用によって従来の産業構造に大きな変化が生じる可能性があることに加えて，ハイブリッドICはモノリシックICと比べて技術的にも費用的にも参入がはるかに容易であったために，大手電機メーカーから中堅部品メーカーにわたる多数の企業が開発に取り組んだ．たとえば，1970年の段階で，生産ないし実用化研究を行っていた日本企業は約100社にも上っていた．

　しかしながら，結果からすると，電子機器・部品メーカー側の当初の期待とは異なり，ハイブリッドICに対する需要は低迷する．図7-3には，1970年時点で日本電子工業振興協会（JEIDA．現・電子情報技術産業協会）が予測したハイブリッドICの需要予測と，ハイブリッドICとモノリシックICの生産金額の実績値が71年から75年の範囲で描かれている．この図からは，

図7-3　1970年時点でのハイブリッドICの需要予測と実際の生産金額

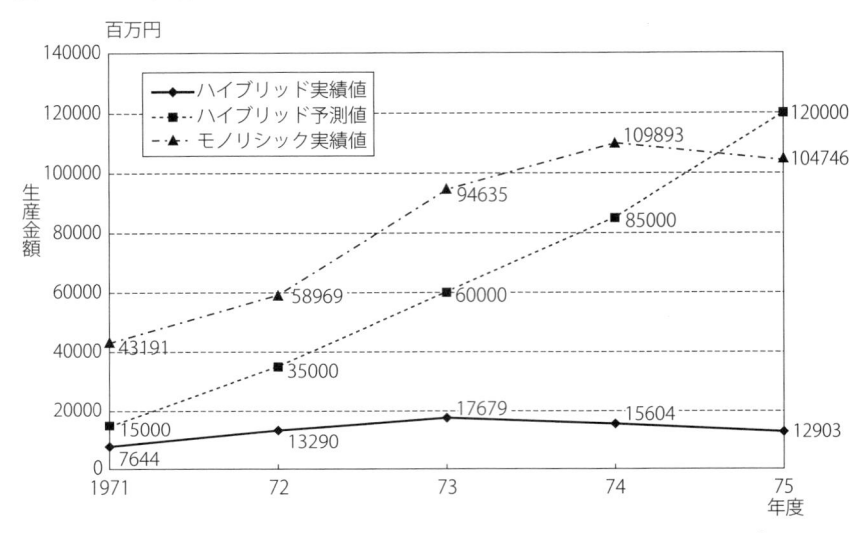

(百万円)

グラフのデータ:
- ハイブリッド実績値: 1971年 7644, 72年 13290, 73年 17679, 74年 15604, 75年 12903
- ハイブリッド予測値: 1971年 15000, 72年 35000, 73年 60000, 74年 85000, 75年 120000
- モノリシック実績値: 1971年 43191, 72年 58969, 73年 94635, 74年 109893, 75年 104746

注：予測値は日本電子工業振興協会調査，実績値は通商産業省（当時）統計による．『電波新聞』昭和46年6月5日，『機械統計年報』各年版から作成．

　まずハイブリッドICでは年率7割程度の急成長が見込まれていたという点がわかる．実際にモノリシックICでは，ハイブリッドICの予測値ほど高くはなかったものの，第1次石油危機が生じる前までは，年間25％程度の成長率を維持していた．ところが，ハイブリッドICの実績成長値では，予測値をはるかに下回っていたことに加えて，73年には早くも生産高が減少し始め，75年時点では予測値と実績値の間で10倍近い差が生じている．一般的に業界団体は楽観的な予測を公表しがちであることを加味したとしても，グラフの形状と絶対的な値の違いから，予測とはまったく異なる状況が最終的に生じたことを読み取ることができる．

　このような需要の低迷により，ハイブリッドICに対する企業側の関心は急激に低下していく．実際に，研究開発や事業からの撤退も進み，1973年には実際に生産を行っている企業で28社，研究活動を行っている企業を含めても40社弱にまで落ち込んだ．

　ハイブリッドICの需要が低迷した主たる理由の1つは，コストが低下し

ない点にあった．ハイブリッドICの生産コストは，同様の回路を個別部品でプリント基板上に組んだ場合と比べて，2割から5割増しであったとも，2～3倍であったともいわれる[13]．また，主たる用途として想定されていたカラーテレビでは，コストの問題に加えて，IC化テレビの物品税が廃止にならなかったこともあり，回路のIC化は後退していく．表7-1(b)に示されるように，1972年にはIC，とりわけハイブリッドICの使用個数が，前年である71年の機種と比べて減少に転じ，逆にトランジスタやダイオードなどの個別部品の使用個数は増加していた．カラーテレビでは，ハイブリッドICによるモジュール化を進める代わりに，コストや故障率，性能向上などで有効な箇所だけモノリシックICを使って，その他の回路はプリント基板に個別部品を挿入する方策がとられたということである．音響機器など他の用途でも，パワーアンプなど限定的な領域を除くと，ハイブリッドICが積極的に用いられることは少なかった．

1960年代から70年代中頃にかけてのハイブリッドICを中心とする状況は，次のようにまとめることができる．もともとハイブリッドICはモノリシックICと同様に，回路・素子の小型化を目的として開発されていた．しかし，その後，ハイブリッドICはモノリシックICと直接的に代替する技術ではなく，モノリシックICを含めた個別部品を取り込むモジュールの手法として，その技術を活用する方向での展開が試みられることになる．だが，ハイブリッドIC自体は一時期注目を集めるものの，コストなどの問題によって中核技術として浮上することはなかった．

1975年頃には，ハイブリッドICはモノリシックICの生産高の1割程度であり，当初の期待とは異なるマイナーな地位を占めるにすぎなかったことから「1割産業」と揶揄されたこともあった．しかし，独立した素子としてのハイブリッドICの重要性は，少なくとも量的な側面でいえば，「1割産業」の地位からも後退していった．図7-4に示されるように，日本のIC総生産量に占めるハイブリッドICの比率は，金額ベースで72年をピークに減少し，70年代後半は10％程度で推移したものの，90年頃には8％まで低下していった．さらに生産量では，72年をピークとして80年頃まで徐々に低下し，それ以降90年代初頭にかけては4％程度を占めるにすぎない状況が生じ

図7-4 IC総生産量に占めるハイブリッドICの比率

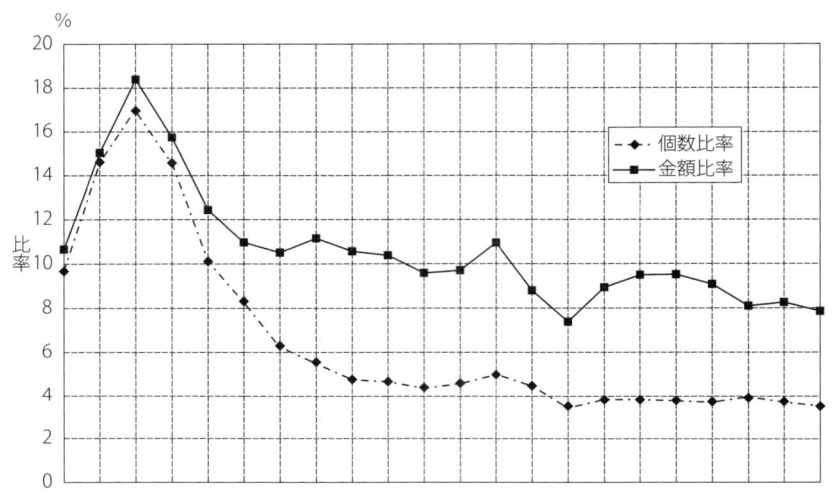

注:『機械統計年報』各年版から作成.

ていた.

プリント基板とインサート・マシン

先述のように,1970年代初頭にハイブリッドICを使ったモジュール化に代わって主として用いられたのが,プリント基板に部品を挿入して回路を構成する方法である.ここでは,その中心となるプリント基板と,プリント基板に部品を挿入する工程において自動化・合理化の手段として導入されるインサート・マシン(部品挿入機)について,概略を見ておきたい.

プリント基板の原型はすでに大正時代に発明されており,日本でも昭和初期に開発が試みられている[14].しかし,プリント基板の採用は,第二次世界大戦中の欧米において,軍事用機器の回路で本格化する[15].特に米国では陸軍の研究所と前述の米国標準局が積極的に開発を推進し[16],電子機器の小型化の先駆けともいえる近接信管(proximity fuse)の製造などにプリント基板が取り入れられていった[17].また,このような動きの中で,プリント基板を利用した自動組立による軍事電子機器の量産を目的として,主要なはんだ

付け工法の1つであるフロー式はんだ付け法も米国陸軍の研究所で，この頃開発されている[18]．

　第二次世界大戦の終結後には，プリント基板は民生機器でも採用されていく．日本でも，1953年に東京通信工業（現・ソニー）がラジオに採用したのを皮切りに，50年代中頃には各社が実用化に向けて取り組んでいた[19]．プリント基板が民生機器にも使われ始めた主な理由としては，小型化や高信頼化，あるいははんだ付け工程の自動化などによる合理化に適していたといった点を挙げることができる[20]．導線を使って個別に部品を結合する必要がある従来の方法とは異なり，プリント基板を用いることによって，作業効率が上がるとともに，誤配線の可能性も低減するからである．また，真空管などと比べて部品のサイズが小さいトランジスタは，プリント基板との適合性が高く，日本ではラジオ回路のトランジスタ化を契機として，電子機器を構成する重要な部品としてプリント基板は普及し始めた．

　一般にプリント基板とは，積層板と呼ばれる基材の上に，銅などの導電体で回路を形成したものを指す．基材には，汎用コンピュータなど精度を必要とする場合はガラスを樹脂に配合した「ガラスエポキシ基板」が，精度はそれほど必要とせずコスト的な制約が強い民生用機器（ラジオやテレビなど）には紙と樹脂を組み合わせた「紙フェノール基板」が，それぞれ多用されてきた．また，銅箔で回路を形成する方法では，銅をエッチングによって回路として必要とする箇所を残す「サブトラクト法」が1940年に実用化され，必要な箇所に銅箔を張り付ける「アディティブ法」は64年に開発されている．

　銅箔で回路を構成し，特にサブトラクト法では銅箔部分をエッチングで溶出させる方法で回路を形成することから，日本ではエッチング技術やメッキ技術を持っていた銘板加工メーカーがプリント基板製造の領域に進出した場合が少なくなかった．そのために，日本のプリント基板産業は，金属加工技術を有していた独立系の中小企業を中心として発展してきた．特にプリント基板の高密度化が始まる時期である1974年の段階では，従業員300人以下の企業がプリント基板全生産額の60%を占めていた[21]．言い替えれば，とりわけ民生用電子機器においては，プリント基板は回路と生産工程の合理化に貢献する一方で，技術的に重要な部品だという認識は乏しかったといえよう．

次節から見ていくプリント基板回路の高密度化にしたがって，電子機器の構成要素としてのプリント基板の重要度は高まることになる．それに先行する形で，プリント基板は量的な側面での重要度は上昇していた．たとえば，電子機器の総生産額に占めるプリント基板の生産額の比率は，産業用では1967年の1.22％から71年に2.10％，75年に2.30％，79年には3.87％まで，民生用では67年の0.69％から71年に0.94％，75年に2.16％，79年には3.77％まで，それぞれ上昇している[22]．

　先に触れたように，プリント基板の採用は生産工程の合理化を進めるための1つの方法である．さらにプリント基板を使った回路組立工程を合理化する手法の1つが，インサート・マシンによる工程の自動化であった．インサート・マシンはプリント基板に空いている穴にリード線を挿入する工程に用いられる機械である．そのために，（片面）プリント基板を用いることがインサート・マシンを導入するための前提条件となる．また，真空管などの大型で壊れやすい部品は工程の機械化が当時のロボット技術では不可能であったために，トランジスタやダイオード等の半導体が回路に採用されなければ，インサート・マシンを導入したとしても，基板組立工程全体の生産性を上げることは難しかった．

　日本国内でインサート・マシンの導入は，1962年の松下電器産業（現・パナソニック）テレビ事業部において固定抵抗器の挿入工程に始まっている．この時点で用いられたのは，工程の自動化による生産コストの低減をいち早く開始した米国製のインサート・マシン「ダイナサート」であった．この時点でのインサート・マシンの主要メーカーは，米国のUSM社（United Shoe Machinery）とUI社（Universal Instruments）の2社に限られていた[23]．また，インサート・マシンの国産化は，同じく松下電器が1967年に社内向けに開発し，71年に外販を開始したことに始まる[24]．

　インサート・マシンの開発と実用化では，米国企業が先行していたものの，実際の生産工程での合理化を前提として導入するには，解決すべき問題を抱えていた．まず，当時のインサート・マシンは高価でかつ大型の機械であり，人手を使った工程と比べて，大量生産品でない限りは生産コストの低減が実現できるとは限らなかった．

また，当時のインサート・マシンは対応できる部品の形状が限定されていた．この問題は幅広い工程に導入するための障壁になっており，日本でのインサート・マシンの技術開発，ひいては高密度実装技術でのいくつかの要素技術の開発と関連していることから，ここで簡単に触れておきたい．

リード線のついた一般電子部品（かつて主流であった部品）はその形状から「アキシャル・リード（同軸）部品」と「ラジアル・リード（非同軸）部品」と「異形部品」の3つに分けることができる．トランス（変圧器）などの特殊な形状をした異形部品を除けば，一般部品はアキシャルか，ラジアルのいずれかに分類される．アキシャル部品とはリード線が部品の両側から出ている部品であり，ラジアル部品とはリード線が部品の一方向だけに出ている部品である（図7-5 (a)と(b)の上の図を参照）．広く用いられる部品でいえば，抵抗器はアキシャル部品にあたり，コンデンサやトランジスタはラジアル部品にあたる．

工程の機器と部品の形状との関係で問題となったのは，初期のインサート・マシンはアキシャル部品だけに対応していたことである．リード付部品をインサート・マシンで挿入するには，各部品はテープで両端を止める「テーピング」がふつう施される．そのために，アキシャル部品専用のイン

図7-5　部品の形状と自動挿入用テーピング

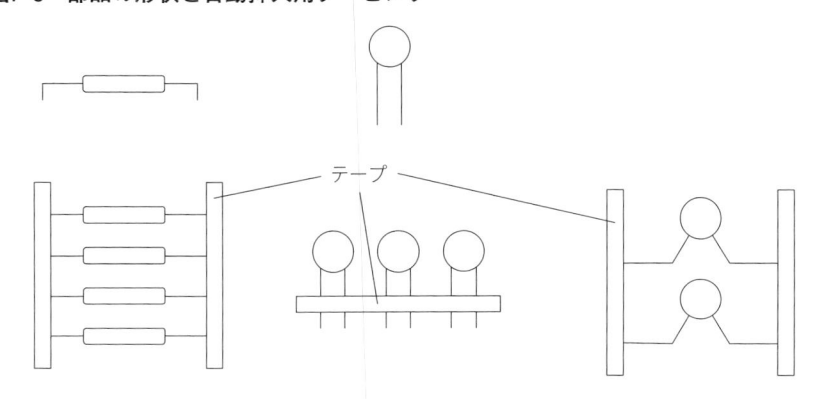

（a）アキシャル・リード部品とアキシャル部品挿入機用テーピング　　（b）ラジアル・リード部品とラジアル部品挿入機用テーピング　　（c）ラジアル・リード部品のアキシャル部品挿入機用テーピング

サート・マシンでラジアル部品を自動挿入するには，アキシャル部品と同様の形にリード線を変形させてテーピングを施さなければならなかった（図7-5(c)参照）．抵抗器やコンデンサのような受動部品の価格は当時でも1個数円であった一方で，この処理には，1975年頃で部品1個あたり60銭程度かかるとされていた[25]．また，ラジアル部品をインサート・マシンに対応した形状にすることで，リードが長くなり，テレビなどで高周波を扱う回路では技術的な問題が生じる場合もあった．これらの問題から，特殊な処理をしてまで挿入工程の自動化を図ることは必ずしも合理的だとはいえず，インサート・マシンは事実上アキシャル部品専用の機械だったのである．しかも，インサート・マシンの信頼性はそれほど高くなかったこともあり，第1次石油危機以前の日本ではインサート・マシンの導入はそれほど進まなかった．

第2節のまとめ

本節では，現在の高密度実装技術の主要な要素やその源流を構成している技術・製品について，1975年頃までの状況を中心に概略を見てきた．議論を単純化すると，図7-6のように示すことができる．

微小な個別部品を小さな基板上に装着して回路を構成するハイブリッド

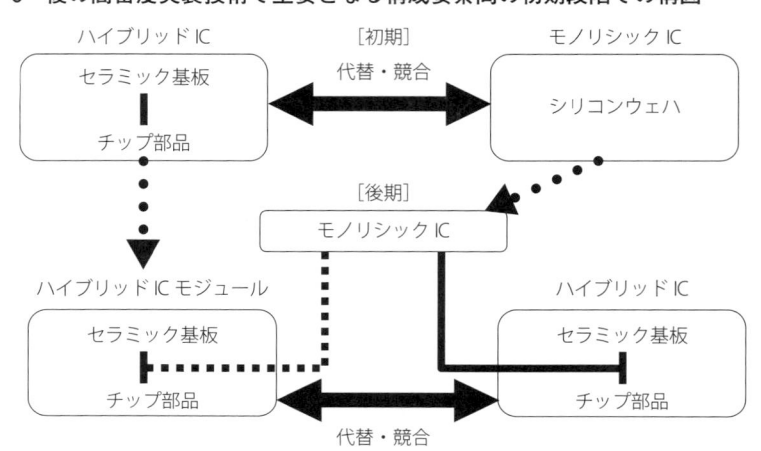

図7-6　後の高密度実装技術で主要となる構成要素間の初期段階での構図

ICの源流は，第二次世界大戦後の米国で開発された「マイクロ・モジュール」に求めることができる．だが，マイクロ・モジュールやその発展型であるハイブリッドICの重要性は，モノリシックICの開発と発展により，徐々に低下していく．

そこでハイブリッドICの活路の1つとして考えられたのが，モノリシックICを含めた形でのモジュール化である．しかし，モノリシックICの技術革新が進んだことに加えて，ハイブリッドICの生産コストが低下しなかったことから，ハイブリッドICの主たる用途として考えられていたカラーテレビを中心として，プリント基板を使った回路構成がハイブリッドICの代わりに選択されていった．

ただし，プリント基板は民生機器でも用いられるようになってきたものの，当時大量に用いられていた基板の生産にはそれほど高度な技術は必要とされていなかった．また，プリント基板を用いた組立工程を合理化するための手段であるインサート・マシンは，日本でも1970年頃から採用され始めてはいたものの，扱うことができる部品の形状が限定されていることもあり，その時点ではあまり普及していなかった．回路の小型化と，自動機械の導入による工程の合理化が本格化していくのは，第1次石油危機以降である．

3 高密度実装技術における〈構造〉の生成

ラジアル部品の自動挿入

1973年末に第1次石油危機が勃発すると，経済情勢は世界的に大きな変動を迎える．日本の電子産業も例外ではなく，大半の製品や部品の生産量は落ち込み，各社はその対応に迫られた．その一方で，高密度実装技術を構成する要素技術は，少なくとも事後的にみれば，この第1次石油危機を経た結果として生み出されてきた側面も少なくない．

第1次石油危機で生じた業績低迷への電子機器メーカー側での対応の1つが，工程の合理化である．たとえば，当時の主力製品であったカラーテレビ

図7-7　1975年頃のテレビと音響機器における使用部品点数の比率

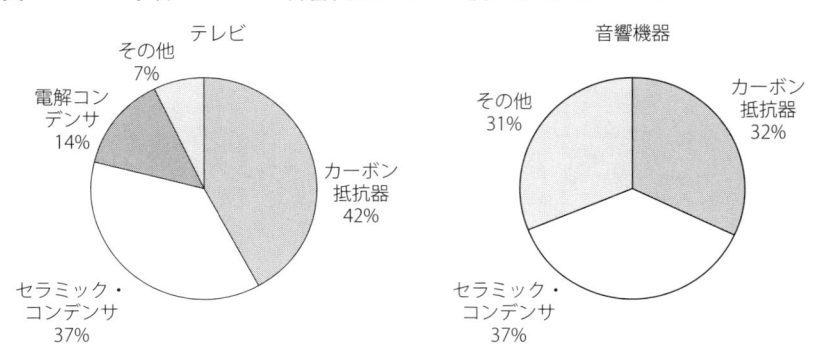

テレビ
- カーボン抵抗器 42%
- セラミック・コンデンサ 37%
- 電解コンデンサ 14%
- その他 7%

音響機器
- カーボン抵抗器 32%
- セラミック・コンデンサ 37%
- その他 31%

出所：『電波新聞』1976年8月5日．

の生産工程には，第1次石油危機を契機として，インサート・マシンが大量に導入されている[26]．ただし，前節で触れたように，当時のインサート・マシンはアキシャル部品のみに対応していたために，自動化によって実現可能な合理化は限られていた．当時のテレビや音響機器では，電子部品が400個から600個ほど使われていたが，そのうちアキシャル部品は4割程度にしかすぎず，テレビで150〜200個に上るコンデンサなどのラジアル部品には，有効なコスト削減の手段としてインサート・マシンを用いることができなかったのである（図7-7）．

このような問題を解決するために，ラジアル部品の自動挿入の実用化に向けた複数の技術が開発されていく．そのうち，主だった方策は次の2つである．

その1つの方法は，ラジアル部品を加工することなく扱えるインサート・マシンの開発である．たとえば，大手部品メーカーである東京電気化学工業（現・TDK）はラジアル部品用挿入機「アビサート」を1975年に発表した．このインサート・マシンはラジアル部品を扱うことができる初の国産機であるだけでなく，ラジアル部品でもリードを折り曲げる工程を必要とせずに，直接挿入できる機構を持っていた．松下電器でも，同様のラジアル部品用インサート・マシンを74年には内製化しており，77年頃には外販も開始している．これらの先行した2社はラジアル部品用インサート・マシンの特許に関

するクロス・ライセンスを締結していた．また，アキシャル部品と同様に，テーピングが施されたラジアル部品（図7-5(b)参照）の供給も開始されるなど，ラジアル部品用インサート・マシンに対応した環境の整備も進められた．

　もう1つは，部品の形状を改良することで，インサート・マシンで生じる問題を解決する方法であった．大手部品メーカーである太陽誘電は，1976年に「軸方向リード円筒型セラミック・コンデンサ」の量産化を発表した．このセラミック・コンデンサはアキシャル部品専用の自動挿入機をそのままコンデンサに転用するために，従来の円板上の形状（図7-5(b)参照）をカーボン抵抗器と同一の円筒型（図7-5(a)参照）にするとともに寸法も揃えて，リードを横方向から出すものである．そもそもコンデンサが抵抗器と形状が異なる理由は，主として技術的な問題による．これに対して，太陽誘電は1973年から74年にかけて，無電歪材料とストロンチウム系半導体セラミック・コンデンサ用材料という新たに開発した2つの新しい材料を応用することによって，コンデンサの形状変更を実現している．「今後セラミック・コンデンサは当社が新開発したタイプが主流になり，将来は7割までこのタイプが使われる」という強気の見解を示していた同社は，円筒型セラミック・コンデンサの専門工場を着工し，翌77年9月に量産化を開始している[27]．

　このように，部品挿入工程の自動化で隘路となっていたラジアル部品の問題に対しては，インサート・マシン側での技術開発と部品側での技術開発という2つの異なるアプローチによる解決が具体的に提案されていた．ただし，この2つのアプローチのいずれかが初期段階から急速に立ち上がったわけではなかった．太陽誘電は，1977年の量産開始時点で月産5000万個，78年春時点で月産1億個というアキシャル・リード型セラミック・コンデンサの生産計画を発表していた．しかし，同社によれば価格的にはラジアル型部品と「ほぼ同等」であったにもかかわらず，79年初頭でも月産4000万個にとどまっていた．この生産量は79年当時のセラミック・コンデンサ国内総生産量の4％程度にすぎず，公表数値が強気であることを割り引いても，予想したほど需要は伸びていなかった．他方，TDKや松下電器が開発したラジアル

部品用インサート・マシンも，初期段階ではセラミック・コンデンサ以外のラジアル部品がテーピング形態で供給されていなかったこともあり，77年時点ではアキシャル部品用インサート・マシンの2割程度しか普及していなかった．

　その後，1978年頃からは，インサート・マシン側での対応がラジアル部品の標準的な自動化手法として定着していくことになる．77年11月には，ラジアル部品のテーピング仕様がアキシャル部品と同時に日本電子機械工業会（EIAJ．現・電子情報技術産業協会）で規格化された．EIAJによる規格化はJIS（日本工業規格）の前段階にあたり，公的標準化につながるものであった．したがって，ラジアル部品のテーピング規格がEIAJ規格として制定されたことは，ラジアル部品用インサート・マシンの公式的な制度化が始まったことを意味していた．実際に，EIAJでの規格化を受ける形で，78年頃からは，フィルム・コンデンサや電解コンデンサでも自動挿入機に対応する処理を施した部品が量産化されていった．

　こうした状況を背景として，ラジアル部品対応型インサート・マシンは，1978年半ばにはアキシャル用インサート・マシンの3分の1程度にまで普及が進む．さらに，ラジアル部品対応型インサート・マシンの需要が徐々に増大してきたことにより，他の装置メーカーからの参入も進み始める．たとえば，米国でインサート・マシンの2大メーカーであったUSMやUIも，TDKや松下電器に追随する形で，ラジアル部品に対応したインサート・マシンを発表する．USMは開発遅延により最終的には製品化を断念したが，UIは78年に発売を開始した．また，78年の後半には，工作機械メーカーであり，後にマウンタの大手メーカーとなる富士機械製造が，ラジアル部品も扱えるインサート・マシンを開発し，新たに参入している．

　以上のように，第1次石油危機への有力な対応手段として焦点が当てられたラジアル部品の挿入自動化では，インサート・マシン側での技術開発による対応が，部品の改良による対応よりも支配的になっていく．ただし，高密度実装技術の発展過程では，この2つの技術がプリント基板への部品挿入自動化とは異なる形で関係してくることになる．この点については，後ほど見ていきたい．

電卓における小型化技術の発展

　第1次石油危機を挟んだ1972年から約5年程度の間には，テレビや音響機器をはじめとする生産工程の合理化とは異なる形で，半導体を中心とする日本の電子産業に大きな影響を与えた事象が生じていた．電子式卓上計算機（電卓）における各メーカー間の価格・性能競争である．電卓をめぐる事象は，経営学者の間でもたびたび取り上げられてきた（たとえば新宅, 1986；沼上ほか, 1993；Amikura and Shintaku, 1996）．日本の電卓産業では，「電卓戦争」とも呼ばれるほど熾烈な競争が展開されるとともに，マイクロ・プロセッサや液晶表示装置など，後の電子産業で重要な役割を果たす技術が開発されていった．本章で中心的に検討する電子機器の小型化技術についても，激しい企業間での競争を背景として，結果として開発が進むことになる．ただし，電卓における小型化技術は，部品点数などの関係で，高密度実装技術と一般に呼ばれるものよりも，単純なものであった．

　日本の電卓産業に大きな影響を与えた製品の1つは，1972年8月発売の「カシオミニ」である[28]．この製品の特徴は，表示桁数を6桁（最大演算桁数は8桁）に抑える代わりに，当時としては破格の定価12800円で発売されたことにあった．カシオミニは発売から10ヶ月で100万台を突破し，さらに73年だけで当時の電卓総生産台数の2割弱となる160万台の売上を記録して，カシオ計算機を電卓のトップメーカーに押し上げる原動力となった[29]．ただし，この機種は大幅な安さをセールスポイントとしていたこともあり，論理回路に1チップPMOS，表示部に蛍光表示管，プリント基板には民生用として一般的な片面紙フェノール基板をそれぞれ用いる構成となっており，目新しい技術が採用されていたわけではなかった．

　カシオ計算機が推進した低価格化に対して，電卓の小型化による製品差別化を志向したのが，シャープである[30]．同社は電卓の製品差別化にあたって，「COS」（Calculator On Substrate），すなわち「基板上の計算機」という設計思想を掲げた．可能な限りの小型化を達成するために，LSIや電源部，表示素子などから構成される回路を1枚の基板上にまとめるというのが，「COS」の基本的な考え方であった．

「COS」という考え方に基づく最初の製品が，1973年4月に発売された「エルシーメイト EL-805」である．この電卓は21mmと当時としては画期的な薄さを実現する一方で，定価はカシオミニの2倍以上になる26800円に設定された．つまり，圧倒的な薄さを実現することで，汎用部品を組み合わせた完成品とは異なる製品を実現し，価格競争から脱却しようとしたのが，この製品である．薄さを実現した背景には，それまでの電卓とは異なる技術の採用が存在していた．そこでは，厚みを抑えるために紙フェノール基板に代わってガラスエポキシ基板が用いられ，薄膜蒸着技術や厚膜印刷技術などハイブリッド IC と密接な関係にある技術（前者は薄膜ハイブリッド IC，後者は厚膜ハイブリッド IC で用いられていた）を駆使して，その基板上に電源である単三電池以外のほぼすべての部品が実装されている[31]．また，表示素子として液晶が電卓としてはじめて用いられ，演算回路には CMOS-LSI が採用された．液晶や CMOS の特徴は省電力でかつ小さい点にあり，「COS」の基本的な考え方に合致していた．シャープは EL-805 を皮切りに，新技術を用いた薄型電卓を市場に投入していく．たとえば，75年4月には，折り曲げ可能なポリイミド系のフレキシブル・プリント基板を用いた厚さ9ミリの手帳型電卓を発売する．

1975年頃には，以上のような製品での技術革新が生じていた電卓に加えて，電子化の進展によって薄型電卓と類似する技術が用いられていた腕時計とカメラの領域では，「フィルム・キャリア方式」というモノリシック IC を装着する技術が着目されるようになっていた．本来のフィルム・キャリア方式とは，パッケージに入れる前段階でウェハが剥き出しの IC である「ベアチップ」を耐熱性のある長尺の絶縁フィルムに装着した上で，そのフィルムをリールに再度巻き取り，リードフレームとベアチップを接合するその後の工程で1個ずつ熱圧着する技術である．フィルム・キャリア方式という呼称はチップの搬送用具（carrier）としてフィルムを用いることに由来しており，現在では「TAB」（Tape Automated Bonding）と一般には呼ばれている．

フィルム・キャリア方式はもともと労働集約的な IC のワイヤ・ボンディング工程の合理化と信頼性向上の手段であり，その原型はジェネラル・エレ

クトリック(GE)が半導体事業から撤退する直前の1960年代後半に開発した「mini MOD方式」といわれる[32]．半導体後工程の合理化手段としてのフィルム・キャリア方式は，75年前後に主として米国で注目を集める．ただし，フィルム・キャリア方式は大量生産型工程でのコスト低減に向いていたこともあり，多品種少量生産を志向していた日本の半導体メーカーがボンディング工程の合理化において最終的にとった手段は，ボンディング工程をそのまま自動化することであった．日本でフィルム・キャリア方式が注目されたのは，むしろモノリシックIC/LSIを回路基板に装着する応用技術としての側面である．

　製品技術としてフィルム・キャリア方式を本格的に採用したのは，電卓メーカーであり半導体メーカーでもあるシャープであった．フィルム・キャリア方式を日本で製品として実用化した電子機器である電卓「EL-8020」を1976年3月に発表する[33]．この電卓は，厚さ7mm，消費電力0.01Wと，前出の「COS」思想を推し進めたもので，当時としては画期的な製品であった．その後，シャープは電卓の製品技術をさらに展開するとともに，フィルム・キャリアによる工程の自動化も積極的に推進した．同社は78年にフィルム・キャリア方式を活用することで，電卓の内装生産の完全自動化を図り，歩留まりも飛躍的に引き上げ，さらに80年には電卓の生産ラインを包装・箱詰めまで含めた工程の完全自動化を実現している．

　このように，電卓の生産工程においてフィルム・キャリア方式は大きな役割を果たした．その一方で，フィルム・キャリア方式は電卓以外の分野ではその後しばらくの間は積極的に活用されることはなかった．フィルム・キャリア方式が見直されたのは，液晶の生産やLSI実装の高密度化のための技術として，フィルム・キャリアの流れをくんだTABが注目された1980年代後半頃である．電卓での競争に勝ち残ったシャープやカシオ計算機はTAB技術を先行して蓄積していった．しかし，フィルム・キャリア方式が見直されるようになったのは，その技術自体が高密度実装技術を発展させたというよりは，むしろ高密度実装技術全体が別の形で発展してきたことに負うところが大きい．

　電卓の実装技術についても，高密度実装技術の基本構造にはそれほどは寄

与しなかったように思われる．初期の電卓では，小型化を目指しながらもチップ部品などの一般部品を混載していた．しかし，その後は半導体技術の発展によって，電卓の部品はLSIの中に取り込まれて，基本的には専用LSIと表示素子（液晶）と電源部（薄型電池，のちに太陽電池）とキー（ケース）という単純な構成となる．

　半導体や液晶，さらには小型電池における技術の発展に対して，応用製品であった電卓が大きな役割を果たしたであろう一方で，電卓で培われた電子機器の実装技術が展開できる範囲は，相対的に限られていた．「LSI－液晶－電池」という小型化・省電力化をめぐる製品技術と生産技術のつながりが堅固であり，かつ小型で比較的単純なデジタル回路で構成される電子機器でのみ応用可能であった．高密度実装技術の基本的な構造は，電卓での小型化技術の発展と並行して，別の形で生まれていく．

ハイブリッドIC技術を活かした回路・素子の低コスト化

　前節の後半に記したように，部品を組み合わせて回路を形成するハイブリッドICは，当初の期待に反して，大きく成長することはなかった．その主たる理由はハイブリッドICのコストが低下しないために，一般的な製品では採用する利点を見いだしにくい点にあった．そこで，ハイブリッドICの技術を活かしながら，コスト削減を図った部品・素子が1970年頃から70年代半ばにかけて開発されていく．

　その初期段階の成果が「印刷抵抗基板」である．印刷抵抗基板とは，プリント基板上に抵抗器をあらかじめ形成することで組立時の省力化を意図した部品である．印刷抵抗基板で用いられる金属ペーストには，低温焼成可能なものが用いられる．そうすることで，ハイブリッドICのようにコストが高いセラミック系（アルミナ）基板だけではなく，民生用機器に一般に用いられていた紙フェノール基板やエポキシ基板の上にも抵抗を形成することが可能となる．コストが相対的に低いこれらの基板を用いることによって，精度には問題があるものの，生産コストは低く抑えられるという特徴を，印刷抵抗基板は有していた．

　印刷抵抗基板が注目され始めたのは，1970年代前半である．印刷抵抗基板

では，固定抵抗器の大手メーカーであり，ハイブリッドICにも進出していた北陸電気工業が先行していたが，74年には一般部品の大手メーカーでもあった松下電器産業（76年に松下電子部品として分社．現在のパナソニックエレクトロニックデバイス）が参入を発表するなど，抵抗器メーカー各社はハイブリッドIC技術を活かしながらコストの低減を図る印刷抵抗基板の事業化を開始していった．

　さらに，印刷抵抗基板の技術を応用して部品の機能を高度化したものが，回路素子である．回路素子とは，容量の小さい抵抗器だけを印刷して，コンデンサやトランジスタなど他の部品はチップ部品を装着し，さらに基板には精度が必要なものを除いて樹脂基板を用いて回路をブロック化することで，1つの部品を構成したものである．

　回路素子はハイブリッドICほどの集積度はないが，回路の高密度化に貢献する要素を含んでいた．また，集積度が低い分だけ生産が容易であり，かつ樹脂基板を採用するなどコスト低減を可能にするものでもある．このような点から，ハイブリッドICにより近い機能を低コストで実現したものとして位置づけることもできる．また，セット・メーカー側では，集積化された分だけの工程数は削減されるために，工程の合理化に間接的に寄与するという利点もあった．代表的な回路素子は1974年に松下電器が開発し，77年から松下グループ外部への販売を開始した「ハイミック」である．松下電器のハイミックでは，生産工程を自動化すると同時に，コンピュータの導入で設計期間を短縮するなどの新しい発想が取り入れられていた[34]．

　結果からいえば，印刷抵抗基板や回路素子のようなハイブリッドICの技術を応用しつつコスト低減を図ろうとした技術は，それなりの成果はあげた．たとえば，このような発想の延長線上にある部品は，その後も利用されている．しかし，ハイブリッドIC技術の応用は，素子レベルにとどまるものではなかった．その後の技術革新で中心的に取り組まれることになったのは，ハイブリッドICのために開発されたチップ部品を用いて，製品の母基板自体を「ハイブリッド化」する方法である．

　コストが相対的に低い非セラミック系の基板にチップ部品を装着する技術という点では，印刷抵抗基板や回路素子とその後の高密度実装技術は一致す

る．しかし，1部品を形成する技術なのか，電子機器の回路技術なのかという点では，両者の位置づけは異なっていた．少なくとも事後的にみるならば，その差が一種のニッチ領域を形成する技術なのか，多くの電子機器を支える中核技術となるのかという点で，技術としての発展経路において質的な相違が存在することになったのである．

携帯ラジオにおける技術革新：高密度実装技術での基本構造の生成

高密度実装技術の原型を結果として形成することになったのは，松下電器産業（当時）が1977年5月に発売した「ペッパー」という中波専用ラジオである．このラジオは厚さ13mmと従来製品の約半分に抑えた点で，当時としては画期的な製品であった．

この「ペッパー」が開発された背景には，台湾をはじめとする当時の開発途上国の追い上げがあった[35]．とりわけ，回路構成が単純な中波専用のトランジスタ・ラジオでは，既にアジア諸国への生産拠点のシフトが生じていた．図7-8に示されるように，国内におけるラジオの生産台数は1970年をピークに減少に転じ，逆にラジオ1台あたりの平均出荷価格は上昇してい

図7-8　日本におけるラジオ生産台数と平均単価の変遷

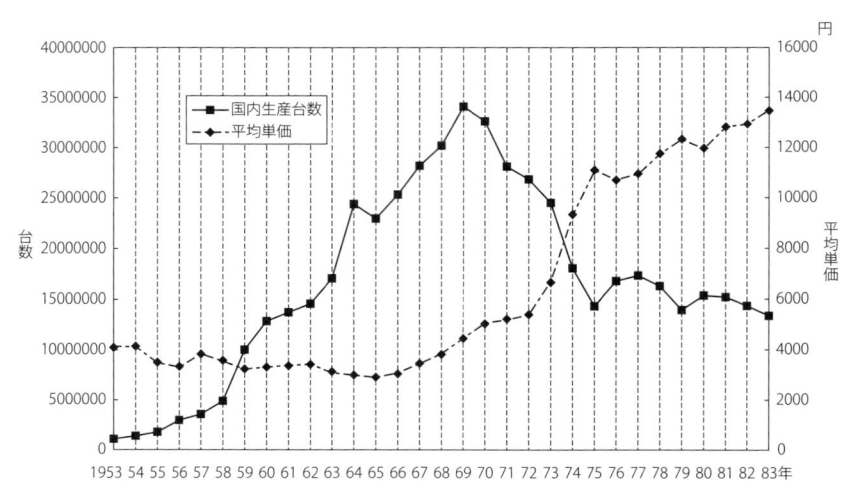

注：『機械統計年報』より作成．平均単価はデフレータ修正済．

く．このような現象の背景としては，その後にテレビをはじめとする他の民生用電子機器で生じた現象と同様に，安価で技術的に簡単なラジオは海外から輸入して，付加価値が高い製品に限定して日本国内で生産を継続するという構図が想定できる．その高付加価値で製品差別化を実現する方法の1つとして考えられたのが，従来のポータブル・ラジオとは異なる水準での小型化であった．

「ペッパー」の開発は1973年に開始され，生産工程から部品に至る幅広い領域で抜本的な見直しが行われた[36]．その中心に据えられたのが，より高密度で高速なプリント基板組立を可能とする生産・製品技術の開発であった．そのために，当初から既にハイブリッド IC 用に開発されていたチップ部品を用いることが検討された．

ただし，従来のハイブリッド IC の工法をそのまま適用すると，信頼性は確保される一方で，一般向けのラジオとして許容される水準にコストがとどまらない．そこで，(1)プリント基板には紙フェノール基板を用いる，(2)はんだ付け後の洗浄およびオーバコート（樹脂による部品の封止）は行わない，(3)チップ部品とリード付部品を同時にはんだ漕に浸漬する従来の方式（「ディップ式」）ではんだ付けする，という3つの基本方針が打ち出された[37]．

しかしながら，このような方策は信頼性に重大な問題をもたらすと考えられていたために，それまでに検討されなかったことでもある．特に紙フェノール基板とセラミック製のチップ部品の間に熱膨張係数に大きな差がある点は，十分に検討すべき問題であった．チップ部品のはんだ付け工程を自動化する場合には，現在までに開発されたどの方法を採用したとしても，基板全体が200℃以上の高温にさらされる．その際に，熱膨張係数の差が大きいほど，部品がずれたり基板が破損したりして，接触不良の原因となる．

この熱膨張係数の差をはじめとする信頼性にかかわる7項目については，長期間にわたる試験が繰り返されるとともに，新技術の開発が行われた．たとえば，熱膨張の問題については，はんだの量を少なくするとともに，錫と鉛の配合比率を最適化するといった対策がとられた．

このような技術開発の結果として，1976年に原型が確立したのが「YM 実

装方式」である．「YM」とは，この技術開発の指揮をとった藪崎俊一氏の名前をとった"Yabuzaki Mount technology"の略称とされる．初期のYM実装方式では，抵抗器やコンデンサなどにチップ部品とリード線付部品を混載するとともに，はんだを溶かしたはんだ漕の中に基板をつけてはんだ付けを行うディップ式の自動はんだ付け機と，チップ部品の搭載にものちに「マルチ方式」と呼ばれる一括搭載型の自動チップ部品装着機（チップ・マウンタ）による生産工程の自動化も図られた．その結果，「チップ部品－プリント基板－マウンタなどを使った工程の自動化」というそれまで存在していなかった要素技術の組み合わせが，出現することになる．

この技術を応用したラジオの発売は，ラジオという製品領域でも，また応用可能な他の製品領域でも，大きな反響を呼ぶことになる．「ペッパー」は従来製品の2倍以上の価格であったにもかかわらず，発売から約1年の間にシリーズで70万台を売り上げる[38]．1977年時点でのラジオの国内総出荷台数が395万台であったことから推定すると，相当な割合が松下電器の「ペッパー」で占められたことになる．さらにソニーをはじめとする競合企業も松下電器の成功を背景に薄型ラジオに参入する一方で，松下電器は「ペッパー」の新型機種を開発して投入していった（表7-2）．薄さを中心にするという意味で，電卓と同様の製品開発競争が薄型ラジオの領域で生じたのである．そのような状況を反映して，国内出荷台数に占める薄型ラジオの比率は，東芝が参入する77年12月の時点で20％程度，翌78年中頃には30％程度と拡大していった[39]．

ただし，各社が競って発売した薄型ラジオは，形状的には類似していたものの，用いられている生産技術や製品技術としては異なる側面が存在していた．たとえば，ソニーが1977年11月に発売した同社初の薄型ラジオは，松下電器とは異なり，基板には紙フェノール基板ではなくガラスエポキシ基板が用いられており，チップ部品は用いられずに，代わりに高級型にはICが採用されていた．ガラスエポキシ基板を用いたのは「民生用のフェノール基板ではソリが出るため」であり，チップ部品を用いないのは「プリント基板とチップ部品の熱膨張係数の差が大きいために，信頼性に自信が持てない」とソニーでは考えられていたからだとされる[40]．これらの点は前述のように松

第7章　高密度実装技術の発展過程

表7-2　1977年前後の主な小型（薄型）ラジオにおける製品仕様

発売時期	メーカー	製品名	大きさ（mm）	重さ（g）	受信帯域	価格（円）	備考
1976年3月	松下電器	R-1015	64×108×34	220	AM専用	2600	
1976年11月	松下電器	RF-517	69×130×28	285	AM/FM	8500	
1977年5月	松下電器	R-012	71×127×12.7	130	AM専用	7800	初代「ペッパー」
1977年9月	松下電器	R-015	75×127×15.7	160	AM/FM	12800	
1977年11月	ソニー	ICR-9	62×110×9	99	AM専用	14800	IC搭載
同	ソニー	ICR-7	70×117×12.5	n.a.	AM専用	8800	
1977年12月	松下電器	R-012G	71×127×12.7	130	AM専用	8800	
同	松下電器	RF-015G	75×127×15.7	160	AM/FM	13800	
同	東芝	PR-1290F	70×122×17	190	AM/FM	12800	
1978年3月	ソニー	ICF-10	70×125×12.5	125	AM/FM	13800	IC搭載
同	松下電器	R-011	72×98×14	90	AM専用	5500	イヤホン専用
1978年4月	松下電器	RF-016G	75×137×15.7	172	AM/FM	24800	クロック付き
同	松下電器	R-013	72×98×16.5	110	AM専用	13800	太陽電池電源
1978年6月	松下電器	R-022	68×120×12	132	AM専用	8800	
同	松下電器	R-033	72×127×12	105	AM/FM	14800	IC搭載
1978年7月	ソニー	ICR-D9	70×120×9	120	AM専用	29800	周波数デジタル表示
1978年10月	三洋電機	CX-8185LR	70×127×14.5	125	AM専用	11800	電卓付き
1978年11月	松下電器	R-072	75×140×13.9	156	AM専用	16100	電卓付き

注：『電波新聞』各記事および『日経エレクトロニクス』1978年8月7日号，76-89頁より作成．

下電器で重点的に検討されたことであり，松下側からみれば「あわてて作ったために，間に合わせの技術を使った」ということになる[41]．

　YM実装方式の開発企業である松下電器は，この技術に改良を加えながら，ラジオ以外の製品領域にも展開していく．1978年11月には，紙フェノール基板の代わりにフレキシブル基板を採用した厚さ16.1mmのマイクロカセット・テープレコーダを，79年3月には，同様にフレキシブル・プリント基板を採用した厚さ20mmのカセットテープレコーダ「ダ・ビンチ」を，同7月には大きさは190×31×96mm，重さ670グラムで当時最小・最軽量だったモノラルタイプの小型ラジカセ「旅カセ」を，それぞれ発表した．他にも，CB（市民無線）トランシーバやカーオーディオなどの領域でも，同社は同時期にYM実装方式をベースにした製品を開発している．

松下電器社内でYM実装方式と呼ばれていたチップ部品とプリント基板とマルチ方式チップ・マウンタを組み合わせる技術は，基本的には次の3つの利点を持っていると考えられていた[42]．(1)部品が小型であるために，実装密度を上げて，製品の小型・軽量化が実現できる．(2)部品が小型で短時間に一括装着できるために，大量生産品の生産工程において合理化を図ることができる．(3)リードがなく高周波特性に優れており，通信機器に向いている．このような特性を有する松下電器のYM実装方式は先進的な発想に基づいていたものではあった．その一方で，プリント基板やチップ部品などは従来から存在はしていたものであり，これらの特性が活かすことができる製品領域では，他社でも類似の技術が開発・採用されていく．

　ラジオの次に大規模にチップ部品が取り入れられていったのは，テレビ用電子チューナーである．もともとテレビ用チューナーでは，回転式の電気機械型が主流であったが，1970年代後半になると，電気機械式チューナーは押しボタンで選局できる電子式チューナーに置き換えられていく．たとえば，カラーテレビへの電子チューナーの搭載比率は，76年には5％程度にとどまっていたが，翌77年には5割程度にまで急激に上昇した[43]．このようなチューナーの製品技術の変動を背景として，78年頃からテレビメーカーの内製チューナーや，アルプス電気やミツミ電機などの部品メーカーの外販用チューナーに，チップ部品が採用されていく．その主たる理由は，チップ部品を用いることによって，高密度化による小型化の実現と高周波特性の改善が実現できることにあった．ただし，チップ部品を搭載した初期段階のテレビ用チューナーには，セラミック系基板が用いられており，ハイブリッドICに近い形で用いられていた．プリント基板に置き換えられるのは，80年以降とされる．

　また，松下電器のYM実装方式で実現されたチップ部品－プリント基板－チップ・マウンタの組み合わせは，1970年代後半には，他社でも徐々に採用されるようになっていた．たとえば，1979年には日本ビクターが，紙フェノール基板を使ってチップ部品（抵抗器，コンデンサ，トランジスタ，ダイオード）の採用比率を60％に引き上げた携帯用ビデオカメラ（当時はビデオレコーダとカメラは独立していた）を発売している．

第7章 高密度実装技術の発展過程

第3節のまとめ

この節では，第1次石油危機前後に生じた，高密度実装技術に関連する4つの項目を順に見てきた．4つの事象に共通するのは，石油危機の影響で工程の自動化による合理化が積極的に進められていたことを背景としていたという点である．また，ラジアル部品の自動挿入を除く3項目は，工程の自動化だけではなく，電子機器や回路の小型化を目指していたという点でも共通している．

ラジアル部品の自動挿入と高密度実装技術との関わりについては次節で記すこととして，ここでは電卓とラジオという製品領域で生じたことを中心にまとめておきたい（図7-9）．

電卓では，製品差別化による価格競争からの脱却を実現しようとしたシャープが中心となり，液晶とCMOSを使った電子機器の小型化技術が確立されていった．ただし，電卓で用いられた小型化技術は，フィルム・キャリア方式に代表されるように，製品特殊的な要素が強いものであった．「プリント基板（のちにフィルム基板）－専用LSI－液晶－電池（小型電池と太

図7-9　初期段階の小型化・工程自動化技術の構図（1970年代中頃～後半）

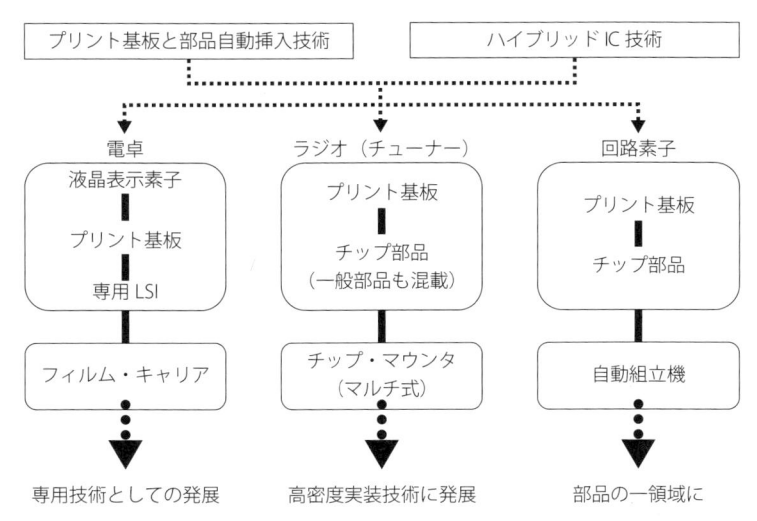

```
        ┌─────────────────────────┐      ┌─────────────────┐
        │ プリント基板と部品自動挿入技術 │      │ ハイブリッドIC技術 │
        └─────────────────────────┘      └─────────────────┘
            ↓           ↓                       ↓
         電卓       ラジオ（チューナー）        回路素子
      ┌────────┐   ┌──────────────┐       ┌──────────┐
      │液晶表示素子│   │  プリント基板  │       │ プリント基板 │
      │プリント基板│   │  チップ部品    │       │  チップ部品  │
      │ 専用LSI  │   │（一般部品も混載）│      │          │
      └────────┘   └──────────────┘       └──────────┘
            ↓              ↓                      ↓
      ┌────────┐   ┌──────────────┐       ┌──────────┐
      │フィルム・キャリア│ │チップ・マウンタ│       │ 自動組立機 │
      │        │   │  （マルチ式）  │       │          │
      └────────┘   └──────────────┘       └──────────┘
            ↓              ↓                      ↓
   専用技術としての発展   高密度実装技術に発展      部品の一領域に
```

陽電池)」という組み合わせは，製品としての電卓やそれらの構成要素の技術の発展には，大きな影響をもたらしたと思われる．その一方で，その実装技術自体は他の幅広い製品領域への転用が困難だと考えられたことから，後の高密度実装技術に与えた影響は限定的であった．

　他方，電卓に少し遅れて実用化されたラジオの小型化技術は，「チップ部品－プリント基板－（マルチ型）チップ・マウンタ」という組み合わせを基本としていた．チップ部品と樹脂基板を組み合わせた回路を自動化機器で生産するという考え方自体は，先に回路素子で実現されてはいたが，そこでは部品の一領域での多様性が増えたにすぎなかった．その一方で，ラジオの小型化技術は電子回路全体の小型化に直接貢献するものであり，少なくとも結果からみれば，その潜在的な汎用性は大きいものであった．また，電卓との比較でも，ラジオの小型化技術の潜在的な転用可能性は大きいものであった．マウンタは新たに開発されているものの，チップ部品やプリント基板はその当時から相対的に入手しやすいものだったからである．実際に最初に開発した松下電器では，ラジオ事業部以外の製品にも YM 実装方式は転用されることになり，また他社でも電子式テレビ用チューナーをはじめとして，同種の技術が広まり始めていた．

4　高密度実装技術における〈構造〉の確立

UHIC 方式の登場：円筒形部品を使った低コスト化重視技術の開発

　松下電器が開発した YM 実装方式は，前述のように，部品の高密度実装，量産品の自動化による生産コスト低減，回路の高周波特性の改善という３点で主に有効だと考えられていた．しかし，この３点は必ずしも常に共存する要素ではなかった．とりわけ部品の高密度実装と生産コストの低減は，場合によっては相反するものでもある．たとえば，前述のように，チップ部品とプリント基板を組み合わせることによって，リード付部品を用いる従来の工程にはない問題が生じることもあり，十分な生産コストの低減が常に実現で

きるとは限らない．このような要因によって，量産品であり，かつ製品の小型化による利点が享受できる場合にしか，YM実装方式は有効ではなかったといえる．

このような問題点を解決する1つの手段として，ソニーが1979年1月に発表したのが，「ユニバーサル混成集積回路」(Universal Hybrid Integrated Circuit) という技術である[44]．英語表記の頭文字をとって，ソニーでは「UHIC方式」と呼ばれていた．

UHIC方式の最大の特徴は，「メルフ（MELF：Metal ELectrodes Face bonding）部品」と称する新たに開発した円筒形（丸形）チップ部品を採用した点である[45]．従来のチップ部品は基本的に直方体であり，円筒形部品と区別する場合には「角形」と呼ばれている（図7-10）．当時一般的であった角形チップ部品の形状は3.2×1.6mmの「3216部品」であったが，メルフ部品ではクロスコンダクタ以外の部品は長さ59mm 直径22mmという角形部品よりも大きめの形状で規格化されていた．また「銀くわれ」ないし「マイグレーション」と呼ばれた，電極に使われている銀がはんだに溶出する現象を回避するために，部品の両端は金属キャップで処理されていた．電極処理を施した円筒形部品を用いることによって，「銀くわれ」や極性検査や角形で生じるはんだ付け不良といった生産工程での問題低減と，低コスト化を可能

図7-10　角形チップ部品とメルフ（円筒形）部品

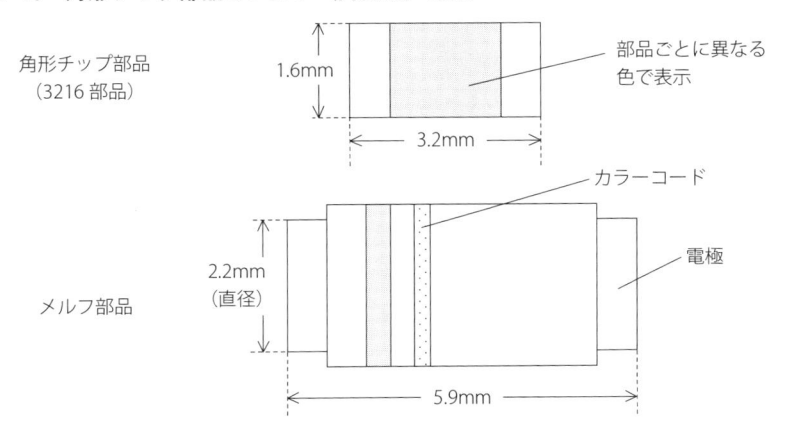

にするものであった.

とりわけ YM 実装技術のような角形チップ部品を用いる工法と比べて低コスト化が実現できる点は，UHIC 方式の優位点として位置づけられていた．在来部品で一般に用いられているカーボン抵抗器がもともと円筒状であるため，メルフ部品の抵抗器には，リードの代わりに電極をつける形でカーボン抵抗器の技術を応用することができた．また，リードがないだけ，カーボン抵抗器よりも低いコストで生産できる可能性さえあった．それに対して，角形チップ抵抗器はハイブリッド IC の厚膜印刷技術を応用していたために，カーボン抵抗器よりも生産コストは高かった[46]．

その一方で，抵抗器と並んで重要な一般部品であるコンデンサでは，在来部品の技術が容易に転用できるわけではなかった．前節の後半で見たように，一般的なコンデンサは縦方向にリードが出るラジアル部品であり，図 7-10 のように両側に電極を付ける形はとることができない．

そこでソニーが着目したのが，太陽誘電がアキシャル部品用インサート・マシン向けに開発していたアキシャル・リード型コンデンサ技術である．太陽誘電は，前節で見たように1977年にこの技術を応用した円筒チップ型セラミック・コンデンサを既に発表しており，78年には自社のハイブリッド IC に採用していた．ソニーはこの太陽誘電の技術を UHIC 方式に採用することで，一般的な回路で用いられる受動部品の 7 割前後を占めていた固定抵抗器とセラミック・コンデンサをメルフ部品としてそろえたのである．しかも，このセラミック・コンデンサは，一般的な部品と比べると特殊ではあるもののリード付部品の技術を転用できるために，角形チップ部品である積層セラミック・コンデンサと比べた場合には，生産コストは低かった[47]．

メルフ部品の製品群には，抵抗器とセラミック・コンデンサ（および半導体コンデンサ）に加えて，タンタル・コンデンサとダイオードが後に加わった．ただし，トランジスタなど 3 極構造の部品は 2 極にはできないなど，円筒形にできる部品は，少なくともその時点では限定されていた．そこで考えられたのが，リード付部品との混載である．UHIC 方式では片面プリント基板の表側からリード付部品を挿入して，裏側にはメルフ部品を接着剤で装着して，リード付部品と同時にはんだ漕に浸けてはんだ付けするという方法が

とられた.

　また，メルフ部品の装着には，YM実装方式と同様に，マルチ方式のチップ・マウンタが採用された．一般にマルチ方式のマウンタは柔軟性には欠けるものの，1サイクルで大量の部品を装着できるために，大量生産によるコスト削減には適している．その特性を活かすために，ソニーのUHIC方式では，初期段階からチップ部品1個あたりの装着速度が0.04秒と高速に装着できるマウンタが採用されている．その後主流となったワン・バイ・ワン方式のチップ・マウンタの最高速度が1990年代半ばでも0.09秒であったことからしても，UHIC方式で採用されたマウンタは高速であった．また，UHIC方式のマウンタでは，チップ部品をテープやカートリッジを用いることなく，散けたままでマウンタに供給できる「バルク式」という部品供給方法が採用されている．バルク式の部品供給はYM実装方式でも採用されており，部品をテープに留めたり，カートリッジに整列させたりする必要がないために，プリント基板上に正しく装着できる場合にはコスト上の利点があった．

　以上のように，UHIC方式は，電極処理により角形チップ部品を用いる従来の実装技術よりも信頼性を高めるという側面もあったが，在来部品の転用が容易であったり，バルク式部品供給によるマルチ方式のチップ・マウンタが用いられていたりすることに代表されるように，大量生産品における生産コストの削減が主眼に置かれていた．それに対して，YM実装方式では，このコスト削減という点は，前述のように1つの側面にすぎなかった．逆に，UHIC方式では，回路の小型化という点は，採用された部品の大きさや種類の幅からしても，それほど重視されていなかった．ソニーがこの技術を最初に採用したのが，モジュラー・ステレオであったことからも，同社は回路の小型化を念頭に置いてUHIC方式を開発したわけではないことが推察できる．

　ソニーはこの技術を公表したものの，自社で開発したマウンタなどの生産機器は，しばらくの間は外販することはなかった．その一方で，この技術はソニーが単独で開発したわけではなかった．UHIC方式の開発には，円筒形コンデンサ技術を保有していた太陽誘電をはじめとして，抵抗器メーカーである興亜電工やプリント基板専業の大手メーカーである中央銘板工業（現・

241

日本CMK）といった部品メーカーが，参加していた．そのうち興亜電工と太陽誘電は，自社が開発した円筒形チップ部品を普及させるために，専用のチップ・マウンタを開発していた．特に独自技術を自社の事業に活用するために円筒形コンデンサを開発していた太陽誘電は，1978年秋には日東工業と共同で開発した円筒形専用マウンタを先行して外販していた．

　ソニーをはじめとするUHIC方式の開発企業の動向に合わせる形で，他の部品メーカーでも円筒形チップ部品を供給する動きが直後から明らかになる．1979年5月には，松下電子部品が円筒形固定抵抗器を発売する．また，ソニー規格のメルフ部品自体にも，79年から80年にかけて，釜屋電機（抵抗器），富士電機（ダイオード），エルナー（コンデンサ）といった部品メーカーが新たに参入していった．また，ソニー以外のセット・メーカーでも，円筒形チップ部品を用いた類似の技術が採用された．主なところでは，80年には松下電器がほぼすべてのカラーテレビ回路基板で，シャープが音響製品の一部で，円筒形チップ部品をそれぞれ採用している[48]．

　このように，円筒形チップ部品を用いた実装技術は，ソニーや開発に参加した部品メーカー以外にも一時は広まりをみせており，円筒形チップ部品はコスト面での優位性から角形とならぶ部品に成長するという期待も存在していた．

　しかしながら，結果からいえば，円筒形チップ部品は，電子部品としても，チップ部品に限っても，支配的になることはなかった．円筒形部品はその後も一定の領域で用いられていったが，円筒形部品の量的ピーク時にあたる1982〜83年頃においても，比率の最も高い抵抗器でチップ部品全体の2〜3割を占めたにすぎない．このような状況において，UHIC方式の開発に参加した興亜電工は，チップ部品のうち円筒形だけを手がけていた唯一の抵抗器メーカーであったが，84年には角形チップ部品に参入している[49]．

　円筒形チップ部品の利用が限定されていった背景には，円筒形部品は角形と比べて品種が少なかったとか，リード付部品も実装密度を上げるために小型化したために円筒形部品の利点が失われたといった理由が，考えられることもあった[50]．また，初期時点から角形チップ部品が優位になることを社内で予想していた部品メーカーも存在しており，円筒形チップ部品に対して楽

観的な見通しだけが語られていたわけではない．

　ただし，円筒形チップ部品を用いる実装技術が支配的にならなかった基本的な理由は，技術的な特性や動向にあるというよりは，チップ部品を使った実装技術が低コスト化の手段としてではなく，基板実装の高密度化による機器の小型化の手段として，広く位置づけられるようになったことに求められる．UHIC方式を中心とする円筒形チップ部品実装技術は，長さ・幅・高さともに角形の倍近い大きなサイズの部品を規格化して，リード付部品の混載を行うなど，低コスト化の手段としての側面を洗練することに開発の焦点が当てられており，もともと実装密度の向上に適した技術ではなかった．

　円筒形チップ部品を用いた小型化技術の開発は，潜在的には可能だったのかもしれない．しかし，既に角形チップ部品を中心とする高密度実装により適した技術が先行して存在している状況では，円筒形チップ部品を用いる技術に関する相対的な位置づけは，あくまでも低コスト化の手段であった．そのために，円筒形チップ部品を用いる実装技術において，小型化を進める方向での開発は限定的であった．さらに，円筒形チップ部品を用いた技術の重要性が低下するにしたがい，太陽誘電などの一部の企業を除くと，その技術に対する関心自体が薄れていくことになる．

マウンタの外販と方式の確立

　YM実装方式やUHIC方式の開発を背景として，チップ部品を用いたプリント基板実装技術は，1980年頃には他のセット・メーカーでも採用が始まっていた．しかし，初期段階では，新たな生産機器を用いる場合には，セット・メーカーは自社で内製する以外に方法がなかった．なかでも自動はんだ付け装置については，それまでのリード付部品用のはんだ付け装置が転用可能な場合も少なくなかった一方で，チップ・マウンタは自社で内製する以外に調達することが難しかった．「プリント基板にチップ部品を装着する」という発想自体がそれまでになかったからである．特に松下電器やソニーのような大規模な電子機器メーカーでは，自社開発は可能であるが，プリント基板の組立に特化した中堅以下の企業では自社内で一から開発することは困難であった．また，大手企業にとっても，特殊な装置の開発に人員を割けると

は限らなかった．このような状況から，インサート・マシンと同様に，チップ・マウンタについても，汎用的な装置としての市場が出現する素地は揃いつつあったといえる．

　初期段階でチップ・マウンタの外販を行ったのは，部品専業メーカーである．前述のように，太陽誘電は日東工業と共同で円筒形チップ・マウンタを開発し，1978年には発売を開始しており，また翌79年秋には，太陽誘電と同じくUHIC方式の開発に参加した興亜電工が，チップ・マウンタの販売を開始した．他方，角形チップ部品についても，ラジアル部品用インサート・マシンで地位を築いてきていたTDKが，マルチ方式の角形専用チップ・マウンタ「アビマウントMC-5」を79年7月に発表した．

　部品専業メーカーがチップ・マウンタを先行して開発・販売した理由の1つには，自社のチップ部品が拡販できる点が挙げられる．たとえば，TDKは，1980年初頭から自社部品を5割以上購入することを条件に，ユーザーにマウンタを無償で貸出していた．

　初期時点で部品メーカーが開発したこれらのマウンタは，少品種大量生産に向いたマルチ方式であった．しかし，その主たる用途が大量生産によるコスト低減ではなく，チップ部品実装の別の特性である電子機器の小型化なのであれば，マルチ方式は必ずしも適合的ではない．

　そこで開発されたのが，「ワン・バイ・ワン方式」ないし「順次式」と呼ばれるチップ部品の搭載方法である．ワン・バイ・ワン方式のマウンタでは，部品を一括して搭載するマルチ方式とは異なり，文字通り部品を1個ずつプリント基板に搭載する方法がとられる．もともとワン・バイ・ワン方式はリード付部品を扱うインサート・マシンの部品処理方法であり，いわばチップ部品を扱うマウンタにインサート・マシンの発想を応用したものだといえる．このワン・バイ・ワン方式は1個ずつ扱うことからマルチ方式よりもプリント基板への部品搭載速度は遅く，またコストがかかる反面，多品種少量生産により適しており，搭載精度も高かった[51]．マルチ方式に適合した少品種大量生産の製品・生産工程は限られているために，角形チップ部品用マウンタの主流はワン・バイ・ワン方式となっていく．

　1981年になると，セット・メーカーによる外販や，インサート・マシンを

手がけていた企業によるマウンタへの参入が活発化する．セット・メーカーでは，松下電器と東京三洋電機（当時）が外販を開始する[52]．また，インサート・マシンに先に参入していた富士機械製造も，部品搭載速度が当時の最高水準となるチップ・マウンタを開発して，販売を開始した．これらのマウンタはすべてワン・バイ・ワン方式であった[53]．

　このように，汎用装置としてのチップ・マウンタ市場への新規参入が進みつつある状況で，先行して外販していた企業でも，マウンタの技術開発が進められ，製品化されていた．特に積極的であったのは，ラジアル部品用インサート・マシンでも先行した TDK である．同社は1981年にワン・バイ・ワン方式のマウンタ「SM-2」を発売する．このマウンタは比較的ロットの小さい製品に対応しているだけではなく，バルク式の部品供給方法を採用していた．前述のように，バルク式はテープやカートリッジを用いずに散けたまま部品を供給することから，生産コストの低減を図るものであった．ただし，少なくともその当時は，部品サイズが相対的に大きな円筒形部品と異なり，角形チップ部品ではバルク式を用いて，プリント基板上の所定の位置に確実に装着することが難しい状況にあった．この精度の問題によって，バルク式は円筒形チップ部品にほぼ使用範囲が限定されていく．また，カートリッジで供給するマガジン式も，稼働効率が悪いために，80年代前半には減少傾向にあった[54]．

　まとめると，チップ・マウンタが汎用的になっていった1980年代前半には，少品種大量生産に適したマルチ方式から，多品種少量生産に向いたワン・バイ・ワン方式へと，主流となる部品搭載方法は移行していった．また，部品供給方法についても，YM 実装方式や UHIC 方式で採用されていたバルク式ではなく，相対的なコストは高いものの部品装着時の精度が高いテープ式が主流となっていった．

第4節のまとめ

　この節では，ソニーを中心に開発された UHIC 方式と，1980年前後のチップ・マウンタの動向を中心に見てきた．その当時の構図をまとめたのが，図7-11である．

**図7-11 チップ部品を使った実装技術での発展の構図
（1970年代後半～80年代前半）**

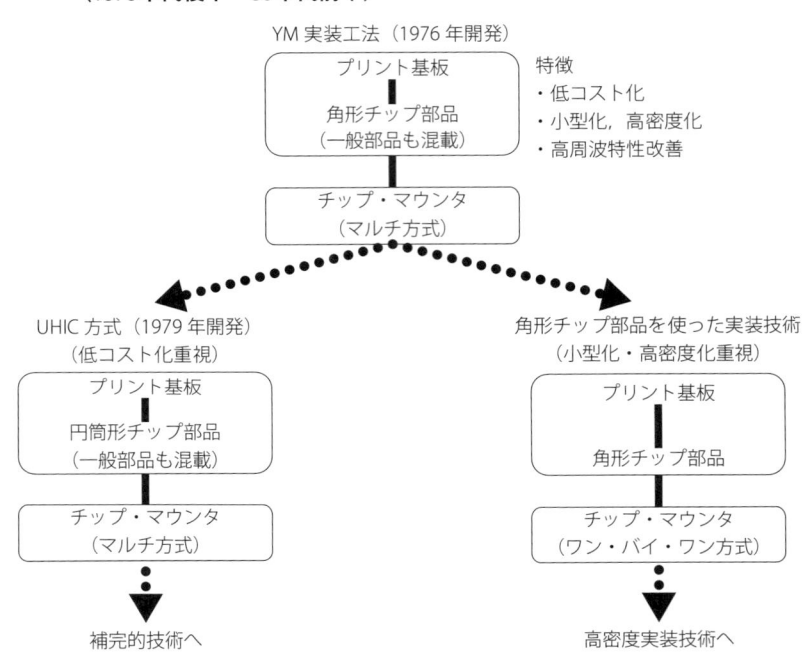

```
              YM実装工法（1976年開発）
              ┌─────────────┐    特徴
              │  プリント基板  │   ・低コスト化
              │  角形チップ部品 │   ・小型化，高密度化
              │ （一般部品も混載）│   ・高周波特性改善
              └─────────────┘
              ┌─────────────┐
              │ チップ・マウンタ │
              │  （マルチ方式） │
              └─────────────┘
               ↙            ↘
UHIC方式（1979年開発）          角形チップ部品を使った実装技術
（低コスト化重視）               （小型化・高密度化重視）
┌─────────────┐              ┌─────────────┐
│  プリント基板  │              │  プリント基板  │
│ 円筒形チップ部品│              │  角形チップ部品 │
│ （一般部品も混載）│             └─────────────┘
└─────────────┘              ┌─────────────┐
┌─────────────┐              │ チップ・マウンタ │
│ チップ・マウンタ │              │（ワン・バイ・ワン方式）│
│  （マルチ方式） │              └─────────────┘
└─────────────┘                     ↓
      ↓                       高密度実装技術へ
  補完的技術へ
```

　UHIC方式では，YM実装方式で用いられた角形チップ部品に代わって，新しく開発された円筒形チップ部品が用いられた．この背景には，UHIC方式が信頼性の確保と同時に，低コスト化に主眼を置いていたことがあった．先行したYM実装方式では，基板の高密度化による機器の小型化と，生産工程の自動化による低コスト化の双方が念頭に置かれていたのに対して，UHIC方式の基本的な焦点は低コスト化に絞られていたのである．しかし，この円筒形チップ部品を使った実装技術はある程度は普及したものの，支配的な実装技術となることはなかった．次節で詳しく見るように，角形チップ部品を使った実装技術が高密度化の方向に展開し，実装技術の主流となっていったからである．

　また，チップ・マウンタはまず部品メーカーによって発売され，それに続く形でセット・メーカーによる外販が開始され，インサート・マシンを手が

けていた企業も参入していく.その方式は当初は大量生産向きのマルチ方式であったが,支配的になったのはワン・バイ・ワン方式である.また,部品供給方法についても,バルク式,マガジン式,テープ式という3つの方法のなかで,テープ式が主流となっていく.

次節では,角形チップ部品を用いる実装技術が「高密度実装技術」として確立・発展していく過程を中心に見ていく.1980年頃から確立し始めるこの技術の構造は,それを前提とする新たな技術の開発を促進するとともに,生み出された新たな技術自体がさらに構造の固定化に寄与するという,一種の自己強化的過程に入ることになる.

5 技術システムの〈構造〉を前提とする発展

チップ部品の種類拡大

1980年頃から角形チップ部品を中心として,プリント基板実装の高密度化を推し進める流れが始まっていた.その1つが,角形チップ部品化された部品の範囲拡大である.

チップ部品はもともとハイブリッドICの基板上に形成されていた厚膜抵抗器やコンデンサの定格容量を拡大する必要が生じ,それが個別部品として独立したものである.そのために,1960年代には厚膜技術を応用した積層セラミック・コンデンサや角形チップ固定抵抗器は出現していた[55].YM実装方式で用いられた部品は,ハイブリッドIC用として当時既に存在していた積層セラミック・コンデンサや角形チップ抵抗器である.また,UHIC方式では円筒形チップ部品(メルフ部品)が新たに開発されたものの,基本的には既存のリード付部品用技術を転用したものであることに加えて,固定抵抗器とセラミック・コンデンサがその中心にあった点ではYM実装方式と一致する.

しかし,1980年代半ば頃から,固定抵抗器とセラミック・コンデンサ以外の部品でもチップ部品化が進み始め,在来部品技術の転用から新たな技術に

基づく部品開発へとチップ部品自体の流れは拡大していった．

　その背景には，YM実装方式やUHIC方式の開発やそれらに続く技術開発によって，チップ部品をプリント基板上に直接装着する方法の有効性が広く認識されるようになったことがある．基板上で回路を高密度化して製品の小型化を実現するには，最終的には回路の一部分だけを構成するハイブリッドICとは異なり，搭載可能な部品だけを小型化するのではなく，回路構成に必要なすべての部品が小型化されなければ，回路の密度や最終製品の大きさはボトルネックとなる部品のサイズに制約を受ける．また，より多くの部品がチップ化することによって，チップ・マウンタによる自動装着の対象範囲が拡大し，生産工程の合理化が進むという側面もあった．

　抵抗器やセラミック・コンデンサに次いでチップ部品化が進んだのは，タンタル電解コンデンサである．タンタル電解コンデンサは比較的早い1978年頃からチップ部品化が行われており，チップ型の生産量も82年末で月産2000万個，83年末で3000万個，85年末で4500万個に上っていた．これらの生産量は当該年度におけるタンタル電解コンデンサ全体の20％から25％にあたり，当時の固定抵抗器やセラミック・コンデンサにおけるチップ部品比率と同等のチップ部品比率となっていた．また，79年頃からは，半固定抵抗器やマイカ・コンデンサ，巻線を使わないコイルの一種であるワイヤレス・インダクタでも，チップ部品化が始まっていた．

　さらに1982年には，大容量に適したアルミ電解コンデンサでも，日本ケミコン，信栄通信工業，エルナーといった大手メーカーがそれぞれチップ部品を開発している．アルミ電解コンデンサをチップ化する上の問題は，はんだ付け時に部品全体が高温（当時のリフローで230℃，フローで260℃）にさらされ，電解液が溶出してしまうという点にあった．この問題に対しては，電解液の改良や，エッチングによりアルミ箔の表面積を拡大した「高倍率アルミ箔」の開発などによって，チップ部品化が実現されていった．82年には同様に耐熱性に問題があったフィルム・コンデンサでもチップ部品が開発されており，主要なコンデンサのすべてでチップ部品化が始まっている[56]．

　このような技術開発によって，チップ部品として利用可能な範囲は拡大するとともに，チップ部品の比率は増加していった．図7-12は，主要一般部

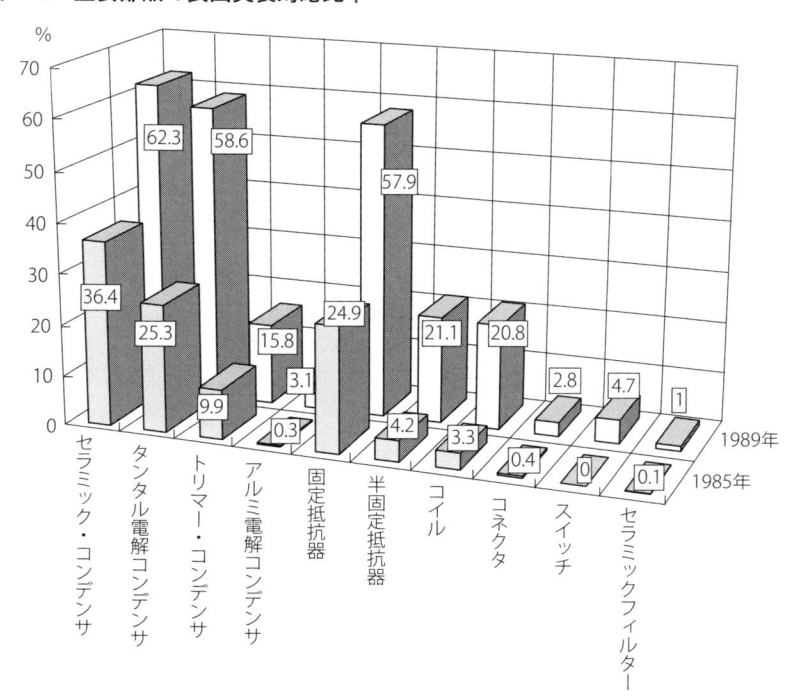

図7-12 主要部品の表面実装対応比率

部品	1989年	1985年
セラミック・コンデンサ	62.3	36.4
タンタル電解コンデンサ	58.6	25.3
トリマー・コンデンサ	15.8	9.9
アルミ電解コンデンサ	3.1	0.3
固定抵抗器	57.9	24.9
半固定抵抗器	21.1	4.2
コイル	20.8	3.3
コネクタ	2.8	0.4
スイッチ	4.7	0
セラミックフィルター	1	0.1

注：データは『電波新聞』1990年12月10日から．原データは日本電子機械工業会「SMDの現状と中間展望」所収．

品における1985年と89年の表面（高密度）実装に対応した部品が占める比率を生産量ベースで示したものである．この図からまずわかるのは，取り上げられたすべての部品において，表面実装対応（形状として可能な部品はチップ化）の比率が上昇している点である．とりわけ，固定抵抗器，セラミック・コンデンサ，タンタル電解コンデンサという，チップ化で先行していた3種類の部品では，89年には5割を超える部品が既にチップ化されていた．前章で見た固定抵抗器におけるカーボン抵抗器からチップ部品への移行は，このような現象を背景としていた．また，コイル，半固定抵抗器，トリマー・コンデンサといった部品でも2割前後が表面実装対応・チップ部品で占められていることもわかる．つまり，80年代後半には，チップ部品化は，

とりわけ受動部品において，ほぼ既定の流れとなっていたといえる．

また，表7-3には，1990年頃に利用可能なチップ部品の状況が形状別に示されている．この表から，角形チップ部品については，その特性から角形チップ部品に適していないカーボン抵抗器を除いて，ダイオードやトランジスタを含めた幅広い領域でチップ部品が利用可能になっていたことを読み取ることができる．それに対して，90年頃には既に生産量のピークをすぎて利

表7-3 1990年頃のチップ部品の供給状況

部品		形状		
		角形	円筒形	異形
コンデンサ	セラミック	○	○	
	タンタル	○	○	○
	アルミ	○		○
	フィルム	○		
	マイカ			
	トリマ	○		○
抵抗器	厚膜抵抗	○		
	カーボン被膜		○	
	金属被膜	○	○	
	ネットワーク	○		
	半固定	○		○
インダクタ	巻線形	○	○	○
	積層形	○		
	可変	○		
その他	LCR複合	○		
	フィルタ	○		
	水晶振動子	○	○	○
	サーミスタ	○		
	バリスタ	○		
	スイッチ	○		
	コネクタ	○		○
個別半導体	ダイオード	○	○	
	トランジスタ	○		
	LED	○		○

注：丸印は当時市場で入手可能であったことを示す．
出所：『National Technical Report』(1990), Vol.35, No.3, 6頁．

用範囲が限られていた円筒形チップ部品では，利用可能な部品の種類に関しても，限定されたままであったこともわかる．

表7-3にもあるように，小型化が困難な部品の代表格であった水晶振動子や，あるいは水晶振動子と発振回路を1つの素子として組み込んだ水晶発信器でも，チップ化・小型化は進んでいった．水晶振動子の小型化が難しかった理由には，通常の電子部品とは異なり，水晶片を振動させて機能させるために，空間が必要であり，振動にも弱かったことがある．このような技術的な特性に加えて，通常1つの機器に対して1～2個の使用点数で済むことから，水晶振動子・発信器は1980年代中頃までインサート・マシンへの対応すら行われなかった部品である．その一方で，水晶振動子・発信器は水晶発振式時計をはじめとして，パソコンやビデオカメラ，携帯電話といったその後の中心的な小型電子機器には不可欠な部品でもある．そのために，日本電波工業，キンセキ，東京電波，東洋通信機（現・エプソントヨコム）といった水晶振動子・発信器の大手メーカーは，85年頃から高密度実装への対応を開始する．ただし，既存の水晶振動子・発信器メーカーは高密度実装に適した小型化技術の開発を当初から積極的に推進したわけではなかった．チップ部品の開発が本格化するのは，新規参入企業であったセイコーエプソンが樹脂封止形チップ水晶発振器を製品化した88年以降だとされる[57]．その後は，既存企業も含めた各メーカーが小型化技術の開発を展開して，90年代前半頃には水晶振動子・発信器においても，チップ部品化比率が10%を超えるに至った．

在来チップ部品の小型化

チップ部品では，品種の拡大と量的増大に加えて，もう1つの注目すべき現象が1980年頃から生じていた．チップ抵抗器と積層セラミック・コンデンサを中心とする，従来から存在するチップ部品のさらなる小型化である．YM実装方式で用いられた角形チップ部品のサイズは当時最小の3.2×1.6 mmである「3216部品」であった．しかし，その後の回路の高密度化による電子機器の小型化に対応する形で，固定抵抗器や積層セラミック・コンデンの角形チップ部品のサイズは，徐々に小型化していくことになる．

3216部品の次に登場したのは，2.0×1.25ミリサイズの部品（「2125部品」ないし「2012部品」）であり，先行して開発されたのは積層セラミック・コンデンサであった．図7-13には，一般部品の大手メーカーであった松下電子部品におけるチップ型セラミック・コンデンサとチップ抵抗器のサイズ別

図7-13 松下電子部品（当時）におけるチップ部品の形状別比率の変遷

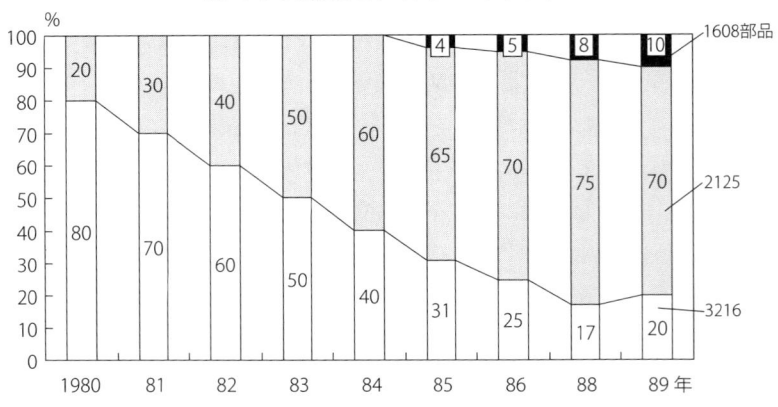

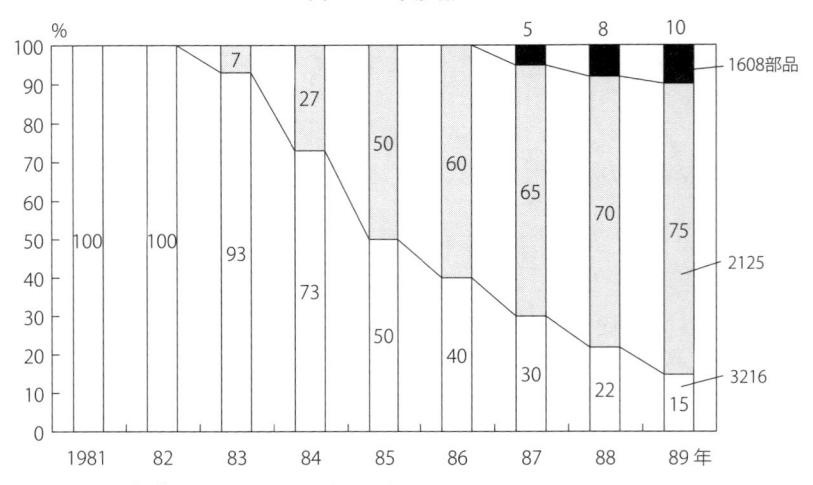

(a) チップ型積層セラミック・コンデンサ

(b) チップ抵抗器

出所：山本監修『SMTハンドブック』442頁．

出荷量比率の推移が，1980年代を対象として示されている．ここからまずわかるのは，チップ型セラミック・コンデンサでは，80年の段階で2割が2125部品で占められている点である．さらに，83年には3216部品と2125部品の出荷量が肩を並べ，その後は2125部品が主流となっていった．

セラミック・コンデンサに少し遅れて，チップ抵抗器でも2125部品が主流となっていった．松下電子部品が2125部品の角形チップ抵抗器のサンプル出荷を開始したのは1980年であったが，本格的に販売されるのは83年である．しかし，その後の2125部品の販売量はセラミック・コンデンサよりも速いペースで増加していく．85年には生産量で3216部品に並び，その後はセラミック・コンデンサに匹敵する比率にまで急激に拡大した．

このような松下電子部品での動向は大手部品メーカーの一般的な傾向と基本的には一致している[58]．また，相対的にはマイナーな存在になっていた円筒形部品でも，角形を追う形で小型化が進められていった．前節で見たように，ソニーが中心となって作られた当初のメルフ部品の規格は長さ5.9ミリ×直径2.2mmとチップ部品としては大きめのサイズであった．しかし，後に3.5×1.4mmの「新メルフ規格」が設定され，1988年から89年には角形の2125部品に相当する2.0×1.25mmサイズのセラミック・コンデンサと抵抗器の量産が開始されている．

図7-13にも示されているように，さらに1980年代後半には，2125部品よりも小さい1.6×0.8mmの「1608部品」も実用化され始める．ただし，部品形状がこのような極小サイズになると，それまでにはなかった様々な問題が生じてきた．たとえば，目視によって部品の装着状況が確認できなくなる問題や，表面張力などによって部品がはんだ付け時に一方の電極だけに直立してしまう「チップ立ち」の発生などである．つまり，もともと回路の高密度化による製品の小型化には，部品やマウンタなど関連する領域を横断する形での技術開発が必要とされていた上に，チップ部品の極小化によって，領域横断的に解決すべき新たな問題が出現したということである．

このような新たな問題から，1608部品のような極小チップ部品は特殊な用途に限定されるという想定も，一部には存在していた．しかしながら，部品の極小化に伴う問題も関連領域で徐々に解決されていった．たとえば，

「チップ立ち」では，その物理的原因と発生回避のためのはんだ付け条件などが解明されている．新たに出現した問題が解決されていくことにより，1608部品も回路基板の高密度化が有効な電子機器を中心として採用されていった．

1608部品が初期段階で多用された民生用電子機器の1つには，カムコーダ（カメラ一体型携帯用ビデオレコーダ）が挙げられる．なかでも，ソニーが1989年6月に発表した「TR-55」は，当時の民生用機器としては高度な高密度実装技術を採用した製品であった．「パスポート・サイズ」をキャッチフレーズにしたこの製品には，アナログ回路の民生用機器として初めて4層のプリント基板が採用され，抵抗器とコンデンサには1608部品が多用されるなど，プリント基板における部品実装高密度化のための新たな技術が応用された[59]．1608部品はカムコーダにも徐々に取り入れられてきてはいたが，「TR-55」に用いられた1608の抵抗器・コンデンサは，従来製品の6倍以上で，その機種の抵抗器・コンデンサ総数の9割弱となる1270個にも上った．他の部品の小型化などともあわせて，当時のカムコーダではじめて本体重量を1kg以下に抑えたこの製品は，画期的な製品として一般消費者にも，業界関係者にも認識された．

このTR-55の登場が契機となり，カムコーダにおける基板上の部品実装密度は加速化し，それに伴って極小チップ部品の採用率は急上昇する．とくにTR-55の対抗製品として松下電器が90年6月に発売した「NV-S1」では，世界ではじめて1.0×0.5mm（1005部品）の抵抗器とコンデンサが100個以上採用されていた[60]．1005部品は1989年に松下電子部品やローム，村田製作所といった大手部品メーカーが量産化を発表したばかりであり，NV-S1の開発が進められていた時点では1608以降の部品規格でさえ明確に定まらない状況にあった．その小ささゆえに普及が進まないと考えられていた1005部品がカムコーダという量産機器に搭載されることによって，他の機種や製品領域でも採用される契機となり，1005部品はチップ部品として立ち上がっていった．

以上のように，角形チップ固定抵抗器や積層セラミック・コンデンサの領域では，1990年頃までに，面積比で10分の1以下にまで小型化が順次展開さ

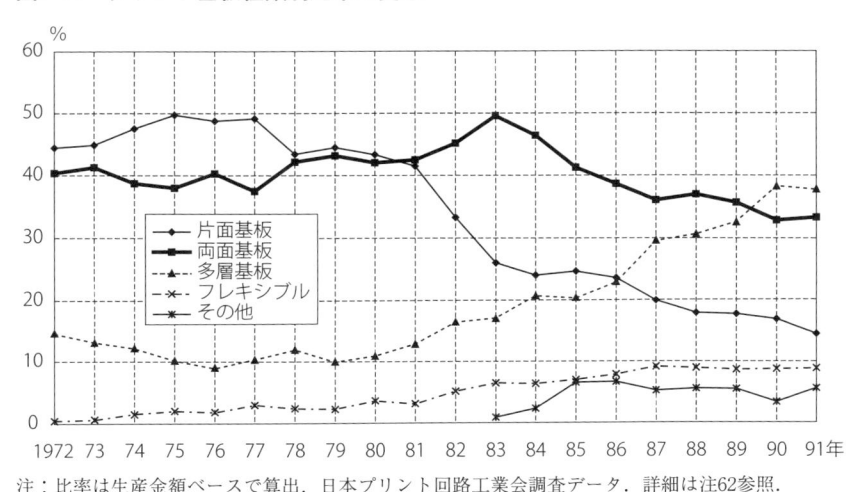

図7-14 プリント基板種類別比率の変遷

(グラフ：片面基板、両面基板、多層基板、フレキシブル、その他の比率推移 1972年～91年)

注：比率は生産金額ベースで算出．日本プリント回路工業会調査データ．詳細は注62参照．

れていった．また，チップ部品の小型化と並行する形で，ICパッケージやプリント基板などの密接に関連がある他の領域でも高密度実装への対応が展開された．たとえば，ICパッケージのピンピッチでは，80代後半に0.65ミリから0.5ミリが実用化され，90年代には0.4ミリから0.3ミリのピッチが実現している[61]．また，プリント基板でも，多層化と配線パターンの精細化が進められている．その結果，図7-14に見られるように，1970年代に主流であった片面プリント基板は，81年に両面基板に生産金額ベースで首位を譲り，さらに90年には3層以上の多層基板が両面基板を上回る状況となっていった[62]．

チップ・マウンタの発展

前節で記したように，1980年頃に外販開始や新規参入が生じたチップ・マウンタの外販市場は83年に推定100億円，翌84年に200億円と拡大していった．その傾向に合わせて，チップ・マウンタがインサート・マシンを含めた自動組立機全体に占める比率も徐々に増大していく．たとえば，自動組立機の大手メーカーであった松下電器におけるチップ・マウンタの比率（外販

図7-15 松下電器（当時）におけるインサート・マシンとマウンタの比率

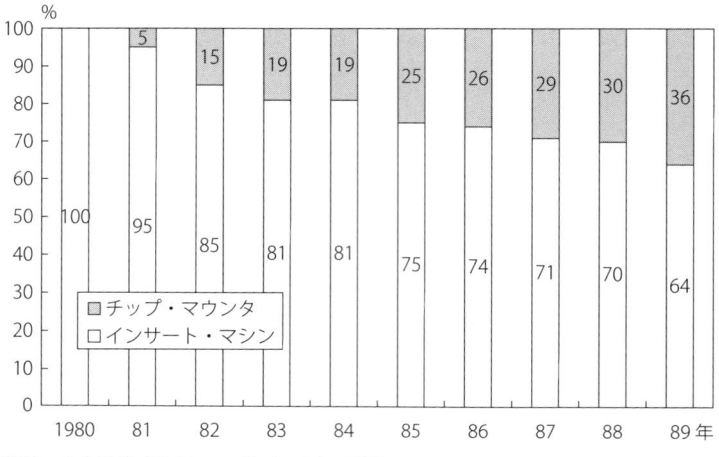

```
                    5    15   19   19   25   26   29   30   36
            100  95  85   81   81   75   74   71   70   64
            1980 81  82   83   84   85   86   87   88   89年
```

■チップ・マウンタ
□インサート・マシン

出所：山本監修『SMTハンドブック』436頁．

分）は，外販開始年の年には5％にすぎなかったものが，84年には19％，89年には36％にまで上昇していった（図7-15）．日本プリント回路工業会の調査によると，84年における自動機の普及台数はインサート・マシン2891台に対して，マウンタ699台であり，自動組立機全体に占めるマウンタの比率は2割程度であることから，自動組立機業界全体の状況も松下電器とほぼ同様であったと推定される．

このように，チップ・マウンタの外販市場が拡大し，産業として成立してきたことを受ける形で，1980年代後半からは10社以上の企業が新たに参入してきた．これらの新規参入企業は大きくは2つのタイプに分けることができる．1つは，東芝や日立製作所，ソニーのように，社内あるいはグループ内において高密度実装技術を蓄積しており，その技術を外販用に転用する形で参入してきた電子機器関連企業である．もう1つは，ヤマハ発動機やJUKIのように，それまで自社内に蓄積してきた機械制御技術を基盤として，多角化の一環として参入してきた企業群である．

また，チップ・マウンタでは，この頃から製品市場の細分化が生じていた．前節で述べたように，チップ・マウンタでは部品を一括で装着するマル

第7章　高密度実装技術の発展過程

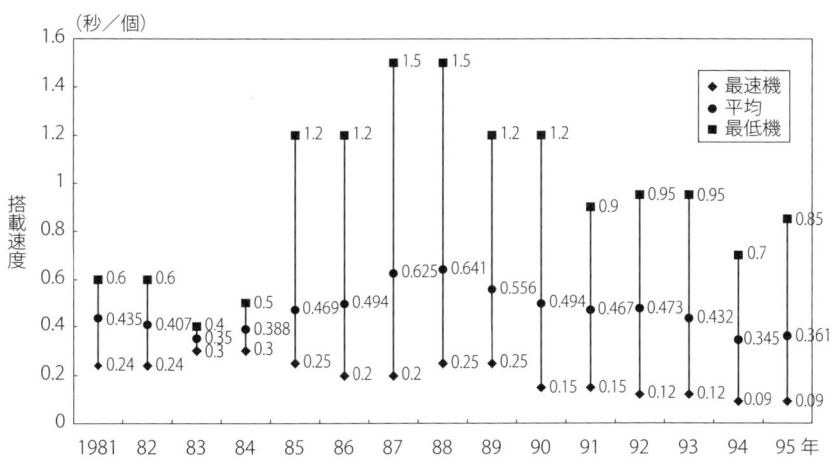

図7-16　チップ・マウンタにおける搭載速度の推移（1981〜95年）

注：『電波新聞』ならびに『日経産業新聞』に掲載されたワン・バイ・ワン方式の機種を対象として算出．

チ方式がもともと主流であったが，1980年頃には部品を順次装着するワン・バイ・ワン方式に中心は移行していた．さらに80年代後半に入ると，そのワン・バイ・ワン方式の中でも，機能が異なる製品が開発・販売されることになる．

　図7-16には，当該年とその前年に発表（発売）されたワン・バイ・ワン方式チップ・マウンタを対象として，「最高速機種」と「最低速機種」の1個あたり部品搭載速度，ならびに該当製品全機種の平均速度の3つの値が示されている[63]．この図から読み取ることができるのは，主として次の4点である．(1)1985年には最低速機種が1.2秒／個と急激に上昇し，87年にはさらに1.5秒／個に上昇している．(2)この流れと並行する形で平均速度も85年から88年にかけて上昇している．(3)最高速機種は81年から95年までほぼ一貫して高速化している．(4)89年以降は多少の前後はあるものの，基本的には最低速機種と平均は低下する傾向にある．

　このうち，(1)と(2)は中・小型チップ・マウンタが新たに販売されたことを，(3)は大型マウンタが一貫して高速化していることを，それぞれ示唆している．チップ・マウンタが市販され始めた頃のマウンタはほぼすべて大型

マウンタであった.このようなワン・バイ・ワン方式マウンタはマルチ方式よりは多品種少量生産に向いていたものの,1台あたりの単価は3000万円以上と高額であり,大規模な工場の量産工程に適合するものであった.それに対し,中・小型マウンタでは,部品搭載速度はやや遅く,扱うことができる部品数も高級機よりは少ない反面,価格が1000万円前後であり,中小規模の工場や生産量がそれほど多くない工程にも導入可能となるという利点があった.

　この製品セグメントの分化とチップ・マウンタ市場への新規参入の発生は

図7-17　チップ・マウンタ大手の台数-金額シェアの推移（1990〜96年）

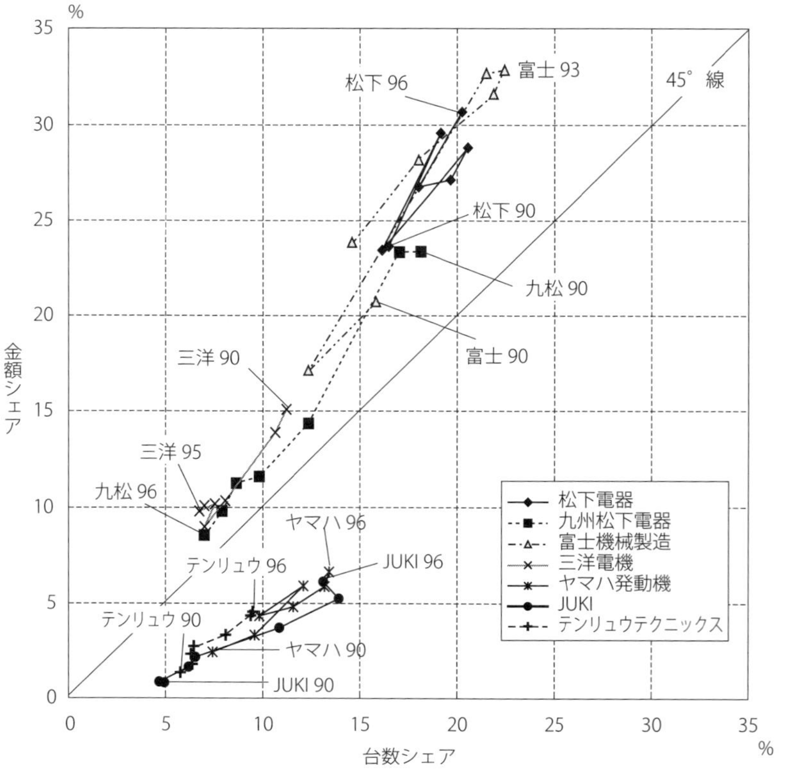

注：「サーフェイスマウントテクノロジー製造装置マーケットトレンドリポート」各年版より作成.社名はいずれも当時.

独立した事象ではなかった．図7-17には，1990年から96年におけるチップ・マウンタ・メーカー各社の市場シェアの動きが示されている[64]．この図では，横軸に売上台数に基づく市場シェア，縦軸に売上高に基づく市場シェアをとり，各年でのポイントを企業ごとに線分で結んでいる．ここで45度線は台数シェアと金額シェアが一致するポイントになることから，この線の上方では金額シェアの方が高く，下方では台数シェアの方が高いことになる．45度線の上方に位置する企業は産業全体の平均よりも高額な製品比率が高く，逆に45度線の下方に位置する企業では単価が相対的に低い製品の比率が高いということである[65]．

この図において，ここでの議論と特に関係があると思われるのは，当時のマウンタ業界では，45度線を挟んで上方に位置する企業と下方に位置する企業が明確に分離されている点である．とりわけ，図上では上方と下方の各企業は原点から引いた直線上を動くことから，45度線上方の企業と下方の企業は異なる「戦略グループ」に属していると推測される．つまり，上方に位置する「戦略グループ」内では相対的に高額の製品ラインを中心としている一方で，下方に位置する「戦略グループ」では低価格の製品ラインに主眼を置いていると思われる．また，上方に位置する企業の中には，シェアを維持する企業と落とす企業が混在しているのに対して，下方のグループに属する企業はシェアが上昇する傾向にあった．

より具体的に言えば，松下電器（当時），九州松下電器（当時），富士機械製造，三洋電機（当時）といった既存の大手マウンタ・メーカーが高額の高速機を主体としていたのに対して，ヤマハ発動機，テンリュウテクニックス（当時），JUKIといった，異分野から新たにマウンタに参入した企業は，相対的に安価な中・低速機を主体としていたことが，図7-17からは示唆される[66]．既存の大手マウンタ・メーカーと異分野からの主要な新規参入企業では，主要な製品セグメントが異なっていたのである．加えて，45度線の下方に位置する3社が時間の経過とともに右上方向にシフトしていることから，中・低速機という新たに出現したセグメントは，台数のみならず金額ベースでも，マウンタ市場全体において拡大基調にあったといえる．

これらの点に加えて，前述の(3)と(4)からは，1989年以降は製品セグメン

トにかかわらず，部品装着速度は高速化する傾向にあったことがわかる．言い換えれば，89年以降は製品セグメントの拡大は一段落して，一定の経路に沿った漸進的な技術開発が進み始めたといえる．

　他方で，チップ・マウンタでは高速化技術だけが発展したわけではない．とりわけチップ部品やICパッケージの技術的展開と密接につながった領域では，それらと並行する形で新たな技術が開発されてきた．

　その1つは，同一チップ・マウンタ上でのICパッケージの同時装着である．先にも触れたように，チップ部品の小型化と並行する形で，ICパッケージも高密度実装に対応するために端子ピッチの狭小化が進められていた．以前は，ICパッケージの装着は専用機を使うか，あるいは古典的な挿入型パッケージであれば手挿入も行うことで対応していた．しかし，形状変更と端子ピッチの狭小化が進むにつれて，そのような工程は非効率であると同時に，対応が困難な状況になりつつあった．そこで，ICパッケージとチップ部品との同時処理を可能にするマウンタの技術開発が進められるようになった．1990年代には，高級機ではマルチヘッド化（複数の種類による部品装着）によって，中・小型機ではマルチヘッド化が難しいことからノズル品種を増やしてノズルを自動交換する形で，チップ部品とICの同時処理がそれぞれ行われている．

　また，1608部品や1005部品といったチップ部品の微小化や端子ピッチの狭小化に伴い，従来の機械的技術では必要な精度を確保することが難しくなっていった．そこで，1980年代後半からCCDカメラとコンピュータによる自動認識装置のマウンタへの搭載が開始された．当初は自動認識にある程度の処理時間もかかったことから，高精度を必要とする一部のマウンタだけに限られていたが，90年前後から認識装置を搭載したマウンタが徐々に増加し，90年代半ばには幅広いチップ・マウンタに自動認識機能が搭載されていった．

　さらに，1983年頃からはマウンタでのチップ部品の供給形態についても，新たな方法が検討されるようになった．そこで主として取り上げられたのは，特定の形をしたカセットに部品メーカーで詰めて供給する方法である．新たな供給方法が検討されるようになった背景としては，主流の方式である

テーピングから生じるコストの低減もあるが，より重要なのはチップ部品の小型化によりテーピングでは障害が生じることにある．1608以下の微小チップ部品では，従来のテーピングの穴をあけるとき「ひげ」が出るが，その「ひげ」が微小部品では部品搭載やはんだ付けの際に問題となることが明らかになり，新しい形でのチップ部品のパッケージング方法が模索されていった．

以上で見てきた1980年代前半から90年代半ばにかけて生じたチップ・マウンタでの展開は，次のようにまとめることができる．チップ・マウンタの市場規模が拡大するにつれて，新規参入する企業が出現すると同時に，高速・高級機と中・小型機という市場の細分化が生じた．そこで，高速機では部品搭載速度を追求する一方で，中小型機では搭載速度を犠牲にして価格を抑えるという志向性の違いが両者の間にいったんは生まれる．しかし，89年以降はいずれの領域においても，過去の同じセグメントよりも部品搭載速度を高速化していく傾向が見られるようになった．またマウンタの高速化と並行して，チップ部品やICパッケージにおいて，さらなる高密度化に向けた技術開発が進むにつれて，部品の多品種処理や自動認識装置といった，他領域での展開に応じた技術も開発されていった．

第5節のまとめ

この節では，高密度実装技術に関連する領域における展開を，1980年頃から90年代中盤にかけてのチップ部品とチップ・マウンタを中心に見てきた．以上の事例からは，その頃の高密度実装技術に関する動向は，(1)基板実装の高密度化に技術開発の方向性が絞られるとともに，高密度実装技術を構成する基本的な要素が安定化したことと，(2)それらの構成要素の間では，高密度化という単一の意味づけに基づく相互依存的な関係が形成されて，その関係の下で各要素における技術開発が進められたことの2点にまとめることができる．つまり，70年代中頃におけるYM実装方式の開発に始まる「プリント基板－チップ部品－マウンタ」の組み合わせでの基本的な構成要素とその位置づけが80年頃に収斂し，その後はその技術システムを前提とした技術開発が関係する様々な企業によって進められてきたのである．

この期間での基本的な構成要素間の関係は，先に第1節で示した図7-1のようにまとめることができる．ここでは，「部品実装の高密度化」を進めるための技術開発は，当事者の認識の如何にかかわらず，構成要素間の関係とその位置づけを強化する形で機能している．各構成要素における技術開発は，図7-1のような関係と位置づけを前提として，それらを深耕する形で行われたからである．

　このような構成要素間の関係と位置づけを基本とする〈構造〉に沿った形での技術革新が進められ，その〈構造〉が自己強化的に発展してきたのが，1980年頃以降の部品実装技術の動向であった．そこからは，部品実装技術の構造が確立する段階から，高密度実装技術として常軌的に発展する段階へと移行していった状況がうかがえる．

6　高密度実装技術に関する事例の総括と議論

事例のまとめ

　前節までは，1990年代中頃までの高密度実装技術の発展過程について，段階を追ってみてきた．ここで，まずは事例の概略をまとめておきたい．

　(1)　その後の高密度実装技術の源泉は，第二次世界大戦後の米国で開発された軍事用電子機器の小型化技術に求めることができる．その過程で生み出されたマイクロ・モジュールの流れを汲む素子が，小型部品をセラミック基板に装着して1つの素子を構成するハイブリッドICである．ただし，ハイブリッドICはモノリシックICの出現によって，用途が限られていく．他方で，ハイブリッドICは，モノリシックICを取り込んだモジュールとしての用途も検討され，一時期は信頼性の向上と工程の合理化の手段として期待される．しかし，ハイブリッドIC技術を使ったモジュールは主としてコストの高さが障害となり，広まることはなかった．

　(2)　第1次石油危機の頃から，ハイブリッドICの開発過程で生み出された要素技術を部分的に応用した技術が開発されていく．その主なものとし

ては，(1)電卓を中心とする小型化技術，(2)回路素子，(3)携帯ラジオの小型化技術として開発されたYM実装方式がある．このうち先行したのは電卓の小型化技術である．ただし，電卓の技術は製品特殊的な側面が徐々に強まり，他の電子製品に直接応用される機会は限られていた．他方で，ほぼ同時期に登場した回路素子と携帯ラジオの小型化技術は，チップ部品と樹脂製のプリント基板とを組み合わせた回路を自動化機器で組み立てるという点で，相互に類似した側面を持つ技術であった．ただし，回路素子が電子部品であったのに対し，携帯ラジオで用いられた小型化技術は回路基板全体を対象としていた点では，異なっていた．この違いによって，のちに一種のニッチ技術と小型電子機器の中核技術という発展経路の相違が結果として生じることになった．

(3) 携帯ラジオの小型化技術として開発されたYM実装方式は，部品の高密度実装，量産品の自動化による生産コストの低減，回路の高周波特性の改善という3点を主たる特徴としていた．YM実装方式はこれらの特徴を活かすことができる電子機器に採用されていった．ただし，YM実装技術で挙げられた3つの特徴は常に共存するわけではない．そこで，これら3つの特徴のうち，生産コストの低減に焦点を絞って開発されたのが，UHIC方式である．UHIC方式の特徴の1つは，ハイブリッドICやYM実装方式で用いられている角形チップ部品ではなく，在来部品の技術を転用して低コスト化を図ることができる円筒形チップ部品を新たに開発・採用したことにあった．その一方で，UHIC方式は大型の円筒形チップ部品を用い，リード付部品との混載を前提するなどの点で，とりわけYM実装方式と比べると，部品実装の高密度化を重視していなかった．その後，UHIC方式は一部の用途としては用いられた一方で，チップ部品を用いた実装技術として支配的になることはなかった．チップ部品を用いる実装技術は，UHIC方式に始まる円筒形チップ部品を用いた低コスト化の方向ではなく，角形チップ部品を用いた高密度化の方向に主として展開していく．

(4) 角形チップ部品を用いた実装技術は「角形チップ部品－プリント基板－チップ・マウンタ」というYM実装方式で提案された構成要素を基本としていた．ただし，チップ・マウンタについては，YM実装方式では多数

の部品を1ステップで装着するために大量生産に向いたマルチ方式がとられていたが，のちに主流となったのは部品を1点ずつ装着するワン・バイ・ワン方式であった．「チップ部品－プリント基板－ワン・バイ・ワン方式チップ・マウンタ」というシステムがいったん確立すると，それぞれの要素技術では高密度実装をシステム全体として実現する方向で技術開発が進められていった．角形チップ部品ではチップ化の対象領域の拡大や在来チップ部品のさらなる小型化が行われ，チップ・マウンタでは部品搭載速度の高速化やICパッケージも含めた多品種処理の実現，搭載精度の高度化などに向けた技術開発が進められた．また，さらなる回路の高密度化に合わせて，プリント基板でも，配線パターンの精緻化や基板の多層化が進展していった．

事例分析に基づく議論

以上からは，高密度実装技術では，「基本要素の生成→基本となる〈構造〉の生成→基本となる〈構造〉の確立→〈構造〉を深化させる技術開発」という4段階を経て，技術が発展してきたことがわかる．最終的に高密度実装技術を構成する要素技術は様々な目的で生まれてきた．たとえば，チップ部品はハイブリッドICの部品として開発されている．それに対して，プリント基板は主として一般部品を組み合わせて回路を構成する際の部品として考えられており，モジュール化の手段としてのハイブリッドICとは対立するものでもあった．このように，当初は関連が薄かったり，場合によっては対立していた要素が組み合わされることによって，最終的な「技術システムの構造」が成立していった．そして，その〈構造〉の成立によって，技術開発活動における問題の焦点が定まり，その状況を前提として高密度実装技術は発展を遂げてきた．

改めて注意すべきことは，技術システムの〈構造〉とは，単に物理的な要素の組み合わせだけを意味しない点である．基本要素がある組み合わせをとる背景には，何らかの解釈なり意味づけが必ず存在している．たとえば，YM実装方式ではプリント基板－チップ部品－マルチ方式チップ・マウンタというそれまでにない組み合わせがとられた．この背景には，民生用機器の量産品であり，高周波を扱うアナログ回路を必要とするという特性を持った

ラジオの小型化に向けて，YM実装技術が開発されたことがあった．また，その後の他の製品領域に技術が採用される過程では，主として量産品のコスト低減と小型化という異なる側面に焦点が当てられた技術が，それぞれ開発されている．

ここでいう〈構造〉とは，人工物（artifact）としての要素の組み合わせとして具現化される側面と同時に，その背景に「何に使うものなのか」，「何を意味するものなのか」という意味づけや解釈を伴っている．前者は"HOW"にかかわる問題であり，後者は"WHAT"にかかわる問題だといえる．また，人工物の組み合わせは人間の行動とは独立して存在しうる可視的な存在である一方で，意味づけは人間が付与するものである．これらの点からいえば，個人の外側と内側の双方に存在して，"HOW"と"WHAT"について安定化する役割を果たすのが，技術システムの〈構造〉だといえる．

この"HOW"を具体的な要素の組み合わせの方法として，"WHAT"をその意味づけとして，それぞれとらえた上で，以上で考察してきた事例は図7-18のようにまとめることができる．

前段階ではハイブリッドICや一般的な回路基板で後の要素技術が開発される．それらが再解釈されることで，当初はラジオの小型化技術と工程の合理化の手段という解釈の下で，「角形チップ部品－プリント基板－マルチ方式マウンタ」という組み合わせが生み出された．ただし，この時点では複数の解釈が存在していることから，そのうちのコスト低減の手段に絞って円筒形チップ部品を用いる技術が開発される．しかし，その後は電子機器の小型化手段という解釈に基づいた「角形チップ部品－プリント基板－ワン・バイ・ワン方式マウンタ」というシステムに収斂する．そして，そのシステムと解釈は固定化されて，その固定化されたシステムと解釈を前提として，技術開発が進められていった．

前章で提起した〈技術システムの構造化理論〉における中核的な問題意識とここでの事例分析との関係を改めて明らかにしておきたい．現時点からみれば，以上で見てきた技術は部品を高い密度で基板上に集積させて，電子機器を小型化するための手段である．だからこそ「高密度実装技術」という名称で一般に呼ばれている．そして，その方法は角形チップ部品という一般部

図7-18 高密度実装技術の発展過程

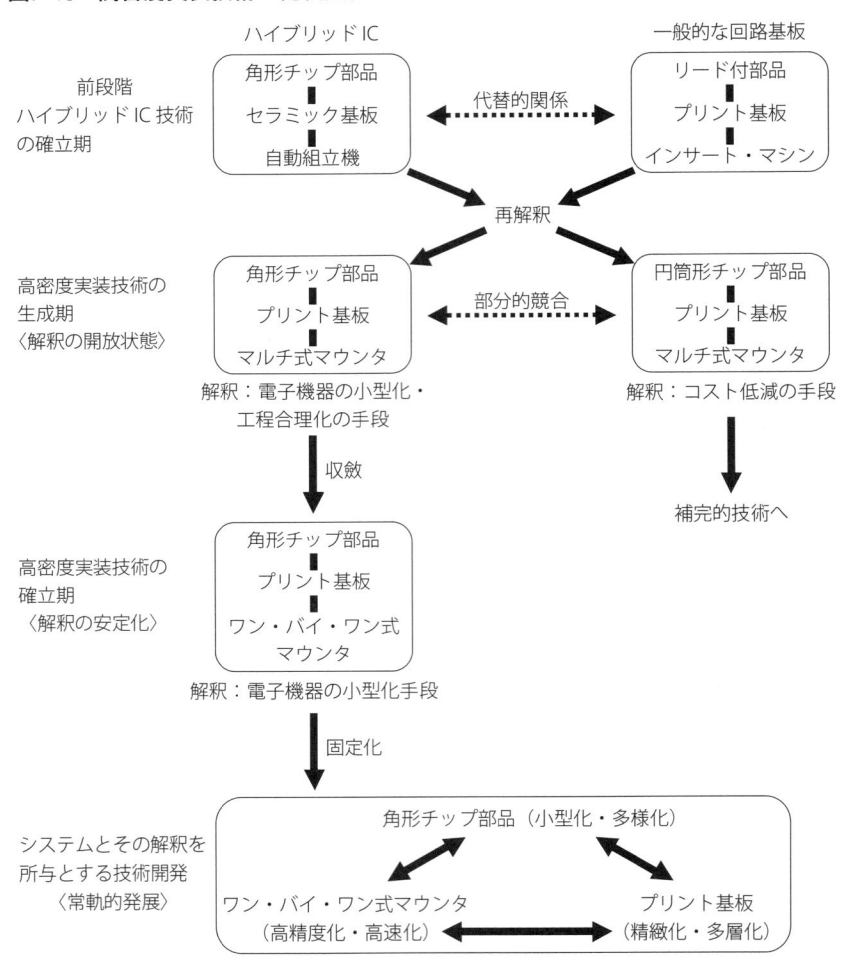

前段階
ハイブリッドIC技術
の確立期

ハイブリッドIC
- 角形チップ部品
- セラミック基板
- 自動組立機

←‥‥代替的関係‥‥→

一般的な回路基板
- リード付部品
- プリント基板
- インサート・マシン

↓ 再解釈 ↓

高密度実装技術の
生成期
〈解釈の開放状態〉

- 角形チップ部品
- プリント基板
- マルチ式マウンタ

←‥‥部分的競合‥‥→

- 円筒形チップ部品
- プリント基板
- マルチ式マウンタ

解釈：電子機器の小型化・
工程合理化の手段

解釈：コスト低減の手段

↓ 収斂

↓ 補完的技術へ

高密度実装技術の
確立期
〈解釈の安定化〉

- 角形チップ部品
- プリント基板
- ワン・バイ・ワン式
  マウンタ

解釈：電子機器の小型化手段

↓ 固定化

システムとその解釈を
所与とする技術開発
〈常軌的発展〉

- 角形チップ部品（小型化・多様化）
- ワン・バイ・ワン式マウンタ（高精度化・高速化）
- プリント基板（精緻化・多層化）

品を用い，樹脂系のプリント基板を用い，ワン・バイ・ワン方式のチップ・マウンタを用いるのが一般的となっている．このような前提のもとで，1980年代前半以降からは，様々な関連する要素技術の開発が行われていった．その方法と意味づけは自明であり，解くべき問題はあたかも外部的要因によって決められているような状況にある．したがって，技術者をはじめとする個人や，あるいは各企業が行うべきことは，その解くべき問題を解決すること

にように思われる．

　しかしながら，過去を振り返ってみれば，その方法も意味づけ・解釈も最初から定まっていたわけではない．たとえば，1970年代初頭には，解くべき問題は「ハイブリッド IC の技術を応用しながらも，低コストの技術を実現する」と考えた人もいたし，「ハイブリッド IC の将来はないから，モノリシック IC と一般部品を使ってプリント基板で回路を構成する」と考えた人もいた．後者のように考えたのであれば，ハイブリッド IC などで用いられる特殊な部品であったチップ部品が，リード付部品の生産量を凌駕する時代がくることなど，想像もつかなかったであろう．あるいは，70年代後半にチップ部品とプリント基板とチップ・マウンタによる部品実装方式が出現した場合でも，「低コスト化の手法」という見方と「電子機器の小型化の手法」という見方は混在していた．今では自明となった問題が，自明ではなかった時期もあったのである．問題の前提となる方法と意味づけ，すなわちここでいう〈構造〉が確立したからこそ，様々な解くべき問題がはじめて規定されたといえる．

　このような常軌的発展の段階を迎えることは，社会にとっても大きな意味を持つ．解くべき問題が定まらない状況では，様々な行為主体の努力が分散してしまうであろうし，そもそも努力が向けられない可能性さえ存在している．前提となる〈構造〉が安定化して，そこで解くべき問題が明らかになり，そしてその問題を解決することで得られる成果が予測しやすくなることで，人々は一定の方向に努力を注ぐ．そして，その努力の結果が現れることによって，〈構造〉はより堅固なものとなり，さらなる開発努力が関連する行為主体によって注がれるという，ある種の好循環が生じることになる．仮に未だに高密度実装技術の基本構造が揺らぎ続けていたのであれば，特定の方向で電子機器の小型化技術が発展することはなく，ノートパソコンや携帯電話が今のような形状で提供されるようにはならなかったであろう．

　その一方で，〈構造〉の確立によって自明となった方法や解釈が恒久的に変わらないわけではない．現在は固定的に見える状況がじつは絶対的な要因に基づいているわけではなく，大きく変動しうる可能性は原理的には常に存在している．この事例で取り上げた要素技術でも，いったんは定着した方法

や解釈が変わる状況は，小規模ながらもいくつか生じている．

たとえば，電卓を中心とする特殊なICの実装手法と位置づけられていたフィルム・キャリア方式は，その後「TAB」という形で見直されていった．フィルム・キャリア方式という技術は当初から薄型電卓のための専用技術として運命づけられていたわけではない．その他の小型化技術とフィルム・キャリア方式の方法と意味づけや，あるいは半導体IC自体の状況といった，様々な文脈の中で，フィルム・キャリア方式は仮説的な社会的定義を設定されたにすぎなかったのである．

本章で見てきた一連の過程からは，技術革新とは新たな技術的知識の生成だけを意味するわけではないことがわかる．旧来から存在している技術であっても，ある特定の解釈の下で成立する新たなシステムの下で，別の機能や役割を果たす可能性は存在している．そして，そのような状況では，外界から与えられた問題を解くという「適応」ではなく，新たに外界の状況を生み出す「革新」が生じているのである．

最終的には人々の行動を制約することになる〈構造〉を，新たに生み出したり，新たな視点から作り替えることは，少なくとも原理的には実現可能である．そして，その過程において中心的な役割を果たすことができる点に，社会における人間の主体性の意義があるように思われる．

●―● 注―――――――――――――――――――――――――――――――

1　本章の事例を作成するにあたって参考にした資料等に関しては，重要と思われる出所や事項を中心として，その一部を本文注に記載しているが，網羅的には示していない．代わって，本書の巻末にある参考資料一覧には，本章で参考にした資料を一括して記載している．
2　井上（1995），166-168頁．
3　「'86電子部品の技術動向と市場動向」『電子技術』1986年10月特別増大号，2-22頁．
4　井上（1995），166-168頁．
5　「ハイブリッドマイクロエレクトロニクスの新しい潮流」『電子材料』1990年5月号，14-17頁．
6　「'86電子部品の技術動向と市場動向」『電子技術』1986年10月特別増大号，2-

22頁.

7 「ハイブリッド IC とは」『電子技術』第25巻14号（1983），2-3頁.
8 「ハイブリッド IC とは」『電子技術』第25巻14号（1983），2-3頁；「カラーテレビのサブシステム IC 化」『電子技術』第13巻第8号（1971），81-91頁.
9 この「協同電子技術研究所」は，最終的に1979年に主管業務を東光に移して，解散している.
10 「カラーテレビのサブシステム IC 化」『電子技術』第13巻第8号（1971），81-91頁.
11 「モノリシック IC カラーテレビの経済性と技術動向を見る(1)」『日経エレクトロニクス』1973年2月26日号，48-54頁.
12 「ハイブリッド IC カラー・テレビのねらうもの」『日経エレクトロニクス』1971年5月10日号，34-37頁；「カラーテレビのサブシステム IC 化」『電子技術』第13巻第8号（1971），81-91頁；「カラーテレビの機能ユニット化設計」『電子技術』第15巻第6号（1973），16-24頁.
13 『電波新聞』昭和50年1月1日；「ハイブリッド IC カラー・テレビのねらうもの」『日経エレクトロニクス』1971年5月10日号，34-37頁.
14 「受信管物語[31]－宮田エレバム社長の話」『電子』昭和54年4月号，49-52頁.
15 「印刷配線とは」『科学朝日』1955年4月号，95-98頁.
16 伊藤（1989），20頁.
17 「印刷配線とは」『科学朝日』1955年4月号，95-98頁；「プリント配線技術」『電子技術』第6巻第10号（1964），65-69頁.
18 はんだ付け工程の自動化の手法としては，「フロー式」を含めて大きくは3つの方法がある．第1に，はんだ漕に基板をつける「ディップ式」である．第2に，はんだを下から噴流させ，その上に基板を通過させることではんだ付けを行う「フロー式」である．第3に，「クリームはんだ」という融点の低いはんだを基板上に前もって印刷しておき，その上に部品を装着して，炉の中ではんだを溶融させてはんだづけを行う「リフロー式」である．これらのはんだ付けの自動化の方法は，時代的には「ディップ式→フロー式→リフロー式」の順に開発されてきた．また，「リフロー式」はハイブリッド IC の開発過程で生み出されたものである．高密度実装を行う際には，工程が複雑になるが，精度の高い「リフロー式」が採用される場合が多い.
19 「プリント配線板の市場動向と展望」『電子技術』1986年6月別冊，2-13頁；「印刷配線とは」『科学朝日』1955年4月号，95-98頁.
20 「印刷回路部品」『電子技術』第2巻第6号（1960），134-144頁.
21 「我が国プリント基板業界の生産と技術動向」『日経エレクトロニクス』1975年

6月30日号, 142-145頁.
22 「実装設計の考え方」『電子技術』1987年3月別冊, 2-15頁.
23 「プリント基板部品の自動挿入機械を展望して」『電子技術』第12巻第9号 (1970), 10-16頁.
24 山本芳夫監修『SMTハンドブック』429頁.
25 『電波新聞』昭和51年8月5日.
26 『電波新聞』昭和51年4月30日.
27 『電波新聞』昭和51年7月13日.
28 「プリント配線板今昔 電卓の巻」『電子技術』1988年3月別冊実装技術シリーズ6, 13-16頁.
29 「電卓, 年間生産1000万台を突破」『日経エレクトロニクス』1974年2月11日号, 160-165頁.
30 竹内他 (1986), 75-80頁.
31 「コンパクト形電卓」『電子材料』1976年5月号, 50-54頁.
32 「ハイブリッドマイクロエレクトロニクスの新しい潮流」『電子材料』1990年5月号, 14-17頁;「IC/LSI実装技術の最近の進歩」『電子材料』1976年4月号, 22-24頁;「マイクロエレクトロニクスと接合技術」『電子技術』第25号第8号 (1983), 2-22頁.
33 『電波新聞』昭和51年3月17日.
34 『電波新聞』昭和52年3月9日;「回路組立合理化のための電子部品設計」『電子材料』1977年8月号, 27-32頁.
35 1996年9月4日に実施した松下電器産業 (当時) でのパーソナル・インタビュー.
36 この技術開発の過程については, 1996年9月4日に行った松下電器産業カーAVC事業推進部カーオーディオ・開発製造総括担当部長 (当時)・冷水昭夫氏 (開発当時・ラジオ事業部商品開発部) へのパーソナル・インタビューと,「YM実装方式によるチップ実装」『電子材料』1980年5月, 56-60頁を参考にしている.
37 のちにはこのYM実装方式でも, はんだ付けの自動化方法として, ディップ式だけではなくリフロー式も取り入れられている.
38 「携帯用民生品に最近目立つ薄型化技術」『日経エレクトロニクス』1978年8月7日号, 76-89頁.
39 『電波新聞』昭和52年12月21日;「薄型ラジオ」『電子材料』1978年9月, 32-35頁.
40 『電波新聞』昭和52年10月16日;「携帯用民生品に最近目立つ薄型化技術」『日経エレクトロニクス』1978年8月7日号, 76-89頁.

41 1996年9月4日パーソナル・インタビュー．

42 「チップ部品の展望とその評価」『電子技術』第22巻第2号（1980），9-11頁．

43 『電波新聞』昭和52年3月30日；昭和53年1月4日．

44 UHIC に関する記述については，「UHIC 方式による電子回路生産方式」『電子材料』1979年6月号，64-70頁；「ユニバーサルハイブリッド方式」『電子技術』第21巻第10号，30-36頁；「UHIC 方式による自動部品実装」『電子材料』1980年5月，61-64頁；「アセンブリ革命を引き起こすリードのない小型部品」『日経エレクトロニクス』1982年2月1日号，92-128頁；「最近のチップ部品とその動向」『電子技術』第25巻第2号，18-22頁，および『電波新聞』各関連記事を参考にしている．

45 ソニーや共同開発した部品メーカーではこのような部品を「メルフ部品」と呼んでいたが，松下電子部品をはじめとする競合他社は「円筒形チップ部品」と呼んでいた．メルフ部品には両端の電極に「銀くわれ」を防ぐための加工が施してあり，円筒形チップ部品では必ずしもそのような処理が施されていない場合や寸法が異なる場合がある．ただし，電極処理の有無などにかかわらず，松下をはじめとする競合企業では「メルフ」という呼称を，少なくとも公式的には用いられることはなかった．他方，ソニーが UHIC 方式の開発に際して重点的に検討した問題からは，松下電器の YM 実装方式が念頭に置かれていたことが推察される．しかしながら，松下電器が開発した実装技術に近い技術であるにもかかわらず，ソニーはハイブリッド IC の改良技術を意味する「UHIC」という呼称を用いた点は興味深い．これらの点からは，松下電器とソニーの間では，応用した完成品のみならず，実装技術についても，何らかの競合関係が意識されていたことが推測される．

46 1979年末時点では，円筒型は角形の2割から4割ほど安い一方で，リード付カーボン抵抗器と比べて4割程度高いとされていた（『電波新聞』昭和54年11月13日；昭和54年12月13日）．また，円筒形チップ部品はカーボン抵抗器の技術を応用することから，カーボン抵抗器を生産する抵抗器メーカーは容易に生産できるが，ロームや京セラのように，チップ抵抗器だけを手がけていた抵抗器メーカーには参入障壁が存在していた．

47 角形チップ部品がほぼ支配的になった1982年の時点でも，当事者である太陽誘電によれば，コンデンサでは「角形よりも35%は安い」とされていた（『日経エレクトロニクス』1982年2月1日号，110頁）．

48 『電波新聞』昭和55年11月14日；『日経エレクトロニクス』1982年2月1日号，100-101頁．

49 UHIC 方式の開発に参加した部品メーカーのうち，太陽誘電は円筒形（メルフ）部品を普及に力を入れ，その後も部品の種類拡大を積極的に展開した．たとえ

ば，1986年にはセラミック・コンデンサの大容量化を実現しており，ほぼ同時期には円筒形インダクタ，バリスタ，コイルも販売を開始している．そのような方針により，87年末頃に同社が生産していたチップ部品は，円筒形が8種類であるのに対し，角形はインダクタとセラミック・コンデンサの2種類にとどまっていた．

50 『日経エレクトロニクス』1982年2月1日号，102-120頁；『電波新聞』昭和56年12月10日．

51 1981年時点において，完全なマルチ方式で1個あたり10銭であるのに対して，ワン・バイ・ワン方式では70〜80銭であったとされる（『電波新聞』昭和56年2月10日）．

52 東京三洋電機のマウンタ事業は，東京三洋電機と三洋電機の合併によって，いったん三洋電機の1部門となり，後にマウンタ事業は分社化している．

53 ただし，自動組立機の最大手メーカーで，自社内での需要も多い松下電器は，1985年以降には円筒形部品専用マウンタやマルチ方式マウンタの外販も開始し，チップ・マウンタのフルライン化を行っている．

54 「チップ部品自動装着技術の新展開［1］コンデンサ」『電子材料』1984年9月号，39-43頁．

55 「電子部品の軽薄短小化とその課題」『電子材料』1985年2月号，22-32頁．

56 ただし，アルミ電解コンデンサでもフィルム・コンデンサでも，耐熱性は完全には克服されておらず，1992年頃でもチップ部品の比率は1割前後にとどまっていた．その代わりに，チップ化が必要な場合には，静電容量が近いセラミック・コンデンサ（小容量でフィルム・コンデンサと代替的）やタンタル・コンデンサ（中容量でアルミ電解コンデンサと代替的）に置き換えられる場合も少なくなかった（『日経エレクトロニクス』1993年10月11日号，203-225頁）．

57 「表面実装型の水晶発振器出そろう，小型・軽量化を争うパーソナル機器の力に」『日経エレクトロニクス』1991年9月30日号，119-126頁．

58 たとえば，「端子ピッチ0.5mmで踊り場にさしかかる表面実装」『日経エレクトロニクス』1988年12月12日号，141-158頁；「チップ部品・表面実装技術の動向」『National Technical Report』Vol. 35, No. 3, 4-11頁．

59 「ハンディカム55の実装技術」『電子材料』1990年4月号，109-113頁；「カメラ一体型8mmVTR」『電子技術』1990年6月号，116-124頁；「1.1kgの8ミリビデオ，端子ピッチ0.5mmのVQFP入りLSIや1.6×0.8mmの小型チップを多用」『日経エレクトロニクス』1987年6月29日号，107-109頁．

60 「松下電器産業（株）NV-S1の実装技術」『日経エレクトロニクス』1990年11月12日，252-254頁；『電波新聞』1991年7月1日．

61 「端子ピッチ0.5mmで踊り場にさしかかる表面実装」『日経エレクトロニクス』

1988年12月12日号，141-158頁；「表面実装　0.3mmピッチLSIと1005部品に挑戦」『日経エレクトロニクス』1990年3月19日号，119-136頁．

62　図7-14の日本プリント回路工業会の調査データは，次の3点を参照している．『電子技術　1990年6月別冊　実装技術シリーズ17』16-17頁；『電子材料』1990年10月，17頁；『電子材料』1992年10月，25頁．

63　この図で当該年だけではなく前年も含めている主な理由は，発表年と発売年が一致しない事例があることや，発売された製品の販売期間は少なくとも2年程度はあることから，当該年だけのデータでは経時的な変化がわかりにくくなることがある．

64　この図の作成にあたっては，沼上（1992）を参考にしている．

65　この図に記載された企業は，対象年で一貫して市場シェアのデータが入手可能な7社に限定されているが，1990年代中頃の時点では，これら7社はいずれもマウンタの外販市場においては，大手メーカーであった．

66　その後，マウンタ・メーカーの間では大規模な事業再編が進むことになる．松下電器と九州松下電器のマウンタ事業は松下グループの事業再編に伴い，事業が統合された後に，パナソニックファクトリーソリューションズとして2003年に分社化している．三洋電機のマウンタ事業は，1994年に三洋ハイテクノロジーとして分社化した後，2003年には日立製作所系の日立ハイテクノロジーズに売却され，現在は日立ハイテクインスツルメンツとなっている．テンリュウテクニックスのマウンタ事業は経営不振のために，2000年にヤマハ発動機が新たに設立したアイパルス株式会社に営業譲渡されている．

第8章 システムの構成要素における技術の発展過程

　この章では，技術システムを構成する要素に分析の焦点を移して，技術の発展過程について検討していく．新しい要素技術の発展過程は，既存のシステム上の構成要素との直接的な代替が生じることをはじめとして，前章で考察した技術システム全体とは異なる側面を有している．その一方で，システムの構成要素からの分析においても，技術システム全体と同様に，決定論的視座に立った分析では十分には考察できない状況は存在している．

　第1節では，要素技術の発展過程における特徴を考察した上で，新たな要素技術が技術システムに適用される過程を分析した研究として，クリステンセンらによる議論を検討する．第2節では，クリステンセンの研究とは異なる要素を含む事例として，1970年代から30年以上にわたって日本の樹脂メーカーが展開した合成樹脂の発展過程を検討する．第3節では，合成樹脂の事例とクリステンセンの研究から得られる示唆を中心に論じる．

1　要素技術における発展過程の特性

要素技術の発展と技術システム

　前章では，高密度実装技術の事例から，特定の技術システムが生成・発展する過程を検討してきた．それに対して，本章では，技術システムの構成要

素に焦点を当てて，その要素技術が発展する過程を検討することにしたい．システム全体のみならず，それを構成する各要素についても，当初からその用途やそこで与えられる意味づけが常に確定しているわけではない．そのために，多くの潜在的な可能性から特定の用途や意味づけが人々の間で共有され，確定していく過程が要素技術でも生じることになる．

　ただし，要素技術の発展過程は技術システム全体とは異なる側面を有している．第1に，要素技術は特定のシステムだけに組み込まれるとは限らず，複数の技術システムで機能しうる点である．第2に，新たに出現した要素技術は，新たに生成する技術システムで常に用いられるとは限らず，既存の要素技術を代替する形で，既存の技術システムで利用される場合も想定できる点である．これらの違いから，要素技術が発展する過程を考察することで，前章で考察した技術システム全体における発展過程とは異なる様相を見ることができる．

　第1の技術システム全体との違いとは，複数の技術システムに組み込まれて利用できるのであれば，ある特定の技術システムに規定される形で，要素技術が開発されるとは限らないことである．

　この点に関連して，福島英史は，複数の技術システム間での相互作用が技術の発展過程に大きな影響を及ぼすことを指摘している（福島, 2000）．福島が取り上げた電子スチル・カメラの事例では，中核部品である電荷結合素子（Charge Coupled Device : CCD）をはじめとする要素技術の発展は，他の技術システムとも深くかかわっていたとされる．電子スチル・カメラは，いわゆるデジタル・カメラとして，最終的には銀塩写真フィルム・カメラを代替していくことになる．このような銀塩フィルムの代替技術としての構想は技術開発の初期段階から存在していた一方で，電子スチル・カメラの要素技術はその技術システムの内部に閉じた形で発展したわけではない．CCDなどの要素技術の発展過程では，初期段階において家庭用ビデオ・カメラで利用され，さらにデジタル・スチル・カメラの黎明期には，パソコンという技術システムと新たに関連するようになったことが，多大な影響を与えていた．

　このような現象は，第5章で取り上げたクラーク（K. B. Clark）の議論（Clark, 1985）では十分には扱えない．クラークの見解に基づけば，自動車

のような製品システムにおいて中核概念（core concept）が固定化することによって，下位の問題に開発の焦点が移行していくことになる．しかしながら，自動車に用いられるコンポーネントのような要素技術の側から考察すると，自動車のような上位システムでの動向に技術開発の焦点が左右されるとは限らない．

たとえば，ハイブリッド車や電気自動車の開発が近年進められているが，それらに搭載されるニッケル水素電池やリチウムイオン電池の基本技術はもともと車載用として開発されたわけではない．自動車に搭載するためには，安全性や容量など車載用途に向けた技術開発を進める必要がある一方で，電気自動車などで用いられる高性能二次電池の基本技術は，ノートパソコンをはじめとする携帯用電子機器に組み込むことを主たる目的として，開発されてきた（山口, 2007）．そこでは，中核概念が固定化することで，下位にある要素技術の開発が進められたというよりも，むしろ異なる技術システムでの利用を前提として要素技術が開発されて，その技術開発の成果に基づいて，別の技術システムの中核概念が揺らぐ状況が生じているといえる．つまり，要素技術では，単独の上位システムと緊密に結びついて，確定的な状況で漸進的な問題解決が図られているとは限らず，より緩やかな結びつきにおいて，より独立的に活動が展開される場合も少なくないのである．

この第1の点は，新たに出現した要素技術が既存の要素技術に代わって，既存の技術システムに組み込まれるという第2の論点ともかかわっている．特定の技術システムを前提として要素技術が開発されるとは限らないのであれば，新たな要素技術は，並行して新たに生成する技術システムだけで用いられるだけではなく，既存の技術システムに組み込まれている既存の要素技術を代替する形で利用される可能性も存在する．したがって，ある特定の技術システムが生成して安定化する一連の過程を検討するだけで，要素技術の発展過程を十分に考察できるとは限らない．

たとえば，液晶テレビのバックライトには，近年になり発光ダイオード（LED）が採用されている．このLEDについても，前述の二次電池と同様に，もともと液晶テレビのバックライトのために基本技術が開発されたわけではない．光の3原色のうち実現が困難であった青色LEDの実用化によっ

て，LED が光源として利用可能になったのであり，液晶テレビはその応用先の1つにすぎない．この場合，LED はバックライトの光源として広く用いられてきた冷陰極管に代替する機能を担うだけであり，液晶テレビのシステム自体が大きく変更されるわけではない．

　ここで注意すべきなのは，新たな要素技術が既存の技術システムで利用される場合，その技術システム自体は大きくは変わらない一方で，対象となる要素技術では，代替される側の技術を中心として，大きな変化が生じる点である．たとえば，液晶パネルのバックライトが LED に代替されていくのであれば，液晶テレビの製造業者はそれほど影響を受けないかもしれないけれども，バックライトの既存技術である冷陰極管の製造業者は，自社の製品が直接代替されることになるために，大きな影響を受けることになる．

　この点は既存の議論で必ずしも明確に認識されていたわけではない．たとえば，新たに開発された要素技術が既存の技術システムに適用される技術革新について，ヘンダーソン（R. M. Henderson）らは「モジュラー型技術革新」（modular innovation）と呼んだ（Henderson and Clark, 1990）．この「モジュラー型技術革新」という概念は，個々の要素技術は変化しないものの要素間のつながりは根本的に変化する「構造的技術革新」（architectural innovation）との対比で提起されている．そこでは，構造のみが変わる「構造的技術革新」は，要素技術が大きく変わる「モジュラー型技術革新」よりも既存企業に対する影響が小さいように見えるけれども，実際には「構造的技術革新」の方が「モジュラー型技術革新」よりも対応が難しいとされる．

　ヘンダーソンらが焦点を当てた問題は，技術革新が生じた際に既存企業が対応できない条件の探索である．それに対して，本章での議論との関連で重要となるのは，分析単位の設定方法によって，同じ技術革新でも関係する企業に対する影響が大きく異なるという点である．前述の LED と冷陰極管との関係にあるように，「モジュラー型技術革新」は，システム全体から見ると既存企業に対する影響はそれほどないかもしれない一方で，要素技術から見た場合には，既存の技術・製品が代替されてしまうことから，その要素技術を担当する既存企業に対しては多大な負の影響を与えうる．それに対して，「構造的技術革新」が生じる場合には，システム全体を担当する既存企

業は対応が困難になるかもしれないが，要素技術を担当する既存企業は，それまでと技術が変わるわけではないために，基本的には大きな影響を受けないことになる．

これらの点からは，複数の要素によって構成される技術システムという視点で技術革新の問題をとらえる場合には，システム全体から考察する場合と要素技術から考察する場合とでは，見えてくる様相が異なることが示唆される．このことからも，技術システム全体の発展過程とは別個に，要素技術を単位として分析を進める意義が理解できるように思われる．

要素技術における用途の探索

以上では，技術システムに関して考察する際に，システムを構成する要素技術から見た状況は，システム全体から見た状況とは，異なる側面があることを指摘した．他方で，システム全体から見た場合と同様に，要素技術の用途や位置づけは，外部環境をはじめとする絶対的な要因によって規定されるわけではない．そのために，新たに開発された要素技術がいかなる技術システムで利用され，そこでどのような用途や意味づけが与えられるのかが明確になるには，多くの時間が必要となる可能性がある．

要素技術の用途や位置づけの確定に時間がかかる具体的な状況としては，主として次の3つが考えられる．

第1に，基本的な要素技術が開発された時点で，それを利用可能な技術システムが確立していない場合である．第6章と第7章で見てきたような「常軌的発展段階」として，特定の技術システムでの問題解決を図るのであれば，要素技術は特定の目的を達成するために開発されることから，このような問題が生じることはない．しかし，利用可能な技術システムが確立していないのであれば，要素技術を適用する領域が存在しないことになる．その場合には，前章で見たように，技術システムが確立する過程を通じて，要素技術の用途や意味づけが明確にされる必要がある．

第2に，既存の技術システムでの利用が想定されていても，新たに開発された要素技術が既存の要素技術より性能・機能やコスト・価格が劣っている場合である．この新規技術が既存技術よりも初期段階では劣っているという

点は，フォスター（R. N. Foster）の「S字曲線」（Foster, 1986）をはじめとして，技術革新研究で長らく議論されてきた．また，次項で取り上げるクリステンセン（C. M. Christensen）らの議論にあるように，最終的には既存の技術システムでの利用が想定されていたとしても，新しい要素技術が既存の要素技術を代替できる水準にまで向上するにはしばしば時間がかかる．その場合には，既存の要素技術をごく短期間で代替する状況は起こらない．

たとえば，液晶パネルのテレビへの利用は技術開発のかなり早い段階から想定されていた一方で，家庭用テレビでブラウン管を本格的に代替していくのは，1990年代末からである．それまでの過程では，液晶が発明された時点には存在していなかった電卓やパソコン用モニタなどに用いられることで，事業として継続されるとともに，技術開発が漸進的に進められてきた．また，液晶パネルの場合は，当初から想定されていた「壁掛けテレビ」が相当な時間が経過した後に実現されているが，生き残った技術であっても，当初想定した用途に最終的に用いられるとは限らない．

第3に，既存の技術システムで利用可能であったとしても，要素技術に関する知識を保有している側とその技術を利用する技術システム側の双方が，その存在を相互に認識していない場合である[1]．この場合，新たに開発された要素技術が潜在的には既存技術に代替しうるとしても，要素技術を保有している側ではその必要性がわからず，システムの側では要素技術の存在がわからないことから，互いの状況を知る機会がない限り，新たな要素技術による代替が実現しないことになる．

この第3の状況は，社会的な分業によって特定の技術システムとは独立して要素技術の開発が行われるために，当該技術システムが影響を与える範囲が限定されることから主として生じると思われる．社会的分業による機能的な側面の1つは，各々の行為主体が特定の領域に絞って仕事をすることで，その領域での経験や知識をより深く蓄積できることにある．逆に言えば，社会的分業が生じる状況では，人々は，自らが主として従事する領域の外側に関しては，一般的な状況に関する知識しかふつう持ち得ない．そのように考えると，ある特定の技術システムで解決すべき問題を十分に理解しているのは，その技術システムとかかわる共同体（community）に所属した人々に限

られることになる．

　この点と類似した見方は，社会制度に基づく同型化について論じたディマジオ（P. J. DiMaggio）とパウエル（W. W. Powell）の議論からも示唆される（DiMaggio and Powell, 1983, 本書第3章参照）．ディマジオらによれば，制度的な影響が及ぶのは，「組織フィールド」（organizational field）に関係する行為主体に限られる．つまり，関係する行為主体は所属する組織フィールドからの強い圧力を受ける一方で，その制度的圧力は外側には及ばないことになる．これまで議論してきた〈構造〉は制度の一種でもあることから，〈構造〉の外部では，その制約を受けない代わりに，〈構造〉の影響下では広く知られている問題や状況もわからない状況が生じるのである．

　実際に，特定の〈構造〉と関わりが薄い「外部」の行為主体にとっては，関係者にとっては自明であるようなことであっても，十分に理解できないことは少なくない．たとえば，自動車に使われる部材で必要となる特性について，完成車メーカーや部品メーカーの技術者はよく理解していても，そこで用いられる素材を供給するメーカーの技術者が同じ知識を持っているわけではない．国内外の化学メーカーが大手自動車メーカーの開発拠点の近隣に研究開発施設を開設したりするのは，そのような問題を克服する方法の一例である．

　以上のように，新たに開発された要素技術が発展する過程では，その要素技術が特定の技術システムに短期間のうちに組み込まれて活用されるのではなく，ある程度の時間をかけて，要素技術の用途やその意味づけが徐々に確定していく状況が想定できる．基本的な技術が開発されていたとしても，あるいは既存の技術システムで利用されることになるとしても，要素技術としていかなるシステムでどのように利用されるのかは，すぐに明確になるとは限らないのである．

　これらの点からすると，要素技術の発展過程は，用途と意味づけに関する「探索」の過程であるといえる．そこでは，技術システム全体が新たに生成されるとは限らない一方で，既知の問題が単純に解決されるわけでもない．つまり，要素技術の発展過程は，目の前に現れる現実に対する単純な適応だけではなく，新たな現実を主体的に生み出していくという点で，革新の過程

でもあるといえる．

要素技術の発展過程としての破壊的技術革新

ここで，クリステンセンらによる「破壊的技術革新」（disruptive innovation）に関する研究（Christensen and Rosenbloom, 1995；Christensen and Bower, 1996；Christensen, 1997）を通じて，要素技術における発展過程について，より具体的に検討しておきたい．クリステンセンらの研究を取り上げる理由は，ハードディスク産業における技術革新に関する考察を通じて，要素技術としてのハードディスクが異なる技術システムに段階的に適用されていく過程が考察できることにある．

クリステンセンらの研究では，新規技術が出現した際に，既存企業が対応に失敗することに焦点が当てられた．これは技術革新研究で長年取り組まれてきた問題の1つであり，従来の研究では大きくは2つの仮説が提起されていた．その1つは，技術的能力の低さから，既存企業が急進的技術革新にうまく対応できないとする説明である．その後の議論で提起された第2の仮説は，技術の構成要素間の関係が変化する「構造的技術革新」が生じる際には，既存企業の組織構造が既存技術の構造に対応しているために，既存企業では新規技術への対応が阻害されるとする，組織的要因からの説明である（Henderson and Clark, 1990）．

それらの既存の議論に対して，クリステンセンらは従来の見解からは説明できない現象を発見する．彼らが主たる分析対象としたハードディスク産業では，急進的技術革新や構造的技術革新を含む多くの技術革新において，既存企業は高い技術的能力を背景として，新規参入企業よりも多くの成功を収めていた．その一方で，既存の2つの仮説では説明が難しい状況が生じたときに，既存企業が技術革新への対応に失敗することも見受けられた．それは，前述の破壊的技術革新が生じる場合である．破壊的技術革新とは，本書でいう技術システムとほぼ同義で用いられる「価値ネットワーク」（value network）において，新規技術が初期段階では高い評価を受けなかったにもかかわらず，後に既存技術を代替していくような技術革新のことを指す．

破壊的技術革新が生じるメカニズムについて，クリステンセンらは次の2

つの段階から説明した．

　第1に，既存企業における新規技術の事業化段階での資源配分が，新規参入企業と比べて抑制される段階である．既存企業の技術的能力は相対的に高いために，様々な技術開発活動に積極的に取り組んでいる．しかしながら，破壊的技術革新の場合には，当初は顧客が必要とする性能を満たさないことから，既存の価値ネットワークの主要な顧客を対象として新規技術に関する市場調査を行っても，大きな需要が期待できないという予測結果となる．他方で，新規参入企業は既存技術を保有していないために，新規技術の他の特性を評価する新たな価値ネットワークにおいて，事業を展開する．ハードディスクの事例でいえば，デスクトップパソコン向け市場ではハードディスクの容量などが重視される一方で，新たに出現したノートパソコン向け市場では，サイズや消費電力といったデスクトップパソコンとは異なる特性が当初重視されたといったことである．

　この新しい価値ネットワークは市場規模も小さく，不確実であり，さらに収益性も低いことから，既存企業には魅力的な市場ではない．既存の顧客は必要としておらず，新たな市場の魅力度も低いことから，既存企業はそのような新規技術を事業化する際に，資源配分を抑制することになる．米国のハードディスク産業では，既存企業で破壊的技術を開発した技術者らは，自社が新しい技術を事業化しないことに不満を感じて退職し，その後で新たに興した企業を通じて，新規参入を図っていた．

　この第1段階に続いて生じるのが，技術進歩によって新規技術が既存技術を代替する第2段階である．ここでは，時間の経過とともに生じる技術進歩に基づいて，従来からの価値ネットワークの顧客が必要とする水準を，既存技術の技術特性が大幅に上回る状況が生じる．その一方で，新規技術でも技術進歩が生じて，既存の価値ネットワークで必要とされる特性を，既存技術よりも高いコスト・パフォーマンスで実現できるようになる．このような状況の下では，それまでは既存技術が適用されていた価値ネットワークにおいて，新規技術が既存技術を代替して，既存企業が新規参入企業に駆逐されるという状況が起こることになる．

　以上のような過程で既存企業の衰退が生じる根本的な理由は，初期段階で

の技術開発の遅れでもなければ,組織的な問題でもなく,既存の顧客に対する市場調査と,その結果に基づく戦略的なコミットメントの遅れに求めることができる (Christensen and Rosenbloom, 1995 ; Christensen, 1997). 既存企業による技術革新への対応失敗は無能や怠慢からではなく,真面目に技術開発や市場調査に取り組んで,合理的な判断基準に基づいて経営資源を配分した結果として生じることがあるという意外な論点が,クリステンセンらの議論からは示唆されるのである.また,クリステンセンらは明示していないものの,先験的に存在する外部要因ではなく,社会的に共有された意味づけと,その意味づけに基づく価値ネットワークという社会的に構成されたシステムを想定している点で,破壊的技術革新にかかわる議論は一種の構成主義的視座に立脚しているといえる.

以上に示されたクリステンセンらの議論からは,新たに開発された要素技術が複数の技術システムに適用される過程の1つが明らかになる(図8-1).まず,第1段階では,既存の技術システム(＝価値ネットワーク)では既存の要素技術を直接代替できないことから,新たな技術システムに適用されることになる.ただし,そこで用途先となる技術システムは初期段階では確立しておらず,既存企業からスピンオフしたベンチャー企業が,他の要

図8-1 ハードディスク産業における要素技術の代替過程

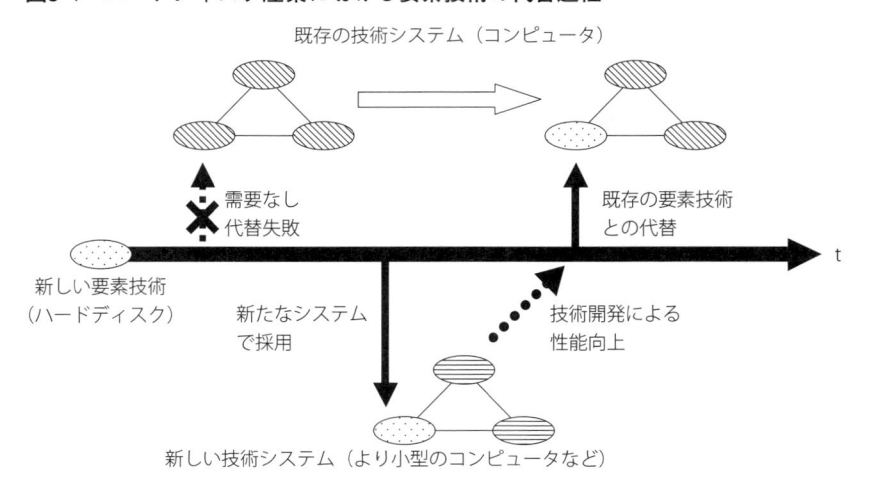

素技術を保有する企業や完成品メーカーとともに，新たに生み出していくことになる．ハードディスクの事例では，ベンチャー企業は新たに生み出された技術システムで事業を展開するとともに，技術開発を進めていった．

その結果として生じるのが，既存の技術システムにおいて，新たな要素技術が既存の要素技術を代替する第2段階である．ハードディスクの事例では，ワークステーションに対してはパソコン，デスクトップパソコンに対してはノートパソコンなど，新たに出現した技術システムをいわば苗床にして，技術開発が進められる．その結果として，既存の要素技術である従来のハードディスクをコスト・パフォーマンスで優る製品が，既存の技術システムに投入されることによって，新しい要素技術が代替していった．

クリステンセンによるハードディスク産業の詳細な分析は，要素技術の発展過程における革新性を明らかにしている．具体的には，ある時点での顧客の意見に対して忠実に適応した既存企業は中長期的には失敗する一方で，最終的に成功を収めるのは，初期段階での収益の見通しが必ずしも望ましくなかったにもかかわらず，新たな要素技術に積極的に取り組んだ新規参入企業だという点である．そこでは，現時点で可視的な状況に適応することによって，将来の不適応が生じることが指摘されており，ある時点での決定論的視座に基づく方策の限界が浮き彫りにされている．

ただし，クリステンセンが中心的に取り上げたハードディスク産業の事例を通じて，要素技術の発展過程に関するすべての事象が説明できるわけではない．ハードディスクの事例では，基本技術は同じハードディスクという製品であるにもかかわらず，産業構造に劇的な変化を生んでいるという点では，興味深い．その一方で，そこで分析の対象であったのは，要素技術に関しても，技術システムに関しても，広義には同じ電子機器の領域である．そのために，新たに出現することになる技術システムに関して，ハードディスク産業の関係者にとって全く未知の世界であることが問題であったというよりは，むしろ特定の時点で不確実性が相対的に高い状況にあったことが問題であったように思われる．

この点からすると，先に挙げた，要素技術の適用・発展が短期間に生じない3つの状況のうち，第1の技術システムが新たに出現する場合と，第2の

新規技術の性能・機能が既存技術をすぐには上回らない場合という2つは，ハードディスク産業で生じた事象に当てはまるように思われる．その一方で，既存の構造や制度からの影響外にあり，適用すべき技術システムが存在していたとしてもわからないという第3の場合は，クリステンセンらの事例では考察することが難しい．この第3の状況が生じる場合には，新しい要素技術における需要が不確実であるだけではなく，需要の可能性がある用途が要素技術側の当事者によってそもそも理解されていない．さらに，その要素技術が適用されるかもしれない技術システムがまだ立ち上がっていないのであれば，かつてのハードディスク産業の状況よりも予測がはるかに困難となる状況で，用途先を探索しなければならないことになる．

2　合成樹脂における発展の過程[2]

本節では，日本の樹脂メーカーA社における合成樹脂X（いずれも仮名）を事例として取り上げて，要素技術である合成樹脂が複数の技術システムに適用される過程を検討していく．前節で触れたようにハードディスクは基本的には電子産業で閉じた形で利用されたのに対して，合成樹脂は素材として様々な領域で利用される．そのために，合成樹脂Xの発展過程においてA社が主として直面した問題は，事業として必要となる大口の用途先が長期間にわたり見つからないことにあった．合成樹脂Xは優れた物質的特性を有しながらも，事業として安定的な収益を生み出すまでに，20年以上の時間を費やすこととなったのである．なお，この事例での基本的な論点は，A社における経営判断の是非ではなく，用途先の開拓が原理的に困難だった点にある．

合成樹脂Xの物質的特性と事業の概要

合成樹脂Xは汎用モノマーを主原料とする樹脂であり，重合したポリマーとして広く用いられている．販売されている製品としては，コモノマーの違いなどで，現時点では20種類を超えるバリエーションが存在する．

第8章　システムの構成要素における技術の発展過程

　一般に合成樹脂の物質的特性は，事業としての展開に大きな影響を与える．合成樹脂は，他の合成樹脂のみならず，金属や木材などを含めた他の素材と代替的な関係にあり，その特性と価格・コストが最終的に用途先で採用を決める際の評価基準となる．その用途先で必要とされる特性に関して，他の代替的な素材と比べて同程度の水準にあるのであれば，買い手が選択する際に最も重要となるのは価格となる．あるいは，ある種の際だった特性を有しているが，価格が高い素材の場合には，価格が高くても，その特性を必要とする場合に限って，採用されることになる．

　実際に，プラスチックの単位あたり価格と販売量との間には，単位あたり価格が下がるほど販売量が増大するという，指数関数で表される一定の関係が存在するとされる（中條, 1997）．その背景には，単位あたり価格が低くなると，その合成樹脂が他の素材を代替して，応用される範囲が拡大するために，需要量が増大するという関係が想定される．また，規模の経済や経験効果を想定すれば，価格が相対的に低いと，応用範囲が広がり，需要量が伸びることにより，コストがさらに低下して，他の素材との比較した際に価格面で優位になり，より多くの需要が見込める，という一種の好循環も想定できる．

　化学樹脂事業を展開する上で重要な要素の1つとなる物質的特性の側面において，合成樹脂Xはいくつかの顕著な特性を有している．まず挙げられるのは，光線透過率が高く透明性があり，耐熱性や耐薬品性，無毒性も備えているという点である．合成樹脂Xは結晶性ポリマーであるにもかかわらず，透明性がきわめて高い．代表的な製品における光線透過率は，樹脂の中では透明性が比較的高いポリカーボネートよりも高く，無機ガラスと比べても高い．また，合成樹脂Xの融点は，製品としての組成にもよるが，220℃から240℃とされる．この値は，300℃を超すフッ素系樹脂や，一般的な飲料用プラスチック・ボトルの原料であるポリエチレンテレフタレート（PET）の245℃前後よりは低いものの，一般的なポリプロピレン（160℃程度）や，代表的な食品用ラップ原料である塩化ビニリデン（180℃程度）と比べると，相対的に高い．耐薬品性についても，一部の有機溶剤には溶解するものの，油やアルコールに強く，酸やアルカリに高温でも溶解しないという特性があ

る．

　透明性，耐熱性，耐薬品性といった点は，後述するように，A社において合成樹脂Xが事業化される初期段階で注目された物質的特性である．高い光線透過率は，光線を遮断する場合には望ましくない一方で，中身が見えることが重要な場合には，適した特性となる．また，耐熱性が高いと，容器として用いる場合には高温の内容物を入れることができたり，製品の素材として用いる場合には生産工程で高温での処理が可能になったりする．さらに，耐薬品性が高ければ，容器であれば内容物の制約が緩くなるなど，他の物質・材料との組み合わせの範囲が広がることになる．この3つの特性を前提とすれば，たとえば薬品を詰めて，高温で処理して，中身が見える状態で保管するといった用途には，少なくとも物質的特性としては，適していることになる．また，耐油性が高く，毒性もないことから，たとえばケーキのように食用油を使った食品の加工などに，合成樹脂Xは利用できる．

　合成樹脂Xは，その他にも顕著な特性を有している．その主なものとしては，軽量性，離型性，ガス透過性，高周波特性などが挙げられる．合成樹脂Xの比重は，現存するポリマーの中では，きわめて軽い部類に入る．離型性とは，他の物質に付着しにくい特性のことであり，表面張力と関係している．一般にポリマーは表面張力が小さいが，汎用的な樹脂である高密度ポリエチレンやポリプロピレンなどと比べても，合成樹脂Xポリマーの表面張力は小さい．このような表面張力の小ささによって，合成樹脂Xは他の物質と混合しにくい一方で，他の物質にくっつけても，きれいにはがれるという特性を有している．合成樹脂Xと同様に表面張力が小さいフッ素系樹脂が，フライパンなどで焦げ付き防止加工に用いられているのは，離型性を有する樹脂の用途の1つである．

　ガス透過性についても，特に酸素や二酸化炭素に関して優れた物質とされる．たとえば，合成樹脂Xの酸素透過性は，相対的に高いとされる高密度ポリエチレンの10倍以上とされる．酸素などへの接触による劣化防止には，逆にガス透過性が低い素材が適している一方で，食肉の黒ずみ抑制や一部の青果物の鮮度保持のように，外界との気体交換が必要となる場合には，合成樹脂Xの高いガス透過性は有効性を発揮する．また，高周波特性について

は，高周波を受けても発熱しないために，たとえば電子レンジ用の容器や部品の材料として，合成樹脂Ｘを用いることができる．

また，合成樹脂Ｘは機械的強度については低く，少なくとも単体では，構造部材として用いることは難しい．その一方で，粘度が低く，流動性が高いという特性を有していることから，合成樹脂Ｘは繊維状にして用いることができる．

以上のように，合成樹脂Ｘは構造部材として用いるのは相対的に難しいものの，様々な点で顕著な特性を有したプラスチックである．その点からすると，合成樹脂Ｘは事業として展開を図る上で望ましい特性を有しているといえる．しかも，合成樹脂Ｘについては，Ａ社が関連特許を保有して，独占的に事業を展開したという点で，産業構造から見ても，Ａ社に有利となる環境が存在していた．

しかしながら，Ａ社における合成樹脂Ｘ事業は，事業開始直後から順調に成長したわけではない．この事業は開始から10年後あたりでいったん成長し始めるが，2～3年程度で停滞する．その後，着実な成長軌道を描き出すのは，事業開始から20年あたりからである．合成樹脂Ｘは，前述のように優れた特性を有しているにもかかわらず，事業として成功を収めるまでに，20年以上もの長い時間がかかったのである．

樹脂Ｘ事業が立ち上がっていくのに時間がかかった背景には，その特性を十分に活かすことができる用途先の開発が円滑に進まなかったことがあった．優れた特性を持っていても，適合的な用途を見つけ出すことは容易ではなかったのである．

事業の初期段階における取り組み

合成樹脂Ｘは，もともと海外の化学メーカーＢ社が1960年代に開発した物質である．Ｂ社は事業化に取り組むものの，華々しい成果を上げることはなく，開発から8年後の70年代初頭には，日本の樹脂メーカーであるＡ社に事業権を売却する．その基本的な内容は，合成樹脂Ｘにかかわる特許権と，関連するノウハウ，商標権，営業権の譲渡である．この事業をＡ社がＢ社から買収した経緯は明らかではないが，エチレンの副産物を原料とする

ために，コスト的に優位性を構築できる可能性があったことや，化学産業が構造的な不況に直面していて，A社を含めた日本の化学メーカーが収益源となる事業の多角化を模索していたことなどが考えられる．

　合成樹脂X事業を買収した半年後には，A社の主力工場内に専用プラントの建設が開始され，約1年後にはそのプラントが完成する．そして，翌年には，A社内で製造から販売まで一貫して手がけることになる．

　合成樹脂Xの事業化の初期段階では，透明性，耐熱性，耐薬品性といった物質的特性を中心に用途先が検討された．特に初期段階で有望な市場として考えられたのは，これらの特性を同様に有しながらも，重くて壊れやすいガラスの代替需要である．なかでも，具体的な応用製品とされたのは，透明で内容が確認できて，かつ薬品に溶け出さないという特性が活かせる注射器などの使い捨て医療器具や，耐熱性を含めた特性が活かせるフラスコやビーカーなどの実験用器具であった．

　これらの用途先の開拓に向けた事業活動はB社から買収した直後から積極的に展開された．たとえば，かなり早い段階で，A社は使い捨て医療器具の製造販売会社を医療器具会社と合弁で設立している．この提携先の企業はA社との資本関係はなかったが，医薬品用ガラス製品からプラスチック製の使い捨て医療器具への事業転換を進めていた．その点において，B社は，合成樹脂Xの特性を使い捨て医療器具で活かそうとしていたA社と，利害が一致していた．

　このように，合成樹脂X事業は当初から積極的に展開されていったものの，解決すべき問題は数多く存在していた．その1つには，開発企業であるB社から営業権の譲渡を受けていたものの，その顧客のほとんどが当時のA社には馴染みが薄い海外企業であったことがある．事業権を買収した1970年代の初頭には，ポリプロピレンやポリエチレンといった先行したプラスチックは既に幅広く用いられており，合成樹脂Xは後発の素材の1つにすぎなかった．顕著な特性を有していたとしても，規模の経済も経験効果も利用できない状況では，当初から汎用性の高い既存の樹脂にコスト面で直接競合できる状況にはならない．そのために，合成樹脂Xはニッチ製品としてスタートを切らざるを得なかった一方で，当時のA社には，当時の合成樹脂Xの

ような特殊な製品を販売するためのルートが確立しておらず，用途先を開拓するための情報源も十分には存在していなかった．また，合成樹脂X自体が国内外で知名度が低いという，用途開発を進める上では根本的な問題も抱えていた．

これらの問題に対しては，有効な解決策が容易に見いだせたわけではなく，いわば手探りの状況にあった．たとえば，事業開始から2年後には，知名度の向上を狙って，かなりの費用を使って，海外の業界誌に広告を掲載している．そして，この広告に対する問い合わせに対しては，カタログと返信用封筒付アンケートを送付し，ユーザー側のニーズの把握に努めた．また，海外のディーラーをプラントに招いて講習会を開催したり，セールス・マニュアルを作成・配付したりするなど，地道な努力も積み重ねられた．

以上のように，初期段階では，様々な施策が積極的に試みられた一方で，合成樹脂Xの用途先の開拓は容易には進まず，販売量も停滞したままであった．とりわけ初期段階での足かせとなったのは，使い捨て医療器具や実験用器具といった初期段階でターゲットとされた市場が想定ほどには拡大しなかったことである．

そのために，事業開始から7年目には，全社的な事業再構築の一環として，前述の合弁会社は，合弁先の企業に事業を譲渡して，解散することとなった．その理由は，代替材料との間での「販売競争の激化により事業不振が長期間継続したため」とされている．この領域での競合製品は，最終的に使い捨て注射器の材料として大きなシェアを占めたポリプロピレンのような素材であった．ポリプロピレンのような汎用性が高い製品と競合する市場では，後発製品である合成樹脂Xは物質的特性を十分には活かすことができない上に，コスト的にも劣位に置かれたことが，この不振の背景にある要因の1つであった．

米国向け用途の拡大と再度の低迷

A社における合成樹脂X事業はすぐに成長を遂げたわけではなかったが，継続的な市場開拓への努力によって，事業開始から7～8年が経過する頃には，新たな用途先が顕在化しつつあった．そのなかでも，顕著な成長を見せ

たのは，ポップコーン・ポッパーや電子レンジ用食器向けの海外市場である．

ポップコーン・ポッパーとは，トウモロコシとバターを入れて加熱して，ポップコーンを作る家庭用の調理器具である．ポップコーンを作る過程では，加熱したトウモロコシが飛び跳ねるために，外に出ないように器具の側面に覆いを付ける必要がある．この覆いが透明であれば，調理中にトウモロコシが跳ねる様子を見ることができる．純粋な調理器具というよりも，家庭での娯楽としての要素もあるポップコーン・ポッパーでは，覆いが透けて見えることに意味があった．そこで，透明であり，さらにガラスよりも軽くて壊れにくく，耐熱性もあり，添加するバターによって溶出しない耐油性もある合成樹脂Xは，ポップコーン・ポッパーの覆いとして適した素材であった．

他方で，耐熱性や透明性に加えて，高周波特性に優れた合成樹脂Xは，電子レンジで加熱するための容器としても適した特性を有していた．電子レンジでは，マイクロ波で分子に振動を起こして，その摩擦熱で食品を加熱する．その調理の際に，高周波特性に優れた合成樹脂Xを素材とする容器を用いると，マイクロ波は透過して容器の中の食品は加熱される一方で，容器は熱くならない．また，食品が熱くなっても，耐熱性のために，樹脂が溶け出したり，容器が変形したりすることもない．さらに，プラスチックである合成樹脂Xには，従来用いられていた耐熱ガラスや陶磁器と異なり，軽くて破損しにくいという利点もあった．

以上のように，用途先としてのポップコーン・ポッパーや電子レンジ用容器は，耐熱性や透明性などの特性を活かした一種の容器として用いられた点では，事業開始の初期段階で積極的に展開された使い捨て医療器具や実験用器具と類似している．その一方で，これらの市場は，前述の潜在的ユーザーに対するアンケート調査で把握された情報に基づいて，事業開始後に開拓が進められており，新たな用途開発が本格的に展開する先駆けとなるものであった．

ポップコーン・ポッパーや電子レンジ用容器を用途とする海外市場向け需要は，合成樹脂Xの最大の領域にまで成長していった．これらの市場が牽

引する形で，事業開始から8年目には需要が増大するとともに，赤字が縮小する．さらに，電子レンジ用容器の市場が海外で拡大することで，合成樹脂Xの売上高は拡大する．その結果，11年目には事業が黒字に転換し，さらに12年目には利益が大幅に増大した．

　しかしながら，海外市場での新たな用途を中心とする成長は，長くは続かなかった．とりわけ電子レンジ用容器向け市場では，13年目以降になると，他の素材との競合が激化する．主として競合した樹脂は，無機フィラー入りポリプロピレン（フィラーPP）であった．無機フィラーを混合して耐熱性や剛性を高めたポリプロピレン製の食品容器は，透明性では合成樹脂Xを使った容器に劣るものの，実用的な機能としては遜色がなかった．その一方で，合成樹脂Xは汎用樹脂であるポリプロピレンと比べて，価格の面では劣位にあった．一般的なポリプロピレンとフィラーPPとは単純には比較できないが，フィラーの添加にかかるコストを前提としても，合成樹脂XとフィラーPPとの間ではかなりのコスト差が存在していた．必要とされる機能としては大差がないにもかかわらず，大幅な価格差がある状況を背景として，大口需要であった電子レンジ向け食器市場はフィラーPPを中心とする代替製品に置き換えられていった．その結果，最盛期で10社以上に上る電子レンジ用容器での海外の取引先は徐々に減少し，17～18年目以降には事実上消滅するに至った．

　ポップコーン・ポッパーや電子レンジ用容器向けの海外輸出が展開されたのと並行して，合成樹脂Xの技術開発も継続的に行われた．たとえば，事業として初めて黒字化した11年目には，合成樹脂Xをガラス繊維と結合させた製品を上市している．この製品は，合成樹脂Xにガラス繊維を10～30%を混合して，機械的強度を上げたもので，合成樹脂Xの本来の特性である優れた耐熱性や高周波特性に加えて，非吸水性や高い成型性などを有していた．そのような特性から，当初はコネクタやソケットなどの電子部品や，イグニッション・コイルなどの自動車の電装品などが用途先として想定されていた．最終的には，高周波特性や耐熱性が活かされる電子レンジ用部品として採用が進むことになる．

　また，同じ頃には，大手電機メーカーとの間で，合成樹脂Xを素材とす

る光ディスク用基板の共同開発も開始されている．コンパクト・ディスクの黎明期でもあった当時は，光ディスク産業の発展が期待され，A社でも他の樹脂を含めて光ディスク関連技術の開発を積極的に進めていた．しかしながら，合成樹脂Xを使った光ディスクは5年以上にわたり開発が継続されるが，ポリカーボネートが光ディスク素材として支配的になったことなどから，最終的に製品化されることはなかった．

フィルム化と市場開拓

上述のように，事業開始から10年程度の間には，安定的な大口用途先が見いだされるまでには至らなかったものの，合成樹脂Xの用途開発に向けた様々な努力が続けられていた．その過程では，光ディスクのように結果としては事業化まで至らなかったものもあった一方で，その後の成長につながる活動も進められていた．なかでも，後に重要な結果をもたらしたのが，合成樹脂Xのフィルム化とその用途開発である．

合成樹脂Xのフィルム化には，いくつかの課題が存在していた．その1つは樹脂Xを単体でフィルムにすることが容易ではなかったことである．B社から樹脂Xの事業権を譲渡された時点で，A社は合成皮革に模様を付ける際に用いる合成皮革用離型紙の顧客も引き継いでおり，フィルム状の形態で合成樹脂Xは初期段階から利用されていた．しかし，合成皮革用離型紙は紙へのコーティングで製造されており，粘度が低い合成樹脂Xを基材を使わずにフィルムにするためには，新たな技術開発が必要であった．

より大きな問題は，フィルム化した合成樹脂Xの用途についても，明確ではなかったことにあった．そこで用途開発にも努力が注がれた結果，フィルム化した合成樹脂Xの1つの用途として，先端複合材料（ACM）向けの市場が見いだされる．炭素繊維などから構成される先端複合材料は航空機部品などに使われており，それらを製造する際の硬化工程では，様々な樹脂の中で表面張力が最小水準にあるフッ素系の離型フィルムが当時用いられていた．しかし，離型フィルムは工程で使い捨てにされるものであり，コストが高くなることから，フッ素系フィルムはユーザー側からすると問題があった．そこで，フッ素系フィルムよりも安価で，かつ耐熱性と離型性という面

で十分な機能を有する代替財として，米国の航空機部品業者への合成樹脂Xフィルムの売り込みが図られた．このフィルムは評価試験の後，大手航空機メーカー認定の素材として正式に採用された．

　この頃から，合成樹脂Xの有用な特性として，当初から着目されていた耐熱性に加えて，表面張力が小さいことから生まれる離型性にも関心が寄せられる．そこで合成樹脂Xの新たな用途として浮かび上がってきたのが，プリント基板の製造工程用の保護フィルム（離型フィルム）である．その当時から，プリント基板のもととなる積層板の製造工程でも，プリント基板自体の製造工程でも，加熱プレス時の保護材として合成樹脂のフィルムが使われるようになっていた．ただし，汎用的な樹脂であるポリプロピレンやポリエチレンなどは，耐熱性が低く，離型性も十分ではないなど，機能的に適したフィルムとはならない．また，耐熱性と離型性を兼ね備えているフッ素系フィルムは相対的には高価であり，かつダイオキシンが発生する可能性があるために廃棄コストも高いという点で，ACMと同様に使い捨てとなる製造工程用フィルムとしては，最適というわけではない．これらの点で，合成樹脂Xフィルムは，十分な耐熱性と離型性を備えて，かつフッ素系フィルムよりもコストが低い点で，プリント基板の製造工程におけるニーズに合致していた．

　プリント基板の製造工程において，合成樹脂Xフィルムの当初の用途は，一般的な板状のリジッド・プリント基板であった．特許の出願状況から推察する限りでは，リジッド・プリント基板の製造工程で合成樹脂Xフィルムを応用するための技術開発は，既に事業開始から5～6年目あたりから複数のプリント基板メーカーで行われていた．

　その一方で，プリント基板の製造工程で合成樹脂Xフィルムが最終的に多用されていったのは，フレキシブル・プリント基板（FPC）の製造工程である．FPCはポリイミドなどでできたフィルムに銅箔の配線パターンを形成するプリント基板の一種で，薄く柔軟であることが最大の特性である．離型フィルムは，フィルムと銅箔でできた配線を加熱プレスして接着する工程で，接着剤のはみ出しを防ぐために上からかぶせて，工程での処理後にはがされる．この際に，加熱プレス時の耐熱性と，処理後に必要となる離型性，

さらに柔らかい基材に密着できる柔軟性を有していることが，合成樹脂Xフィルムを離型フィルムとして用いる利点である．

この離型フィルムの用途先であるFPCは，結果からいえば，きわめて有望な市場であった．FPCは折り曲げて使用することができることから，ノートパソコンのディスプレイと本体部分の接合部分といった可動性を必要とする箇所に加えて，省スペースが重視される箇所などでの利用に適している．そのために，FPCはリジッド基板と比べてコスト高になるものの，小型の電子機器に向いており，特にノートパソコンや携帯電話といった小型の電子機器の市場が拡大してきた1990年半ばあたりから，FPCの需要も急激に増大していった（図8-2）．

FPC生産工程向け離型フィルムは合成樹脂Xの大口用途として成長していき，事業開始後30年目あたりでは，最大の用途先となった．また，FPC生産工程向け離型フィルムの領域で，合成樹脂Xを使ったフィルムは圧倒的なシェアを獲得している．

合成樹脂Xの用途としては，FPC工程向けフィルム以外にも，「耐熱・離型」が求められる製造工程向け市場が伸長していく．その1つが，発光ダイ

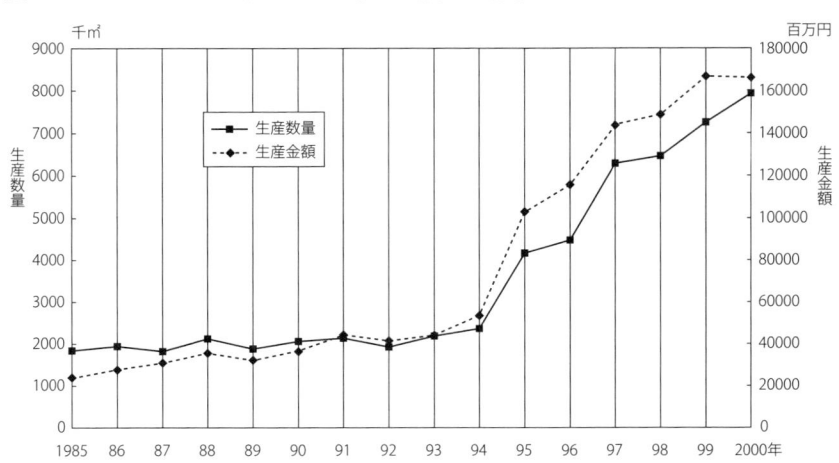

図8-2　フレキシブル・プリント基板の国内生産推移

注：『機械統計年報』各年版より作成．

オード (LED) 製造用の樹脂型である．FPC 向けの市場と異なるのは，プリント基板メーカーにはフィルムで提供されるのに対して，基本的には LED メーカーに納入する樹脂型メーカーに対して，レジン（加工前の原料）として供給される点である．

LED の生産は，樹脂型にエポキシ樹脂を流し込んで硬化させ，硬化が終わると抜き出すという工程を経る．この樹脂型にはポリプロピレンなども用いられる．ただし，ポリプロピレンは耐熱性が低いために，硬化時の温度を下げなければならず，LED メーカーでの工程の生産性に悪影響を与える．それに対して，合成樹脂 X を使った樹脂型は，比較的高い温度で硬化させる際の耐熱性と，硬化終了後に抜き出す際の離型性の双方を有していることに加えて，複数回の使用に耐える点で，優れていた．

さらなる用途先の拡大

FPC 向けフィルムや LED 樹脂型用レジンのように，「耐熱・離型」を中心とする特性が求められる生産工程に広く用いられるようになることで，合成樹脂 X は事業として安定的な成果を生み出していくことになる．そのような状況の中で，用途先はさらに拡大し，それに伴い生産量は増加していくことになる．

生産工程での利用とは異なる，新たな用途先の１つが食品用ラップ・フィルムである．従来の食品用ラップは，ポリ塩化ビニリデン，ポリ塩化ビニル，低密度ポリエチレンなどを主原料としてきた．このうち，家庭用ラップとして知られる製品で用いられてきたのは，ポリ塩化ビニリデンである．これらの樹脂製フィルムは，透明でラッピングした際に内容物が見えるとともに，食品容器に粘着するように加工可能で，有毒物質が溶出しないといった点では，食品用ラップ・フィルムとして適した特性を有している．

他方で，従来の食品用ラップ・フィルムには，耐熱性を中心とする問題が存在している．塩化ビニリデン製ラップの耐熱温度は140℃程度であり，130℃程度の塩化ビニルや，120℃以下の低密度ポリエチレンに比べると高いものの，油を使った食品を電子レンジで加熱するといった条件下で必要とされる耐熱性があるわけではない．そこで，「透明性・耐熱性・耐油性」

という特性を有する合成樹脂Xが，食品用ラップ・フィルムの主原料として一部の企業から着目されることになる．ちなみに，これらの特性は合成樹脂X事業の初期段階で医療器具や実験用具を用途として想定した際に，着目された特性である．また，塩化ビニリデンや塩化ビニルは焼却時に塩素やダイオキシンといった有毒物質を発生する可能性があるのに対して，分子中に塩素を含まない合成樹脂Xはその心配がなく，環境負荷の軽さをセールス・ポイントにすることも可能であった．

特許の出願状況から見ると，食品用ラップ・フィルムへの合成樹脂Xの応用は，プリント基板製造工程用離型フィルムの開発よりも少し遅れた16～17年目頃には，複数の食品用ラップ・メーカーによって行われていた．この背景には，前述のように合成樹脂Xは電子レンジ用容器と同様に，「透明性・耐熱性・耐油性」という特性が，食品用ラップ用の素材としても適合することがあったと思われる．

ただし，食品用ラップ・フィルムには，電子レンジ用容器や離型フィルムの技術がそのまま応用できたわけではない．問題の1つは，食品用ラップ・フィルムには粘着性が必要であるのに対して，離型フィルムとして利用されることからわかるように，合成樹脂X自体には粘着性がないことにあった．また，従来の合成樹脂Xでは，食品用ラップとして必要となる柔軟性も実現されていなかった．そこで，食品用ラップ・メーカーは自社もしくはA社と共同で必要な技術開発を行い，合成樹脂Xを主原料とする食品用ラップ・フィルムが実用化される．

その後，複数の企業が食品用ラップ・フィルムの市販を開始する．食品用ラップ・フィルムでは，塩化ビニリデン製ラップが特に家庭用で高い市場シェアを維持している一方で，耐熱性や環境負荷といった独自の特性を有する製品として，一定の市場を確保している．合成樹脂Xを用いたラップ・フィルムの耐熱温度は，合成樹脂Xの融点よりは低いものの，市販の食品用フィルムの中では最も高い180℃である．

この電子レンジ用容器から食品用ラップ・フィルムへの展開に見られるように，合成樹脂Xの存在と特性は徐々に知られ，合成樹脂Xの新たな用途がその他にもユーザー側で開発されていった．

3　要素技術の発展過程と企業経営

合成樹脂 X に関する事例のまとめ

前節で見たように，合成樹脂 X は優れた特性を有しながらも，事業として成功を収めるには，長い期間がかかることになった．この事例で取り上げた用途と，そこで重視された合成樹脂 X の特性をまとめたものが，図8-3である．この図には合成樹脂 X のすべての用途が網羅されているわけではないが，その主たる用途の多くが示されている．

その過程からまずわかるのは，初期段階で想定されていた用途が時間をかけて成長したわけではなく，むしろ当初は想定していなかった用途が成長することで，合成樹脂 X が事業として立ち上がった点である．海外において一時的に市場が拡大したポップコーン・ポッパーや電子レンジ用容器は，「透明性・耐熱性・耐薬品性」という当初想定した特性が活かされた領域で

図8-3　合成樹脂 X の発展過程において重視された物質の特性と主たる用途

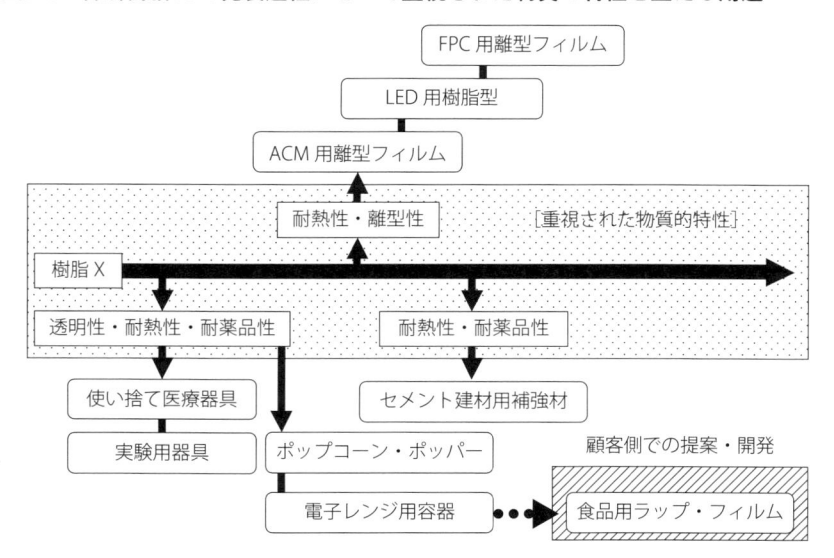

はあったものの，使い捨て医療器具や実験用器具とは異なり，事業開始後にユーザーからの情報によって具体的な用途が「発見」されたものである．また，フレキシブル・プリント基板の製造工程用離型フィルムは，この事業で最大の用途先にまで成長した一方で，初期段階では主たるターゲットでなかっただけではなく，プリント基板の製造工程で保護用のフィルムが必要とされていること自体が，樹脂メーカー側で認識されていなかった．離型性という物質的な特性が合成樹脂Xに存在していることは明らかになっていても，それがいかなる領域で具体的に応用することができて，そこで競合する製品とどのような関係になるのかが，事業を開始した直後にはわからなかったのである．

また，合成樹脂Xの事例からは，用途の探索に時間がかかるとともに，当初の想定とは異なっていったことと関連する事象として，次の2点を挙げることができる．

第1に，比較的知られた領域から外部からは見えにくい領域へと，樹脂が利用される範囲が時間の経過とともに変化している点である．たとえば，実験用器具は化学技術者には馴染みがある製品である．また，医療用器具は普通の人でも比較的目にしやすい製品であり，かつ主として日本国内の市場が主たるターゲットであった．次に主力領域となった電子レンジ用容器やポップコーン・ポッパーは，主たる需要があった海外市場の動向は日本国内からはわかりにくい一方で，最終消費者向けの製品であることから，いったん情報が把握できれば，比較的理解しやすい．それに対して，FPC用の離型フィルムは，電子部品の一種であるプリント基板の製造工程で用いられる生産財であり，使用後は廃棄されることから，プリント基板の製造工程に携わる人々以外には，その存在が知られにくく，ましてや従来の製品で生じている問題は外部からはふつうわからない．この事例では，プリント基板の製造工程でそのような特性を有しているフィルムが必要とされていることを樹脂メーカー側が把握して，プリント基板メーカーと協力して開発を進めるまでは，合成樹脂Xがプリント基板の製造工程で利用されることはなかった．

第2に，事業の初期段階では樹脂メーカー側のみで需要先の探索が行われていたのに対して，合成樹脂Xの特性がユーザー側で知られるようになり，

またユーザー側での使用経験が積まれるにしたがって，ユーザー側で独自に技術開発が進められるようになった点である．たとえば，食品用ラップは初期段階ではA社内で用途として想定されていたわけではなく，主として食品用ラップ・メーカー側で必要な技術開発が行われ，実用化されている．

以上からは，合成樹脂Xにおいて，主たる利用方法の探索と確定に時間がかかったのは，その展開方法が不適切で無用な労力が費やされたということではなく，回避するのが原理的に困難であることが示唆される．合成樹脂のように潜在的に利用される範囲が広い製品では，開発や生産を手がける人々にとって身近な領域だけで用いられるわけではない．また，ユーザー側で採用されたり，そのための技術開発が行われたりするためには，まず新しい物質の存在や特性をユーザーに認識してもらわなければならないが，そのためには時間が必要となる．さらに，時間の経過とともに，当初知られていなかった用途だけではなく，そもそも存在していなかった適合的な用途も出現しうる．事業の成長に時間がかかったことが問題なのではなく，むしろ長い低迷期においても事業を継続したからこそ，合成樹脂Xは事業として成長していったといえよう．

本章の議論からの示唆

本章では，要素技術から見た発展過程について，考察を進めてきた．以上での議論のうち，クリステンセンによるハードディスク産業からの知見と合成樹脂Xの事例からは，ある特定の時点，とりわけ初期段階の状況では，新しい要素技術の展開方法を見通すことはきわめて困難であることが示唆される．クリステンセンらが議論したように，そこでの問題は意思決定が合理的な手法に基づいていない点ではなく，現在の状況に基づいて将来像を確定的に描くことが原理的に難しい点にある．

現在の状況からわかるのは，現時点で存在していて，かつ判断する人々に見えていることだけである．そこからは現在とは異なる形で将来生じる事象は当然ながら明確にはならない．ハードディスク産業に見られるように，現在の状況に基づいて判断することによって，将来の状況を見誤ることさえありうる．また，現時点で存在するとしても，意思決定を下す人々の視野に

入っていなければ，判断するための材料にならない．現実の人間が知りうる情報や知識は限られている．その限られた情報に基づいて下される意思決定が過度に合理性を追求する形で行われることが，合理的な結果を最終的に生み出すことにつながるとは限らない．

　以上での議論からは，企業経営一般に関する示唆を得ることができる．第1に，決定論的な見解に基づく企業経営が合理的な結果を生むとは限らない点である．ある時点で生じている問題に対応することは，企業を経営する上では重要ではある．しかし，それがすべてではない．企業経営とは，現在の状況にも対応しつつ，現時点では必ずしも明確ではない将来に向けて必要な方策をとることが必要となる．

　じつは特定の時点で明らかになっている問題に対処するという考え方は，第2章で考察したコンティンジェンシー理論に代表される多くの決定論的世界観と基本的な構図を共有している．そこでは，その時点での外部環境からの要求に応えていくことが，企業組織を存続させる上で最も重要な問題となる．しかし，上述のように，現時点で得られる情報に基づいて合理的な判断を下すことが，必ずしも望ましい結果を将来生み出すわけではない．決定論的視座が抱える問題は，単に研究者が議論しているだけの学術的な領域に閉じたものなのではなく，現実の企業経営でも重大な問題を引き起こす可能性を有するものなのである．

　第2に，社会的に見て新しい技術や製品について，その可能性を短期的に判断することの難しさである．以上で見てきたように，新たな要素技術を市場に導入する場合には，事業としてすぐに成立しないとしても，ある一定期間にわたりコミットすることが必要になる．ハードディスク産業では，既存企業がそれをできなかったために，致命的な問題が生じている．また合成樹脂の事例では，長期間にわたる赤字に耐えて事業を継続したことが，その後の成功につながっている．

　ただし，長期間にわたり漫然と事業を継続することが望ましい結果を生むわけではない．いかなる企業でも全社的に利用可能な経営資源には制約があり，その限られた経営資源を可能な限り有効に使うことも，企業経営にとっては重要である．そこで少なくともいえることは，社会的に新しい技術や製

第8章 システムの構成要素における技術の発展過程

品であれば，とりわけ製品市場での成果から，既に確立した領域と同じような基準で判断することはできないということである．たとえば，新規領域を含めて，全社的に一律の収益基準を課したりすることは，将来の事業の芽を摘みかねない．そのような基準を設定することは，形式的な基準に依拠しているだけで，前述の意味での企業経営を十分には考慮していないことに等しいように思われる．

興味深いことに，クリステンセンによれば，ハードディスク産業では，富士通や日本電気，日立製作所といった日本企業は，IBMを除く米国企業とは異なり，既存企業であるにもかかわらず，かつて生じた破壊的技術革新に対応してきたとされる（Christensen, 1997）．熟慮の上での方策が背後に存在したのか否かは定かではないが，ハードディスク産業で破壊的技術革新が生じた際に，かつての日本企業が過度な合理的方策に基づく意図せざる失敗を引き起こしていないことは，確かである．

日本企業が中長期的なコミットメントによって新規技術の事業化に成功した事例は，ハードディスク産業以外にも見受けられる．ナトリウム－硫黄（NAS）電池における実用化の過程は，その1つである（福島, 2008）．NAS電池はもともと電気自動車用蓄電池として米国のフォード自動車において発明され，ブラウン・ボベリ社（当時）をはじめとする欧州企業によって先行して技術開発が進められていた．しかし，最終的に実用化にたどり着いたのは，20年余りにわたり電力貯蔵用電池として技術開発を継続し，かつ揚水発電所の代替手段から分散型蓄電装置へと，当初の意図を変える形で事業化した日本ガイシと東京電力だけであった．

本章で取り上げた合成樹脂Xの事例も，このように初期段階では結果が見えにくい新規技術の開発や事業化に長い期間にわたりコミットし続けていくという，日本企業の本来の強みを示す一例といえるだろう．

●注

1 このような見方は第4章第2節で検討したクラインらの「連鎖モデル」に関する2つの解釈のうち，先験的に存在する解答を理解するという決定論的な構図を前提としても成立するかもしれない．しかしながら，本書では，〈構造〉は絶対的

な根拠に基づかない一方で，いったん成立すると継続して安定的な状況になるという前提を置いている．そのために，〈構造〉の大幅な変動を伴うことなく，むしろ〈構造〉が安定的な状況を利用して，その「探索」と「学習」が行われると，ここでは考える．

2 この事例は，A社関係者に対する複数回の聞き取り調査と公刊資料に基づいて作成している．一般に利用可能な公刊資料は，企業の匿名性を維持する形で，巻末のリストに記載している．

第9章

〈構造〉としてのスキーマと個別企業の革新性

　この章では，新規技術が市場に導入される際に，一種の〈構造〉といえる「スキーマ」がもたらす制約とその変革の過程について，1990年前後におけるインクジェット・プリンタでの事例を通じて考察を進める．

　社会的に共有された解釈の枠組みであるスキーマは，新規技術を導入する際に主体となる企業にとっては，制約をもたらす．その一方で，スキーマからはすべての行為主体に対して一律に制約が与えられるわけではない．1つには，個別企業が内部に有するスキーマが部分的にでも異なっていたり，製品市場における状況や製品戦略に違いがあることで，企業間に差異が生じる可能性が挙げられる．特定の共有されたスキーマが社会に存在しているとしても，現状維持的な行動をとるのか，革新的な行動をとるのかは，各企業が置かれた状況によって部分的にでも異なるのである．

　また，各行為主体が選択する行動は社会的に共有されるスキーマや自社固有の制約から影響を受ける傾向にはある一方で，そこに絶対的な規定関係が存在するわけではない．そのために，既存のスキーマや企業内部からの制約を前提とするのではなく，変革しうる存在と見なして，行動することは可能である．つまり，従来の枠組みを否定するような行動によって，企業の主体性に基づく革新が生じる可能性は存在している．

　第1節では，個別企業に対する制約にかかわる議論を，スキーマの概念を中心として整理する．第2節では，1990年代前半におけるパソコン用インクジェット・プリンタが製品市場に導入される過程に関する事例分析を進め

る．そこで着目するのは，その時期におけるセイコーエプソン，キヤノン，日本電気の3社の動向と，日本のプリンタ市場におけるスキーマの変遷である．第3節では，第2節の事例分析を踏まえて，既存企業が新規技術を主導的に導入する際には，社会的なスキーマないし〈構造〉と，自社固有の状況という二重の革新が必要となる点を中心として，若干の議論を展開する．

1　スキーマと個別企業の対応

　第6章では〈技術システムの構造化理論〉という理論枠組みを通じて，技術に対する解釈は先験的には確定しておらず，その解釈なり位置づけに原理的には自由度がある一方で，行為者間で特定の解釈が共有され，〈構造〉が固定化すると，行為者の解釈や行動は制約を受けるという一連の過程を提示した．また，そこでは，いったん確立した〈構造〉は容易には変えられないものの，変動する可能性を有していることも指摘した．

　そこで本章では，〈構造〉の一種といえる「スキーマ」(schema)の概念を中心として，個別企業が置かれた状況によって認識される制約が異なり，さらにはそのような制約からの拘束を受けにくい周辺的な企業の行動のみならず，主要な既存企業による従来からの制約を打ち破るような行動によっても，スキーマないし〈構造〉の革新が生み出される状況を考察していく．

社会的スキーマの機能と逆機能

　外部世界で生じる事象は人々が有する認識枠組みを通じて意味づけられ，理解されている．また，認識枠組みが社会で共有されることで，人々のものの見方は一致するとともに，制約を受ける．これまで本書で展開してきた議論によれば，このような認識枠組みに基づく一連の過程は，〈構造〉がもたらす機能として説明されることになる．

　他方で，人々の認知や認識に焦点を当てた既存の議論では，その種の現象は「スキーマ」や「スクリプト」(script)，「認知地図」(cognitive map)といった概念によって説明されてきた（たとえばSchwenk, 1988；DiMaggio,

1997 ; Barley and Tolbert, 1997). これらの議論は，具体的な内容に関しては論者によって異なるものの，人々は認識の枠組みを用いて単純化することで複雑な外部世界の状況を理解している点と，その枠組みが部分的にでも社会ないし共同体で共有されることによって安定的な世界観が形成されると考える点については，基本的な前提として共有している．

スキーマは，社会で共有されることで安定をもたらす反面，人々の解釈を固定化させるとともに，容易には変わらない．このような特性は，次の2点において，スキーマの革新を阻害しうる．第1に，特定のスキーマが共有されている状況では，新しい事象や解釈が広く受け入れられにくいということである．第2に，特定の事象に対する既存の解釈が自明とされ，それに代わる新たな解釈がそもそも思いつきにくいということである．

このような革新に対するスキーマの逆機能的な特性は，新たな技術を市場に導入する際に，問題をもたらす可能性がある．新たな技術が機能的に優れた側面を有していたとしても，既存のスキーマに基づいて理解しづらいのであれば，人々に簡単に受け入れてもらえない．つまり，斬新すぎる発想や考え方に基づいた製品は，顧客から十分な理解が得られず，その結果として導入に失敗する可能性が高くなるということである．

この点からすると，斬新な要素を含む技術や製品であったとしても，既存の技術や製品との類似性をあえて提示することが，初期段階での採用行動に積極的な影響を与えうる．たとえば，米国において電灯が最終的にガス灯を駆逐したのは，電灯が技術的に優れていただけではなく，先行していたガス灯をめぐる技術的人工物（technical artifacts）や社会基盤との類似性を想起させるように，電灯システムが設計されていたことにもあるとされる（Hargadon and Douglas, 2001）．「エジソンの発明はガス灯よりも優れていたから，電灯が普及した」といった事後的に形成される説明とは異なり，現実には単純に新しさを訴えるだけでは，顧客側に容易に受け入れられない可能性は常に存在する．そのために，初期段階では，既存のスキーマとの関連性を示唆する「穏健な」解釈や利用法が妥当な場合も少なくない．

スキーマによる制約と個別企業の行動

　上述のように，共有された既存のスキーマ，あるいは確立した〈構造〉は関係する行為主体に制約を与える可能性がある一方で，関係するすべての行為主体に同様の制約を一律に与えるわけではない．新たな事象を受け入れたり，新たな解釈を思いついたりするといった点では，行為主体間には差異が存在する．このことは，慣習とは異なる革新的な製品や行動は社会で一様に広まるのではなく，一種の逸脱者である「革新者」(innovator) や，オピニオン・リーダーである「初期少数採用者」(early adaptor) などによって，正規分布に沿う形で段階的に採用されるとするイノベーションの普及理論において，長らく検討されてきた事象と対応する (Rogers, 1982).

　このような新たな事象や解釈に関する行為主体間の差異は，新規技術を創出し事業化する上で中心的な主体である企業では，新規技術ならびに既存技術に対する解釈の違いや，それらに基づく経営（製品）戦略の相違として出現することになる．既存の社会的なスキーマを維持して利用しようとするのか，それとも既存のスキーマとは異なる解釈をとり，場合によってはそれを打ち破ろうとする革新的な行動を図るのかは，個々の企業で異なった傾向を有すると考えられるのである．

　新規技術に対する個別企業の行動に影響を与えると思われる要因は，大きくは2つに分類できる．その1つは，個別企業における認知的な要因である．同一産業に所属していたとしても，個々の企業はまったく同じスキーマを共有しているわけではなく，部分的にでも異なるスキーマに基づいて行動するということである．この問題を扱った研究としては，半導体露光装置をはじめとする事例を取り上げたヘンダーソン (R. M. Henderson) の研究を挙げることができる (Henderson and Clark, 1990 ; Henderson, 1995). 彼女は，技術革新に対する企業間で対応の相違が生じる原因として，組織構造に基づく認識枠組みという一種のスキーマが異なる点に着目している．

　また，新たな製品を導入する際に，各企業は様々に存在しうる解釈の中から，自社がそれまで手がけてきた製品に類似したものを選択する傾向が存在するという指摘もある．カプラン (S. Kaplan) とトリプサス (M. Tripsas)

によれば，PDA（パーソナル・デジタル・アシスタント：携帯情報端末）の黎明期に，関数電卓メーカーであったヒューレット・パッカード（HP）は関数電卓に近い製品としてPDAを見なし，大手パソコン・メーカーであった日本電気はパソコンの代替品ととらえるなど，企業間で認識が異なっており，その違いが各社から発売された製品の仕様や形状にも反映されていたとされる（Kaplan and Tripsas, 2003）．

　第2の要因としては，製品市場における地位や位置づけが企業によって異なることが挙げられる．前述の認知的な要因は，企業側が意識的にとるというよりも，むしろスキーマとして企業組織に埋め込まれていて，意識されない形でとられるものだといえる．それに対して，製品市場における地位や位置づけは，企業行動によって製品市場に現れる結果であることから，より明示的な形でその後の企業行動に制約を加えることになる．そのために，仮に既存のスキーマを反省的にとらえて，それに拘泥されないようにしたとしても，新規技術の導入に際して適切となる製品戦略は，各企業が製品市場で直面している状況によって左右されることになる．両者の違いをよりわかりやすく言えば，前者が「特定の枠組みを通じて物事を見るために，認識できない」という状況であり，後者は「わかっていても，できない」もしくは「やるべきではない」という状況だといえる．

　特に製品戦略において重要となるのは，新たな技術の可能性を理解していて，かつ企業が保有する経営資源からすると実現可能だとしても，既存の製品市場における競争地位を自ら壊したり，従来の製品戦略と矛盾したりするために，積極的に対応できないような場合である．既存企業がこのような状況に置かれているのならば，それまでの優位性を活かすどころか，むしろ劣位に立たされる．逆に，新規参入企業や，既存企業でも劣位にある企業にとっては，新規技術の可能性を既存企業以上に利用して，より望ましい市場地位を獲得できる機会が生まれることになる．

　このような状況が実際に生じた事例としては，インターネットをはじめとする情報技術を使った顧客向け株式売買システムの導入を挙げることができる．主として個人投資家が株式を売買する際に情報システムを使ったサービスは，インターネットが普及する以前から，大手を中心とする既存の証券会

社が導入していた．しかし，既存の証券会社にとっては，技術的に先行していたとしても，情報システムを使った株式の売買システムは，既存の事業システムを補完するものでしかなかった．

それに対して，インターネット経由の売買システムを使って，新たなサービスを様々な形で導入するとともに，低下したコストを反映した手数料の引き下げを積極的に行ったのは，既存の事業システムから享受できる便益が小さかった一部の中小証券会社や，そもそも既存の事業システムとのしがらみがない新規参入企業であった．店舗網などを基盤とする事業システムを確立していた既存の大手証券会社は，新しい事業システムへの転換を積極的に推進すると，同時に自社の存立基盤を自ら脅かすことになる．既存企業にとっては，技術的な側面からは実現へのハードルがそれほど高くなかったとしても，新たな事業システムを構築する手段として，情報技術を利用する顧客向け株式売買システムを位置づけることは困難だったのである．

ただし，各企業が直面する状況は，人々の活動によって形成されたにすぎないことから，絶対的な存在ではない．社会的に共有されたスキーマや個々の企業における認知的制約，あるいは製品市場での状況は，各企業の行動を完全に規定するようなものでもない．そのために，各企業は課せられた制約を絶対視することなく，自ら変革していく方向に行動していくことができる．

もちろん製品市場において優位にあった企業が，自らが制約を受けるとともに，利用してきた既存の〈構造〉なり枠組みを自ら打ち壊していくことは，簡単なことではない．しかしながら，そのような行動を展開できることこそが企業の主体性であり，本来の意味での革新につながるものだといえよう．

2　プリンタ市場におけるインクジェット技術の導入過程[1]

この節では，前節での問題意識を前提として，1990年代前半から半ば頃までのインクジェット・プリンタの黎明期における事例から，新しい技術・製

品の市場への導入と経営戦略との関係を考察したい．本節の事例分析で中心的に取り上げるのは，日本国内のパーソナル・コンピュータ用プリンタ市場において中心的な役割を果たしていた，キヤノン，セイコーエプソン，日本電気の3社の動向である[2]．

ここでの論点は，次の5つにまとめることができる．(1)インクジェット・プリンタが導入され始めた頃の製品市場では，印字速度と価格との関係を前提として，既存の技術間で棲み分けるスキーマが成立していた．(2)プリンタ・メーカー各社における製品ラインは，社会的に形成されたスキーマに基本的には準拠していたものの，主力としていた製品技術や製品ラインの構成は異なっていた．(3)そのような違いから，インクジェット・プリンタを含めた製品戦略は3社間で異なっていた．インクジェット・プリンタ市場を立ち上げることになるキヤノンの小型プリンタは，既存企業が対抗しにくい領域に導入されていた．(4)しかしながら，既にプリンタの大手企業であったエプソンはキヤノンなどに対抗するインクジェット技術を新たに開発した上で，自社が優位にあった既存の製品ラインを事実上放棄して，キヤノンの小型プリンタとは異なる「高精細・フルカラー」というインクジェット・プリンタの新たな領域を構築していく．(5)その結果，少なくとも日本国内においては，エプソンが投入した「高精細・フルカラー」という特性を持った製品が，パソコン用インクジェット・プリンタの主たる用途として確立され，プリンタ市場のスキーマが大きく変動する．

このような推移からは，主として次の2つの点が考察できる．その1つは，製品市場で各企業が直面する状況が異なることによって，インクジェット・プリンタの導入をはじめとする製品戦略の違いが生じた可能性である．もう1つは，エプソンは自ら主導していた主力技術を放棄して，新規技術への転換を図る革新を成し遂げるとともに，エプソンやキヤノンを中心とする対応によって，製品市場全体のスキーマが大きく変化したことである．

プリンタ技術と初期のプリンタ市場の状況

コンピュータでの処理結果を紙などに出力する装置であるプリンタでは，これまでに様々な印字技術が開発されてきた．ここで中心的に取り上げるイ

ンクジェット技術は，その発想自体はかなり昔から存在していたものの，本格的な製品化が進むのは1980年代半ば以降である．

　1980年代中頃のプリンタ市場は，ドット・インパクト方式，サーマル方式，電子写真方式という3つの技術を中心としていた．そのために，インクジェット方式のプリンタの普及を進めるためには，これらの既存技術の代替か，もしくは既存技術の適用が難しい新たな用途への応用のいずれかを実現する必要があった．

　3つの既存技術のうち，ドット・インパクト方式とは，印字ヘッドを紙に叩きつけて転写するインパクト・プリンタの一種である．インパクト・プリンタでは，タイプライターの技術を応用した活字方式が先行していたが，柔軟性に欠けることから，1980年頃までには，文字や図形を点で構成するドット・インパクト方式に主流は移行していた．ドット・インパクト方式は比較的機構が簡単で，伝票などのカーボン・コピーが可能であるといった利点がある反面，稼働時の音が比較的大きく，高精細化やカラー化が難しいといった問題もあった．

　ドット・インパクト方式は，初期のパソコン用プリンタ市場において最も先行した技術であった．図9-1には，1973年から92年までの日本国内におけるプリンタ（大型汎用機などを含むすべてのコンピュータ用）の出荷台数の推移が，「インパクト」，「ノンインパクト」，「ページ」という技術に分けて示されている．この図からわかるように，出荷台数が最初に伸び始めたのは，ドット方式を中心とするインパクト・プリンタであった．80年前後には，PC-8001やPC-9801といった，一時期の日本市場で圧倒的な地位にあった日本電気のパソコンが順次発売されている．つまり，パソコン市場の拡大とともに，プリンタ市場で最初に成長していったのはドット・インパクト方式であった．

　インパクト・プリンタに続いて普及したのは，ノンインパクト・プリンタである．ノンインパクト・プリンタとは，インパクト方式ではないプリンタ技術の総称であり，サーマル方式やインクジェット方式，あるいは図9-1ではページ・プリンタに分類される電子写真方式など，異なる複数の技術が該当する．

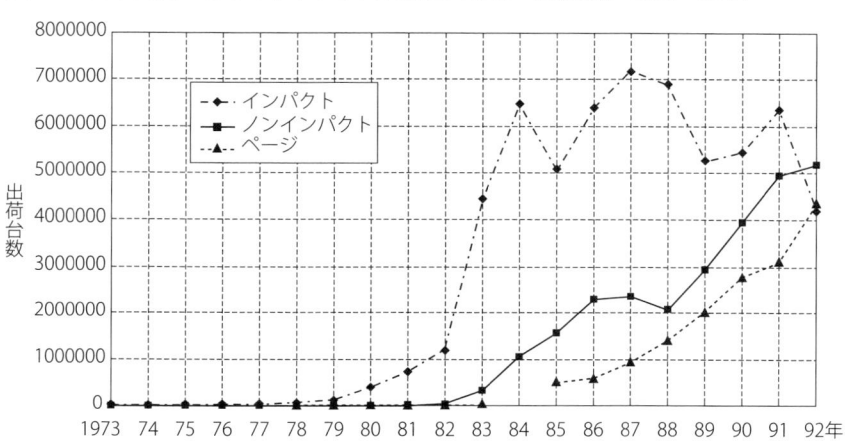

第9章 〈構造〉としてのスキーマと個別企業の革新性

図9-1　日本国内におけるプリンタ出荷台数の推移（技術別，1973〜92年）

注：コンピュータ用のプリンタのみ．インパクトとノンインパクトには，シリアルとラインの双方を含む．『電子工業年鑑』各年版より作成．

　その中で製品化において先行したのは，サーマル方式である．サーマル方式とは，印字ヘッドに熱を帯びさせて，感熱紙を変色させるか，もしくはリボン上のインクを溶かして紙に転写して（熱転写方式），印刷する技術である．この基本技術は1965年にテキサス・インスツルメンツで開発され，60年代後半に同社で製品化されている．サーマル方式は，静音性が高く，相対的に高精細化がしやすく，機構も比較的単純でコストが低く，小型化もしやすいものの，インクリボンを用いるとランニングコストが高くなり，感熱紙を用いた場合には保存性が低いといった特徴がある．このような特性を活かして，サーマル方式は個人用の日本語ワード・プロセッサに以前は搭載されており，現在でもレジスタのレシート印刷など広く用いられている．

　サーマル方式に続いて普及していったのが，電子写真方式である．この方式は，文字単位（シリアル式）や行単位（ライン式）ではなく，ページ単位で印刷することから，ページ・プリンタと呼ばれることがあり，図9-1のページ・プリンタは，基本的には電子写真方式と対応している．電子写真方式は，乾式複写機の技術をベースとしており，帯電した感光体を露光して画

313

像を形成した上で，トナーを吸着させ，トナーを紙などに転写して印字する．電子写真方式の露光にはレーザー素子も光源として使われることから，一般には「レーザー・プリンタ」と呼ばれる．電子写真プリンタは1969年にゼロックスで開発され，70年代半ばには汎用コンピュータ用のプリンタとして市販されている．そして，現在のように小型化された電子写真プリンタが実用化されるのは，80年代前半である．

他方，本節で焦点を当てるインクジェット方式は，インクを紙に吐出して印刷することから，ノンインパクト・プリンタの一種に分類される．先に触れたように，この技術は古くから発想自体は存在しており，技術開発についても，1960年代には圧電素子を使う「ピエゾ方式」の基本技術が，70年代半ばには熱を加えてインクを吐出する（インクジェットの）「サーマル方式」の基本技術が，それぞれ開発されている．さらに，80年代前半には，キヤノン，日本電気，エプソン，三洋電機，シャープ，リコー，日立製作所，小西六写真工業（現・コニカミノルタ），日本電信電話公社（当時）など，幅広い業種にまたがる多くの企業でインクジェット・プリンタの開発が進められ，その一部は市販されている．

このように，多くの企業が技術開発に携わりながらも，インクジェット方式は，ドット・インパクト方式のみならず，同じく後発のノンインパクト・プリンタであるサーマル方式や電子写真方式に対しても，製品市場では出遅れていた．たとえば，図9-1に示されるノンインパクト・プリンタ（シリアル式のみ）にインクジェット方式が占める比率は，1985年で5.2％，86年で2.9％，87年で3.2％にとどまっていた[3]．この時点で，ノンインパクト・プリンタの残りの部分はサーマル方式で占められており，3つの既存技術では最後発の電子写真方式（図上のページ・プリンタ）と比べても，出荷台数は大きく下回っていた．

以上から，インクジェット・プリンタの製品化が本格化する以前のプリンタ市場の状況は，次のようにまとめることができる．1980年代の日本国内のプリンタ市場では，パソコン市場の拡大を受けて，出荷台数が増加していた．また，以前から基本技術が開発されていたインクジェット・プリンタについては，80年代の前半には，各社が製品化を進めていた．しかし，プリン

タ市場でまず成長していったのは，以前から存在するドット・インパクト方式であり，次いでサーマル方式であった．インクジェット・プリンタは市販され始めていたものの，86〜87年頃でも，プリンタ総出荷台数の1％未満にとどまるような，きわめてマイナーな存在だったのである[4]．

1980年代後半におけるプリンタ市場のスキーマ

上述のように，1980年代中旬から後半にかけては，先行したドット・インパクト方式を筆頭に，サーマル方式が追う形で成長して，電子写真方式の市場が徐々に伸び始め，インクジェット方式は導入の初期段階にとどまっているという状況にあった．

ここで注意すべきなのは，複数の技術が並列している状況にはあったものの，まだマイナーな存在であったインクジェット方式を除く3つのプリンタ技術は，製品市場で必ずしも競合関係にあったわけではなく，印字速度を基準として一種の棲み分けが生じていた点である．1980年代半ばから後半における日本国内のプリンタ市場では，技術開発が進んでいたにもかかわらず，一種のスキーマに基づいた秩序が形成されていたのである．

図9-2には，1985年から90年にかけて国内で発売されたシリアル型プリンタの状況について，横軸に印字速度（characters per second：cps）を，縦軸に価格（デフレータ修正済）をそれぞれとって，技術別に異なる印でプロットされている[5]．

この図から推察できる主な点は，次の2つである．第1に，全体として「印字速度が速くなるほど，価格が上昇する」という関係が見受けられる点である．この点を確認するために，デフレータ修正済み価格を従属変数とした線形回帰分析の結果を見ておきたい[6]．表9-1には，すべてのプリンタを対象とした場合と，新規技術でまだマイナーな存在であったインクジェット・プリンタを分析対象から除いた場合に分けた上で，印字速度のみを独立変数としたモデルと，各年のダミー変数を投入したモデルに関する分析結果がそれぞれ示されている[7]．ここでダミー変数を含めたモデルを示すのは，技術開発による価格低下の可能性を考慮するためである．なお，表9-1の分析結果は，図の視認性から図9-2上には表示されていない800cps以上の

図9-2 1985年から90年のパソコン用プリンタ市場の状況

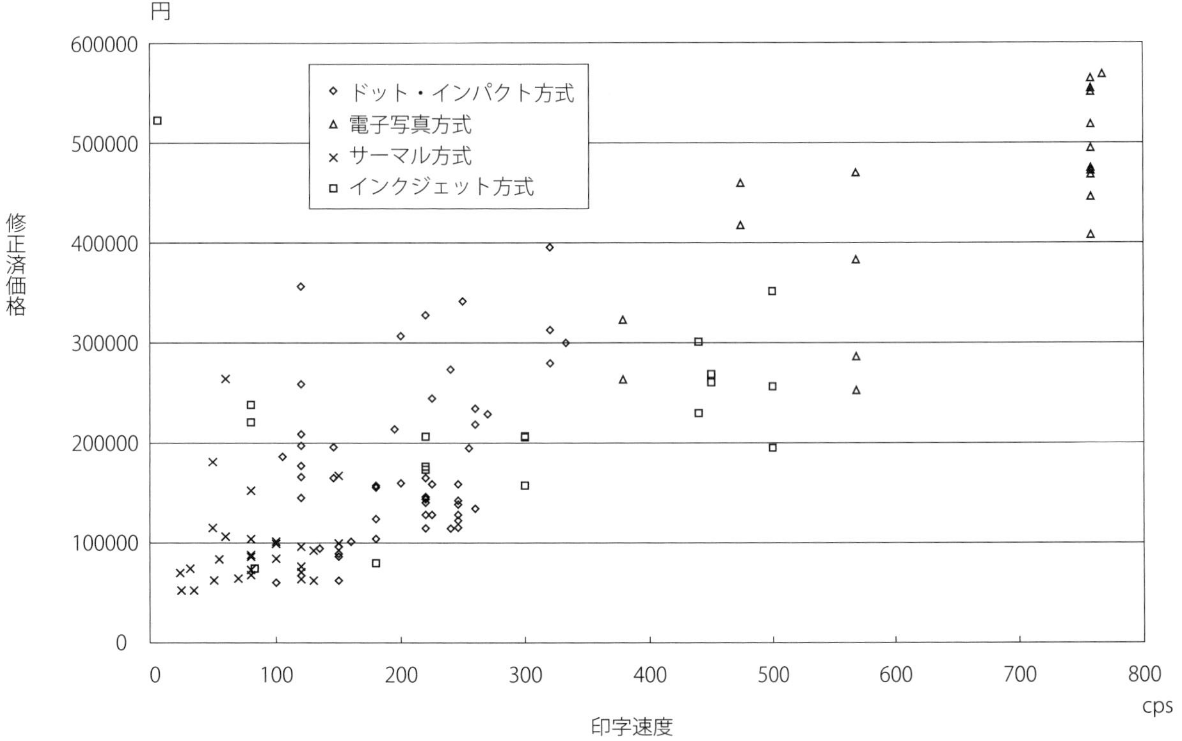

凡例:
- ◇ ドット・インパクト方式
- △ 電子写真方式
- × サーマル方式
- □ インクジェット方式

縦軸: 修正済価格 (円)
横軸: 印字速度 (cps)

注：図の視認性から、800cps以下のプリンタのみを示している。詳細は本文注5を参照。

表9-1　印字速度と製品価格の回帰分析（1985～90年）

	含インクジェット				除インクジェット			
印字速度（cps）	0.725***	0.716***	0.697***	0.692***	0.763***	0.750***	0.857***	0.825***
86年ダミー		−0.138*		−0.139*		−0.123		−0.120
87年ダミー		−0.172*		−0.176*		−0.218**		−0.206**
88年ダミー		−0.176*		−0.183*		−0.163*		−0.160*
89年ダミー		−0.250**		−0.253**		−0.230**		−0.234**
90年ダミー		−0.140		−0.151		−0.116		−0.112
電子写真ダミー			0.011	0.004			−0.117	−0.099
サーマルダミー			−0.044	−0.053			−0.007	−0.015
インクジェットダミー			−0.047	−0.021				
N	153	153	153	153	134	134	134	134
F値	167.152***	31.631***	41.468***	20.842***	183.739***	35.879***	61.423***	26.867***
調整済決定係数	0.522	0.547	0.516	0.540	0.579	0.611	0.577	0.609

従属変数はすべてデフレータ修正済価格．モデルの係数は標準化係数．
*：5％水準で有意，**：1％水準で有意，***：0.1％水準で有意

プリンタ（大型機用は除く）も含めたデータに基づいている．

　表9-1の分析結果からは，印字速度の説明力が非常に大きいことがわかる．発売年のダミー変数を含めたモデルでは，すべてのダミー変数の係数が予想通りに負となるが，有意水準がそれほど高いわけではなく，印字速度のみのモデルと比べた際の調整済み決定係数の上昇幅も2～3％にとどまる．また，各機種に用いられている技術のダミー変数を入れたモデルでは，それらの係数がすべて5％水準で有意ではなく，調整済み決定係数も技術のダミー変数がない場合と比べて低下していることから，技術の違い自体によって価格差が生じているわけではないといえる．これらの点から，その他の仕様や技術間での特性などで違いがあるにもかかわらず，すべてのプリンタを対象とした場合では価格の5割程度が，インクジェット・プリンタを除外した場合では価格の6割近くが，印字速度で説明されることになる．換言すれば，当時の日本国内のプリンタ市場では，コスト削減を含めて技術開発が活発に展開されている状況であった一方で，製品技術にかかわらず「印字が速いほど，高額で性能が高い」という認識が広く共有されていたといえる．

第2に，重要な製品仕様である印字速度に基づいて，インクジェット方式を除く3つの技術間で一種の棲み分けが存在していたと考えられる点である．この点について，製品特性から簡単に確認しておきたい．まず，各方式の印字速度の平均値は，サーマル方式が84.2cps，ドット・インパクト方式が220.2cps，電子写真方式が722.3cps，インクジェット方式が277.7cpsとなる．ここで技術間での印字速度に関して分散分析を行うと，4方式すべてを対象とした場合に $F=112.017$ （$p<0.001$），インクジェット方式を除く3方式を対象とした場合に $F=178.156$ （$p<0.001$）となる．また，4方式間での技術間での差を見るために「その後の検定」（post hoc test）を行うと，サーマル方式とドット・インパクト方式と電子写真方式から構成される3つの組み合わせでは5％水準で有意であったのに対して，インクジェット方式とドット・インパクト方式との間では5％水準で有意な結果は得られなかった[8]．

　この結果に加えて，図9-2に示された分布状況から，当時の印字速度と技術との関係については，おおよそ100cps以下の領域ではサーマル方式が，100cps以上300cpsあたりの中間ではドット・インパクト方式が，300cps以上の領域には電子写真方式が，それぞれ主として用いられていたと推測される．単純化すると，「低速機＝サーマル方式，中速機＝ドット・インパクト方式，高速機＝電子写真方式」という分類図式が，当時のプリンタ市場では成立していたといえる．

　他方，インクジェット方式については，この3つの技術の分類図式には，必ずしもうまく当てはまらない．「その後の検定」の結果に基づく限りでは，ドット・インパクト方式と競合する位置づけになる．このように，印字速度の平均値に基づくと，インクジェット方式は，全体の中間に位置するドット・インパクト方式と競合・代替する関係にあるように見える．しかし，図9-2からは，印字速度の機種間での分散が大きく，競合する方式は機種によって異なることがうかがえる．

　以上で挙げた点を総合すると，先行したドット・インパクト方式を中心として，その下位機種としてサーマル方式が，またその上位機種として電子写真方式が位置するという関係が，1980年代半ばから後半にかけてのプリンタ

第9章 〈構造〉としてのスキーマと個別企業の革新性

市場に存在していたことが推測できる．つまり「サーマル方式＝低速・低性能・低価格」，「ドット・インパクト方式＝中速・中程度の性能・中程度の価格」，「電子写真方式＝高速・高性能・高価格」という技術間での棲み分けが生じる製品カテゴリーが，関係する行為者間で成立していて，それに基づいて企業側は事業活動を行い，顧客側は購買していたと考えられるのである．

このような状況は技術的な必然性から生じたというよりは，行為者間の認識の共有による結果ととらえる方が適当なように思われる．サーマル方式の機構は当時から相対的に単純で，低いコストを実現しやすかったのは事実である．しかし，サーマル方式を使った高速技術は1970年代から開発されていた．また，ドット・インパクト方式は高精細化が難しいと考えられており，サーマル方式はその問題を克服する手段となり得た．サーマル方式はドット・インパクト方式と比べて「劣った」技術として位置づけられる必然性はなかったのである．電子写真方式についても，その後の価格低下などから考えると，コスト削減を図る上で絶対的な技術上の限界が存在していたわけではなく，またサーマル方式と同様に，高精細化を実現する手段として位置づけることも，少なくとも理屈の上では可能であった．

3つの技術が明確な位置づけを有していたのに対して，少なくともこのスキーマの中では，インクジェット方式の位置づけは曖昧であった．図9-2の製品市場におけるスキーマでのインクジェット方式の位置づけは，大きくは4つにわけることができる．(1)右側の比較的速度が遅い電子写真プリンタと競合する領域，(2)印字速度が200〜300cpsのドット・インパクト方式と競合する領域，(3)100cps以下のサーマル方式と競合する左下の領域，そして(4)このスキーマでは完全に逸脱している領域である「超低速・高価格」という製品（左上）の4つである．後述するように，4番目の50万円を超える超低速プリンタは，フルカラー化に比較的適合しているというインクジェット方式の特性を活かした製品であった．

製品市場におけるインクジェット方式の位置づけが曖昧であった1つの理由には，インクジェット・プリンタの普及が進まなかったことがある．さらに，その背景には，インクの目詰まりが完全に解決されていなかったように，インクジェット・プリンタは製品として不完全であったことも理由とし

て挙げられるだろう．しかし，インクジェット・プリンタの普及を阻んでいた，より重要な要因としては，前述のパソコン用プリンタ市場における状況があるように思われる．主として印字速度によって機種間の違いが認識される状況では，他の3つの方式のいずれかを用いたプリンタで必要な機能が提供されることになる．そのために，少なくとも当時の一般的な顧客側には，インクジェット方式だけに求められる固有の機能は乏しかった．つまり，インクジェット方式には解決されるべき重要な技術的問題が残されていた一方で，そのような問題を解決するために，様々な企業が努力を集中させる意義が見いだせず，一種の悪循環が生じる状況にあったといえる．この点は，同じノンインパクト方式の中でも，ドット・インパクト方式と補完的な技術として位置づけられたサーマル方式や電子写真方式とは，大きく異なっていた．

3社におけるインクジェット・プリンタの位置づけ

インクジェット・プリンタの位置づけは，プリンタ市場全体としては，図9-2に示された印字速度と価格との関係と技術間の棲み分けを前提とすると，大きくは4つに分かれていた．その一方で，個々のプリンタ・メーカーはこのように拡散した製品展開をしていたわけではなく，明確な意図があったか否かは別として，各社固有の製品戦略を有していた．また，インクジェット方式の製品化に対する取り組み方の違いは，他のプリンタ技術との関係などに基づくと，各企業にとって合理的な側面があった．

(a) エプソンの状況

まずは，当時からパソコン用プリンタの最大手企業であったエプソンの状況から見ていきたい．エプソンは，東京オリンピックの際にセイコー・グループの一員として開発した計時用プリンタを出発点として，1960年代後半には電卓や電子レジスタ用のプリンタに進出し，70年代後半にはパソコン用プリンタを発売していた．さらに80年に発売したドット・インパクト方式のプリンタが国内外で評価されたことにより，同社はパソコン用のドット・インパクト・プリンタの最大手企業としての地位を構築していった．たとえ

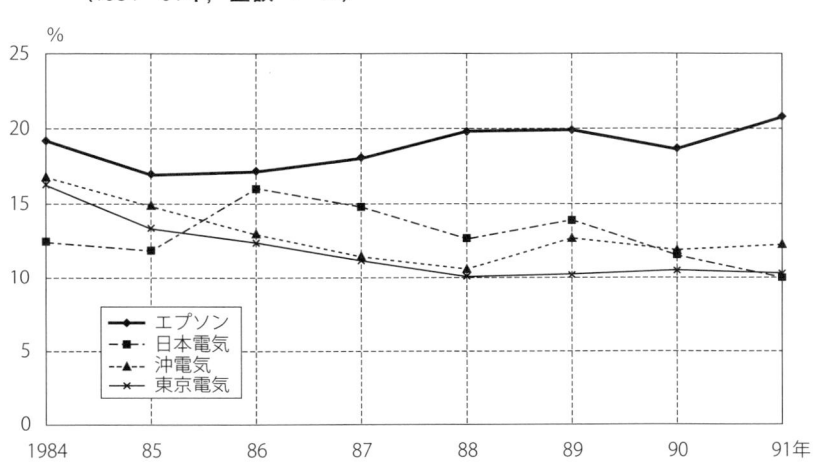

図9-3　シリアル型ドット・インパクト・プリンタの国内市場シェア推移（1984～91年，金額ベース）

注：『日本マーケットシェア事典』より作成．

ば，図9-3には，シリアル型ドット・インパクト・プリンタにおける日本国内での市場シェア（金額ベース）の推移が示されている．この金額には，パソコン以外に接続されるプリンタも含まれているが，それらを含めても，エプソンは80年代半ばから後半にかけて，最大手の座にあった．また，86年には，パソコン用のサーマル・プリンタの発売も開始している．同社はサーマル方式では後発であったものの，80年代末にはこの領域でもパソコン用プリンタで国内首位となっている[9]．

　エプソンのプリンタ事業は，このように先行したパソコン向けのドット・インパクト方式を主力製品としていた一方で，インクジェット方式についても，比較的早くから積極的に取り組んでいた．同社は1970年代後半にはインクジェット技術の開発に着手しており，82年には試作品を発表していた．そして，84年には，同社初のインクジェット・プリンタ「IP-130K」を発売する．このプリンタでは，漢字が印刷できる当時のインクジェット・プリンタとしては画期的である49万円という価格が設定された[10]．その後もエプソンは，当時のプリンタ・メーカーの中では，インクジェット・プリンタを積極的に市場に投入していった．その結果，まだ市場は成長途上にあり量的には

図9-4 インクジェット・プリンタの国内市場シェア推移
（1986～92年，金額ベース）

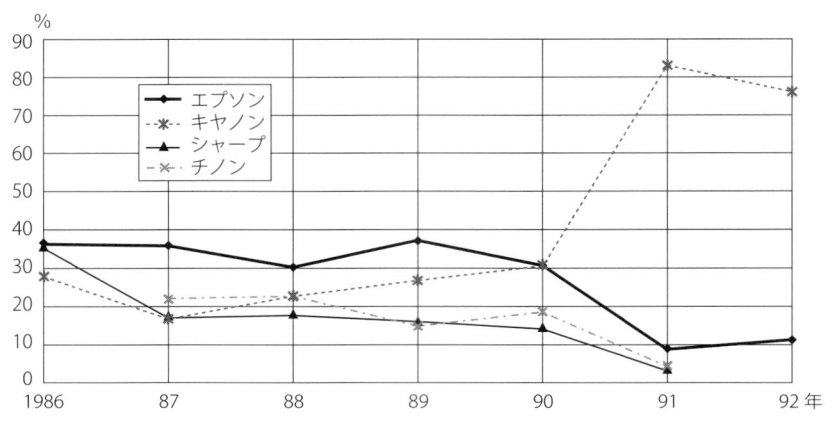

凡例：エプソン，キヤノン，シャープ，チノン

注：『日本マーケットシェア事典』各年版．

限られていたものの，同社はパソコン用インクジェット・プリンタの国内市場において，80年代後半まではトップ・シェアを維持することになる（図9-4）．

先に示した図9-2と同じく横軸に印字速度，縦軸に価格をとって，エプソンのみの状況を示したのが，図9-5である．

この図からは，以下の3点を読み取ることができる．第1に，この6年間に，エプソンはインクジェット方式を含めた4つの方式すべてを製品化している点である．ただし，インクジェット方式のプリンタが期間内に9機種投入されているのに対して，電子写真方式のプリンタは4機種にとどまっている．

第2に，エプソンでは，製品市場全体における印字速度と価格との関係に沿って，製品が投入されている点である．図9-5からは「印字速度が上昇すると，価格も一定比率で上昇する」という関係が推測できる．エプソンの製品だけを対象として，先に示した分析と同じモデルを用いて印字速度と価格との間での回帰分析を行うと，印字速度のみを独立変数とした場合の回帰モデルにおける調整済み決定係数は0.743，5つのダミー変数を投入した場合の調整済み決定係数は0.773となる．この決定係数からすると，エプソンは

第9章 〈構造〉としてのスキーマと個別企業の革新性

図9-5　エプソンにおける印字速度と価格の関係（1985～90年）

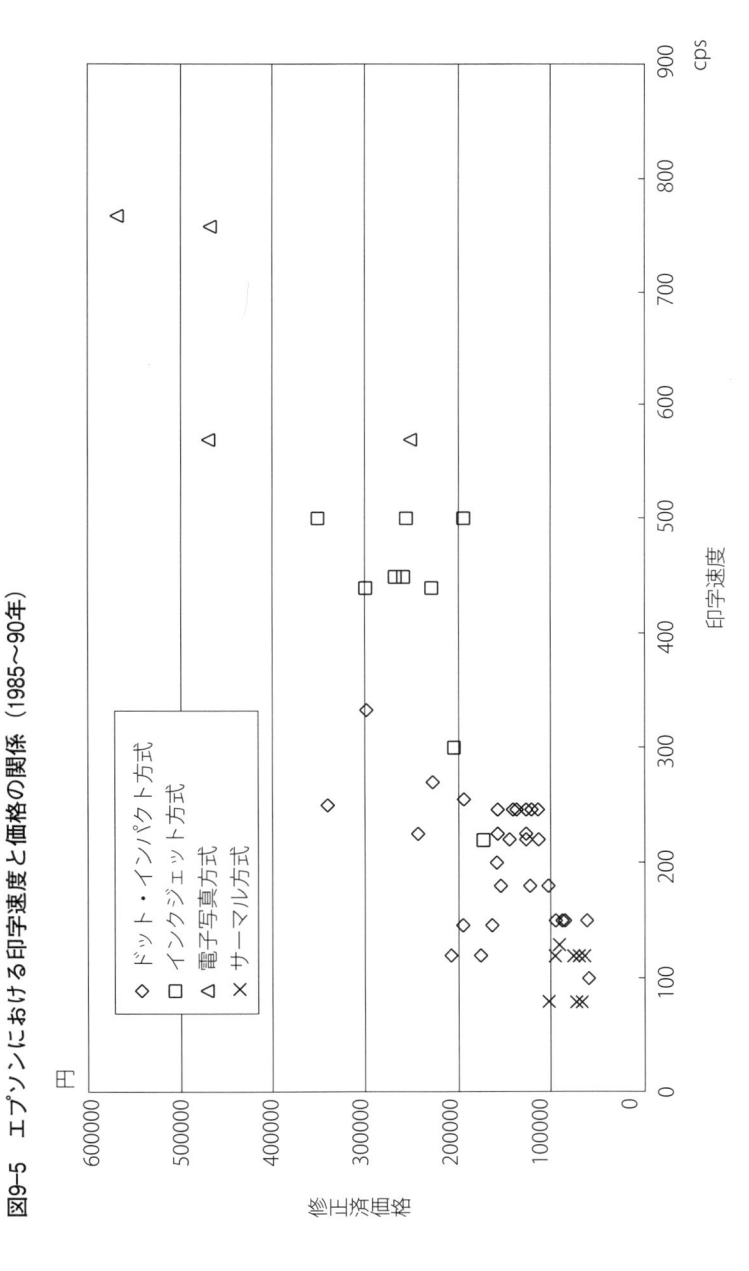

◇ ドット・インパクト方式
□ インクジェット方式
△ 電子写真方式
× サーマル方式

縦軸：修正済価格（円）
横軸：印字速度（cps）

注：「プリンタに関する技術動向調査報告書」各年版ならびにセイコーエプソン広報資料をもとに作成．

323

市場全体での印字速度と価格との関係にかなり忠実に沿って,製品を市場に投入していたといえる.エプソンはパソコン用プリンタにおいてリーダー企業だったことを勘案すると,同社の製品戦略が市場で形成されるスキーマに影響を与え,その後の同社の行動に逆に影響を及ぼしていたともいえよう.

第3に,エプソンでは,既存の製品ラインに基づいて,インクジェット・プリンタが明確に位置づけられていた点である.図から推察できるように,インクジェット・プリンタは1機種を除いて,電子写真方式とドット・インパクト方式の中間に分布している.ビジネス用途を基本とするドット・インパクト方式の上位機種としてインクジェット・プリンタが想定されていたということである.インクジェット方式はカラー化にも適しているとされていたが,その時点では,パソコン用ではないために図には記載されていないフルカラーのビデオ・プリンタには,通電熱転写方式という同社独自の技術が採用されていた.また,比較的低速で低価格の製品には,インクジェット方式は一切採用されていない.

当時のエプソンでは,ドット・インパクト方式よりも上位となる比較的高い価格帯に向けてインクジェット・プリンタが導入されていた.その直接的な理由としては,印字ヘッドを中心として,当初のコストが高かったということも挙げられる[1].しかし,後述するように,その後に技術開発が進められるとともに,出荷台数が増大することにより,コストが急激に低下していくことを考えると,単純に技術的な問題だけで説明できるわけではない.

むしろ,ここで考慮すべきことは,エプソンは先行して製品化していたものの,少なくともこの段階では,インクジェット・プリンタを自社の製品ラインをあくまでも補完する製品と見なしていたと思われる点である.

エプソンのプリンタ事業が置かれた当時の状況からすると,同社がドット・インパクト方式の上位にあたる領域にインクジェット・プリンタを位置づけることには,合理的な側面が存在していた.その要因の1つは,前述のように,同社はパソコン用ドット・インパクト・プリンタのリーダー企業であったことである.また,エプソンは,上位機種で採用されていた電子写真方式では,必ずしも先行していなかったという要因もある.電子写真方式は,複写機の技術を応用した製品であり,また大型コンピュータ用のプリン

タとして導入されている．そのために，複写機メーカーやコンピュータ・メーカーなどが電子写真方式では先行して事業化していた一方で，エプソンは電子写真方式の中核部品である感光体を他社から購入していた．

つまり，エプソンは，当時のパソコン用プリンタ市場で中心的な製品であったドット・インパクト方式では，強固な基盤を構築していたのに対して，より上位の領域で成長し始めていた電子写真方式では，必ずしも優位性を有しているわけではなかった．そのために，比較的手薄である上位機種としてインクジェット・プリンタを位置づけることは，同社にとって合理的な選択であったといえる．インクジェット・プリンタについて，同社が強いドット・インパクト方式と競合する領域に位置づけて既存の事業基盤を自ら壊すことや，サーマル方式で対応して成果を上げ始めていた低速・低価格の領域に積極的に導入することは，既存の製品ラインの維持を前提とする限りは，当時の同社の製品戦略として必ずしも望ましい方策ではなかったのである．

したがって，当時の同社において「ドット・マトリックスはすでに巨大市場に育ち，大きな利益を上げていた．技術そのものに長い歴史があったため，エンジニアのだれもがドット・マトリックスしか見ていなかった」という状況が生じていたり[12]，コストや性能面で印字ヘッドが抱える問題が積極的に解決されないような方針がとられていたりしたとしても[13]，決して不思議なことではなかった．

(b) キヤノンの状況

キヤノンは，後に日本国内でパソコン用インクジェット・プリンタ市場での覇権をエプソンと争うことになる．しかし，1980年後半を中心とするインクジェット・プリンタの黎明期において，キヤノンの製品ラインの構成はエプソンとは大きく異なっていた．

以上と同様に，横軸に印字速度，縦軸に価格をとって，1985年から90年までのキヤノンのプリンタの分布状況を示したのが，図9-6である．この図からわかるのは，次の3点である．第1に，同社のプリンタは電子写真方式とインクジェット方式の2種類で構成されており，当時主流であったドッ

図9-6 キヤノンにおける印字速度と価格の関係 (1985～90年)

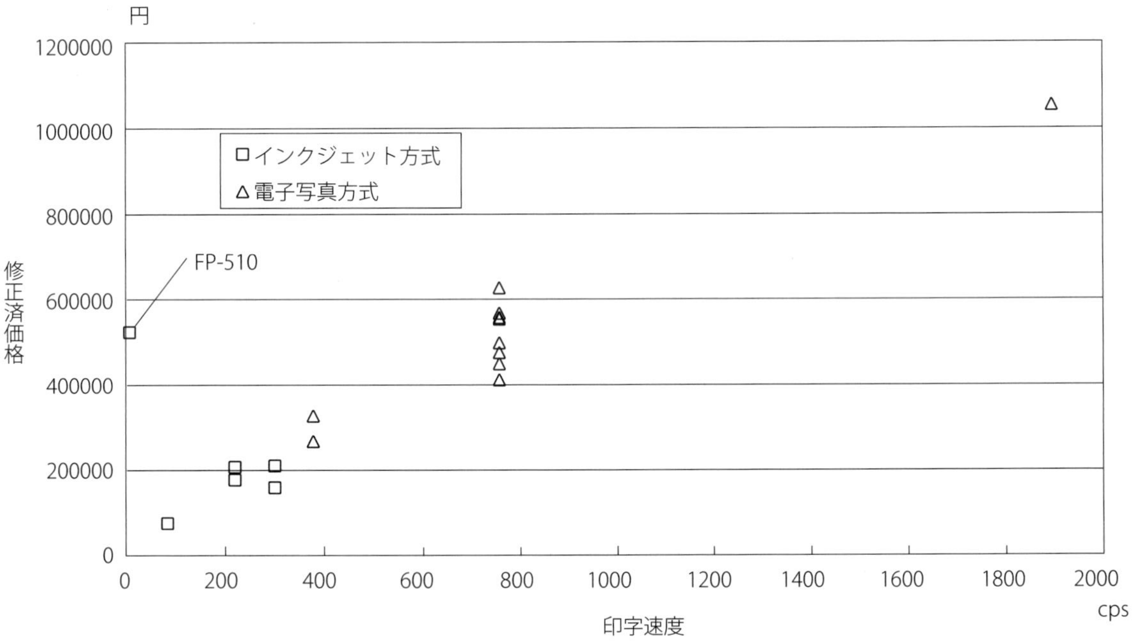

凡例:
□ インクジェット方式
△ 電子写真方式

FP-510

縦軸: 修正済価格 (円) 0～1200000
横軸: 印字速度 (cps) 0～2000

注:「プリンタに関する技術動向調査報告書」各年版ならびにキヤノン広報資料より作成.

ト・インパクト方式を扱っていなかったという点である．

　第2に，フルカラー印刷のインクジェット・プリンタ（図の左上）を除くと，キヤノンの製品ラインでも「印字速度が速くなるほど，価格が一定比率で上昇する」という関係が見られる点である．回帰分析で確認すると，印字速度のみを独立変数とした場合には，$F=205.461$（$p<0.001$），決定係数0.932という結果が得られ，発売年のダミー変数を合わせて投入した場合には，すべての独立変数の係数が5％水準で有意となり，$F=89.675$（$p<0.001$），調整済み決定係数0.959となる．ちなみに，発売年のダミー変数を入れたモデルにおいて，標準化係数が最も高くなるのは印字速度であった．

　第3に，電子写真方式とインクジェット方式は印字速度で明確に領域が分かれている点である．図で見る限り，400cpsあたりを境に，より高速・高価格機では電子写真方式が用いられ，それ以下の領域ではインクジェット方式が用いられている．この図では，印字速度が2000cpsまで示されているために少しわかりにくいが，キヤノンとエプソンではインクジェット方式と電子写真方式の区分が異なる．400cpsあたりのプリンタは，エプソンではインクジェット方式が集中する領域であったのに対して，キヤノンでは電子写真方式の最低価格ラインとなっている．つまり，キヤノンでは，エプソンよりも低速の領域まで電子写真方式で対応し，それ以下の領域はすべてインクジェット方式で対応しようとしていた．

　以上のように，印字速度と価格の関係以外の点では，キヤノンはエプソンとは大きく異なる形でプリンタ技術を利用していた．このような製品戦略には，キヤノンのプリンタ事業が置かれていた当時の状況からすると，合理的な側面が存在していた．その主たる背景は，電子写真方式ではリーダー企業である一方で，ドット・インパクト方式では劣位に置かれるという点で，エプソンとは正反対の製品市場での地位に求めることができる．

　事務機器への多角化を推進していたキヤノンは，その1つとして電卓を手がけており，1970年頃には当時開発されたばかりであったサーマル方式をはじめとして，複数の技術を用いてプリンタ付き電卓を製品化していく．その後も，同社はプリンタ技術の開発に取り組み，75年5月には，大型コンピュータ用のオフライン・プリンタ（記録媒体を通じてデータをプリンタ側

で取り込んで処理するプリンタ）として，レーザー・プリンタを発表している．世界初となるレーザー・プリンタを IBM が発売したのが75年4月であったことから，キヤノンはきわめて早い段階からレーザー・プリンタの実用化を進めていたことになる．その後も，同社は電子写真（レーザー）方式の技術開発を積極的に展開し，79年には世界初の半導体レーザーを使ったプリンタを製品化している．そして，84年には，小型レーザー・プリンタ「LBP-CX」を発売する．このレーザー・プリンタは，初めてカートリッジ方式を導入することでメンテナンスを容易にするとともに，49万8000円という当時としては破格の価格で発売されており，総計50万台を超えるヒット商品となる．その結果，80年代半ばから後半にかけては，パソコンなどに用いられる小型電子写真プリンタ市場において，キヤノンは40％から60％の市場シェア（日本国内の金額ベース）を占め，支配的な地位を構築していた[14]．

　他方で，1980年代半ば頃に最も一般的であったドット・インパクト・プリンタでは，キヤノンは必ずしも強い市場地位を有していなかった．同社では，70年頃からドット・インパクト技術の開発を手がけていたが，製品化したのは70年代後半である．パソコン用のプリンタとしては，84年から3年間に7機種が発売されている[15]．ただし，これらのプリンタは海外専用の製品であり，87年以降は新製品の開発を打ち切っている．また，サーマル方式については，電卓への搭載に始まり，日本語ワード・プロセッサに世界初の漢字熱転写プリンタを搭載するなど，先駆的に製品化をしていた一方で，パソコン用としては，84年に国内向けに1機種，海外向けに1機種，それぞれ発売されただけにとどまっている．

　インクジェット方式に関しては，キヤノンは比較的早い1970年代半ばから技術開発に着手していた．同社が当初実用化に取り組んでいたのはピエゾ方式であり，サーマル方式はピエゾ方式の開発途中に，はんだごてがインクを詰めた注射器に偶然あたってインクが飛び出したことからヒントを得て，開発が進められたとされる[16]．製品化はピエゾ方式が先行し，80年には世界初のインクジェット・プリンタを内蔵した電卓に採用され，86年にはカラー・ビデオ・プリンタとして発売されている．

　最終的にキヤノンが採用することになるサーマル式インクジェット技術

は，同社では「バブルジェット技術」と呼ばれている．この技術は1970年代後半から開発され，83年頃には製品化の最終段階に入る．84年11月には，同社で初めてのサーマル方式インクジェット・プリンタとなる「BJ-80」の製品化が発表される．

ただし，製品化が開始される段階で，キヤノン社内において「バブルジェット技術」の用途が特定の領域に定まっていたわけではなかった．たとえば，1981年の時点で「バブルジェット技術」の応用分野として想定されていたのは，複写機，テレビ・ビデオ，電卓，ファクシミリ，ワープロ，コンピュータの6つであり，パソコンはコンピュータの一例でしかなかった[17]．また，84年にBJ-80の製品化を発表した際に，同時に発表された試作品は，プロッタなどへの応用が想定されるＡ１サイズの大判カラー・プリンタ，業務用のカラー印刷に適した毎分31枚の高速カラー・プリンタ，パソコンなどからのカラー出力を想定したＡ３サイズのカラー・プリンタの3種類であった[18]．

以上から，1980年代後半にキヤノンのプリンタ事業が直面していた状況は，次の3点にまとめることができる．第1に，レーザー・プリンタを先行して開発し，80年代後半には小型レーザー・プリンタ市場で支配的な地位を構築していたことである．第2に，ドット・インパクト方式やサーマル方式に関しては，とりわけ単体で用いられるパソコン用プリンタでは，部分的に製品化されていたものの，製品市場ではプレゼンスがほとんどないような状況にあったことである．第3に，インクジェット技術は積極的に開発を進めており，カラー化を含めて，複数の領域への展開可能性を探っていたことである．

これらの3点に基づくと，先に記したパソコン用プリンタ市場におけるキヤノンのインクジェット・プリンタの展開が，同社にとっては合理的であったことが推察できる．キヤノンが強い市場地位を既に確立しつつあった電子写真方式と競合する領域では，インクジェット方式を製品化する必要性は乏しい一方で，少なくともドット・インパクト方式と低価格のサーマル方式では，既存の自社製品の基盤がほとんどないことから，競合関係が社内で発生しない．また，当時の電子写真方式では，カラー化が進んでいなかったこと

から，印字速度にかかわらず，製品化を進めても，製品市場での競合は発生しない．キヤノンにとっては，電子写真方式と競合するモノクロ高速機以外の領域であれば，インクジェット方式を展開しても，製品戦略上の矛盾が生じなかったのである．

　実際に，キヤノンが1985年から90年までの間に製品化したインクジェット・プリンタは，機種数こそ限られていたものの，モノクロ高速機とは競合しない複数の領域で展開されていた．84年のBJ-80に続いて製品化されたのは，87年5月に発売された定価49万8000円のフルカラー・プリンタ「FP-510」である．このプリンタは8色のインクで26万色を表現できることが最大の特徴であり，図9-6上の左上にプロットされていることからわかるように，従来のパソコン用プリンタとしては，製品市場のスキーマから完全に「逸脱」した製品である．また，パソコン用ではないために図上には記載していないが，87年6月には，ライン式の高速カラー・バブルジェット・プリンタを発売している．このライン式プリンタは，84年に発表された試作品を製品化したものであり，A4で毎分31枚という当時としては超高速でカラー印刷が可能で，価格も1000万円超の特殊な業務用製品であった．

　モノクロの中低速機としては，1989年に220cpsのA3プリンタ「BJ-130J」，90年に83cpsのA4対応小型プリンタ「BJ-10v」と，300cpsのA3（80桁と136桁）プリンタ「BJ-300J」と「BJ-330J」の，合計4機種を順次発売している．このうち，その製品仕様と価格設定から，A3プリンタはドット・インパクト・プリンタが従来用いられてきたオフィスでの使用を想定した機種であり，A4対応の小型プリンタは従来サーマル・プリンタが用いられてきた個人での利用を主として想定した機種であった．

　各プリンタの月間生産予定台数は，BJ-130Jが2000台，BJ-10vが3万台，BJ-300JとBJ-330Jが合わせて1万台である[19]．1990年頃に発売された小型レーザー・プリンタの月間生産予定台数が2000台から5000台であることから，BJ-130Jではレーザー・プリンタと同水準の販売を見込んでいたことになる．それに対して，90年に発売した3機種では，従来の小型レーザー・プリンタを大幅に上回る目標が設定されており，当初から本格的な拡販を狙っていたことがうかがえる．

(c) 日本電気の状況

1980年代後半を中心とする日本電気のプリンタ事業の状況は，エプソンともキヤノンとも異なっていた．

図9-7には，これまでと同じ軸上に，日本電気が当時発売したパソコン用プリンタのうち，PCシリーズの製品をプロットしたものである[20]．この図からは，次の3点を読み取ることができる．

第1に，エプソンやキヤノンと同様に，日本電気のプリンタでも，「印字速度が上がると，価格も上昇する」という一定の関係が見受けられる点である．先と同じく回帰分析で確認すると，印字速度だけのモデルでは$F=175.573$（$p<0.001$），調整済み決定係数は0.770，印字速度の係数は0.1％水準であり，発売年のダミー変数を入れたモデルでは$F=37.122$（$p<0.001$），調整済み決定係数は0.807であった．

第2に，ドット・インパクト方式，サーマル方式，電子写真方式の3種類については，日本電気はキヤノンやエプソンと比べて幅広く発売している点である．技術別に見ると，ドット・インパクト方式が約半分（25機種）ではあるが，6割近いエプソンよりは低く，残りをサーマル方式が3割，電子写真方式が2割を占める．この「5：3：2」という比率は，1980年代後半時点での日本国内のパソコン用プリンタ出荷台数における比率とほぼ同じである[21]．

第3に，キヤノンやエプソンとは異なり，インクジェット・プリンタの製品化を進めていない点である．この期間に日本電気は，製品市場でのスキーマから「逸脱」した左上に位置する1機種だけ，インクジェット・プリンタを発売している．しかし，このプリンタは，キヤノンが1987年に発売したFP-510のOEM製品であった．

また，この図上には現れない同社のプリンタの特性としては，サーマル方式とドット・インパクト方式の双方で，カラー・プリンタが7機種発売されている点を挙げることができる．これらのカラー・プリンタでは，インクリボンを7～8色程度で構成して，カラーで印字していた．この機構では，少数の原色を混合して多彩な色調を表現することは不可能であるが，ビジネス文書上のグラフなどの比較的単純なカラー化には対応できる．また，この期

図9-7 日本電気における印字速度と価格の関係（1985〜90年）

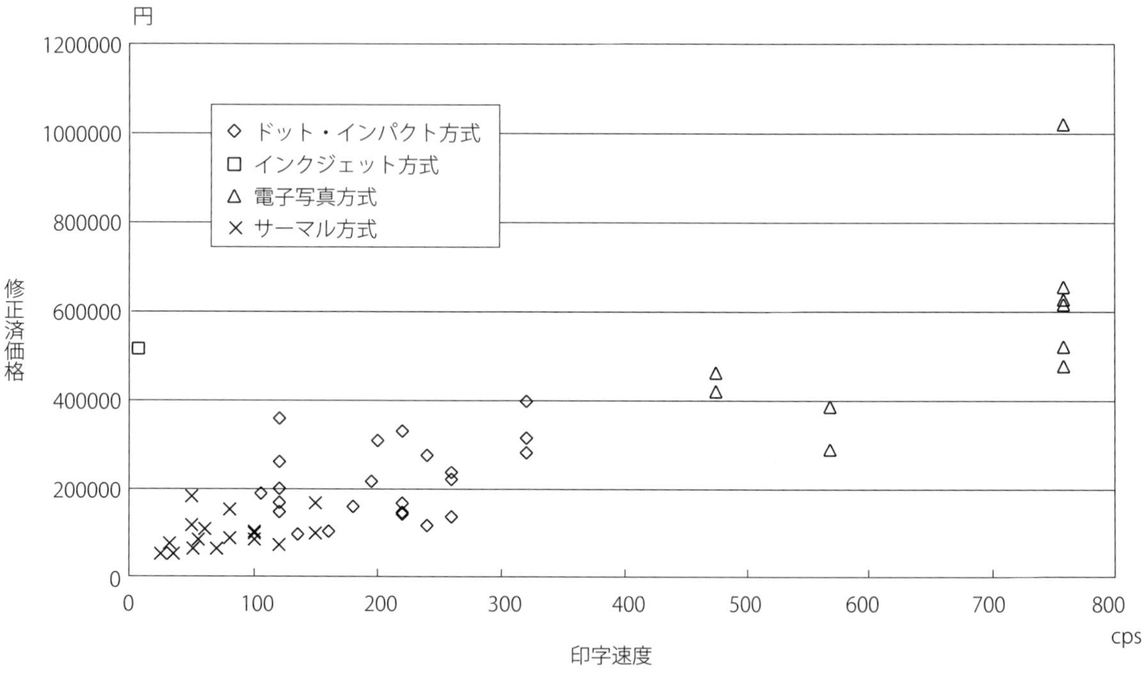

凡例:
◇ ドット・インパクト方式
□ インクジェット方式
△ 電子写真方式
× サーマル方式

縦軸: 修正済価格（円）
横軸: 印字速度（cps）

注：同社のパソコン用プリンタのうち，PCシリーズのみを対象。
「プリンタに関する技術動向調査報告書」各年版ならびに日本電気広報資料より作成。

第9章 〈構造〉としてのスキーマと個別企業の革新性

間には，スキャナとカラー・サーマル・プリンタの複合製品や，日本語ポスト・スクリプトに初めて対応したレーザー・プリンタなど，独自の特性を有する製品も発売されている．

　以上から，日本電気におけるパソコン用プリンタの製品戦略は，ドット・インパクト方式，サーマル方式，電子写真方式の3技術を市場の状況に合わせて用いるとともに，既存の技術を用いてカラー化に対応するという点で，速度・価格という点での「幅」と機能という「深さ」の双方で，バランスがとれた製品ラインを構成していたことに特色があるといえる．

　このような日本電気のプリンタ事業の製品戦略を前提とすると，インクジェット方式を積極的に製品化しなかったことには，同社にとって合理的な側面があった．日本電気は，ドット・インパクト方式，サーマル方式，電子写真方式という当時の中心的なプリンタ技術を用いて，偏りなく製品化していた．また，文書作成程度の簡単なカラー化であれば，サーマル方式などで製品ラインを揃え，他の付随的な機能を持った製品のバリエーションを持つことで，顕在化したニーズには対応することができた．既存のスキーマに基づく限りは，これらの3つの技術を用いることで，製品ラインに大きな「穴」が生じることがなかったのである．

　さらに，日本電気にとっては，プリンタはパソコンの主要な周辺機器の1つでしかなかった．日本電気は，PC-98シリーズを中心として，1980年代後半には日本国内のパソコン市場で5割前後のシェアを握り，支配的な地位にあった．プリンタの主要な顧客は，自社のパソコン・ユーザーであり，「純正」の周辺機器として主だったニーズを満たす限りは，製品ラインを大きく変更する必要性はなかったといえる．

　日本電気はインクジェット方式をまったく無視していたわけではない．たとえば，1983年には，フルカラーのピエゾ方式インクジェット・プリンタを開発して，発表している[22]．しかしながら，前述のように，キヤノンが翌84年に発表した試作機をベースとして，87年に同種のフルカラー・インクジェット・プリンタを製品化しているのに対して，日本電気はそのキヤノンのプリンタのOEM供給を受けるにとどまっていた．

　エプソンやキヤノンとは異なり，日本電気は既存のプリンタ技術に基づく

製品ラインを満遍なく揃えていた上に，市場で強力な地位にあった自社製パソコンのユーザーが主要顧客であった．これらの点からすると，まだ不完全な技術であり，ニーズも顕在化していないインクジェット方式の製品化を積極的に進めるだけの強力な背景は，日本電気にはなかったと考えてよいだろう．

BJ-10v の急成長

インクジェット・プリンタは1988年頃まではマイナーな製品にすぎなかったが，90年には国内の出荷台数の10％を突破し，93年には35％近くにまで急激に成長していく（図9-8）．その契機となったのは，小型プリンタであるキヤノンのBJ-10vである．BJ-10vは，先述の低速・低価格という位置づけにありながら，小型でバッテリー駆動も可能であり，360dpi（dots per inch）と既存のプリンタよりも高品位の印字が可能であるという特性を備えていた．

ただし，BJ-10vは突発的に売れた製品ではない．インクジェット・プリンタをめぐる状況は，80年代後半から少しずつ変わってきており，BJ-10vのヒットは，米国を中心とする変化と日本国内を中心とする変化の双方を背

図9-8　日本国内のプリンタ出荷台数に占めるインクジェット・プリンタの比率

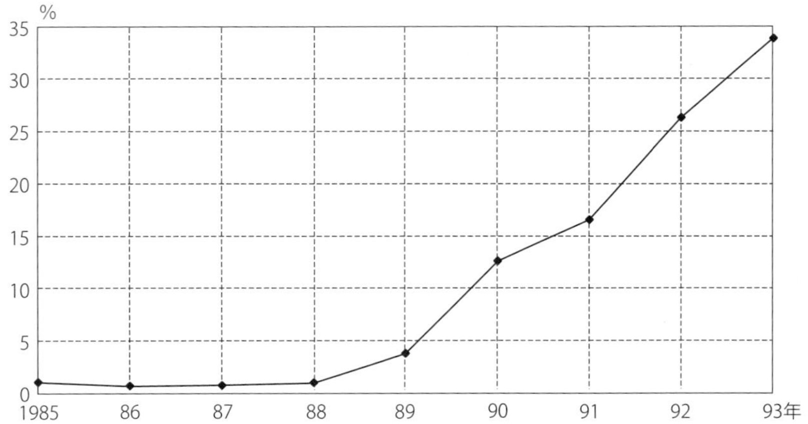

データ出所：『電子工業年鑑』1988年度～1995年度版，原資料は日本電子機械振興協会．

第9章 〈構造〉としてのスキーマと個別企業の革新性

景としていた．

　米国では，日本国内よりも若干先行して，インクジェット・プリンタの普及が始まっていた．その中心となったのは，ヒューレット・パッカード（HP）である．HPは初めてのサーマル方式インクジェット・プリンタである「Think Jet」を1984年に発売する．Think Jetは，精細度が96dpiと低く，販売実績も高くはなかった．しかし，88年に発売した「Desk Jet」では，精細度は300dpiにまで改善されていた．Desk Jetは，エプソンをはじめとする日本企業が強い地位を築いていたドット・インパクト・プリンタを主たるターゲットにすることで，米国で販売量を徐々に増やしていたとされる[23]．印字速度が240cpsのDesk Jetは，日本でも88年5月に定価19万8000円で発売されている．この速度と価格を前掲の図9-2や図9-5に当てはめることで，日本でもドット・インパクト・プリンタと同じ領域がターゲットとなっていたことが確認できる．

　ただし，初期時点で日本において発売されたHPのインクジェット・プリンタは，当時米国で主流であったIBM-PCないしアップルのマッキントッシュのみに対応しており，PC-98シリーズには対応していなかった．また，ビジネス文書の作成に不可欠であった漢字フォントもプリンタ側に実装されていなかった．そのために，HPのインクジェット・プリンタは，少なくとも直接的には，日本国内のプリンタ市場に大きな影響を与えたわけではなかった．

　他方で，その頃の日本国内では，ノートパソコンの発売・普及が進み始めていた．1989年には，初のノートパソコンである初代「ダイナブック」を東芝が発売し，日本電気も「PC-9801N」で追随している．これらのパソコンは，単に小型・軽量であるだけではなく，それまでの98シリーズをはじめとするパソコンと比較してコスト・パフォーマンスに優れていたこともあり，急激に売上を拡大する．その成長が始まった新たな製品カテゴリーであるノートパソコンの仕様に合わせて，携帯可能な仕様で，比較的低い価格に設定されたのが，BJ-10vであった．

　ただし，ノートパソコンの仕様に合ったプリンタは，キヤノンのBJ-10vが初めてではない．その種の製品で先行していたのは，チノンであった．チ

ノンは乾電池駆動が可能なインクジェット・プリンタを1986年に欧米で発売していた．さらに，同社は88年に，日本語フォントを搭載して，バッテリーで駆動する小型インクジェット・プリンタを日本でも発売する．これらのプリンタは小型プリンタを必要とする顧客に受け入れられたことから，チノンは自社の販売網を持たなかったにもかかわらず，インクジェット・プリンタ市場で二番手にまで一時期浮上する（前掲図9-4参照）．

このような当時の状況をキヤノンは念頭に置いて，新たな製品を開発したと考えるのが適切であろう．米国では，1988年にインクジェット技術で提携したHPが積極的に製品を投入して，ドット・インパクト・プリンタの領域で成功を収めつつあった．他方，日本では，チノンの小型インクジェット・プリンタが好評を博していた．そこで，ドット・インパクト方式と競合する領域と，サーマル方式と競合する小型プリンタの領域には，漢字を打ち出せて，PC-98シリーズに対応したインクジェット・プリンタに対する比較的大きな需要が存在する可能性を想定しても，何ら不思議ではない．また，それらの領域は，既存のプリンタ技術で地位を構築していたエプソンや日本電気にとっては，当時の技術力からしても，また自社の既存製品と競合するという製品構成から見ても，比較的反撃しにくいという製品戦略上の合理性が，想定できる状況にもあった．

キヤノンのBJ-10vは予想以上の売れ行きとなり，発売から半年後の1991年中頃には，海外用モデルと合わせて月産10万台を超え，供給能力の限界に近い水準にまで達する[24]．このような小型インクジェット・プリンタ市場の急激な拡大を受けて，競合企業はまず短期的な対応策を講じる．まずHPは日本市場に対応した製品の開発を91年4月に発表し，同年9月に発売する．このプリンタでは，印字速度を従来の製品よりも遅い160cpsに抑える代わりに，定価は9万8000円に大幅に引き下げられていた．デスクトップ型でかつ日本専用モデルだという特性の違いはあるにせよ，BJ-10vにより近い，従来よりも低性能・低価格の領域を狙っていたということである．

他方，エプソンと日本電気は，ノートパソコンとの組み合わせを念頭に置いた小型プリンタを，1991年5月から6月にかけてそれぞれ発売する．これらの機種はBJ-10vよりも高速印字が可能でかつそれよりも若干低い価格が

設定されており，BJ-10v を主たる競合機種として想定していたことがうかがえる[25]．ただし，これらのプリンタはサーマル方式（2 機種）か，ドット・インパクト方式（1 機種）であった[26]．エプソンと日本電気は，当時の製品市場でのスキーマと自社の製品ラインに対応する形で，既存の枠組みの中にとどまって，BJ-10v に対抗していたのである．

BJ-10v 後の各社の製品戦略

先の図 9-8 に示されるように，キヤノンの BJ-10v の発売後，インクジェット・プリンタがプリンタ全体に占める比率は上昇し，そのプレゼンスは大きくなりつつあった．BJ-10v は単発のヒット商品にとどまらず，インクジェット・プリンタの伸張という形で，プリンタ市場の構造が大きく変わり始めていたのである．そこで，キヤノンを含めた各社は，前述の小型プリンタのような個別製品による単発的な方策にとどまらない，新たな状況への対応策を講じていくことになる．ただし，ここでも各社がとった製品戦略は一様ではなかった．

BJ-10v の成功によってインクジェット・プリンタの流れを作ったキヤノンは，基本的にはそれまでの延長線上で製品戦略を展開する．図 9-9 には，BJ-10v の次世代機種が発売された 1991 年 7 月から，後述するエプソンのカラー・プリンタが発表される直後の 94 年 7 月までの期間を対象として，キヤノンで製品化されたプリンタの分布がこれまでと同じ軸で示されている．この図からまずわかるのは，レーザー（電子写真）プリンタとインクジェット・プリンタの明確な棲み分けが，この期間でも継続してとられていた点である．

また，図 9-9 からは，同社のインクジェット・プリンタが，以前と同様に，大きくは 3 つに分類できることも確認できる．その 1 つは，100cps あたりの機種である．これらの製品はすべて BJ-10v の後継機種である．第 2 に，250cps あたりに分布する，より高速なモノクロ機種である．印字速度からいえば，これらの機種はドット・インパクト方式の代替を念頭に置いた製品である．そして，第 3 がフルカラー・プリンタである．1992 年と 93 年に発売された当初の 2 機種は 40 万円前後の定価が設定されていた．これらのプ

図9-9 キヤノンにおけるプリンタの分布（1991年2月～1994年7月）

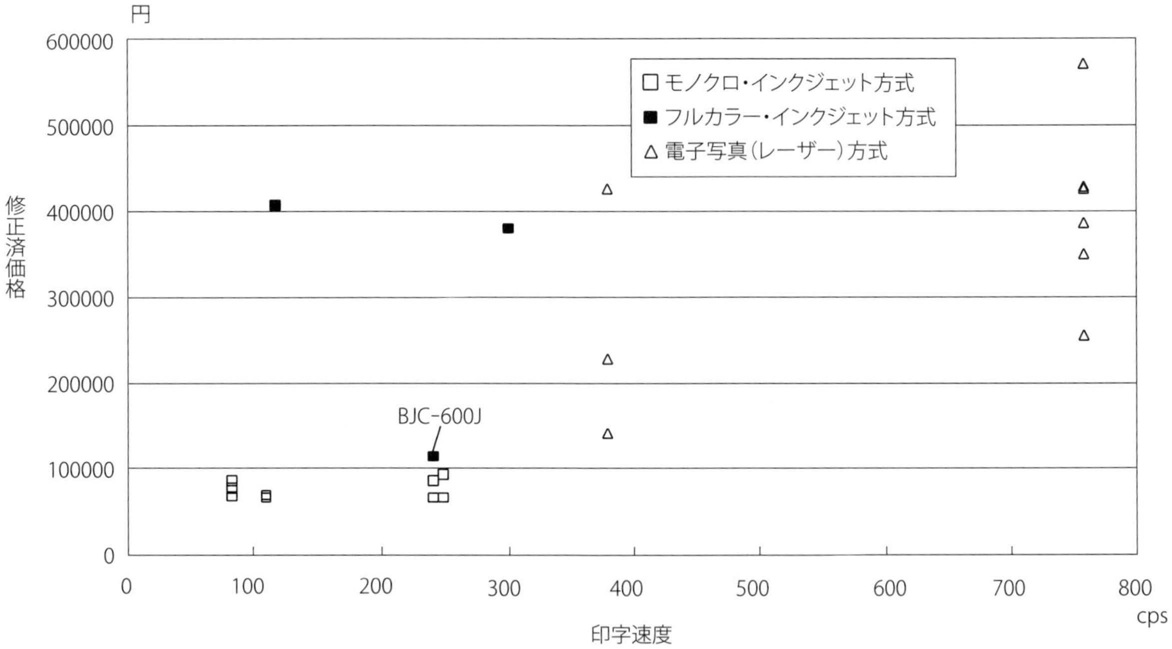

□ モノクロ・インクジェット方式
■ フルカラー・インクジェット方式
△ 電子写真（レーザー）方式

縦軸：修正済価格（円）
横軸：印字速度 cps

BJC-600J

注：レーザー・プリンタは800cps以下の機種に限定.「プリンタに関する技術動向調査報告書」各年版ならびにキヤノン広報資料より作成.

リンタは87年に発売されたFP-510の流れを汲んでスキーマから「逸脱」した製品である一方で，モノクロの印字速度を実用的な水準に引き上げている点では汎用性を高めたものでもあった．他方で，94年2月に発売されたフルカラー・プリンタ「BJC-600J」は，通常のモノクロ・プリンタと同等の定価12万円に設定されていた．月産1万台という目標とも合わせると，フルカラー・プリンタを特殊な製品ではなく，一般的に利用されるものとしてそれまでの位置づけを変えた製品だといえる．

インクジェット・プリンタで先行したキヤノンに対して，日本電気とエプソンはそれぞれ異なる製品戦略で対応する．

図9-10には，図9-9と同様の期間での日本電気におけるプリンタの製品動向が示されている．この図からは，同社でも，インクジェット・プリンタが1機種だけ発売されていることがわかる．しかしながら，この製品はこの期間の末期になる1994年4月に発表されており，HPからのOEM製品である．日本電気は同年3月にプリンタ事業でHPと提携しており，その後は同社のインクジェット・プリンタはすべてHPから供給されている．日本電気はパソコン用のインクジェット・プリンタの開発を手がけていたものの，最終的には日本国内で自社製品を発売することはなかった．

他方で，日本電気は別の技術を使って，パソコン用のフルカラー・プリンタを製品化していた．1991年から92年にかけて発表されたこれらの機種は，100万円前後の高額機種であり，キヤノンのフルカラー・インクジェット・プリンタと同様に，「逸脱」したものである．ただし，これらのプリンタで採用されていたのは，インクジェットではなく，溶融型と呼ばれるサーマル方式の一種である．ちなみに，サーマル方式を応用した主たるカラー・プリンタ技術には，溶融型と昇華型の2種類がある．この2つの技術は，少なくとも90年代前半の時点では，とりわけフルカラー化での発色などの点で，インクジェット方式よりも優れた側面も有していた．

また図9-10では，これら2機種が価格的に大きく「逸脱」しているためにわかりにくいが，日本電気のプリンタでは，1990年以前に見られた技術の棲み分けと，印字速度と価格の関係は，弱まりながらも，まだ維持されていた．たとえば，この期間に発表された機種から，「逸脱」した2機種を除い

図9-10 日本電気におけるプリンタの分布（1991年2月～1994年7月）

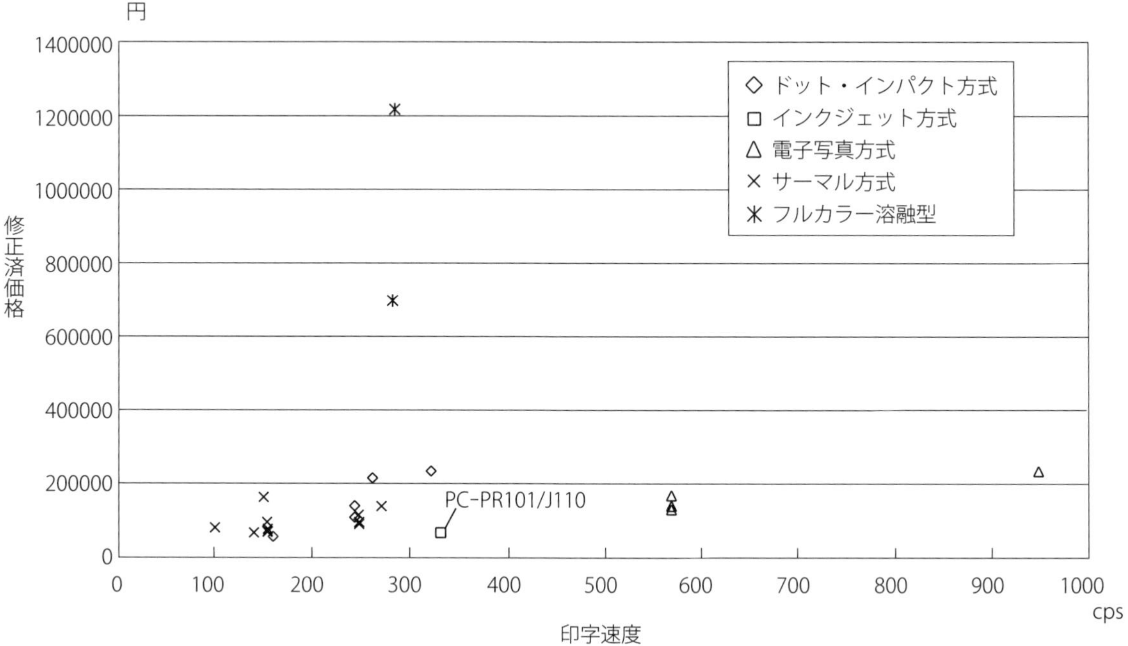

◇ ドット・インパクト方式
□ インクジェット方式
△ 電子写真方式
× サーマル方式
＊ フルカラー溶融型

修正済価格（円）
印字速度（cps）

注：「プリンタに関する技術動向調査報告書」各年版ならびに日本電気広報資料より作成。

て，かつデータが得られた21機種を対象として，印字速度と修正済み価格との間で回帰分析を行ったところ，調整済み決定係数は0.335に低下しているものの，印字速度は１％水準で有意となる結果が得られる．

　これらの点からは，1991年から94年中頃までの日本電気は，インクジェット・プリンタが普及した始めた状況においても，以前の製品戦略を基本的には維持しようとしていたことが推察できる．この期間における製品の中心は，電子写真方式，ドット・インパクト方式，サーマル方式という既存技術であり，これらの方式で十分には対応できなかったフルカラー化については，インクジェット方式ではない技術を用いて，高額製品のみを発売することで「接ぎ木」的に対応していた．そして，インクジェット方式が主流になり始めていたこの期間の末期には，HPからのOEMに切り替える．前述のように，同社は初期段階でインクジェット技術を開発しながらも，最後まで積極的に製品化することはなかったのである[27]．

　それに対して，同じく追う立場になったエプソンは，日本電気とは大きく異なる対応をこの期間にとっていた．図９-11には，キヤノンと日本電気と同じ期間において，エプソンが発表した製品の分布が示されている．この図からまずわかるのは，ドット・インパクト方式において，20万円以上で３機種，60万円以上で２機種の高額機種が製品化されている点である．ドット・インパクト方式の１つの特徴は，圧力をかけて印字することから，伝票などのカーボン・コピーが可能だという点にある．他のプリンタ技術にはない，この特性を活かして，エプソンは特定の業務用途向けの製品を複数発表していったといえる．

　さらに，この図から読み取ることができる重要な点は，強い地位にあったドット・インパクト方式やサーマル方式と競合するような領域においても，エプソンはインクジェット・プリンタを積極的に投入していったことである．HPがDesk Jetを発売した直後から，エプソン社内では，新たなインクジェット技術を開発するために，100人規模の大型プロジェクトが開始されており，その成果は，1991年10月に発売された「HG-5130」に部分的に反映されている[28]．ただし，図上の位置からもわかるように，HG-5130は20万円を超える価格で，高速印字を特徴としており，ドット・インパクト方式と

図9-11 エプソンにおけるプリンタの分布（1991年2月～1994年7月）

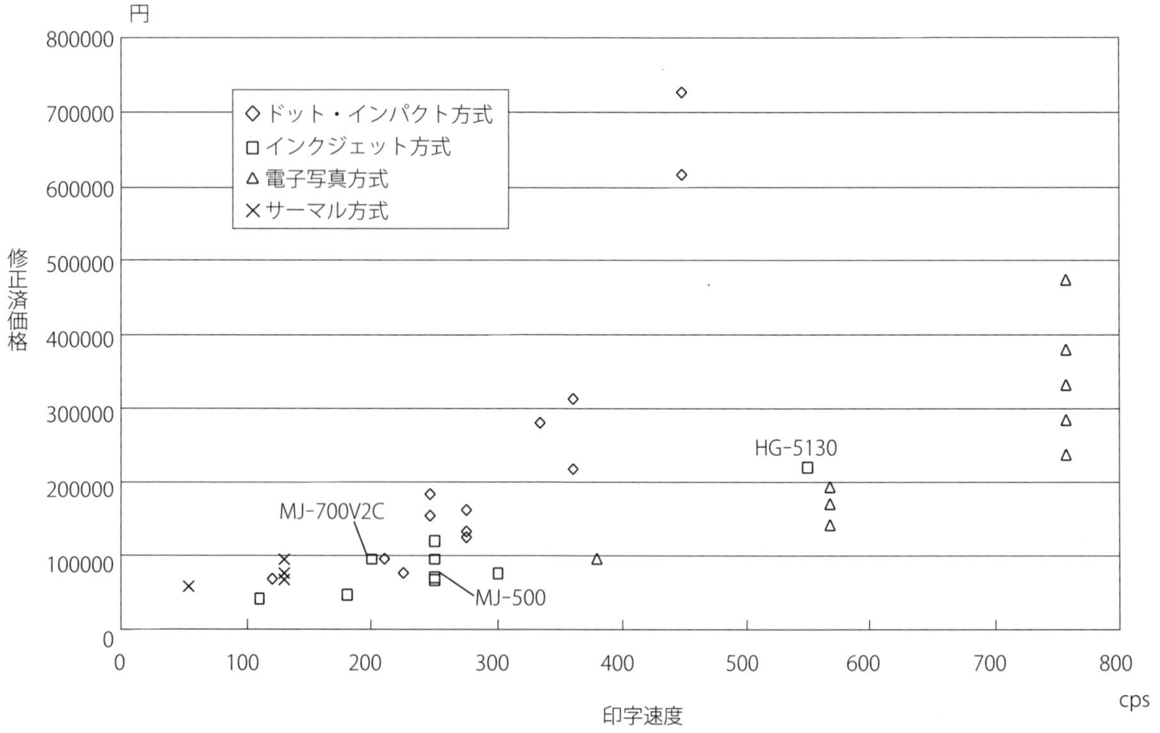

注：「プリンタに関する技術動向調査報告書」各年版ならびにセイコーエプソン広報資料をもとに作成．

電子写真方式の間という，エプソンにおける従来のインクジェット方式の位置づけを変えるものではなかった．

しかしながら，1993年3月に発売された「MJ-500」では，「MACH（マッハ）テクノロジー」と名付けられた新たなインクジェット技術が用いられるとともに，価格も7万4800円へと大幅に引き下げられた．図中の印字速度と価格の位置からも推察できるように，MJ-500はキヤノンやHPの競合機種に正面から競合するとともに，ドット・インパクト方式とサーマル方式を中心とした自社の中・低価格帯での棲み分けを崩す製品でもあった．ただし，月間販売予定台数はA3用の上位機種と合わせて5000台であり，製品市場の状況を一気に変えようとしていたわけではなかった．また，半年後には，これら2機種を部分的に改良したプリンタが発売される．

そして，1994年6月には，エプソン初のフルカラー・インクジェット・プリンタである「MJ-700V2C」が発売される．このプリンタは，エプソンにおけるプリンタの製品ラインを最終的に変えて，製品市場における同社の地位を決定づけただけではなく，結果として，BJ-10vの発売から変わりつつあった日本国内のプリンタ市場の方向性を決定づけることになる．

エプソンの反撃とスキーマの変容

低価格のフルカラー・インクジェット・プリンタは，キヤノンが1994年2月に先行して発売していた．しかし，エプソンのMJ-700V2Cは精細度の高さで，キヤノンのプリンタを上回っていた．キヤノンのBJC-600Jが360dpiであったのに対して，エプソンのMJ-700V2Cの精細度は最高720dpiであった．720dpiでの印刷には，A4で10分程度と長い時間を要したものの，一般的なユーザーが使うプリンタとしては，当時としては画期的な高精細度を実現していた．

MJ-700V2Cはエプソンのプリンタ事業の将来を担った戦略的な製品であった．価格は9万9800円であり，先行したキヤノンのBJC-600Jよりも，当初は約2万円低く設定されていた．また，予定出荷台数は年間20万台であり，先のMJ-500の年間6万台や，BJC-600Jの月間1万台よりも大きく見積もっていた．

さらに，エプソンは，この製品の発表と同時に，モノクロの新型インクジェット・プリンタ2機種を発表するとともに，自社のプリンタ事業における中核製品をインクジェット方式に転換することを公表した[29]．ドット・インパクト方式を主体とする既存の製品戦略を大きく転換することが，公式的にも明らかにされたということである．

　MJ-700V2Cに対抗するために，キヤノンは，先に発売したBJC-600Jの価格を94年9月に9万8000円に引き下げるとともに，モノクロ印刷の高速化を強化したフルカラー・プリンタBJC-400Jを6万9800円で発売する．しかし，売上を伸ばしたのは，フルカラー印刷の高精細度を強調したエプソンのMJ-700V2Cであった．MJ-700V2Cは発売直後の2ヶ月で5万台，6ヶ月間で15万台を販売し，さらに発売後1年では日本国内で36万台，世界で240万台に達する大ヒット商品となる[30]．その結果，日本国内のインクジェット・プリンタ市場における台数シェアで，エプソンはHPを引き離し，2位に浮上する．

　このような状況の下で，パソコン用プリンタのカラー化は，キヤノンやエプソン以外の企業によっても，活発に展開される．日本電気はHPからのOEM製品を継続的に投入していくとともに，定価120万円の昇華型カラー・プリンタと同等の製品を1994年11月に16万円で発売した．また，ワープロなどへの組み込み型サーマル・プリンタの最大手企業であったアルプス電気は，サーマル方式を応用したカラー印刷技術を開発し，95年9月にパソコン向けプリンタを発売している．さらに，95年の後半には，富士通と沖データがそれぞれレックスマークからOEM供給を受け，インクジェット・プリンタに参入している．

　しかしながら，最終的には，エプソンのMJ-700V2Cが流れを作った「高精細・カラー化」がパソコン用インクジェット・プリンタの基本的な位置づけとなるとともに，一般ユーザー向けフルカラー・プリンタの技術としては，インクジェット方式が主流となっていく．1995年中には，エプソンが720dpiの3機種を含む4機種のインクジェット・プリンタを発売し，日本国内のインクジェット・プリンタ市場において台数シェアで首位となる．翌96年にはキヤノンが720dpiのカラー・インクジェット・プリンタを発売し，

首位を奪還する.さらに,96年10月にエプソンが6色インクを採用して写真同等の画質を謳った「PM-700C」を発売し,翌97年4月には1440dpiという高精細度を誇る「PM-750C」を発売して,再度首位に立つ.

　このようなエプソンとキヤノンとの間での製品開発競争によって,両社が日本国内のインクジェット・プリンタ市場に占めるシェアは拡大する一方で,HPやそのOEM先である日本電気のシェアは低下していった(図9-12).その後,2000年代後半に至るまで,日本のインクジェット・プリンタ市場は,エプソンとキヤノンの2社で8割前後を占める寡占的な市場となったまま推移している.

　また,インクジェット・プリンタが支配的になったことで,プリンタ市場のスキーマは変容することになる.図9-13Aには,1996年時点での国内のパソコン用プリンタ市場における状況が,これまでの図と同様に,横軸に印字速度,縦軸に価格をそれぞれ設定して描かれている.この図からまずわかるのは,800cpsあたりを境として,高速機は電子写真方式のみで占められている点である.また,この図を見る限りでは,90年までの状況ほど整然としているわけではないものの,印字速度と価格との関係は緩やかに維持され

図9-12　日本国内のインクジェット・プリンタ市場におけるシェア推移
　　　　（1993〜2008年,出荷台数ベース）

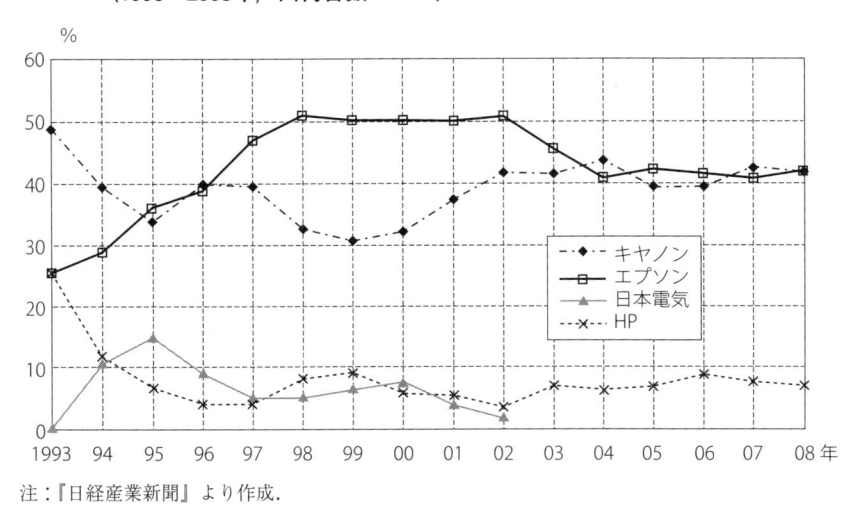

注:『日経産業新聞』より作成.

図9-13A　1996年のパソコン用プリンタ市場の状況

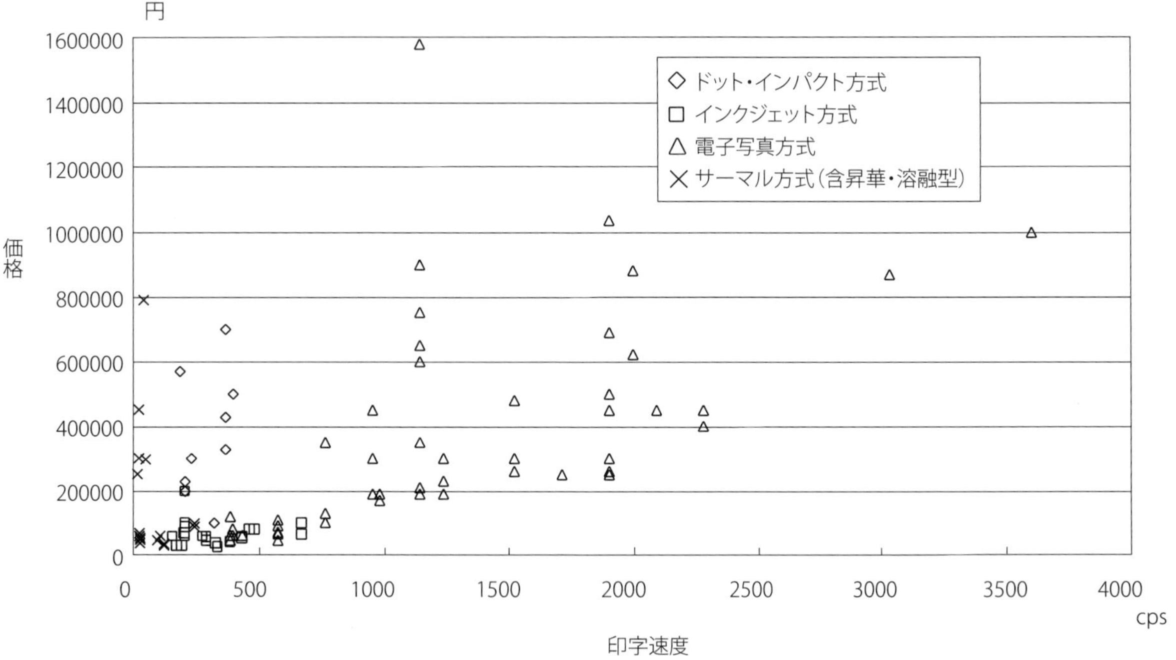

◇ ドット・インパクト方式
□ インクジェット方式
△ 電子写真方式
× サーマル方式(昇華・溶融型)

縦軸：価格 (円)
横軸：印字速度 (cps)

注：「プリンタに関する調査報告書」平成9年3月版から作成．

第9章 〈構造〉としてのスキーマと個別企業の革新性

図9-13B　1996年のパソコン用プリンタ市場の状況（800cps以下を拡大）

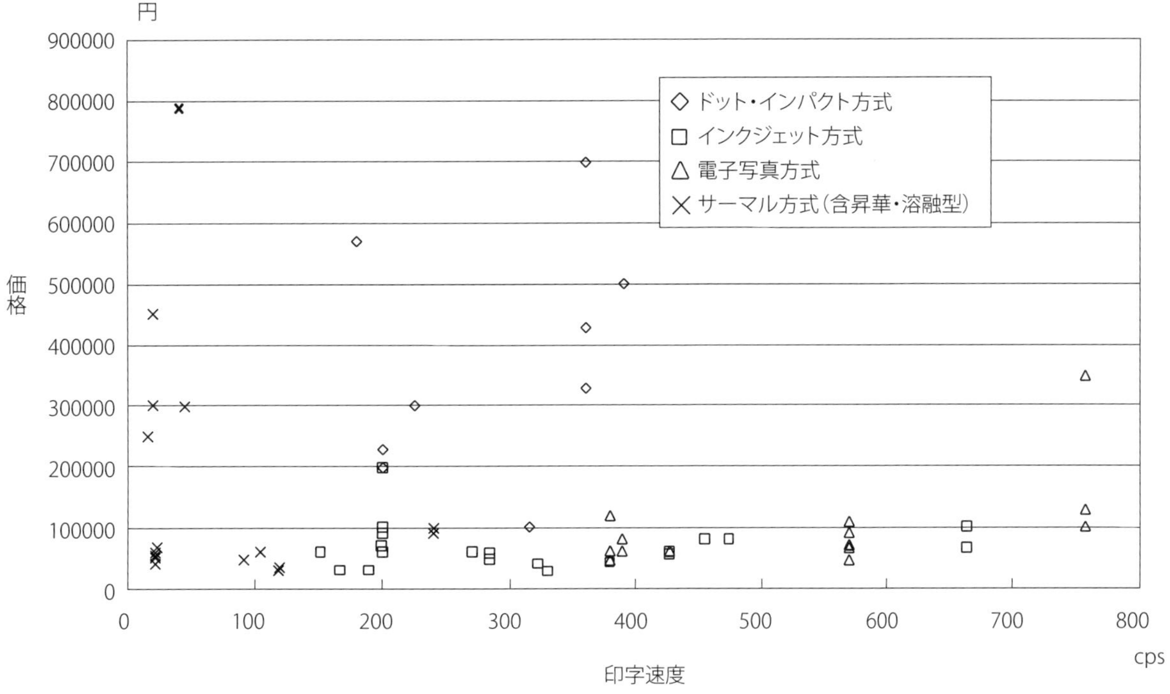

凡例：
◇ ドット・インパクト方式
□ インクジェット方式
△ 電子写真方式
× サーマル方式（含昇華・溶融型）

縦軸：価格（円）
横軸：印字速度（cps）

注：「プリンタに関する調査報告書」平成9年3月版から作成．

表9-2　1996年に発売されたプリンタを対象とする印字速度と製品価格の回帰分析

	データ全体		800cps 以下	
印字速度（cps）	0.558***	0.634***	−0.132	0.082
ドット・インパクトダミー		0.318**		0.657***
電子写真ダミー		0.120		0.040
サーマルダミー		0.213*		0.316*
N	98	98	60	60
F値	43.926***	15.546***	1.054	8.596***
調整済決定係数	0.305	0.373	0.001	0.336

従属変数：価格．モデルの係数は標準化係数．
*：5％水準で有意，**：1％水準で有意，***：0.1％水準で有意

ているように思われる．

　しかしながら，高速の電子写真方式を除いた領域に限定すると，異なる状況が見えてくる．図9-13Bには，図9-13Aで対象とした製品から800cps以下の機種だけを取り出して，拡大して示している．800cps以下の領域には，比較的低速の電子写真方式とともに，他のプリンタ技術3種類を用いたすべての機種が含まれている．

　この図からは，中・低速の領域では，印字速度と価格の関係はもはや維持されていないことが，まずは示唆される．より具体的な事項としては，次の4点が図から指摘できる．第1に，この領域で中心的な技術はインクジェット方式に転換していることである．第2に，そこでは印字速度と価格の関係があまり明確に見られないことである．第3に，1990年までの図では中心にあったドット・インパクト方式がインクジェット方式と競合する領域ではなく，印字速度は中程度でありながら，1機種を除いて，20万円以上の高価格帯に集中している点である．第4に，サーマル方式は低価格帯にも残っているものの，サーマル方式を応用した昇華型や溶融型で20万円を超える高価格帯にも存在している点である．

　図から想定されるこれらの事項は回帰分析の結果からも確認できる．表9-2には，価格を従属変数として，印字速度と製品技術のダミー変数を独立変数とする重回帰分析の結果が示されている．まずデータ全体では，印字速度と価格の関係が以前ほどは強くはないものの，存在していることがわか

る．また，製品技術のダミー変数3つを入れた場合には，ドット・インパクト方式とサーマル方式について，係数の符合が正で，有意となる．

さらに，800cps以下に限定した場合には，興味深い結果が得られる．印字速度と価格の関係は，決定係数からもわかるように，まったくといってよいほど存在しない．他方で，製品技術に関するダミー変数を投入したモデルでは，ドット・インパクト方式では0.1％水準で，サーマル方式では5％水準で，それぞれ係数の符合が正で有意となり，修正済み決定係数も0.336にまで上昇する．中低速の領域では，ドット・インパクト方式や一部のサーマル方式のプリンタは，もはや高額なニッチ製品となっていたのである．

以上からは，エプソンとキヤノンを中心としてフルカラー・インクジェット・プリンタの開発競争が活発に行われていた1996年頃には，すでに次のような状況がプリンタ市場に生じていたといえる．まず，「高速・高価格＝電子写真方式」という図式は変わらないものの，それ以下の領域ではインクジェット方式が支配的になっていたという点である．ただし，そのインクジェット方式を中心とする中低速機種では，もはや印字速度が価格を規定する関係は崩れていた．これまでの考察に基づけば，その背景には，高精細度や色の再現性といった，以前のモノクロ・プリンタにはない製品属性も価格に反映されるようになったことがあると思われる．また，ドット・インパクト方式の価格は上昇し，インクジェット方式と競合しない領域で用いられる製品に移行している．その製品仕様からは，一般的なオフィスや家庭で用いられるのではなく，カーボン・コピーを必要とする業務に用いられるニッチ製品へと，製品市場での位置づけが変更されたことが推測できる．

このように，インクジェット・プリンタは，1990年中旬には製品技術面での開発が進められるとともに，急激に普及していった．その背景では，初期段階では様々に想定された用途の中から，最終的に「高精細・フルカラー」を家庭などで実現する手段として，インクジェット・プリンタが段階を追って位置づけられていった．その一方でそれまで中心的なプリンタ技術であったドット・インパクト方式はニッチ技術に変わっていった．そして，パソコン用プリンタ市場では，電子写真方式の高速機を除けば，印字速度と価格の間に存在した関係が曖昧になるとともに，既存技術間での棲み分けも変わっ

ていった．90年以前のように，図などから必ずしも単純に示せるわけではないけれども，「電子写真方式＝文書印刷・業務用」，「インクジェット方式＝写真を含めた汎用・家庭用」，「ドット・インパクト方式＝カーボン・コピーを必要とする業務用」といった，別の形でのプリンタ技術の新たな棲み分けの構図が新たに構築されていったのである．

3 新規技術の導入過程における制約と革新

事例のまとめ

インクジェット・プリンタが導入される初期段階では，製品市場における企業間の違いが，インクジェット技術をどのようなものとして位置づけて利用するのかという対応に反映されていた．既存の製品市場における自社の状況が，新規技術の解釈や利用法に対する制約となっていたのである．

ドット・インパクト方式を中心として，パソコン用プリンタで最大手の地位にあったエプソンは，インクジェット・プリンタを早期に製品化しながらも，自社が手薄である「高速・高価格」の領域を補完するものとしてとらえていた．それに対して，キヤノンはインクジェット・プリンタを，自社が強い電子写真方式と競合する領域ではなく，逆に自社のプレゼンスがほとんどなかった「中低速・中低価格」の領域において製品化していく．そして，電子写真方式，ドット・インパクト方式，サーマル方式の3つの技術を偏りなく製品化しており，かつ強力な地位にあったパソコンの純正周辺機器として自社製プリンタを位置づけていた日本電気は，比較的早い段階において社内で技術開発を行っていながらも，自社製のインクジェット・プリンタを製品化することはなかった．

このような企業間の対応の違いは，各社において蓄積されたインクジェット技術の差から説明することも可能なのかもしれない．しかしながら，プリンタ技術全般に関しては，エプソンや日本電気がキヤノンに必ずしも劣っていたわけではない．この点からは，仮に蓄積された技術に差があるとすれ

ば，プリンタ市場において各社が置かれた状況がインクジェット方式の技術開発に対する姿勢に影響を与え，その結果として技術蓄積の差が生じたと考えることもできる．実際に，エプソンがインクジェット技術の開発に対する集中的な資源投入を開始したのは，HPがDesk Jetを米国で発売し，ドット・インパクト・プリンタへの影響が顕在化し始める1988年頃であったとされる[31]．

　インクジェット・プリンタの市場が本格的に立ち上がる契機となったのは，「低速・低価格」の領域でサーマル方式と競合するキヤノンのインクジェット・プリンタ「BJ-10v」であった．BJ-10vはヒット商品になったものの，キヤノンがその後の展開を正確に読んだ上で製品戦略を組み立てた結果だとは，必ずしも言えない．その理由の1つには，キヤノンはインクジェット技術の解釈と利用法を明確に定めていたわけではなかったことがある．同社は高価格のフルカラー・プリンタや特殊用途のライン式カラー・プリンタも製品化しており，BJ-10vと同時期に，据え置き型インクジェット・プリンタも同時に発売している．また，1992年には，当時はまだ高価格であったフルカラー複写機を一気に低価格化するために，インクジェット技術を応用したカラー複写機も発売している．これらの点からは，第8章で考察した合成樹脂と同様に，キヤノンはこの時期に，インクジェット技術の用途について，様々な可能性を模索していたことがわかる．その過程で最初に成功を収めたのが，BJ-10vだったのである．

　ただし，BJ-10vは単なる偶然でヒットしたわけでもなく，少なくとも結果からすると，ヒット商品となる下地は製品市場に存在していた．その時点で，HPが先導する形で，インクジェット・プリンタは一般的な製品として少しずつ認知され始めていた．また，ノートパソコンが普及し始め，それに対応するプリンタはチノンから既に発売されていた．加えて，BJ-10vはプリンタ市場における当時のスキーマに対して，用いられた技術こそ異なるものの，大枠としては適合する形で，印字速度と価格が設定されていた．これらの事項からすると，キヤノンが試行錯誤していたインクジェット技術の用途の中で，BJ-10vは既存のスキーマや文脈と最も合致していた製品であったといえる．

351

そして，パソコン用プリンタにおけるインクジェット方式の意味づけを確定することになるのは，エプソンのフルカラー・インクジェット・プリンタであった．エプソンは，インクジェット方式を先駆的に製品化しながらも，キヤノンに後れをとっていた．しかし，新たな技術を開発し，キヤノンが先導することで形成され始めた状況に単に追随するにとどまらず，キヤノンでさえ本格的な競合製品の開発に1年以上かかるような製品を開発し，その後10年以上も続く新たなスキーマを主導的に形成していったのである．

製品市場への新規技術の導入と2つの革新

以上で考察してきたインクジェット・プリンタに関する事例からは，新たな技術の解釈や意味づけが社会的に確定していない導入段階では，その技術が有する可能性が各企業の経営戦略，とりわけ製品戦略に反映されうるという点を確認することができる．

そこで特に重要となるのは，既存技術で強い市場地位を有する企業は，新規技術の研究開発を進めていたとしても，その可能性を活かせるとは限らない点である．既存の製品市場で強い地位にあるほど，現状から得ることができる便益はより大きくなる．そのために，既存技術での強さが逆に制約となり，現状を大きく変革するような製品戦略を自ら積極的にとることが難しくなってしまう．逆に，既存技術では弱い立場にいるのであれば，製品市場の変動による負の影響は相対的に小さい．あるいは，新規参入企業では，相対的な経営資源は劣っている可能性が高い一方で，製品市場の変動で失われるものはない．

換言すれば，既存技術で劣位にある企業や新規参入企業は，技術的な知識が類似した水準にあったとしても，より広い解釈や位置づけで製品化しやすいという点で，既存技術の製品市場でより高い地位にある企業と比べて，新規技術の可能性を引き出しうる．支配的であった既存技術で強い地位にあったエプソンは，新規技術であるインクジェット技術を早くから手がけながらも，自社の製品ラインを補完する形でしか製品化していなかった．それに対して，キヤノンは，エプソンや日本電気が対応しにくい領域において，様々な形でインクジェット技術を製品化し，最終的にインクジェット・プリンタ

の市場を日本国内で立ち上げることに成功した．これらの企業，なかでもキヤノンが，競合企業の製品市場での状況をどの程度織り込んで，インクジェット技術を製品化したのかは定かではない．しかしながら，少なくとも結果としては，中低速機種をほとんど手がけていなかったキヤノンが，エプソンや日本電気が対抗しにくい領域で製品化を進め，初期段階での成果を獲得することになったのである．

　他方で，既存技術で強い地位にある企業が直面する制約は，現状に依拠しようとする志向性から主として生じることから，回避できないものではない．既存企業もまた製品市場における地位の基盤が変動していく状況に主体的に関与するのであれば，新規技術の可能性を活かすことができる．1990年以降におけるエプソンの動向は，その例にあたる．エプソンは，キヤノンのBJ-10v発売以降，インクジェット・プリンタを積極的に製品化する．そして，最終的には，自社の主力製品であったドット・インパクト方式からインクジェット方式への事業構造の転換を宣言した上で，キヤノンが必ずしも先行していたわけではない「フルカラー・高精細度」の流れを生み出していった．早い段階で自社が立脚する市場の状況やスキーマを主体的に変革するとともに，自らの基盤を再構築できるのであれば，既存技術の製品市場における状況は絶対的な制約とはならないのである．

　本章での考察に基づけば，製品市場や個別企業の状況によって，ある種の傾向が生じやすいのは，確かであろう．そのために，「イノベーションは辺境から生まれる」という一般的な理解（たとえば伊丹・加護野, 2003）は，間違っているわけではない．従来の製品市場では周辺部に位置する企業にとって，既存の枠組みから得られる便益は市場地位が高い企業よりは小さく，既存のスキーマが浸透している度合いも相対的に低い．このような点からすると，既存の製品市場では周辺部に位置する企業の方が，中心部に位置する従来の有力企業よりも，革新的な志向性が高くなる可能性はあるだろう．

　その一方で，製品市場のスキーマによって企業の行動が一様に規定されるわけでもなければ，個々の企業を取り巻く要因によって個別企業の行動が完全に拘束されるわけでもない．それまでの状況から便益を受けてきたと

しても，自ら直面する状況を反省的に考察して，場合によっては，自ら現状を打破する行動に出る．エプソンが1990年代の前半にとった行動は，その典型である．そこでは，自社の解釈枠組みや製品戦略の大幅な変革と，それに伴う製品市場での既存の〈構造〉の変動という，二重の革新が生じている．チャイルドの議論を中心として第3章の前半で考察したように，企業の主体性を伴う経営戦略とは，このような革新的行動を含むものであるように思われる．

製品市場における新たなスキーマの段階的成立

さらに，上述のインクジェット・プリンタの事例からは，新規技術が製品市場に定着する過程では，製品市場で先行した企業が最終的に共有されるスキーマや解釈を主導的に形成するとは限らないという追加的な論点を引き出すことができる．

インクジェット・プリンタの事例では，キヤノンのBJ-10vは日本国内のインクジェット・プリンタ市場を立ち上げる役割を果たした一方で，BJ-10vの「モノクロ・小型・低速」という製品特性がインクジェット・プリンタの主たる用途として定着したわけではなく，前述の「フルカラー・高精細度」がインクジェット・プリンタの基本的な位置づけとなっている．

先行した企業が提示した技術の解釈が社会的に共有されるとは限らない理由の1つは，製品市場において新規技術が展開していく際に，製品市場が立ち上がる段階と，製品市場における新規技術の解釈ないし用途が固定化する段階が，必ずしも一致しないことにある．市場が立ち上がって，関係する様々な行為主体が当該技術に集まることによって，技術開発が加速したり，潜在的な需要が表出したりして，当該技術の可能性がいったんは広がりうる．そのために，製品市場での当初の解釈がそのまま固定化しない可能性は少なくない．

この点は，アバナシー（W. J. Abernathy）らによるドミナント・デザインに関する議論では，必ずしも明確にされてきたわけではない．アバナシーが取り上げた自動車産業では，T型フォードは製品市場の拡大に大きく寄与した製品であり，かつその後の製品の位置づけを決定づけた製品でもあり，

両者は一致していた.

　しかし，最初に市場が立ち上がる際の技術の解釈や製品市場での位置づけと，最終的に固定化する際の当該技術の解釈や位置づけが一致しない例は，インクジェット・プリンタ以外にも見受けられる．たとえば，デジタル・カメラは銀塩フィルムのカメラを急速に代替していった．しかし，デジタル・カメラ市場が立ち上がる契機となったカシオ計算機の「QV-10」は，その性能水準から銀塩フィルム・カメラを直接代替する製品ではなく，画像をパソコンに取り込んだり，メモ代わりに使ったりするための製品であった（青島・福島, 1997; 福島, 2000）．あるいは，前章で検討したクリステンセンの議論でも，破壊的技術に基づくハードディスクは，最初はニッチ的な市場で用いられて，主たる用途となる市場には，技術開発が進んだ後で既存技術を代替したとされる．

　市場を立ち上げる契機となる製品の位置づけが最終的な状況を規定するとは限らないことからは，新規技術に対する解釈と経営戦略との関係で次の点が示唆される．まず，劣位にある企業や新規参入企業は，相対的に緩やかな制約の下で製品市場を立ち上げることに成功したとしても，製品市場における地位を維持できるとは限らない点である．その技術に対する解釈や用途が固定化する次の段階で適切に対応することができなければ，製品市場で一時的に先行したとしても，その優位性は最終的に失われてしまう．

　逆に，既存技術の製品市場で優位にあった企業は，基本的な技術を社内に保有している限りは，2つの段階が一致しないことから生じる時間差によって，新規技術によって製品市場が変動する状況に積極的に対応することが可能になる．インクジェット・プリンタでは，その普及前からプリンタ市場で主導的な地位にあったエプソンが，キヤノンと直接的に競合する唯一の企業となっている．また，デジタル・カメラにおいても，キヤノンやニコンのように製品市場で一定の地位を確立した銀塩カメラ・メーカーも存在している．ただし，この時間差を利用するためには，事前に社内での技術蓄積が進められるとともに，製品市場の動向に対する迅速な対応が組織的に可能であることが，必要な条件となるように思われる．

●―● 注 ―――――

1 本節で記した事例には，加藤（2000）ならびに米山・加藤（2000；2001）で発表した内容が部分的に含まれており，論文の共著者である米山茂美氏の研究成果の一部を反映している．また，本節の事例作成にあたり参照した資料は巻末のリストに記載している．

2 セイコーエプソンのプリンタ部門は，かつては諏訪精工舎の子会社であった信州精機が手がけていた．信州精機は1982年にエプソンに社名を変更した上で，85年に諏訪精工舎と合併して，現在のセイコーエプソンが発足している．以下では，混乱を避けるために，同社を表記する際には，現在まで一貫して同社のプリンタにブランドとして用いられている「エプソン」を用いる．

3 日本電子機械振興協会「周辺端末装置に関する市場調査報告書」昭和62年9月，昭和63年9月に記載されているデータから算出．なお，図9-1に用いたデータの原資料は，この報告書である．

4 日本電子機械振興協会「周辺端末装置に関する市場調査報告書」昭和62年9月，昭和63年9月に掲載されたデータに基づくと，1986年頃でインクジェット・プリンタがプリンタ全体に占める比率（台数）は0.7％程度であった．

5 この図のデータは，巻末に掲載した日本電子機械振興協会の調査報告書を主たるソースとして，エプソン，キヤノン，日本電気，横河・ヒューレット・パッカード（当時）の4社のプレス・リリースなどで補完して作成されている．なお，印刷速度としては，シリアル・プリンタでは文字単位の cps が用いられるが，ページ・プリンタでは ppm (pages per minute)，ライン・プリンタでは lpm (lines per minute) が一般的に用いられる．そのために，ページ・プリンタである電子写真方式の印字速度は，日本電子機械振興協会が1987年に示した次の式で変換したデータを用いている．

$$cps = 5684 \times ppm / 60 = 49 \times lpm / 60$$

6 ここで回帰分析を行う基本的な目的は，何らかの仮説を検証するためではなく，当時の状況を具体的に把握するためである．したがって，定量的な実証研究に広く見られるような検証される仮説を先に提示するスタイルは，ここではとらない．本書における分析面での方法論的立場については，第6章第2節と第10章第3節に詳述している．

7 デフレータで修正しない価格でも同様の計算をしているが，期間が短く，大幅なインフレなどが生じていないこともあり，類似した結果が得られる．

8 「その後の検定」で用いたのは，Bonferroni 法，Tamhane の T2，Dunnett の T3の3つの手法である．また，インクジェット方式を除くプリンタを対象として「その後の検定」を行った場合でも，3方式相互において5％水準で有意な関係

第9章 〈構造〉としてのスキーマと個別企業の革新性

が見受けられた．

9 『日本マーケットシェア事典』によると，シリアル式熱転写プリンタ（完成品）の国内市場（金額ベース）において，1987年の時点では，エプソンは日本電気，沖電気に次いで3位（12.4%）であったが，88年には日本電気に次いで2位（22.1%），89年には日本電気を抑えて首位（43.6%）となっている．

10 当時のパソコン用プリンタでは，パソコンからプリンタにコードを送って文字を印刷していたために，プリンタ側に対応するフォントが実装されていないと，漢字を印刷することができなかった．

11 青島・北村（2008）によれば，当時のエプソンのインクジェット・プリンタでコスト削減の最大の障壁となったのは，グループ企業で手がけていた印字ヘッドであった．印字ヘッドのコストは初期段階で2万円，その後でも1万5000円ぐらいであったとされ，さらに48ドットの高精細プリンタでは2つのヘッドが必要となることから，3万円程度であったとされる．

12 『日経ビジネス』1994年10月10日号，96頁．

13 青島・北村（2008），8-9頁．

14 『日本マーケットシェア事典』各年版のデータに基づく．

15 同社のパソコン用ドット・インパクト・プリンタは，この他に自社製パソコン用の専用機として82年から84年にかけて，7機種が発売されている．

16 『キヤノン史－技術と製品の50年』262頁．

17 キヤノン株式会社プレスリリース，1981年10月14日．

18 キヤノン株式会社プレスリリース，1984年11月15日．

19 キヤノン株式会社プレスリリース，1989年1月25日，1990年10月8日．

20 当時の日本電気のパソコン用プリンタは，PC-9801などのパソコンの周辺機器である「PCシリーズ」と，もともとはより大型のコンピュータ用のプリンタから派生した「NMシリーズ」という2つの製品系列が存在していた．PCシリーズとNMシリーズは制御の方式が異なるものの，双方とも日本電気などのパソコンで使用できた．ここでPCシリーズのみを分析の対象とするのは，パソコン用のプリンタとして明確に認識できるとともに，シリーズとして製品ラインが構成されていると考えることにある．

21 『電子工業年鑑』に掲載されている日本電子産業振興協会の調査データから算出．

22 『日経産業新聞』1983年10月1日，1面．

23 『日経ビジネス』1994年10月10日号，96-97頁．

24 『日経産業新聞』1991年5月23日，7面．

25 BJ-10vの定価は7万4800円であったのに対して，エプソンの「AP-300」（1991年5月発売）の定価は5万9800円，「VP-300」（91年6月）は6万9800円であり，日

357

本電気の「PC-PR150N」(91年6月発売)は6万9800円であった．

26 AP-300とPC-PR150Nはサーマル方式を，VP-300はドット・インパクト方式を，それぞれ採用していた．

27 『日経ビジネス』1994年10月10日号に掲載されたThe Wall Street Journalの翻訳記事によれば，日本電気は1993年に米国でインクジェット・プリンタを発売するが，主として米国市場のリーダー企業であるHPとの競合に対抗できず，4ヶ月で撤退に追い込まれたとされる．この記述からは，日本電気はパソコン用インクジェット・プリンタの製品化を試みたものの，HPをはじめとする競合企業に対抗できるだけの製品を開発することができず，きわめて短期間で事業の継続を断念し，直後に日本市場に限定してHPとの提携に切り替える意思決定をした，という一連の過程が推測できる．

28 青島・北村（2008），11頁．

29 『日本経済新聞』1994年5月12日15面；『日経産業新聞』1994年5月12日7面．

30 『日経産業新聞』1994年9月13日25面；『日本経済新聞』1995年1月5日16面；青島・北村（2008），23頁．

31 青島・北村（2008），11頁．

第10章 本書における議論の総括

　この章では，以上で展開してきた議論のうち，基本的な主張を振り返りながら，本書における議論の意義を改めて整理する．第1節では，行為主体と外部環境との関係と，革新の意義の2点から，本書での中心的な主張の意義を確認する．第2節では，小売企業におけるPOSシステムの活用と限界を例として取り上げて，技術開発以外の領域に対して，本書における中心的な議論が適用できる可能性を示す．第3節では，本書の締めくくりとして，本書が依拠する方法論に基づく経営学研究の意義と可能性について，若干の議論を展開する．

1　本書の中核的議論の意義

　前章までは，決定論的視座に代わる考え方に基づいて，技術の発展過程を中心として考察を進めてきた．その中核に位置づけられるのが，第6章で示した〈技術システムの構造化理論〉という枠組みである．改めていえば，「構造化」（structuration）という概念を援用したのは，社会的な構造は人間の行動を外側から制約するだけの存在ではなく，より動態的で双方向的な側面を有するものとして描き出すためである．ここでいう〈構造〉とは，人々の活動とは切り離されたところで生成され，独立して存在するものではない．人々が〈構造〉を自ら生み出し，さらに人々はその生成された〈構造〉

359

に制約されつつも,新たにそれを利用して様々な出来事を可能にしている.また,その〈構造〉はいったん確立されれば永遠に変化しないといったものではなく,人々の行為によって変動する余地を常に有するものである.

このような見方は,「眼前に広がる世界がすべてである」とする,決定論に基づく素朴な社会観からは決して得ることはできない.その場で突きつけられた問題に対処し続ける限り,「解くべき問題は他者ないし外部から与えられる」という受動的な発想からは,容易には逃れられないのである.

本書の基本的な考え方は,技術のみならず,一般的な経営現象に関しても,決定論的視座に基づく考え方とは異なる見方を提供する.この具体例については,次節で取り上げるとして,まずは決定論的な見方に代わる,本書で検討してきた考え方からもたらされる積極的な意義について,2点ほど指摘しておきたい.

外部環境と行為主体との相互関係

第1に,個人や組織といった行為主体と外部環境との間では,外部環境から行為主体への一方向的な影響関係ではなく,行為主体が外部環境を生成し,生成された外部環境が行為主体に対して影響を及ぼすという双方向的な関係が想定される点を挙げることができる.行為主体が外部環境の生成に関与しているのであれば,行為主体は外部環境に単純に適応すればよいということにはならないのである.

第6章でも指摘したように,ある特定の行為主体のみが外部環境を自由自在に作り出せるわけでは,もちろんない.しかし,外部環境が行為主体から独立した存在でないのであれば,外部環境の生成過程に行為主体が主体的に関与できる余地は残されている.具体的にいえば,行為主体が自ら有する構想を関係する他の行為主体に対して示すことによって,その後に外部環境が生成される際の基盤になる可能性がある.行為主体による他者への構想の提示は,その後に生成される外部環境の呼び水となりうるのである

このような見方は,外部環境が行為主体の能力(competence)を規定する役割を果たす点において,とりわけ重要である.一般に「ある種の能力がある」といわれるのは,外部環境と照らし合わせた際に有用性が認められる

独自の資源，特に技術やブランドなどの「見えざる資産」（伊丹，1984；2003）を，行為主体が保有している場合である．逆にいえば，自らの能力を高めるには，外部環境で求められる独自の資源を蓄積すればよい．

ただし，その外部環境が行為主体とは独立して存在するのではなく，両者の間に双方向的な関係が存在するとする本書での見方に沿って考えれば，外部環境を所与として，その環境に合った独自の資源を行為主体の内部に蓄積することだけが，能力を高める方法ではなくなる．能力の意義を規定する外部環境の生成過程に関与することで，自らが既に保有する，あるいはこれから蓄積しようとする資源が有用なものとして認識されるように，外部環境を方向付けることは，部分的にでも可能なはずである．

つまり，ある時点において社会的に評価され，必要とされる能力を蓄積することだけが，企業をはじめとする行為主体が対処すべき課題なのではない．自社が保有・蓄積する能力の価値や有効性を規定する社会的な評価基準の生成過程に対して，自らの構想を持って主体的に関与していくことも，とりわけ既存の評価基準が確立されていない段階では，重要となる．

第9章で取り上げたプリンタの事例で言えば，家庭用プリンタの技術として，インクジェット方式が当初から他の印字技術と比べて顕著な特性を有していたわけではない．たとえば，サーマル方式は相対的に低コストだが印字速度が遅いという位置づけになっていた一方で，技術的には高速化は可能であった．また，サーマル方式を応用した昇華型や溶融型にしても，フルカラー印刷では優れた側面は存在していた．キヤノンの小型インクジェット・プリンタやエプソンのフルカラー・インクジェット・プリンタが市場に導入されることによって，インクジェット方式が広く認知されるようになり，最終的に家庭用プリンタとして支配的な地位を獲得することになった．キヤノンやエプソンは競合企業と比べて単にインクジェット技術を先行して蓄積しただけではなく，自社が保有する技術が社会的により価値がある状況を作り出すことに，少なくとも結果としては成功したのである．

このような自らの構想を持って，他者との関係の中での環境の生成過程に主体的に関与しようとする立場は，自らの立場や能力が外側から一方的に規定されるという決定論的な立場とは，根本的に異なっている．かつてサイモ

ン（H. A. Simon）は人間の認知限界について，アリのメタファーを用いて，次のように説明した（Simon, 1981）．アリが歩いた軌跡は複雑である．しかし，その軌跡の複雑さはアリの認知能力の複雑さを示しているのではなく，環境の複雑さを示しているにすぎない．人間を行動システムとして見た場合，人間もまたきわめて単純である．したがって，人間の行動の表面的な複雑さも，その人が存在する環境の複雑さを映したものにすぎない．

たしかに1人の人間や，あるいは1つの組織は，それらを取り巻く環境に比べると，小さな存在にすぎない．アリと同様に，人間もまた，目の前に現れた障害や問題に対処しなければならないからである．だが，人間がアリと異なるのは，将来を見据えた構想を立てて，さらにはその構想を他者に提示できる点にある．構想を主体的に打ち立てることができる人間は，単なるアリではなく，いわば「考えるアリ」である．さらに，その「考えるアリ」の前に出現する環境は，砂浜や岩のように行為者とは独立した要因によって形成されたものではなく，自らがその生成に関与しうるものなのである．

本書での考察に基づく革新の意義

第2に指摘するのは，本書で議論してきた考え方を基盤とすることで，技術革新あるいは革新一般に関して，決定論的視座とは違った様相が明らかになる点である．

図10-1では，決定論的視座と，本書が依拠する視座の違いが，イメージとして示されている．決定論的視座（図の(a)）に基づけば，立脚基盤であ

図10-1　知識の立脚基盤に関するイメージの相違

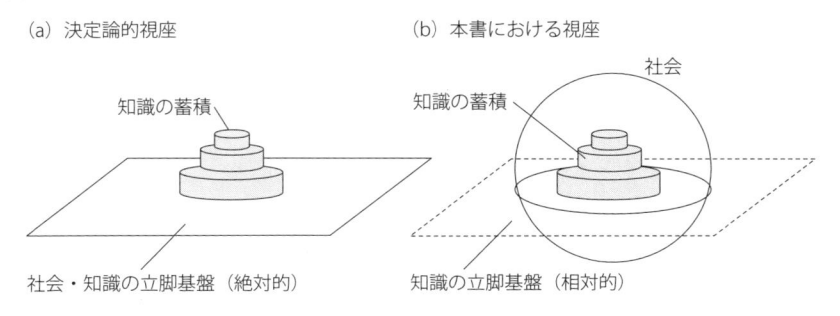

(a) 決定論的視座　　　　　　　(b) 本書における視座

社会・知識の立脚基盤（絶対的）　　知識の立脚基盤（相対的）

知識の蓄積　　　　　　　　　　　社会／知識の蓄積

る平面上での知識の蓄積が想定される．ただし，この場合には知識の立脚基盤である平面は固定しており，絶対的で揺らぐことはない．したがって，新たな法則性の発見や過去の誤謬の訂正によって，知識は累積的に増大していく．

このような見方に対し，本書の議論が依拠する視座に基づけば，知識は立脚基盤である平面上で蓄積されるものの，知識の蓄積が生じる平面は絶対的な存在ではない．図の(b)のように，社会を球に見立てると，潜在的には，知識の立脚基盤となる社会の切断面は無数に存在しうる．理屈の上では無数に存在する切断面の中から，特定の平面が立脚基盤として選択されることではじめて，知識の蓄積が行われる．クーンの言葉を借用すれば，この切断面は一種の「パラダイム」といえる．

図の(a)の視座と(b)の視座との決定的な違いは，(b)ではある時点で選択されている切断面（＝パラダイム）は絶対的な基盤ではないために，知識蓄積の基盤となる切断面が異なる形で出現する可能性が存在している点である．ある切断面が別の切断面に置き換わることで，それまで蓄積されてきた知識は少なくとも組み替えを余儀なくされる．状況によっては，それまでに蓄積されてきた知識は，その立脚基盤が崩壊するために，有効性を失う．

本書で展開してきた議論に沿えば，〈構造〉とは，図10-1(b)中の平面に相当する．この平面は日常生活では埋没して意識されることなく，いわば自明とされている．そのために，潜在的には無数に存在する可能性の中から，ある特定の切断面が切り取られたものであるにもかかわらず，その平面があたかも安定的で絶対的な基盤のように見える状況が生じる．そのために，日常的な活動では，図の(a)のような状況が「リアル」に見えるのである．

日常的には当然視されている前提に基づく活動は，安定的に反復して生じる活動と言い換えることもできる．この安定的な反復活動は，シュンペーター（J. A. Schumpeter）の議論では「循環」（der Kreislauf）に，ネルソン（R. R. Nelson）とウィンター（S. G. Winter）の議論では「ルーティン」（routine）に，それぞれ該当する（Schumpeter, 1926；Nelson and Winter, 1982）．根本的な前提に立ち返ることなく，あたかも自明なように繰り返し行われるのが，安定的に反復して生じる活動なのである．そこには，与えら

れた問題を所定の手順に則って処理するという決定論的な構図を見ることができる．

　これまでの議論において指摘したように，決定論的な構図が部分的にでも成立するような状況は，機能的な側面を有する．人々が日常生活でも確実と思える安定的な基盤を持たないような事態に陥ると，知識の蓄積は不可能となり，社会は混乱し，すべての事象において「進歩」が生じないことになる．人々に安心と安定を，社会に秩序と発展をもたらすという点で，究極的には揺らぐことのない基盤に立脚していないとしても，その存立基盤を疑うことなく日常的な活動が安定して繰り返されるような状況には，機能的な側面が存在する．

　その一方で，技術革新を含めた革新の本質は，そのような日常的には当然視されている前提とその前提に基づく安定的な状態に再び光を当てて，それまでとは異なる前提を新たに作り出すことにある．決定論的な構図に基づく反復的活動を前提から覆して「破壊」した後に，新たな前提が人々の間で構築されていくことが，一連の革新の過程なのである．そのために，シュンペーターは経済活動で「循環」を創造的に破壊する「企業者」の行動に着目し，それを「新結合」という言葉で表現したといえる．あるいは，日本で展開された経営組織論でいえば，野中（1990）がコンティンジェンシー理論の底流に流れていた「情報処理」という発想から「情報創造」を経由して，最終的に「知識創造」を提唱し，加護野（1988）が「パラダイムの変革」という問題に焦点を当てた根本的な理由は，自明とされる前提を自ら見直して，革新的活動を継続して進めることが，企業組織の持続的発展につながると考えたことにあるように思われる．

　企業内部の問題であっても，社会や経済全体の問題であっても，個人や組織や社会で自明とされている前提を再び問い直し，その前提を新たに生成していくことが，本来の意味での革新である．いかなる状況においても，革新は，人々が関与しない外生的な要因によって突発的に生じるのではない．人々の行為の結果として生成されてきた知識の基盤が，人々の行為によって再び検討に上り，新たな立脚基盤が生成されることが，革新なのである．

　このような立場からは，技術革新というものの意義をより深く考察するこ

とができる．新たな技術的知識を生み出すという意味での技術革新活動は，既存の前提の再構成に直接結びつくわけではない．それは「漸進的技術革新」(incremental innovation) なのか，「急進的技術革新」(radical innovation) なのかといった，既存の技術的知識と比較した場合の新規性の程度が，個々の技術革新で先験的に異なっているからではない．新たに生み出された技術的知識が仮にこれまでにないものであったとしても，既存の前提を所与として利用されるのであれば，本来の意味での革新につながるわけではない．生み出された技術的知識を基盤として，関係する行為主体が新たな前提を再構築していくことで，初めて革新となるのである．

新たな技術的知識の創出が本来の意味での革新に直結するとは限らないという見方自体は，技術的知識に革新能力が先験的に内包されているという前提を置いた考え方を「本質主義」(essentialism) と位置づけ，そのような見解と対峙する「反本質主義」(anti-essentialism) を提起する「技術の社会的構成論」の系譜に属する議論に近い要素を含んでいる（たとえば Grint and Woolgar, 1997）．ただし，本書では，技術革新活動から生み出される新たな知識と最終的な結果としての革新が相互に独立しているといった，ある意味では極端な立場をとっているわけでもない．新たな技術的知識に新規性が高い要素が含まれていなければ，新たな世界の構築につながることはなく，その技術的知識に基づいた革新は最終的には生じない．つまり，従来と比べて新規性が高い要素を含んだ技術的知識は，革新とは独立しているわけではない一方で，革新を生み出すための十分条件でもないということである．

以上で示した立場と，外部環境と行為主体との双方向的な関係に関する先述の議論を合わせて考えると，技術革新活動に関するマネジメントは，技術開発を担う組織内部における効率性や有効性といった問題に限定されるわけではないことになる．限られた経営資源から効率的に成果を生み出していくことは，企業経営にとって重要な問題ではある．しかし，技術的知識の性質が結果としての革新に直結するとは限らないことを勘案すれば，生み出された知識をどのように活用し，関係する他の行為主体の活動に影響を与えていくのかということも，技術革新活動において重要な要素となる．

また，そのように技術革新活動をとらえる場合に，技術的知識を生み出す

段階からそれを活用する段階へと連続的に展開すると考えることも，妥当ではないだろう．前者は研究開発部門が担当して，後者は事業企画やマーケティングといった他の部門が担当するというように，機能的に独立・分化したものとしてとらえるのではなく，より統合的なマネジメントが重要な意義を持つように思われる．

2　市場調査の位置づけと企業行動：異なる事象での試論

　本書では，技術開発の問題を中心として，決定論的視座の問題点とそれに代わる新たな視座について検討してきた．しかし，第2章と第3章で経営組織論を取り上げてきたことからもわかるように，ここで検討してきた問題は技術開発や技術革新に限定されるものではなく，より広い領域での問題を考える際に有用であると，筆者は考えている．

　そこで，技術開発の問題とは直接的には関係しない領域を取り上げて，本書で議論してきた視座の違いによって，どのような違いが生じるのかという問題について，簡単な考察を加えておきたい．具体的に検討するのは，新製品の市場導入と市場調査の限界という，一般にはマーケティングの領域に属する問題である．

市場調査の方法論的背景

　社会調査の手法を援用した市場調査は，学術的にも様々に議論されてきており，実務においても新製品開発などを支援する手段として，盛んに用いられてきた．質問票からデータを収集して，様々な統計手法によって分析したり，構造化されていないインタビューから質的データを獲得したりといったように，市場調査では幅広い手法がとられている．このように，様々な手法によって市場調査が行われる背景には，社会調査一般と同様に，それぞれの手法がデータの信頼性や豊かさに関して長所と短所を持っているからであろう．たとえば，質的データを重視すれば，サンプルや観察者によるバイアスがかかる可能性が存在するとか，数量データを重視すれば，項目として見逃

される変数やもともと量的に測定することが困難な変数が脱落する恐れがあるといったことである．

　ただし，ここで問題となるのは，個々の手法の特徴や是非ではなく，調査結果の位置づけである．数量データであろうが，質的データであろうが，市場調査の結果はある一時点のある断面を表すものであっても，製品開発や商品管理の絶対的な準拠点とはならない点である．

　その理由は，前掲の図10-1に基づいて説明することができる．市場調査の結果は，ある前提が固定化した状況では安定的に出現する．しかし，図の(b)で示されるように，その前提は絶対的な基準に基づいているわけではなく，変動する可能性は常に存在している．したがって，たとえば既存の製品カテゴリーやコンセプトの中に十分に対応するようなものがないような場合には，市場調査が将来の状況を正確に示すとは限らない．顧客を含めた関係する行為主体の前提が変化することで初めて受け入れられるような製品では，その可能性は事前に行う市場調査によって明らかになるとは限らないのである．

　あるいは，既存の製品カテゴリーに適合的な製品であっても，前提となる市場の状況が変化すれば，市場調査の結果に基づく製品開発や商品管理が望ましい結果を生むとは限らない．むろん生産者の側が独善的な製品開発を進めるとすれば，そのような製品はふつう売れることはない．その意味では，顧客の「ニーズ」を勘案した製品開発は重要であろう．だが，そのような顧客の「ニーズ」は不変ではない．顧客が人間である以上，社会的に共有された枠組によって物事の認識は左右されるからである．

　この種の事象は，第8章で取り上げたハードディスク産業で見受けられた現象と，基本的な構図は同じである．新規技術を用いた小型ハードディスクに関する既存のユーザーへの調査では，当該製品に対する需要はほとんどないとされていた．しかし，技術革新によって新規技術の性能が向上するに伴い，その調査対象であったユーザー自身の前提が変化して，新規技術を基盤とする小型ハードディスクが既存製品の市場を徐々に浸食していくことで，事前に行った市場調査とは異なる状況が結果的には生じていた．クリステンセン（C. M. Christensen）は技術革新との関係に焦点を絞って検討した一方

で，技術革新は顧客の前提に影響を与える要因の1つにすぎない．技術革新が重要な要因とならない状況でも，顧客の前提が何らかの形で生じるのであれば，最終的に市場調査とはまったく異なる結果に到達する可能性は十分にありうる．

市場調査には，以上で記したような限界があることが，その原理に遡って理解されているのであれば，大きな問題はないのかもしれない．しかし，実際には，そのような問題が広く認識されているとは言い難い．学術的な議論では，第1章で取り上げたバレル（G. Burell）とモーガン（G. Morgan）の分類でいう「客観主義的接近法」に基づいて，市場調査を位置づける考え方は根強く，支配的であるといってもよい．以下に示すマーケティング・サイエンスに関するテキストの記述は，その一例である．

> それ［マーケティング・サイエンス・アプローチ］は基本的にはきわめて長期的な視点に立つものであり，「仮説設定→データ収集／分析→実践→学習（仮説改訂）」というサイクルを何回となく繰り返すことにより，正確に市場をとらえるためのノウハウを明示的かつ有形な企業全体の共有資源として育てていこうという考え方である[1]．

この「仮説→データ収集→実践→学習（仮説改訂）」という一連の過程を通じて，「正確に」市場をとらえることができるという発想は，広義の実証主義に基づく典型的な考え方である．市場に先験的に事実が存在しており，それを調査する側が理解していくという構図をもとにしているからである．さらに，その背景には，そのような過程を通じて，安定的な法則性が解明できるという前提も置かれている．

この種の議論が学術的な領域に閉じた形で議論されている限りにおいては，それほど問題はないのかもしれない．これまで本書では，決定論・客観主義的な方法論に対して，一種の法則性が出現するような安定的な状況は永続的なものではないとする一方で，その種の安定的な状況が一時的にせよ出現するメカニズムとその機能的な側面を議論してきた．そのために，客観主義的な方法論に全面的に依拠することは困難である一方で，そのような方法

論に基づく実証研究がまったく無意味だといった立場をとるわけでもない．たとえば，目の前に出現している状況は人々の観念によって作り出されているにすぎず，そのような状況に人々が「気づく」だけで，行動パターンは容易に変わりうるというような極端な主観主義も，われわれは同時に排除しているのである．したがって，客観主義的な方法論に基づく調査や分析も，一定の条件の下では，道具的な有効性は存在していると，少なくとも本書では考えている．

POSシステムの活用と限界

しかしながら，ここで検討しておきたいのは，（おそらくは暗黙的に）置かれた方法論的前提が企業行動に大きな影響を与えうるという問題である．方法論の問題は研究者の学術的な議論の領域にとどまることなく，実務家が思考する際の前提に入り込み，現実の企業行動に反映される可能性が存在するのである．

その一例として，流通業に導入されてきたPOS（point of sales）システムを取り巻く状況を考えてみたい．POSシステムは小売店の店頭において商品販売情報を管理するための情報技術であり，コンビニエンス・ストアなどに導入されている端末では，購入者の性別や推定年齢層という一種のセグメント情報が入力できるように設計されている．当日の気象情報などと合わせて，使い方によっては，単なる商品管理用のシステムではなく，補足可能なデータは限定されているものの，顧客の購買行動に関する事実上の全数調査として活用することができる．

このようなPOSシステムの特性を最も活用してきた日本の小売業者の1つが，セブン-イレブン・ジャパンである．セブン-イレブンにおいて，最初の情報システムが導入されたのは1978年であるが，世界初となる「マーチャンダイズ・マーケティング」でのPOS情報の活用を開始するのは，1982年の第2次総合店舗情報システム導入からである[2]．その後も情報システムは高度化して，2003年からは第6次総合店舗情報システムに移行している．

セブン-イレブンにおいて，POSシステムが先駆的に活用された背景の

1つには，店舗の端末で入力性別・年齢別での10の客層分類と，時間帯，ならびに単品と商品カテゴリーの動向をデータとして収集し，それを分析して店舗で参照できる仕組みを構築したことがある[3]．さらに重要となるのは，同社では，「仮説」を立てて，POSデータを使って「検証」するという過程が重視されてきた点である．たとえば，長年にわたりセブン-イレブン・ジャパンを率いてきた鈴木敏文氏（現・セブン＆アイ・ホールディングス代表取締役会長・最高経営責任者）は，以前からこの点を繰り返して強調してきた[4]．社会調査において仮説なき質問票調査が単なるデータの羅列になってしまうのと同様に，POSシステムを通じていくら精緻なデータを収集しても，そのデータ自体が何らかの状況を自動的に提示してくれるわけではない．ある関係を仮説として想定して，その妥当性を検証するという過程を通じて，POSシステムに蓄積されたデータから，初めて現実が明らかになってくる．

　ここで注目すべきことは，「仮説→検証」を基本とするPOSデータの活用法は第1章で見た客観主義的方法論と類似した枠組みに基づいている点である．「仮説」を「検証」するという発想は，広義の実証主義における基本的な考え方そのものである．さらに，POSデータで収集した顧客の購買行動の反応で「検証」を試みるとともに，個々の製品の売上状況によって「売れ筋」「死に筋」を区分して対応するという，いわゆる単品管理は，根本的には決定論的視座に立脚している．そこでは，顧客側が答えを先験的に有しており，小売店舗側はいかにその顧客の購買行動を読み解き，迅速に対応するのかという一方向的な図式が前提とされている．このような考え方と経営組織論におけるコンティンジェンシー理論は，外部環境として着目する要因は必ずしも一致しないものの，基本的な構図は同じなのである．

　強調しておきたいのは，「仮説→検証」を基本とするPOSシステムの活用法を全面的に否定したいわけではない点である．強い「ビジネス・モデル」は明確で一貫した思想に裏打ちされており，セブン-イレブンで生み出された考え方はその1つだといえる．とりわけコンビニエンス・ストアのように，限られたスペースでできるだけ効率的に物販を上げるには，どんぶり勘定では限界があり，単品管理をはじめとする手法は有効な手段であろう．

その一方で,「決定論的視座」を基本とするPOSシステムの活用法は, 社会科学における決定論的視座と同様に, 死角がある. 顧客側の行動に企業・店舗が対応するという図式が前提とされており, 企業側から顧客側の考え方に影響を与えるという発想が脱落しがちな点である. コンビニエンス・ストアなどでPOSシステムに蓄積したデータを積極的に活用する際には, 顧客が即時に反応することが前提となる. そこで前提となるのは, 図10-1では(a)の構図である. したがって, 顧客側に使用経験が乏しく, 企業側が顧客に「教育」を施す必要があるといった, 新たな「平面」を生み出す必要がある場合には, POSに基づく管理システムは, むしろ阻害要因として機能する可能性さえある.

　このようなPOSシステムの限界は単なる思考上の可能性にとどまらず, 実際のビジネスでも意識され, 実践に活かされている. カゴメが1990年代前半に発売を開始したニンジンジュースの市場導入過程は, その一例である[5]. 当時のカゴメは, 一部の愛好家にとどまっていたニンジンジュースの顧客層を広げるために, 製品を改良した「飲みやすいニンジンジュース」として拡販しようとしていた.「キャロット100」と名付けられた商品の中心的な販売経路として選択されたのは, 飲料一般の主力チャネルであるコンビニエンス・ストアではなく, ケチャップをはじめとする同社の主力製品のチャネルであるスーパーや食料品店だった.「キャロット100」は飲みやすくなるような改良が施されていても, ニンジンに固有の風味は残っており, かつトマトジュースなどの既存の製品カテゴリーとも異なる飲み物であった. カゴメは, この製品を定着させるためには, 時間をかけて消費者に独特な製品特性を認知してもらう必要があると考え, 短期間のうちに「売れ筋」にならなければ, 棚から外されてしまうコンビニエンス・ストアを, 主たる販売経路からあえて外したとされる.

　この事例で重要なのは, 従来の製品の特性やカテゴリーとは大きく異なる製品を拡販・定着させるためには, 本書でいう決定論的視座に基づく方策には根本的に限界があり, 時間をかけて顧客側での認識を変えて, 新たな製品カテゴリーを確立することが必要であることが, カゴメ社内で明確に認識されていた点である.

その後の状況を見ると,「飲みやすいニンジンジュース」をトマトジュースに並ぶ自社の基幹商品として育成しようとしたカゴメの意図は,十分に達成されているわけではない．しかし,そのことは,消費者側での認知や「世界観」を大きく変えることは,必ずしも容易ではないことの傍証だとも解釈できる．その点からすると,ニンジンジュースは必ずしも技術的に高度な製品ではなかったかもしれない一方で,カゴメがとった行動自体は,本来の意味での革新性は高かったといえるだろう．

3　経営学の革新に向けて

　これまで本書では,企業経営と方法論との関係を議論してきた．本書を締めくくるにあたり,以上で議論してきた研究方法論がわれわれ経営学者の活動にもたらす積極的な意義について,筆者なりの現時点での意見を記しておきたい．

　米国を中心として展開されてきた経営学が,紆余曲折を経ながらこれまでに歩んできたのは,結局のところ,かつて自然科学で中心にあった方法論の模倣による経営学の「科学化」に基づいた「真なる知識」を目指す道のりであったといってよい．

　その萌芽は,経営学が固有の領域として確立する要因となったテイラー(F. W. Taylor)の「科学的管理法」に存在していた．当時の米国における「駆り立て方式」(driven system)と呼ばれる劣悪かつ非効率的・非合理的な労働現場の状況から脱却する1つの方法は,「科学」の力を借りることだったといえよう[6]．その後の議論についても,第2章で部分的に取り上げて検討してきたように,人間関係論から管理過程論,近代組織論,コンティンジェンシー理論,取引費用理論,ポピュレーション・エコロジーをはじめとして,米国の経営学において主流を構成してきた諸学派に属する議論の多くは,程度の差こそあれ,この流れに沿って展開されてきた．

　主として米国における「科学化」の成果を取り入れることに専念してきた日本でも,コンティンジェンシー理論を端緒として,実証研究に向けた流れ

第10章　本書における議論の総括

図10-2　研究活動における2つの方法論の構図

(a)「科学化」志向の方法論　　(b)〈構造〉ないしパラダイムの存在を前提とする方法論

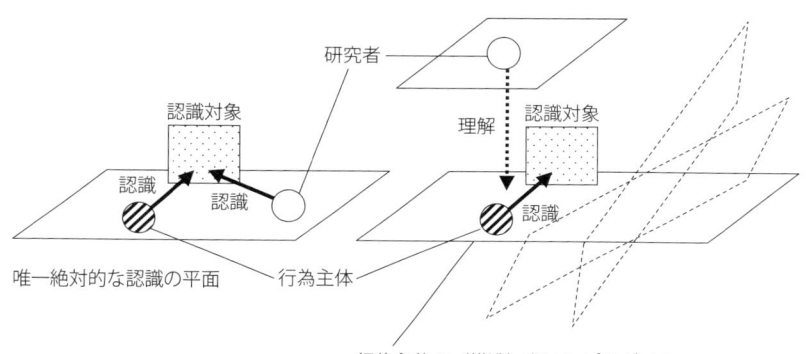

研究者
認識対象
理解
認識対象
認識
認識
認識
唯一絶対的な認識の平面　行為主体
行為主体の〈構造〉ないしパラダイム

が形成されていく．コンティンジェンシー理論の導入期に中心的な役割を果たしながらも，方法論的に大きく転換した一部の例外はあるものの，現在の日本の経営学では，実際に「客観的」なデータに基づいているのか否かはともかく，あるいは各研究者が自らの方法論に関してどの程度自覚しているのかを別にして，「科学的」な手法を念頭に置いた実証研究による「真理の探求」が目標とされる傾向にあるように思われる．

しかしながら，本書で議論してきた方法論ないし社会観に基づく限りでは，もはや「科学に基づく真実の解明」という単純な立場はとりえない．社会現象を解明する上で，絶対的な不変の真理を追求することは，原理的に不可能だからである．

このように考える背景について，再度確認しておきたい．図10-2には，この2つの方法論の根元にある認識論の相違が，単純化した図として示されている．このうち，(a)に表された「科学化」志向の認識論・方法論では，認識の対象は1つしかない．人々の間で認識が異なるとすれば，バイアスがかかっていて，正しく認識されていないことになる．そのために，このような認識論・方法論に基づくならば，経営学者は研究（観察）対象の行為主体と同じ平面で認識を行うことになる．

373

他方，本書でとる立場を示した(b)は，(a)と比較するとやや複雑である．人間が物事を認識する際には，パラダイムともいうべき1つの暗黙的な価値ないし知識の基盤の存在が前提になっており，厳密な意味での客観的な観察は不可能となる．このような構図の下では，経営学者とその研究対象である行為主体は別の世界で生活を営んでいるために，立脚する〈構造〉なりパラダイムが必ずしも一致しない．そのために，たとえ同じ時間に「同じ」物事をみていたとしても，異なった様相が見受けられる可能性が存在する．

　(b)の立場をとる限りは，「実証」は不可能になる．(b)の構図では，最終的に「正しい」ことはわからない．人々の間で認識が一致する絶対的な根拠が存在しないために，「正しい」認識と「誤った」認識との境界線は曖昧なのである．

　ただし，(b)では，厳密な意味での実証が不可能である代わりに，研究者が取り組むべき別の課題が現れる．それは，行為主体が直面する状況や，行為の結果として生じる全体的な状況を，理解することである．(a)の構図を前提とするのであれば，恒久的な法則を同定することが究極的には取り組むべき課題となる．それに対して，安定的な世界は一時的に生じているにすぎず，絶対的な基盤に立脚していないと考えるのであれば，恒久的な法則自体が原理的に存在しないことになる．

　(b)のような立場をとった場合でも，実証研究で用いる手法は，恒久的な法則を追求する手段とはならないとしても，それ自体に意味がなくなるわけではない．そこでは，参与観察をはじめとする行為の理解に向けられることが多い定性的手法だけではなく，定量的データに基づくデータ解析に関しても，行為主体が直面する状況を理解する上で有益となる．当事者に対する聞き取り調査であっても，アーカイバル・データであっても，同様である．調査対象に関する理解が深まるのであれば，「何でもよい」（anything goes）のだと言ってもよい[7]．

　筆者は，同じ大学に所属する沼上幹や軽部大らとともに，日本の大手企業を対象として，質問票を中心とする大規模な調査を近年実施し，分析を進めてきた（たとえば沼上ほか，2007；Karube et al., 2009；加藤・軽部，2009；Kato et al., 2010）．その過程では，回帰分析やパス解析をはじめとする統計手法

も部分的に用いているが，これらの研究は筆者の方法論的立場と何ら矛盾するものではない．それら一連の研究の主たる目的は，これまでに限定的にしか明らかになっていない日本企業の組織と戦略の状況を理解することにある．そこでは，少なくとも筆者個人の立場からは，統計手法を用いていても，何らかの頑健な法則の発見を究極的な目標にすることはない．特定の変数間に統計的に有意な関係が見られるとしても，それは調査対象とした日本企業で生じている状況を意味するにすぎず，コンテクストが大幅に異なる状況で普遍的に生じる事象であるとは，必ずしも考えていないのである．

また，このような何らかの調査手法を用いて状況を理解する作業には，他の行為主体の考え方を読み取ることを含んでいる．そして，この過程では，形は違えども，文献研究と同種の作業を行うことになる．非学ゆえに具体的な論争は思い当たらないが，筆者の立場からすると，文献研究と経験的研究，あるいは理論研究と実証研究のいずれが重要なのかといった発想や議論には，本質的な意味はないことになる．本書では多くの紙幅を既存研究の検討に当ててきた．本書の前半部分に記した既存研究の検討では，議論の背景を方法論的視座から読み取ることを中心としてきており，後半部分で展開した事例分析とは，扱う事象は異なるものの，類似した観点から分析を進めてきたつもりである．

このような考え方をとるために，既存文献の検討は実証の際に必要な仮説導出の手段にすぎないという考え方に対しても，実証研究は思想に基づかない浅薄な調査にすぎないといった考え方に対しても，筆者は首肯できない．この種の発想は，研究者自身が立脚する〈構造〉の優位性をめぐる，終わりのない議論につながるように思われる．つまるところ「リンゴとミカンのいずれがうまいのか」という問いと似たような，最終的には個々人の嗜好の問題に帰着するのであり，何らかの頑健な根拠に基づいて特定の研究手法や領域が重要だとは言えないのである．筆者の立場からすれば，理論的な考察にしても，経験的な考察にしても，あるいはその他の要素であったとしても，少なくとも研究者個人の視点ではなく時空間を広くとって考えれば，相互補完的な関係の下で学問領域が展開してきたにすぎない．

さらに，「できるだけ新しい研究ほど，検討に値する」といった意見にも，

単純には賛成しかねる．新しい研究成果ほど重視されるべきとする考え方の背景には，前掲の図10-1でいえば，単一の「平面」の存在とそこでの知識の累積が前提となる(a)の図式が，暗黙的にでも想定されているように思われるからである．筆者は知識の累積性を完全に否定するわけではない一方で，その累積は同一の「平面」上に限定されるとも考えている．それに対して，図10-2の(b)に示されるように，研究者の役割が生じている状況の理解であるとするのであれば，最新の研究が含まれていなければならないという形式的な基準にも，大した意味はない．

図10-2(b)の構図に則った研究観には，従来の研究方法論に対する批判だけではなく，より積極的な側面を見いだすこともできる．この構図に基づいた研究活動が有する最大の意義は，人々が日常的に所与として活動している基盤に光を当てることにつながる点にあると思われる．図10-2(a)の状況を前提にした研究活動は，実務家が行ってきた作業を整理するにとどまるであろう．それに対して，(b)の構図を前提とするのであれば，部分的にでも異なる世界で日常生活を営む経営学者の側から，実務家の世界で所与とされる前提を掘り起こす作業を，経営学者は行うことになる[8]．この作業を実務家が真剣に受け止めるのであれば，実務家が埋没している世界を見直す機会を，経営学者は提供することになる．

この構図が成立するのであれば，経営学は，実務家が日常の前提を見直して再構築するという意味での革新活動の導火線となりうる．つまり，経営学者は，「過去の出来事を事後的にまとめるにすぎない」という通俗的な批判を乗り越えて，「現在の姿を見直し，将来への展望を拓く」という形で，自らの活動の積極的な意義を主張することができるように思われる．

最後に，以上での議論を再度まとめておきたい．

人間は自らの行為とは独立した外部の諸力によって，とるべき行動が規定されているのではなく，自らの手によって，あたかも外部に存在しているように見えるものを作り出している．そして，そのような視座に立つことで，現在の前提を見直し，新たな基盤を構築することが，人々の活動にとって重要となる．

このような考え方からは，人々が自らの外部世界にある新たな世界の構成

に主体的に関わっていくことが，革新の本質であることが示唆される．また，経営学者も革新活動を単に外側から描写するだけではなく，より積極的に社会とかかわる存在として位置づけることができる．

さらにいえば，実務家が直面する状況をその前提まで含めて理解する過程は，経営学者自身が暗黙的に立つ前提を相対化する契機を提供する．つまり，そのような作業は，実務家の革新的活動に間接的に寄与する可能性があるだけではなく，経営学者自らが属する共同体の革新への一歩となりうるのである．

●─● 注
1 片平 (1987)，5頁.
2 株式会社セブン－イレブン・ジャパン公式サイト，http://www.sej.co.jp/corp/aboutsej/info_03.html
3 国友隆一 (1986)『セブン－イレブンのPOS革命』ぱる出版．
4 たとえば，緒方知之 (1992)『セブン－イレブン・イトーヨーカ堂の流通情報革命』TBSブリタニカ，『日経ビジネス』1994年3月7日号，10-14頁．
5 「あえてコンビニを避ける　カゴメ，「キャロットジュース」の育て方」『日経ビジネス』1995年7月17日号，26-27頁．
6 科学的管理法が提唱される背景となった19世紀末から20世紀初頭における米国の労働現場の状況については，森 (1996) を参照．
7 "Anything goes" という表現は，『方法への挑戦』(*Against Method*) を記した，科学史家のファイアーアーベント (P. K. Feyerabend) による言葉を転用している．広義の研究方法に関する類似した表現としては，フィールドワークの意義を主張する立場から，特定の調査手法への過度な信奉を批判的に論じるために佐藤郁哉が好んで用いた「恥知らずの折衷主義」(佐藤, 1992；2002) を挙げることができる．
8 経営戦略をめぐる経営学者と実務家の関係について，楠木建は，経営学者が従事する活動の主眼が何らかの法則の定立にはないことを前提として，経営学者の主たる貢献を「論理」の整理に位置づけ，「けもの道を走ること」と「野生の勘」という比喩で示した実務家が行う活動やその基盤と対比している (楠木, 2010)．

参考文献

Abell, P.(1995) "The New Institutioalism and Rational Choice Theory," in W. R. Scott and S. Christensen (Eds.), *The Institutional Construction of Organizations*, Sage Publications, pp.3–14.

Abernathy, W. J.(1978) *The Productivity Dilemma*, The John Hopkins University Press.

Abernathy, W. J. and J. Utterback (1978) "Patterns of Industrial Innovation," *Technology Review*, June-July, pp.40–47.

Abernathy, W. J., K. B. Clark and, A. M. Kantrow (1983) *Industrial Renaissance*, Basic Books (望月嘉幸監訳 (1984)『インダストリアルルネサンス:脱成熟化時代へ』TBS ブリタニカ).

Abernathy, W. J. and K. B. Clark (1985) "Innovation: Mapping the Winds of Creative Destruction," *Research Policy*, Vol.14, No.1, pp.3–22.

Adler, P. S.(1989) "Technology Strategy: A Guide to the Literatures," *Research in Technological Innovation, Management and Policy*, Vol.4, pp.25–151, JAI Press.

Allen, T. J.(1979) *Managing the Flow of Technology*, The MIT Press (中村信夫訳 (1984)『"技術の流れ"管理法』開発社).

Amikura, H. and J. Shintaku (1996) "Process of Organizational Capabilities Development: Strategic Schema and Competitive Advantages in the Electronic Calculator Industry," Chiba University Working Paper Series, #96M 017.

青島矢一・北村真琴 (2008)「セイコーエプソン株式会社:高精細インクジェット・プリンタの開発」一橋大学21世紀 COE プログラム「知識・企業・イノベーションのダイナミクス」大河内賞ケース研究プロジェクト, CASE# 08-03.

青島矢一・福島英史 (1997)「カシオ計算機:QV-10」IIR ケーススタディ, 一橋大学イノベーション研究センター, CASE#97-01.

Astley, W. G.(1985) "Administrative Science as Socially Constructed Truth," *Administrative Science Quarterly*, Vol.30, No.3, pp.497–513.

Astley, W. G. and A. H. Van de Ven (1983) "Central Perspectives and Debates

in Organization Theory," *Administrative Science Quarterly*, Vol.28, No.1, pp. 245–273.
Barley, S. R.(1986) "Technology as an Occasion for Structuring : Evidence from Observations of CT Scanners and the Social Order of Radiology Departments," *Administrative Science Quarterly*, Vol.31, No.1, pp.78–108.
Barley, S. R.(1990) "The Alignment of Technology and Structure through Roles and Network," *Administrative Science Quarterly*, Vol.35, No.1, pp.61–103.
Barley, S. R. and P. S. Tolbert (1997) "Institutionalization and Structuration: Studying the Links between Action and Institution," *Organization Studies*, Vol.18, No.1, pp.93–117.
Barnard, C. I.(1938) *The Functions of the Executive*, Harvard University Press (山本安次郎・田杉競・飯野春樹訳（1968）『新訳　経営者の役割』ダイヤモンド社).
Berger, P. L. and T. Luckmann (1967) *The Social Construction of Reality : A Treatise in the Sociology of Knowledge*, Doubleday (山口節郎訳（1977）『日常世界の構成』新曜社).
Bhaskar, R.(1975) *A Realist Theory of Science*, Leeds Books.
Bhaskar, R.(1998) *The Possibility of Naturalism* (*3 rd ed.*), Routledge (式部信訳（2006）『自然主義の可能性：現代社会科学批判』晃洋書房).
Bijker, W. E.(1987) "The Social Construction of Bakelite : Toward a Theory of Invention," in W. E. Bijker, T. P. Hughes, and T. Pinch (Eds.), *The Social Construction of Technological Systems*, The MIT Press, pp.159–187.
Bijker, W. E.(1992) "The Social Construction of Fluorescent Lighting, Or How an Artifact Was Invented in Its Diffusion Stage," in W. E. Bijker and J. Law (Eds.), *Shaping Technology/Building Society*, The MIT Press, pp.75–102.
Bijker, W. E.(1995) *Of Bicycles, Bakelites, and Bulbs : Toward a Theory of Sociotechnical Change*, The MIT Press.
Bijker, W. E., T. P. Hughes, and T. Pinch (Eds.),(1987) *The Social Construction of Technological Systems*, The MIT Press.
Bourgeois, L. J.(1984) "Strategic Management and Determinism," *Academy of Management Review*, Vol.9, No.3, pp. 586–596.
Burell, G. and G. Morgan (1979) *Sociological Paradigms and Organisational Analysis*, Heinemann.
Burns T. and G. M. Stalker (1961) *The Management of Innovation*, Oxford Univer-

sity Press.

Carroll, G. R. and M. T. Hannan (Eds.) (1995) *Organizations in Industry: Strategy, Structure and Selection*, Oxford University Press.

Chandler, A. D. (1962) *Strategy and Structure: Chapters in the History of the American Industrial Enterprise*, The MIT Press（三菱経済研究所訳（1967）『経営戦略と組織：米国企業の事業部制成立史』実業之日本社）.

Child, J. (1972a) "Organization Structure and Strategy of Control: A Replication of the Aston Study," *Administrative Science Quarterly*, Vol.17, No.2, pp.163-177.

Child, J. (1972b) "Organizational Structure, Environment and Performance: The Role of Strategic Choice," *Sociology*, Vol.6, No.1, pp.1-17.

Child, J. (1973) "Predicting and Understanding Organization Structure," *Administrative Science Quarterly*, Vol.18, No.2, pp.168-185.

Child, J. (1997) "Strategic Choice in the Analysis of Action, Structure, Organizations and Environment: Retrospect and Prospect," *Organization Studies*, Vol.18, No.1, pp.43-76.

Christensen, C. M. (1997) *The Innovator's Dilemma: When New Technology Cause Great Firms to Fail*, Harvard Business School Press（伊豆原弓訳（2000）『イノベーションのジレンマ』翔泳社）.

Christensen, C. M. and J. L. Bower (1996). "Customer Power, Strategic Investment, and the Failure of Leading Firms," *Strategic Management Journal*, Vol.17, No. 3, pp.192-218.

Christensen, C. M. and R. S. Rosenbloom (1995) "Explaining the Attacker's Advantage: Technological Paradigms, Organizational Dynamics, and the Value Networks," *Research Policy*, Vol.24, No.2, pp.233-257.

Clark, K. B. (1985) "The Interaction of Design Hierarchies and Market Concepts in Technological Evolution," *Research Policy*, Vol.14, No.5, pp.235-251.

Clark, K. B. and T. Fujimoto (1991) *Product Development Performance*, Harvard University Press（田村明比古訳（1993）『製品開発力：日米欧自動車メーカー20社の詳細調査』ダイヤモンド社）.

Clark, P. (2000) *Organisation in Action: Competition between Contexts*, Routledge.

Coase, R. H. (1937) "The Nature of the Firm," *Economica*, New Series, Vol.4, No. 16, pp.386-405.

Conant, J. S., M. P. Mokwa, and P. R. Varadarajan (1990) "Strategic Types, Distinctive Marketing Competencies and Organizational Performance: A Multiple Measures-based Study," *Strategic Management Journal*, Vol.11, No.5, pp.365-383.

Constant, E. W. (1973) "A Model for Technological Change Applied to the Turbojet Revolution," *Technology and Culture*, Vol.14, No.4, pp.553-572.

Constant, E. W. (1978) "On the Diversity and Co-evolution of Technological Multiples," *Social Studies of Science*, Vol.8, No.2, pp.183-210.

Constant, E. W. (1980) *The Origins of the Turbojet Revolution*, The John Hopkins University Press.

Coombs R., P. Saviotti, and V. Walsh (1987) *Economics and Technological Change*, Macmillan（竹内啓・廣松毅監訳（1989）『技術革新の経済学』新世社）.

Covaleski, M. A. and M. W. Dirsmith (1988) "An Institutional Perspective on the Rise, Social Transformation, and Fall of a University Budget Category," *Administrative Science Quarterly*, Vol.33, No.4, pp.562-587.

Daft, R. L. and K. E. Weick (1984) "Toward a Model of Organizations as Interpretation Systems," *Academy of Management Review*, Vol.9, No.2, pp.284-295.

Desarbo, W. S., C. A. Di Benedetto, M. Song, and I. Sinha (2005) "Revisiting the Miles and Snow Strategic Framework: Uncovering Interrelationships between Strategic Types, Capabilities, Environmental Uncertainty, and Firm Performance," *Strategic Management Journal*, Vol.26, No.1, pp.47-74.

DiMaggio, P. J. (1997) "Culture and Cognition," *Annual Review of Sociology*, Vol. 23, pp.263-287.

DiMaggio, P. J. and W. W. Powell (1983) "The Iron Cage Revisited: Institutional Isomorphism and Collective Rationality in Organizational Fields," *American Sociological Review*, Vol.48, No.2, pp.147-160.

DiMaggio, P. J. and W. W. Powell (1991) "Introduction," in W. W. Powell and P. J. DiMaggio (Eds.), *The New Institutionalism in Organizational Analysis*, The University of Chicago Press, pp.1-38.

Donaldson, L. (1996) *For Positivist Organization Theory*, Sage Publications.

Donaldson, L. (1997) "A Positivist Alternative to the Structure-Action Approach," *Organisation Studies*, Vol.18, No.1, pp.77-92.

Donaldson, L. (2001) *The Contingency Theory of Organizations*, Sage Publications.

Dosi, G. (1982) "Technological Paradigms and Technological Trajectories," *Research Policy*, Vol.11, No.3, pp.147-162.

Dosi, G.(1988)"The Nature of the Innovative Process," in G. Dosi et al.(Eds.), *Technical Change and Economic Theory*, Pinter Publisher, pp.221-238.

Enos, J. L.(1958)"A Measure of the Rate of Technological Progress in the Petroleum Refining Industry," *The Journal of Industrial Economics*, Vol. 6, No. 3, pp. 180-197.

Farjoun, M.(2010)"Beyond Dualism: Stability and Change as a Duality," *Academy of Management Review*, Vol.35, No.2, pp.202-225.

Fligstein, N.(1985)"The Spread of the Multidivisional Form among Large Firms, 1919-1979," *American Sociological Review*, Vol.50, No.3, pp.377-391.

Foster, R. N.(1986)*Innovation : The Attacker's Advantage*, Summit Books（大前研一訳（1987）『イノベーション：限界突破の経営戦略』TBSブリタニカ）.

Freeman, J.(1982)"Organizational Life Cycles and Natural Selection Processes," in B. M. Staw and L. L. Cummings（Eds.）, *Research in Organizational Behavior*, Vol.4, pp.1-32, JAI Press.

藤本隆宏（1993）「経営組織と新製品開発：自動車製品開発のプロセス・組織・成果」伊丹敬之・加護野忠男・伊藤元重（編）『リーディングス日本の企業システム　第2巻　組織と戦略』有斐閣，218-263頁.

福島英史（2000）「技術システムの多重性と発展のダイナミズム：電子的撮像技術発展過程の経営学的考察」一橋大学大学院商学研究科博士論文.

福島英史（2008）「東京電力・日本ガイシ　電力貯蔵用ナトリウム―硫黄電池の開発と事業化」一橋大学21世紀COEプログラム「知識・企業・イノベーションのダイナミクス」大河内賞ケース研究プロジェクト，CASE＃08-02.

Galbraith, J.K.(1977)*Organizational Design*, Addison-Wesley.

Geyskens, I., Jan-Benedict E. M. Steenkamp and N. Kumar（2006）"Make, Buy, or Ally: A Transaction Cost Theory Meta-Analysis," *Academy of Management Journal*, Vol.49, pp.519-543.

Giddens, A.(1976)*New Rules of Sociological Method*, Hutchinson（松尾精文・藤井達也・小幡正敏訳（1987）『社会学の新しい方法規準』而立書房）.

Giddens, A.(1977)*Studies in Social and Political Theory*, Hutchinson（宮島喬ほか訳（1986）『社会理論の現代像』みすず書房）.

Giddens, A.(1979)*Central Problems in Social Theory*, University of California Press（友枝敏雄訳（1989）『社会理論の最前線』ハーベスト社）.

Giddens, A.(1984)*The Constitution of Society*, Polity Press.

Grint, K. and S. Woolgar (1997) *The Machine at Work*, Polity Press.

Hannan, M. T. and J. Freeman (1977) "The Population Ecology of Organizations," *American Journal of Sociology*, Vol.82, Vol.5, pp.929-964.

Hannan, M. T. and J. Freeman (1984) "Structural Inertia and Organizational Change," *American Sociological Review*, Vol.49, No.2, pp.149-163.

Hannan, M. T. and J. Freeman (1989) *Organizational Ecology*, Harvard University Press.

Hanson, N. R.(1958) *Patterns of Discovery*, Cambridge University Press (村上陽一郎訳 (1986)『科学的発見のパターン』講談社).

Hara, T.(2003) *Innovation in the Pharmaceutical Industry: The Process of Drug Discovery and Development*, Edward Elgar.

原拓志(2007)「研究アプローチとしての『技術の社会的形成』」『年報　科学・技術・社会』第16巻, 37-57頁.

Hargadon, A, B. and Y. Douglas (2001) "When Innovations Meet Institutions: Edison and the Design of the Electric Light," *Administrative Science Quarterly*, Vol.46, No.3, pp.476-501.

Hassard, H. (1993) *Sociology and Organization Theory*, Cambridge University Press.

Henderson, R. M.(1995) "Of Life Cycles Real and Imaginary: The Unexpectedly Long Old Age of Optical Lithography," *Research Policy*, Vol.24, No.4, pp.631-643.

Henderson, R. M. and K. B. Clark (1990) "Architectural Innovation: The Reconfiguration of Existing Product Technologies and the Failure of Established Firms," *Administrative Science Quarterly*, Vol.35, No.1, pp.9-30.

Heracleous, L.(2003) *Strategy and Organization: Realizing Strategic Management*, Cambridge University Press.

Heugens, P. P. M. A. R, and M. W. Lander (2009) "Structure! Agency! (and Other Quarrels): A Meta-analysis of Institutional Theories of Organization," *Academy of Management Journal*, Vol.52, No.1, pp.61-85.

Hinings, C. R., D. S. Pugh, D. J. Hickson, and C. Turner (1967) "An Approach to the Study of Bureaucracy," *Sociology*, Vol.1, No.1, pp.61-72.

Hippel, E. von (1990) "Task Partitioning: An Innovation Process Variable," *Research Policy*, Vol.19, No.5, pp.407-418.

Hirsch, P. M.(1997) "Sociology without Social Structure: Neoinstitutional Theory

Meets Brave New World," *American Journal of Sociology*, Vol.102, Mo.6, pp. 1702-1723.

Hirschman, A. O. (1958) *The Strategy of Economic Development*, Yale University Press.

Hughes, T. P. (1976) "The Science-technology Interaction: The Case of High-voltage Power Transmission Systems," *Technology and Culture*, Vol.17, No. 4, pp.646-659.

Hughes, T. P. (1979) "The Electrification of America: The System Builders," *Technology and Culture*, Vol.20, No.1, pp.124-161.

Hughes, T. P. (1983) *Networks of Power: Electrification in Western Society, 1880-1930*, The John Hopkins University Press（市場泰男訳（1996）『電力の歴史』平凡社）.

伊丹敬之（1986）『新・経営戦略の論理』日本経済新聞社.

伊丹敬之（2003）『経営戦略の論理（第3版）』日本経済新聞社.

伊丹敬之・加護野忠男（2003）『ゼミナール経営学入門（第3版）』日本経済新聞社.

Judge, W. Q. and C. P. Zeithaml (1992) "Institutional and Strategic Choice Perspective on Board Involvement in the Strategic Decision Process," *Academy of Management Journal*, Vol.35, No.4, pp.766-794.

加護野忠男（1980）『経営組織の環境適応』白桃書房.

加護野忠男（1988）『組織認識論：企業における創造と革新の研究』千倉書房.

Kaplan, S. and M. Tripsas (2003) "Thinking about Technology: Understanding the Role of Cognition and Technical Change," Industrial Performance Center Working Paper Series, Massachusetts Institute of Technology.

Kaplan, S. and M. Tripsas (2008) "Thinking about Technology: Appling a Cognitive Lens to Technical Change," *Research Policy*, Vol.37, No.5 pp.790-805.

Karube, M., T. Numagami, and T. Kato (2009) "Exploring Organisational Deterioration: 'Organisational Deadweight' as a Cause of Malfunction of Strategic Initiatives in Japanese Firms," *Long Range Planning*, Vol.42, No.4, pp. 518-544.

片平秀貴（1987）『マーケティング・サイエンス』東京大学出版会.

加藤俊彦（1999）「技術システムの構造化理論」『組織科学』第33巻第1号，69-79頁．

加藤俊彦（2000）「技術の多義性と企業行動：経営戦略における利用可能性と制

約」『ビジネスレビュー』第47巻第3号，61-76頁．

加藤俊彦・軽部大（2009）「日本企業における事業戦略の現状と課題：質問票調査に基づくデータ分析から」『組織科学』第42巻第3号，4-15頁．

Kato, T., M. Karube, and T. Numagami（2010）"Organizational Deadweight and the Internal Functioning of Japanese Firms: An Explorative Analysis of Organizational Dysfunction," in H. Itami et al.(Eds.), *Dynamics of Knowledge, Corporate Systems and Innovation*, Springer-Verlag, pp.125-164.

Kline, S.(1990) *Innovation Styles: In Japan and the United States: Cultural Bases ; .Implications for Competitiveness*, The 1989 Thurston Lecture, Report INN-3, Department of Mechanical Engineering, Stanford University（鴫原文七訳（1992）『イノベーション・スタイル』アグネ承風社）．

Kline, S. and N. Rosenberg（1986）"An Overview of Innovation," in R. Landau and N. Rosenberg（Eds.）, *The Positive Sum Game*, National Academy Press, pp. 275-305.

Kuhn, T.(1962) *The Structure of Scientific Revolutions*, The University of Chicago Press（中山茂訳（1971）『科学革命の構造』みすず書房）．

楠木建（2010）『ストーリーとしての競争戦略：優れた戦略の条件』東洋経済新報社．

Lawrence, P. R. and J. W. Lorsch（1967a）"Differentiation and Integration in Complex Organizations," *Administrative Science Quarterly*, Vol.12, No.1, pp.1-47.

Lawrence, P. R. and J. W. Lorsch（1967b）*Organization and Environment*, Harvard Business School Press（吉田博訳（1977）『組織の条件適応理論』産業能率大学出版部）．

López, J. and J. Scott（2000）*Social Structure*, Open University Press.

March, J. and H. Simon（1958）*Organizations*, John Wiley & Sons（土屋守章訳（1977）『オーガニゼーションズ』ダイヤモンド社）．

MacKenzie, D. and J. Wajcman（Eds.）（1999）*The Social Shaping of Technology*（2 nd ed.）, Open University Press.

McLoughlin, I.(1999) *Creative Technological Change: The Shaping and Technology and Organisations*, Routledge.

Meyer, J. W. and B. Rowan（1977）"Institutional Organizations: Formal Structure as Myth and Ceremony," *American Journal of Sociology*, Vol.83, No.2, pp.340-363.

Miles, R. E. and C. C. Snow（1978）*Organizational Strategy, Structure, and Process*,

McGraw-Hill（土屋守章・内野崇・中野工訳（1983）『戦略型経営：戦略選択の実践シナリオ』ダイヤモンド社）．

Mir, R. and A. Watson（2000）"Strategic Management and the Philosophy of Science: The Case for a Constructivist Methodology," *Strategic Management Journal*, Vol.21, No.9, pp.941-953.

Mizruchi, M. S. and L. C. Fein（1999）"The Social Construction of Organizational Knowledge: A Study of the Uses of Coercive, Mimetic, and Normative Isomorphism," *Administrative Science Quarterly*, Vol.44, No.4, pp.653-683.

Molina, A. H.（1993）"In Search of Insights into the Generation of Techno-economic Trends," *Research Policy*, Vol.22, No.5-6, pp.479-506.

Morgan, G.（1990）*Organization in Society*, MacMillan.

森杲（1996）『アメリカ職人の仕事史』中公新書．

Mowery, D. C. and N. Rosenberg（1979）"The Influence of Market Demand upon Innovation: A Critical Review of Some Recent Empirical Studies," *Research Policy*, Vol.8, No.2, pp.102-153.

村上陽一郎（1976）『近代科学と聖俗革命』新曜社．

Myers, S. and D. G. Marquis（1969）*Successful Industrial Innovation: A Study of Factors Underlying Innovation in Selected Firms*, National Science Foundation, NSF 69-17.

Nelson, R. R. and S. G. Winter（1982）*An Evolutionary Theory of Economic Change*, Harvard University Press.

野中郁次郎（1974）『組織と市場：組織の環境適合理論』千倉書房．

野中郁次郎（1985）『企業進化論：情報創造のマネジメント』日本経済新聞社．

野中郁次郎（1990）『知識創造の経営：日本企業のエピステモロジー』日本経済新聞社．

野中郁次郎・加護野忠男・小松陽一・奥村昭博・坂下昭宣（1978）『組織現象の理論と測定』千倉書房．

沼上幹（1992）「《数量シェア―金額シェア・マトリックス》による競争戦略の解読法：液晶ディスプレイ産業への適用」『組織科学』第24巻第3号，74-89頁．

沼上幹（1995a）「個別事例研究の妥当性について」『ビジネスレビュー』第42巻第3号，55-70頁．

沼上幹（1995b）「経営学におけるマクロ現象法則確立の可能性」『組織科学』第28巻第3号，85-99頁．

Numagami, T.(1998)"The Infeasibility of Invariant Laws in Management Studies: A Reflective Dialogue in Defense of Case Studies," *Organization Science*, Vol. 9, No.1, pp.2-15.

沼上幹（1999）『液晶ディスプレイの技術革新史：行為連鎖システムとしての技術』白桃書房．

沼上幹（2000a）『行為の経営学：経営学における意図せざる結果の探究』白桃書房．

沼上幹（2000b）「20世紀の経営学：『科学』化からの脱却」『一橋ビジネスレビュー』第48巻第3号，22-37頁．

沼上幹・淺羽茂・新宅純二郎・網倉久永（1993）「対話としての競争：電卓産業における競争行動の再解釈」伊丹敬之・加護野忠男・伊藤元重（編）『日本の企業システム　第2巻　組織と戦略』有斐閣，24-60頁．

沼上幹・軽部大・加藤俊彦・田中一弘・島本実（2007）『組織の〈重さ〉：日本的企業組織の再点検』日本経済新聞出版社．

Oliver, C.(1991)"Strategic Reponses to Institutional Processes," *Academy of Management Review*, Vol.16, No.1, pp.145-179.

Orlikowski, W.(1992)"The Duality of Technology: Rethinking the Concept of Technology in Organizations," *Organization Science*, Vol.3, No.3, pp.398-427.

Parker, J.(2000)*Structuration*, Open University Press.

Perrow, C.(1986)*Complex Organizations : A Critical Essay*（*3 rd ed.*）, McGraw-Hill.

Pfeffer, J. and G. R. Salancik（1978）*The External Control of Organizations*, Harper & Row.

Pinch, T. F. and W. E. Bijker（1987）"The Social Construction of Facts and Artifacts," in W. E. Bijker, T. P. Hughes, and T. Pinch（Eds.）, *The Social Construction of Technological Systems*, The MIT Press, pp.17-50.

Porac, J. F. and H. Thomas（1990）"Taxonomic Mental Models in Competitor Definition," *Academy of Management Review*, Vol.15, No.2, pp.224-240.

Porac, J. F., H. Thomas, and C. Baden-Fuller（1989）"Competitive Groups as Cognitive Communities : The Case of Scottish Knitwear Manufactures," *Journal of Management Studies*, Vol.26, No.4, pp.397-416.

Porac, J. F., H. Thomas, F. Wilson, D. Paton, and A. Kanfer（1995）"Rivalry and the Model of Scottish Knitwear Producers," *Administrative Science Quarterly*, Vol.40, No.2, pp.203-227.

Porter, M.(1980) *Competitive Strategy*, The Free Press(土岐坤・中辻萬治・服部照夫訳(1982)『競争の戦略』ダイヤモンド社).

Porter, M.(1985) *Competitive Advantage*, The Free Press(土岐坤・中辻萬治・小野寺健夫訳(1985)『競争優位の戦略』ダイヤモンド社).

Presad, P.(1997) "System of Meaning : Ethnography as a Methodology for the Study of Information Technologies," in A. Lee and J. Degross (Eds.), *Qualitative Methods and Information Research*, Kluwer, pp.1-33.

Pugh, D. S., and D. J. Hickson (1976) *Organizational Structure in Its Context : The Aston Program I*, Saxon House.

Pugh, D. S., D. J. Hickson, C. R. Hinings, and C. Turner (1968) "Dimensions of Organization Structure," *Administrative Science Quarterly*, Vol.13, No.1, pp.65-105.

Pugh, D. S., D. J. Hickson, C. R. Hinings, and C. Turner (1969) "The Context of Organization Structures," *Administrative Science Quarterly*, Vol.14, No.1, pp. 91-114.

Pugh, D. S., D. J. Hickson, C. R. Hinings, K. M. Macdonald, C. Turner, and T. Lupton (1963) "A Conceptual Scheme for Organizational Analysis," *Administrative Science Quarterly*, Vol.8, No.3, pp.289-315.

Pugh, D. S., and C. R. Hinings (Eds.) (1976) *Organizational Structure : Extensions and Replications, The Aston Program II*, Saxon House.

Pugh, D. S., and R. L. Payne (Eds.) (1977) *Organizational Behaviour Its Context : The Aston Program III*, Saxon House.

Reed, M. I.(1988) "The Problem of Human Agency in Organizational Analysis," *Organisation Studies*, Vol.9, No.1, pp.33-46.

Reed, M. I.(1997) "In Praise of Duality and Dualism : Rethinking Agency and Structure in Organizational Analysis," *Organisation Studies*, Vol.18, No.1, pp. 21-42.

Rogers, E. M.(1982) *Diffusion of Innovation* (3 rd ed.), The Free Press(青池愼一・宇野善康監訳(1990)『イノベーション普及学』産能大学出版部).

Rosenberg, N.(1969) "The Direction of Technological Change : Inducement Mechanisms and Focusing Devices," in *Economic Development and Cultural Change*; reprinted in N. Rosenberg (1976) *Perspective on Technology*, pp. 108-125.

Rosenberg, N.(1976) *Perspective on Technology*, Cambridge University Press.

Rosenberg, N.(1979) "Technological Interdependence in the American Economy," *Technology and Culture*, Vol.20, No.1, pp.25-50.

Rosenberg, N.(1982) *Inside the Black Box: Technology and Economy*, Cambridge University Press.

Rosenberg, N.(1994) *Exploring the Black Box*, Cambridge University Press.

榊原清則 (1995)『日本企業の研究開発マネジメント:"組織内同型化"とその超克』千倉書房.

榊原清則 (2005)『イノベーションの収益化:技術経営の課題と分析』有斐閣.

佐久間昭光 (1998)『イノベーションと市場構造:日本の先端技術産業』有斐閣.

佐藤郁哉 (1992)『フィールドワーク:書を持って街へ出よう』新曜社.

佐藤郁哉 (2002)『フィールドワークの技法:問いを育てる,仮説をきたえる』新曜社.

Sayer, A.(1992) *Method in Social Science* (2nd ed.), Routledge.

Sayer, A.(2000) *Realism and Social Science*, Sage Publications.

Schumpeter, J. A. (1926) *Theorie der wirtshaftlichen Entwicklung* (2 Aufl), Duncker & Humblot (R. Opie (tran.) (1934) *The Theory of Economic Development*, Harvard University Press; 塩野谷祐一・中山伊知郎・東畑精一訳 (1977)『経済発展の理論』岩波文庫).

Schwenk, C. R.(1988) *The Essence of Strategic Decision Making*, Lexington Books (山倉健嗣訳 (1998)『戦略決定の本質』文眞堂).

Scott, W. R.(1987) "The Adolescence of Institutional Theory," *Administrative Science Quarterly*, Vol.32, No.4, pp.493-511.

Scott, W. R.(1992) *Organizations: Rational, Natural, and Open Systems* (3rd ed.), Prentice-Hall.

Scott, W. R.(2001) *Institutions and Organizations* (2nd ed.), Sage Publications.

Selznick, P.(1949) *TVA and the Grass Roots*, University of California Press.

Selznick, P.(1957) *Leadership in Administration*, Harper & Row.

新宅純二郎 (1986)「技術革新にもとづく競争戦略の展開」『ダイヤモンドハーバードビジネス』June-July, 81-93頁.

新宅純二郎 (1994)『日本企業の競争戦略:成熟産業の技術転換と企業行動』有斐閣.

塩野谷祐一 (1995)『シュンペーター的思考:総合的社会科学の構想』東洋経済新報社.

Simon, H. A.(1945) *Administrative Behavior* (1st ed.), Macmillan.

Simon, H. A.(1976) *Administrative Behavior*（3 rd ed.）, The Free Press（松田武彦・高柳暁・二村敏子訳（1989）『経営行動』ダイヤモンド社）.
Simon, H. A.(1981) *The Sciences of the Artificial*（2 nd ed.）, The MIT Press（稲葉元吉・吉原英樹訳（1987）『新版 システムの科学』パーソナルメディア）.
Simon, H. A.(1997) *Administrative Behavior*（4 th ed.）. The Free Press（二村敏子・桑田耕太郎・高尾義明・西脇暢子・高柳美香訳（2009）『新版 経営行動』ダイヤモンド社）.
Singleton, R. A. and B. C. Straits（2005）*Approaches to Social Research*（4 th ed.）, Oxford University Press.
Smircich, L. and C. Stubbart（1985）"Strategic Management in an Enacted World," Academy of Management Review, Vol.10, No.4, pp.724–738.
Smith, M. J.(1998) *Social Science in Question*, Sage Publications.
Thompson, J. D.(1956) "On Building an Administrative Science," *Administrative Science Quarterly*, Vol.1, No.1, pp.102–111.
Tolbert, P. S. and L. G. Zucker（1996）"Institutionalization of Institution Theory," in S. Clegg, C. Hardy, and W. Nord（Eds.）, Handbook of Organization Studies, Sage Publications, pp.175–190.
占部都美・坂下昭宣（1975）『近代組織論Ⅱ マーチ＝サイモン』白桃書房.
Utterback, J. M.(1974) "Innovation in Industry and the Diffusion of Technology," *Science*, Vol.183, pp.620–626.
Utterback, J. M. and W. J. Abernathy（1975）"A Dynamic Model of Process and Product Innovation," *Omega*, Vol.3, No.6, pp.639–656.
Washington, M. and M. J. Ventresca（2004）"How Organizations Change: The Role of Institutional Support Mechanisms in the Incorporation of Higher Education Visibility Strategies, 1874–1995," *Organization Science*, Vol.15, No.1, pp. 82–97.
Weick, K. E.(1969) *The Social Psychology of Organizing*（1 st ed.）, Newbery Award Records（金児暁嗣訳（1980）『組織化の心理学』誠信書房）.
Weick, K. E.(1979) *The Social Psychology of Organizing*（2 nd ed.）, Newbery Award Records（遠田雄二訳（1997）『組織化の社会心理学［第2版］』文眞堂）.
Weick, K. E.(1995) *Sensemaking in Organizations*, Sage Publications（遠田雄二・西本直人訳（2001）『センスメーキング・イン・オーガニゼーションズ』文

眞堂).
Weick, K. E. (2001) *Making Sense of the Organization*, Blackwell.
Whittington, R. (1988) "Environmental Structure and Theories of Strategic Choice," *Journal of Management Studies*, Vol.25, No.6, pp.521-536.
Williams, R. and D. Edge (1996) "The Social Shaping of Technology," *Research Policy*, Vol.25, No.6, pp.865-899.
Williamson, O. E. (1975) *Markets and Hierarchy*, The Free Press (浅沼萬里・岩崎晃訳 (1980)『市場と企業組織』日本評論社).
Williamson, O. E. (1979) "Transaction-cost Economics: The Governance Contractual Relations," *The Journal of Law and Economics*, Vol.22, No.2, pp.233-261.
Williamson, O. E. (1985) *The Economic Institutions of Capitalism*, The Free Press.
Williamson, O. E. (1991) "Comparative Economic Organization: The Analysis of Discrete Structural Alternatives," *Administrative Science Quarterly*, Vol.36, No.2, pp.269-296.
Williamson, O. E. (1996) *The Mechanisms of Governance*, Oxford University Press.
Williamson, O. E. (Ed.) (1990) *Organization Theory: From Chester Barnard to the Present and Beyond*, Oxford University Press.
Williamson, O. E. and W. Ouchi (1981) "The Markets and Hierarchies and Visible Hand Perspectives," in A. Van de Ven and W. Joyce (Eds.), *Perspective on Organizational Design and Behavior*. John Wiley & Sons, pp.347-370.
Willmott, R. (2000) "Structure, Culture and Agency: Rejecting the Current Orthodoxy of Organisation Theory," in S. Ackroyd and S. Fleetwood (Eds.), *Realist Perspectives on Managegent and Organisations*, Routledge, pp.66-86.
Wolf, W. B. (1974) *The Basic Barnard: An Introduction to Chester I. Barnard and His Theories of Organization and Management*, New York State School of Industrial and Labor Relations, Cornell University (日本バーナード協会訳 (1975)『バーナード経営学入門：その人と学説』ダイヤモンド社).
Woodward, J. (1965) *Industrial Organization*, Oxford University Press.
山口裕之 (2007)「技術転換期における『迅速な技術移行の罠』」『組織科学』第40巻第4号, 76-86頁.
Yin, R. K. (1993) *Applications of Case Study Research*, Sage Publications.
Yin, R. K. (2009) *Case Study Research: Design and Methods* (4 th ed.), Sage Publications.
米山茂美 (1996)「持続的競争優位の源泉としての変革能力：キヤノンにおける

プリンタ技術開発の事例分析」『西南学院大学商学論集』第43巻第1号，105-168頁．

米山茂美・加藤俊彦（2001）「技術実用化の複線的モデル」『武蔵大学論集』第49巻第2号，51-78頁．

米山茂美・加藤俊彦（2002）「インクジェット技術の事業化プロセス：技術の多義性と応用展開」米倉誠一郎編『企業の発展』八千代出版，95-120頁．

Zucker, L. G.(1977) "The Role of Institutionalization in Cultural Persistence," *American Sociological Review*, Vol.42, No.5, pp.726–743.

事例参考資料

[第6・7章：高密度実装技術　事例関連資料]
「チップ部品・表面実装技術の動向」『National Technical Report』(1989), No. 3, 4-12頁.
『電波新聞』1967年1月～1996年6月.
『電子』1962年2月号～1992年11月号.
『電子技術』1960年3月号～1993年6月号.
『電子材料』1974年10月号～1993年10月号.
『月刊 Semiconductor World 増刊号　サーフェイスマウントテクノロジー』93年冬号.
『表面実装技術』1995年2月号.
「実装技術の現状と将来」『沖電気研究開発』1989年10月号, 3-6頁.
「印刷配線とは」『科学朝日』1955年4月号, 95-98頁.
「カラーテレビジョン受像器IC化の問題点」『テレビジョン』1972年10月号, 804-816頁.
「マウンタマーケット／メーカー戦略分析リポート　97年版～2001年版」ネットブレイン.
『日経エレクトロニクス』1971年5月10日号～1995年4月10日号.
『日経産業新聞』1977年5月～1996年6月.
通商産業省官房統計調査部編『機械統計年報』昭和27年～平成6年.
「プリント回路工業の現状　平成2年度～平成7年度版」社団法人日本プリント回路工業会.
「サーフェイスマウントテクノロジー製造装置マーケットトレンドリポート　91年版～96年版」ネットブレイン.
『先端エレクトロニクス産業白書　1985年度版』矢野経済研究所.
「新表面実装技術（SMT）の動向調査報告書」社団法人日本プリント回路工業会, 1994年3月.

[第7章：高密度実装技術　事例関連書籍]
ハイブリッドマイクロエレクトロニクス協会編（1994a）『エレクトロニクス実装技術講座　第1巻　総論』工業技術会.
ハイブリッドマイクロエレクトロニクス協会編（1994b）『エレクトロニクス実

装技術講座　第4巻　実装組立技術』工業技術会．
ハイブリッドマイクロエレクトロニクス協会編（1995）『エレクトロニクス実装
　　技術講座　第2巻　実装基板』工業技術会．
本多進・高見沢裕・堀野直治（1994）『高密度実装技術への挑戦』工業調査会．
井上岳史（1995）『特許が世界を塗り替える』NTT出版．
伊藤謹司編著（1989）『プリント配線技術読本（第2版）』日刊工業新聞社．
伊藤謹司編著（1993）『表面実装技術読本』日刊工業新聞社．
竹内弘高・榊原清則・加護野忠男・奥村昭博・野中郁次郎（1986）『企業の自己
　　革新』中央公論社．
仲田周次編著（1991）『これからのマイクロソルダリング技術』工業調査会．
高木清（1993）『多層プリント配線板製造技術』日刊工業新聞社．
山本芳夫監修（1990）『SMTハンドブック』工業調査会．

[第8章：合成樹脂　事例関連書籍・資料]
中條澄（1997）『エンジニアのためのプラスチック教本』工業調査会．
伊保内賢（1998）『プラスチック活用ノート（三訂版）』工業調査会．
A社社史，有価証券報告書
『化学工業日報』1987年6月～2005年4月．
『日経産業新聞』1978年2月～2005年11月．
通商産業省官房統計調査部編『化学工業統計年報』昭和47年～平成16年．
通商産業省官房統計調査部編『機械統計年報』昭和60年～平成12年．
特許庁　公開特許公報．

[第9章：インクジェット・プリンタ　事例関連資料]
青島矢一・北村真琴（2008）「セイコーエプソン株式会社：高精細インクジェッ
　　ト・プリンタの開発」一橋大学21世紀COEプログラム「知識・企業・イノ
　　ベーションのダイナミクス」大河内賞ケース研究プロジェクト，CASE#
　　08-03．
キヤノン史編集委員会（1988）『キヤノン史―技術と製品の50年［別冊］』キヤノ
　　ン株式会社．
「カラープリンタに関する技術動向調査報告書」平成5年3月，社団法人日本電
　　子機械振興協会．
『NEC技報』Vol. 49, No. 12, 1996年12月．
日本電気社史編纂室編（2001）『日本電気百年史』日本電気株式会社．

『日本経済新聞』1975年10月～1996年12月.
『日本マーケットシェア事典』1979年版～2002年版，矢野経済研究所.
『日経ビジネス』1983年4月4号，1994年8月1日号，1994年10月10日号，1995年12月5日号.
『日経コンピュータ』1994年5月30日号，1995年6月26日号.
『日経エレクトロニクス』1974年1月28日号～1997年11月17日号.
『日経パソコン』1984年12月17日号～1996年11月18日.
『日経産業新聞』1975年7月～1996年12月.
「プリンタに関する調査報告書」平成8年3月；平成9年3月；平成10年3月，社団法人日本電子機械振興協会.
「プリンタに関する技術動向調査報告書」昭和63年3月；平成元年3月；平成2年3月；平成3年6月；平成6年6月，社団法人日本電子機械振興協会.
「プリンタ技術に関する調査報告書」平成7年3月，社団法人日本電子機械振興協会.
「周辺端末装置に関する技術動向調査」昭和58年3月；昭和59年3月；昭和60年3月；昭和61年3月；昭和62年3月，社団法人日本電子機械振興協会.
「周辺端末装置に関する市場調査報告書」昭和57年7月；昭和58年6月；昭和59年8月；昭和60年8月；昭和62年9月；昭和63年9月，社団法人日本電子機械振興協会.
通商産業省編『電子工業年鑑』1980年～1998年，電波新聞社.

[第9章：プリンタ事例関連　プレスリリース]

キヤノン株式会社　1985年～1998年.
日本電気株式会社　昭和60（1985）年～平成10（1998）年.
日本ヒューレット・パッカード株式会社（1995年5月31日まで横河・ヒューレット・パッカード株式会社）1987年～1998年.
セイコーエプソン株式会社　1986年～1998年.

人名索引

＜あ＞

アターバック, J. M. ……………112, 118, 138
アバナシー, W. J.…19, 137–139, 141, 146–148, 152, 157–158, 163–164, 166–168, 173, 179–180, 188, 354
アレン, T. J. ……………………………154
インクソン, K. ……………………………36
ウィッティントン, R. ………………72, 73, 94
ウィリアムズ, R. ……………………………161
ウィリアムソン, O. E. ………………………50, 51
ウィンター, S. G. ………………156, 157, 159, 363
ウェーバー, M. ……………………………37
ウッドワード, J. ……………………40, 44, 69
オリバー, C. ……………………………102, 158

＜か＞

加護野忠男 ………………………………35, 69
カプラン, S. ……………………………308
軽部大 …………………………………374
ギデンズ, A.……63, 89, 90, 94, 97, 175–177, 179
クライン, S. …115, 116, 119–121, 123, 125–127
クラーク, K. B.…137, 141, 143–148, 157, 166, 167, 173, 174, 276
クリステンセン, C. M.…20, 186, 280, 282, 284–286, 303, 367
クーン, T. …19, 137, 148–152, 154, 155, 157–160, 175, 363
コース, R. H ……………………………26–28, 50
コモンズ, J. R. ……………………………50
コンスタント, E. W. ………153–156, 166, 175, 185

＜さ＞

サイモン, H. A. ………23, 24, 31–34, 51, 72, 361
サランシック, G. R. …………………………91
ジャッジ, W. Q. ………………………………91
シュンペーター, J. A. ………3, 4, 108–110, 363
スコット, W. R. ………………………………85
スチュバート, C. ……………………………81
ズッカー, L. G.………………90–92, 94, 102, 157
ストーカー, G. M. ……………………………45

スノウ, C. C. ……………………71, 72, 80
スミルシチ, L. ……………………………81
セルズニック, P. ……………………………85

＜た＞

ターナー, C. ……………………………36, 37
ダフト, R. L. ……………………………81
チャイルド, J. …18, 36, 37, 40, 63–65, 68–73, 80, 97
チャンドラー, A. D. ……………………63–68
ディマジオ, P. J. ………………63, 86–92, 94, 281
テイラー, F. W. ……………………………372
ドーシ, G. …153, 155–161, 163, 164, 166, 167, 173, 175
ドナルドソン, L. ……………………………14, 36
トーマス, H. ……………………63, 82, 97, 172
トリプサス, M. ……………………………308
トルバート, P. S. ………………………63, 94–96
トンプソン, J. D. ……………………35, 38, 45

＜な＞

沼上幹 …………………………………34, 374
ネルソン, R. R. ………………156, 157, 159, 363
野中郁次郎 ……………………………35, 69

＜は＞

ハイエク, F. ……………………………50
バイカー, W. E. ………………162–166, 168, 172
パウエル, W. W. ………………63, 86–92, 94, 281
バーガー, P. L.…86, 89–91, 94, 96, 97, 148, 149, 151, 152, 162
ハーディング, G. ……………………………36
バーナード, C. I. …23–26, 28–35, 41, 43, 44, 59
ハナン, M. T. ……………………55, 57, 58
バーリー, S. R. ……………………………94–97
バレル, G. …7–12, 14, 15, 31, 34, 44, 73, 81, 83, 368
バーンズ, T. ……………………………45
ハンソン, N. R. ……………………………149
ヒクソン, D. ……………………………36, 41
ヒニングス, B. ……………………………36

ビュー, D. S. ……………36, 37, 39, 41, 42, 45
ヒューズ, T. P. ………………………185
フェイン, L. C ………………………88
フェッファー, J. ………………………91
フォスター, R. N. …………………188, 280
フォン・ヒッペル, E. ………………148
福島英史 ……………………………276
藤本隆宏 ………………………………68
フリーマン, J. ……………………55, 57
ブルジョワ, L. J. ……………………36
ペロー, C. ……………………………31, 69
ヘンダーソン, R. M. ………………278, 308
ポーター, M. …………………………68
ポラック, J. F. ……………63, 82, 97-101, 172

<ま>

マイヤー, J. W. ……………63, 86-90, 92-94, 97
マイヤーズ, S. ……………113, 114, 118, 126
マイルズ, R. E. ………………………71, 72, 80
マーキス, D. G. …………………113, 114, 118
マーチ, J. G. …………………………33, 34, 59

マワリー, D. C. ………105, 113-115, 119, 126, 156
ミズルチ, M. S. ……………………88, 158
ミール, R. E. …………………………8, 9
モーガン, G. ………8-10, 31, 44, 73, 81, 83, 368

<ら>

ルックマン, T.…86, 89-91, 94, 96, 97, 148, 149, 151, 152, 162
ローシュ, J. W. …24, 36, 44-48, 60, 65, 67, 151
ローゼンバーグ, N. ……19, 105, 106, 113-115, 118, 119, 123, 125-134, 137, 138, 144, 146-148, 156, 159, 167, 174, 185, 207
ローレンス, P. R.…24, 36, 44-48, 60, 65, 68, 70, 151
ローワン, B. ……………63, 86-90, 92-94, 97

<わ>

ワイク, K. E.…18, 63, 70, 73-84, 93, 96, 97, 99, 102, 125, 152, 158, 176, 177, 179
ワトソン, A.……………………………8

事項索引

＜欧＞

Administrative Science Quarterly → ASQ
ASQ ……………………………………34, 37, 45
BJ-10v ………………………………334, 351, 354
HP ……………………………………335, 341, 351
MJ-700V 2 C ………………………………343
POS（point of sales）システム ……………369
Strategic Management Journal ……………64
TDK ……………………………………224, 244
UHIC 方式 …………………………239, 246, 263
YM 実装方式 ………………………233, 246, 263

＜あ＞

アストン研究（Aston study）………36, 69, 151
一般戦略（generic strategy）………………68
イナクトされた環境（enacted environments）
………………………………………………78
イナクトされた多義的な表現（enacted
 equivocal displays）……………………78
イナクトメント（enactment）…………18, 73
インクジェット・プリンタ…………20, 310, 352
印刷抵抗基板……………………………………230
インサート・マシン ………………207, 220, 225
エプソン ………311, 314, 320, 341, 350, 352, 361

＜か＞

解釈の開放状態 ………………………………178
解釈の柔軟性（interpretative flexibility） 162
外部環境 ……………………4, 17, 23, 67, 84, 360
「科学化」 ……………………………18, 23, 35, 372
科学革命（scientific revolution）…………150
学習 ……………………………………………123
革新 ……………………………1, 101, 134, 268, 364, 376
革新と適応 ……………………………………2
カゴメ …………………………………………371
価値ネットワーク（value network）………282
環境決定論（environmental determinism） 13
慣性（inertia）…………………………………55
官僚制理論（the bureaucracy theories）…36
関連社会集団（relevant social group）……164

企業者（Unternehmer）……………3, 109, 364
技術革新研究……………………………………1, 16
技術革新の中心的連鎖（the central chain of
 innovation）…………………………………122
技術革命…………………………………………157
技術決定論（technological determinism）
 ………………………………13, 132, 161, 198
技術システム ……………………………177, 275
技術システム（の）構造化理論 ……5, 19, 171,
 203, 265, 359
技術的相互依存性（technological inter-
 dependence）……………………………130
技術的不均衡（technical imbalance or dise-
 quilibria）………………………128, 185, 207
技術トラジェクトリー（technological
 trajectory）………………………………157
技術の社会的形成 → 技術の社会的構成
 ………………………………13, 19, 148, 161, 365
技術の内的論理（inner technological logic）161
技術パラダイム（technological paradigm）
 ………………………19, 148, 153, 155, 163, 173, 179
技術プッシュ（technology-push）・アプローチ
 ………………………………19, 107, 120, 157
技術プッシュ線形モデル ……………………116
技術フロントの逆突出（reverse salients） 185
機能主義（functionalism）……………………14
機能的失敗（functional failure）……………153
客観主義（objectivism）…………………10, 101
キヤノン …311, 314, 325, 334, 337, 350, 354, 361
キャロット100…………………………………371
急進的技術革新（radical innovation）……122,
 141, 158, 365
競争グループ（competitive group）………98
経営戦略論……………………………………64
決定論………2, 12, 24, 57, 84, 101, 142, 172, 302, 360
権威受容説………………………………………30
現実の社会的構成（social construction of
 reality）……………………………86, 148, 151
行為決定論（action determinism）…………72
行為主体（agent）………………………4, 84, 360
後期ドミナント・デザイン論…………………141

合成樹脂 X ……………………………………286
〈構造〉 ………5, 20, 178, 203, 267, 281, 306, 359
構造化（structuration）………………………89, 359
構造化理論（structuration theory）…94, 175
構造決定論（structural determinism）……13
構造－主体性論争（structure-agency debate）
　………………………………………………15
構造的技術革新（architectural innovation）
　………………………………………278, 282
構造の二重性（duality of structure）……176
工程革新（process innovation）……………138
高密度実装技術……………………………20, 203
個性記述的（ideographic）……………………11
コンティンジェンシー理論（contingency theory）…24, 35, 64, 68, 69, 87, 139, 151, 302, 372
コンテクスト（context）……………………37, 39

〈さ〉

サーマル方式 ………………………………312, 350
資源依存理論（resource dependence theory）
　………………………………………………91
資産の特殊性（asset specificity）……………51
市場の需要（market demand）……………113, 117
システムの安定化……………………………179
実在論（realism）…………………………11, 16
実証主義…………………………………………11, 16
支配的連合（dominant coalition）……………70
社会的構成論……………………………………94
社会的に構成された現実 → 現実の社会的構成
社会文化の進化モデル（sociocultural evolution model）…………………………………………76
主意主義………………………2, 12, 24, 57, 101, 172
自由意志（free will）…………………12, 25, 41, 57
主観主義（subjectivism）…………10, 73, 101, 172
需要決定論………………………………………155
需要プル（demand-pull）・アプローチ……4, 19, 107, 120, 157
循環（der Kreislauf）…………………………363
常軌的発展………………………………179, 279
焦点化装置（focusing devices）…127, 138, 146, 156, 174, 185
新結合（neue Kombination）…………3, 108, 364
心的モデル（mental model）…………………98
推測的変則事象（presumptive anomaly）153
数量シェア表示線………………………………191
スキーマ（schema）………………20, 306, 319, 353
セイコーエプソン → エプソン
生態的変化（ecological change）……………77

制度（institution）………………………………85
正当性（legitimacy）……………………………85
制度理論（institutional theory）……18, 49, 84
製品革新（product innovation）……………138
セブン-イレブン・ジャパン…………………369
漸進的技術革新（incremental innovation）
　………………………………………141, 158, 365
センスメーキング（sensemaking, 意味付与ないし状況理解）………………………18, 74, 97
選択装置（selective device）…………………156
選択に関する主体性（agency of choice）……69
戦略グループ（strategic group）………98, 259
戦略的選択（strategic choice）……18, 68, 84
組織構造（organization structure）……39, 67
ソニー……………………………………234, 239, 254
存在論（ontology）…………………………8, 9, 16
存在論的安心感（ontological security）…176

〈た〉

太陽誘電………………………………………225, 240
多義性（equivocality）…………………………74
脱成熟（de-maturity）……………138, 141, 180
チップ部品……………………200, 205, 233, 247, 251, 263
チップ・マウンタ → マウンタ
チノン……………………………………………335
中核概念（core concept）……………144, 173, 277
通常科学（normal science）…………………150
適応（adaptation）……………………2, 55, 134, 268
デザインの階層（design hierarchy）…144, 157
電子写真方式…………………………………312, 350
東京通信工業 → ソニー
東京電気化学工業 → TDK
同型化（isomorphism）…………………………87
統治構造（governance structure）……………53
ドット・インパクト方式………………………312, 350
ドミナント・デザイン（dominant design）
　………………………19, 138, 163, 173, 178, 354
取引費用（transaction cost）…………………26
取引費用理論……………………………………49, 372

〈な〉

二重の決定論的構図……………………………43
日本電気………………………311, 314, 331, 335, 339, 350
人間の性質（human nature）…………………10
認識論（epistemology）……………………8, 9, 16

〈は〉

ハイブリッド IC…………………………207, 208, 262
破壊的技術革新（disruptive innovation）…282

事項索引

バブルジェット技術 …………………329
パラダイム ………………19, 148, 363
反実証主義 ………………………11, 16
反本質主義（anti-essentialism）……365
批判的実在論（critical realism）………15
ヒューレット・パッカード → HP
フィルム・キャリア方式 ……………228
複数技術の共進化（co-evolution of technological multiplies） ……………185
プリント基板 ……………204, 218, 233
分断（decoupling）……………………87
ペッパー ………………………………232
変革力（transilience）………………143
変則事象（anomaly）………………150
ホーウィック研究（the study of the Hawick）97
法則定立的（nomothetic）………11, 142
方法論 ……………………………1, 8, 182
ポピュレーション・エコロジー（population ecology）……………23, 49, 55, 372
本質主義（essentialism）……………365

＜ま＞

マイクロ・モジュール ……………209, 262
マウンタ ……………205, 234, 243, 255, 263
松下電器産業 ……………220, 232, 254, 259

見えざる資産 …………………………361
メルフ（MELF：Metal Electrodes Face bonding）部品 ……………………239
モジュラー型技術革新（modular innovation） …………………………278

＜や＞

唯名論（nominalism）………………11, 16
誘因と貢献の図式（inducement-contribution schema）…………………………30
誘因メカニズム（inducement mechanisms）…………………………127
有機的理論（the organic theories）……36
ユニバーサル混成集積回路 → UHIC方式
緩やかに結びついたインアクトメントの過程（loosely coupled enactment process）……99
要素技術 ………………………………276

＜ら＞

ラジアル部品 ……………………221, 224
理論負荷性（theory-ladenness）……149
ルーティン（routine）………………363
レーザー・プリンタ → 電子写真方式
連鎖モデル（chain-linked model）……119

著者紹介
加 藤 俊 彦（かとうとしひこ）

1967（昭和42）年	愛知県名古屋市に生まれる	
1990（平成2）年	一橋大学商学部卒業	
1992（平成4）年	一橋大学大学院商学研究科修士課程修了	
1992（平成4）年〜1994（平成6）年	株式会社ノリタケカンパニーリミテド勤務	
1997（平成9）年	一橋大学大学院商学研究科博士後期課程単位修得	
1997（平成9）年	東京都立大学（現・首都大学東京）経済学部専任講師	
1998（平成10）年	一橋大学博士（商学）	
1999（平成11）年	東京都立大学経済学部助教授	
2001（平成13）年	一橋大学大学院商学研究科助教授，准教授を経て，	
2011（平成23）年	一橋大学大学院商学研究科教授，現在に至る	

専門領域　経営組織論，経営戦略論

主要著作
『競争戦略論』東洋経済新報社（共著）
『組織の〈重さ〉』日本経済新聞出版社（共著）
『松下電器の経営改革』有斐閣（共編著）

技術システムの構造と革新
──方法論的視座に基づく経営学の探究　　〈検印省略〉

発行日──2011年2月26日　初版発行
　　　　2013年7月26日　第2刷発行

著　者──加藤　俊彦
発行者──大矢栄一郎
発行所──株式会社　白桃書房
　　　　〒101-0021　東京都千代田区外神田5-1-15
　　　　☎03-3836-4781　📠03-3836-9370　振替00100-4-20192
　　　　http://www.hakutou.co.jp

印刷・製本──藤原印刷

Ⓒ Toshihiko Kato 2011 Printed in Japan　ISBN 978-4-561-26554-2 C3034

本書のコピー，スキャン，デジタル化等の無断複製は著作権法上での例外を除き禁じられています。本書を代行業者等の第三者に依頼してスキャンやデジタル化することは，たとえ個人や家庭内の利用であっても著作権法上認められておりません。

JCOPY ＜(社)出版者著作権管理機構　委託出版物＞
本書の無断複写は著作権法上での例外を除き禁じられています。複写される場合は、そのつど事前に、(社)出版者著作権管理機構（電話 03-3513-6969，FAX 03-3513-6979，e-mail : info@jcopy.or.jp）の許諾を得てください。

落丁本・乱丁本はおとりかえいたします。

好 評 書

伊丹敬之【著】
経営と国境 　本体 1426 円

榊原清則・大滝精一・沼上　幹【著】
事業創造のダイナミクス 　本体 3500 円

沼上　幹【著】
液晶ディスプレイの技術革新史 　本体 7400 円
　──行為連鎖システムとしての技術

沼上　幹【著】
行為の経営学 　本体 3300 円
　──経営学における意図せざる結果の探求

大薗恵美・児玉　充・谷地弘安・野中郁次郎【著】
イノベーションの実践理論 　本体 3500 円
　──Embedded Innovation

妹尾　大・阿久津聡・野中郁次郎【編著】
知識経営実践論 　本体 5800 円

W.H.ビーバー【著】伊藤邦雄【訳】
財務報告革命【第3版】 　本体 3300 円

D.A.アーカー・G.S.デイ【著】石井淳蔵・野中郁次郎【訳】
マーケティング・リサーチ 　本体 4960 円
　──企業と公組織の意思決定

J.R.ガルブレイス・D.A.ネサンソン【著】岸田民樹【訳】
経営戦略と組織デザイン 　本体 2440 円

川村稲造【著】
企業再生プロセスの研究 　本体 3300 円

───── 東京　白桃書房　神田 ─────

本広告の価格は本体価格です。別途消費税が加算されます。